TEMAS DE
DIREITO PROCESSUAL
(Oitava Série)

Autor

JOSÉ CARLOS BARBOSA MOREIRA

Professor na Faculdade de Direito da Universidade do Estado do Rio de Janeiro
Desembargador (aposentado) do Tribunal de Justiça do Estado do Rio de Janeiro

Coordenadores

ALUISIO GONÇALVES DE CASTRO MENDES

CARLOS ROBERTO BARBOSA MOREIRA

LUIZ PAULO DA SILVA ARAÚJO FILHO

TEMAS DE DIREITO PROCESSUAL

(Oitava Série)

3ª Edição

Atualizadores

LUÍS ROBERTO BARROSO

FREDERICO MONTEDONIO

GZ EDITORA

Rio de Janeiro

2024

1ª edição – 2004 - Saraiva
2ª edição – 2023 - Editora GZ
3ª edição – 2024 - Editora GZ

Coordenadores: *Aluisio Gonçalves de Castro Mendes / Carlos Roberto Barbosa Moreira / Luiz Paulo da Silva Araújo Filho*

Atualização: *Luís Roberto Barroso / Frederico Montedonio*

Diagramação: *Olga Martins*

CIP-BRASIL. CATALOGAÇÃO NA PUBLICAÇÃO
SINDICATO NACIONAL DOS EDITORES DE LIVROS, RJ

M837t
3. ed.

Moreira, José Carlos Barbosa, 1931-2017
Temas de direito processual : oitava série / / José Carlos Barbosa Moreira ; coordenação Aluisio Gonçalves de Castro Mendes, Carlos Roberto Barbosa Moreira, Luiz Paulo da Silva Araújo Filho ; atualizadores Luis Roberto Barroso, Frederico Montedonio. - 3. ed. - Rio de Janeiro : GZ, 2024.
417 p. ; 24 cm. (Temas de direito processual ; 8)

Inclui bibliografia e índice
ISBN 978-65-5813-088-8

1. Direito processual civil - Brasil. I. Mendes, Aluisio Gonçalves de Castro. II. Moreira, Carlos Roberto Barbosa. III. Araújo Filho, Luiz Paulo da Silva. IV. Barroso, Luis Roberto. V. Montedonio, Frederico. VI. Título. VII. Série.

23-86156 CDU: 347.91/.95(81)

Meri Gleice Rodrigues de Souza - Bibliotecária - CRB-7/6439

16/09/2023 20/09/2023

GZ EDITORA

e-mail: contato@editoragz.com.br
www.editoragz.com.br

Estrada do Capuava, nº 1325 - Box Q - CEP 06715-410
Bairro Barro Branco - Município de Cotia - SP
Tel.: (0XX21) 99585-0737 / 99755-0737

Impresso no Brasil
Printed in Brazil

Aos meus filhos – ao de carne e aos de espírito –
da turma de bacharéis de 1996 da
Faculdade de Direito da UERJ,
com paterno afeto.

APRESENTAÇÃO

Por iniciativa do Instituto Brasileiro de Direito Processual- IBDP, muito bem acolhida pela família do autor e pela Editora GZ, as nove "séries" dos *Temas de Direito Processual*, que José Carlos Barbosa Moreira escreveu ao longo de três décadas, são agora reeditadas, em versão atualizada por estudiosos do direito processual – em sua maioria, ex-alunos e amigos do saudoso mestre. A atualização manteve intacto o texto original do ciclo: ao final de cada estudo, encontram-se as observações dos atualizadores, que fornecem ao leitor dados sobre a evolução do direito brasileiro, na matéria ali versada, até os dias atuais.

Qual a utilidade que o leitor de hoje pode extrair da obra, escrita na vigência do Código de Processo Civil de 1973 e dedicada, em muitos pontos, ao exame de normas e institutos que não foram reproduzidos no diploma que o substituiu?

Em primeiro lugar, vários dos trabalhos de Barbosa Moreira abordaram temas até então *inéditos* (ou, ao menos, pouco explorados) na doutrina brasileira. Para nos limitarmos, aqui e agora, à indicação de um único, mas significativo exemplo, permitimo-nos chamar a atenção do leitor para os estudos sobre *interesses difusos*, um dos quais publicado já no volume inaugural da coleção ("A ação popular do direito brasileiro como instrumento de tutela jurisdicional dos chamados 'interesses difusos'"). A reedição desses e de outros textos, igualmente marcados pelo ineditismo das questões de que o autor se ocupou, permitirá ao processualista da terceira década do século XXI o contato direto com a fonte inspiradora de extensa e fecunda elaboração doutrinária que se seguiu, desenvolvida igualmente por outros autores, e de relevantes inovações na legislação do país.

Em segundo lugar, como bem observou um dos mais destacados processualistas de atual geração, a obra de Barbosa Moreira "versa sobre praticamente todos os grandes temas de Direito Processual".[1] Isso é certo em relação ao conjunto de seus escritos (que inclui, entre outros, suas teses para concursos e seus substanciosos *Comentários* ao Código de 1973, além de seu maior êxito comercial, *O Novo Processo Civil Brasileiro*, o qual teve nada menos de vinte e nove edições, *todas* cuidadosa e verdadeiramente "revistas e atualizadas"), mas também o é no tocante à coleção que ora se reedita, em cujos nove volumes o autor não se furtou a examinar e reexaminar temas "clássicos": coisa julgada, prova, competência, poderes do juiz, pressupostos processuais, causa de pedir, contraditório, classificação das sentenças ... Em qualquer campo da ciência ju-

1 DIDIER JUNIOR, Fredie Souza. *Sobre Academia, Memória e Imaginação*: uma vida em processo. Universidade Federal da Bahia, 2021, p. 84. No juízo desse autor, a coleção de *Temas* "está para o Direito Processual Civil brasileiro como o *Tratado de Direito Privado* [de Pontes de Miranda] está para o Direito Privado" (ob. cit., loc. cit.).

rídica, sempre há espaço para um retorno ao que já foi amplamente estudado; e o estudioso de agora e do futuro poderá enxergar mais longe se se dispuser (a imagem pode soar batida, mas é expressiva) a subir nas costas de gigantes do passado.

Em terceiro lugar, o jurista de hoje poderá apreciar as qualidades *didáticas* de Barbosa Moreira. No concurso, realizado em 1979, com o qual o autor conquistou a titularidade na UERJ, um de seus eminentes examinadores reprovou-lhe o emprego, na tese submetida à banca, do adjetivo "didático", por lhe parecer depreciativo do livro (de outro insigne processualista) a que Barbosa Moreira supostamente se referira. Em verdade, o adjetivo, no excerto criticado, qualificava apenas um *exemplo* extraído do livro que Barbosa Moreira citara; porém, como bem observou, em sua resposta, o então candidato, ainda que se tratasse de qualificativo atribuído à obra, que maior elogio se lhe poderia fazer, senão chamá-la didática? Afinal, "didático" qualifica o que é "destinado a instruir", "que facilita a aprendizagem", "que proporciona instrução e informação, assim como prazer e divertimento" (Houaiss). Em qualquer desses sentidos, é possível afirmar que os *Temas* constituem um conjunto extremamente didático – e o processualista da terceira década do século XXI, ao ler qualquer de seus diferentes textos, certamente poderá se beneficiar da clareza expositiva de Barbosa Moreira e, por óbvio, do fato de ter sido ele "senhor absoluto dos meandros e mistérios da nossa tão maltratada última flor do Lácio".[2]

São razões mais que suficientes para justificar a reedição dos *Temas de Direito Processual* – sem prejuízo de muitas outras, que o leitor atento provavelmente encontrará.

Aluisio Gonçalves de Castro Mendes
Carlos Roberto Barbosa Moreira
Luiz Paulo da Silva Araújo Filho

2 FABRICIO, Adroaldo Furtado. Apresentação. *In* FABRICIO, Adroaldo Furtado (coord.) *Meio de Impugnação ao Julgado Civil:* estudos em homenagem a José Carlos Barbosa Moreira.1ª ed. Rio de Janeiro: Forense, 2007, p. VIII (destacado no original).

NOTA DOS ATUALIZADORES

José Carlos Barbosa Moreira (1931 - 2017) é o maior processualista brasileiro de todos os tempos. Cultíssimo, era versado em cinco idiomas além do português, que dominava como poucos. Seu estilo claro, leve, elegante e espirituoso - apesar da aridez dos temas processuais - é um norte para todos os que se dedicam ao magistério. Além de Procurador do Estado do Rio de Janeiro e Desembargador do Tribunal de Justiça do mesmo Estado, Barbosa Moreira foi Professor Titular de Direito Processual Civil da Universidade do Estado do Rio de Janeiro - UERJ. Sua vasta obra, com trabalhos primorosos, deixou uma marca definitiva no direito brasileiro. Era um professor apaixonado e generoso, que conhecia seus alunos pelo nome, gostava deles e era correspondido. Foi patrono e paraninfo de inúmeras turmas de Direito na UERJ.

Estas breves palavras - em rigor prescindíveis, porque José Carlos Barbosa Moreira dispensa apresentações - somente se justificam nesta nota para dar a dimensão da grande honra que foi para os atualizadores receber o convite para participar deste projeto, por parte de Carlos Roberto Barbosa Moreira e Luiz Paulo da Silva Araújo Filho. Mais do que apenas pela qualidade técnica e pela beleza estilística que ficam evidentes depois da leitura de qualquer texto do autor, os atualizadores também foram movidos por suas próprias memórias afetivas. O primeiro atualizador foi aluno de Barbosa Moreira na graduação, sorte que o segundo atualizador não teve, sem que isso o tenha livrado da admiração pelo mestre. Ambos os atualizadores têm grande carinho por outro dos filhos do autor, Luís Eduardo Barbosa Moreira, com quem trabalharam juntos por muitos anos. No Supremo Tribunal Federal, onde o segundo atualizador assessorou o primeiro entre 2013 e 2017, as citações ao mestre são tão frequentes no Plenário da Corte que às vezes parece que Barbosa Moreira é o 12º Ministro do Supremo Tribunal Federal, tamanha é a sua influência e o reconhecimento que todos a ele dedicam, sendo ou não seus ex-alunos.

O presente volume compreende trabalhos de José Carlos Barbosa Moreira que vão de 1999 a 2003. Lê-los cerca de duas décadas depois de sua elaboração só confirma a genialidade do autor: alguns textos continuam tão atuais hoje quanto eram quando foram escritos; outros anteciparam tendências que foram afinal confirmadas; e, mesmo quando o direito veio a se afastar das lições de Barbosa Moreira, os subsídios colhidos nos trabalhos conservam o seu valor crítico e trazem ainda hoje razões ponderáveis.

Segundo orientação dos organizadores do projeto, o trabalho de atualização não consistiu na feitura de artigos autônomos de autoria dos atualizadores - sem prejuízo de alguma margem de liberdade de que se procurou não abusar -, mas essencialmente na elaboração de notas com notícias resumidas da evolução do ordenamento jurídico, até o momento atual, relativamente ao assunto tratado em cada texto.

Reiterando os agradecimentos pelo convite para participar deste projeto, os atualizadores esperam que o trabalho ajude a manter viva a memória de um professor tão querido e inspirador para seus ex-alunos e para as gerações seguintes de processualistas.

Rio de Janeiro, fevereiro de 2021

Os atualizadores

SOBRE OS ATUALIZADORES

LUÍS ROBERTO BARROSO

Ministro do Supremo Tribunal Federal. Doutor, Livre-Docente e Professor Titular-Universidade do Estado do Rio de janeiro, Mestre pela Yale Law School; Senior Fellow na Harvard Kennedy School.

FREDERICO MONTEDONIO

Juiz Federal. Mestre em Direito pelo Centro Universitário de Brasília - UniCEUB. Ex-Juiz Auxiliar e Magistrado Instrutor do Supremo Tribunal Federal (2013-2017)

SUMÁRIO

APRESENTAÇÃO VII

NOTA DOS ATUALIZADORES IX

SOBRE OS ATUALIZADORES XI

O FUTURO DA JUSTIÇA: ALGUNS MITOS 1

1. INTRODUÇÃO 1

2. PRIMEIRO MITO: A RAPIDEZ ACIMA DE TUDO (ou: Quanto mais depressa, melhor) 2

3. SEGUNDO MITO: A "FÓRMULA MÁGICA" (ou "Abracadabra") 6

4.TERCEIRO MITO: SUPERVALORIZAÇÃO DE MODELOS ESTRANGEIROS (ou "A galinha da vizinha é sempre mais gorda que a minha") 7

5. QUARTO MITO: A ONIPOTÊNCIA DA NORMA (ou: "Vale o escrito") 10

6. CONSIDERAÇÕES CONCLUSIVAS 12

COMENTÁRIOS DOS ATUALIZADORES 13

POR UM PROCESSO SOCIALMENTE EFETIVO 27

COMENTÁRIOS DOS ATUALIZADORES 39

O PROCESSO, AS PARTES E A SOCIEDADE 51

COMENTÁRIOS DOS ATUALIZADORES 63

O PROCESSO CIVIL BRASILEIRO ENTRE DOIS MUNDOS 67

COMENTÁRIOS DOS ATUALIZADORES 79

REFORMAS PROCESSUAIS E PODERES DO JUIZ 83

COMENTÁRIOS DOS ATUALIZADORES 98

LA PUBLICITÉ DES ACTES DE PROCÉDURE COMME GARANTIE CONSTITUTIONNELLE EN DROIT BRESILIEN 105

COMENTÁRIOS DOS ATUALIZADORES 112

ANTECIPAÇÃO DA TUTELA: ALGUMAS QUESTOES CONTROVERTIDAS 117

INTRODUÇÃO 117

1. A questão terminológica 117

2. O conceito de "prova inequívoca" no art. 273, caput, do CPC 118
3. A irreversibilidade como pressuposto da antecipação 121
4. Eficácia do provimento antecipatório no tempo 124
5. Significação social da antecipação da tutela? 126
COMENTÁRIOS DOS ATUALIZADORES 129

TUTELA DE URGÊNCIA E EFETIVIDADE DO DIREITO 133
COMENTÁRIOS DOS ATUALIZADORES 149

PRUEBA Y MOTIVACIÓN DE LA SENTENCIA 153
COMENTÁRIOS DOS ATUALIZADORES 162

O QUE DEVE E O QUE NÃO DEVE FIGURAR NA SENTENÇA 167
COMENTÁRIOS DOS ATUALIZADORES 170

QUESTÕES VELHAS E NOVAS EM MATÉRIA DE CLASSIFICAÇÃO DAS SENTENÇAS 175
1. INTRODUÇÃO. EVOLUÇÃO DO TRATAMENTO DA MATÉRIA NOUTROS PAÍSES 175
2. EVOLUÇÃO NO DIREITO BRASILEIRO 178
COMENTÁRIOS DOS ATUALIZADORES 193

REFORMAS DO CPC EM MATÉRIA DE RECURSOS 197
COMENTÁRIOS DOS ATUALIZADORES 210

NOVAS VICISSITUDES DOS EMBARGOS INFRINGENTES 221
COMENTÁRIOS DOS ATUALIZADORES 234

EFECTOS DE LA DECLARACIÓN DE LA INCONSTITUCIONALIDAD DE UNA LEY POR EL SUPREMO TRIBUNAL FEDERAL BRASILEÑO 237
COMENTÁRIOS DOS ATUALIZADORES 242

A AÇÃO CIVIL PÚBLICA E A LÍNGUA PORTUGUESA 245
COMENTÁRIOS DOS ATUALIZADORES 250

ESTRUTURA DA SENTENÇA ARBITRAL 253
COMENTÁRIOS DOS ATUALIZADORES 263

ASSUNÇÃO DE DÍVIDA: A PRIMAZIA DO CÓDIGO DE PROCESSO CIVIL 267
COMENTÁRIOS DOS ATUALIZADORES 269

BREVE NOTÍCIA SOBRE A REFORMA DO PROCESSO CIVIL ALEMÃO 271
COMENTÁRIOS DOS ATUALIZADORES 283

DUELO E PROCESSO 287
COMENTÁRIOS DOS ATUALIZADORES 298

O PROCESSO PENAL NORTE-AMERICANO E SUA INFLUÊNCIA 303
I - PARTE GERAL 303
II - PARTE ESPECIAL 305
III - INFLUÊNCIA DO PROCESSO PENAL NORTE-AMERICANO 311
COMENTÁRIOS DOS ATUALIZADORES 318

A SUPREMA CORTE NORTE-AMERICANA: UM MODELO PARA O MUNDO? 325
COMENTÁRIOS DOS ATUALIZADORES 338

APÊNDICE 345
A IMPORTAÇÃO DE MODELOS JURÍDICOS 347
COMENTÁRIOS DOS ATUALIZADORES 358

O CONTROLE JUDICIAL DA TELEVISÃO 363
COMENTÁRIOS DOS ATUALIZADORES 370

O DIREITO EM TEMPOS DE GLOBALIZAÇAO 377
COMENTÁRIOS DOS ATUALIZADORES 387

ÍNDICE ONOMÁSTICO 395
ÍNDICE ALFABÉTICO-REMISSIVO 399

O FUTURO DA JUSTIÇA: ALGUNS MITOS[1*]

1. Introdução. **2.** Primeiro mito: a rapidez acima de tudo. **3.** Segundo mito: a "fórmula mágica". **4.** Terceiro mito: supervalorização de modelos estrangeiros. **5.** Quarto mito: a onipotência da norma. **6.** Considerações conclusivas.

1. INTRODUÇÃO

Meu primeiro dever é exortar os ouvintes a que não alimentem a expectativa de revelações sensacionais sobre o porvir da Justiça, neste último ano do século e do milênio, ou no próximo, a começar em 2001, diga o que disser a propaganda desavergonhadamente enganosa com que tentaram embriagar-nos. Não sou dado a cultivar a futurologia, até porque me inclino a crer, como CHESTERTON, que a única lei da História é o imprevisto. Ninguém suponha, portanto, que esta palestra pretenda descrever-lhes, como num exercício de ficção científica, cenas espetaculares, no melhor ou no pior sentido, que a imaginação me possa sugerir acerca de juízos e tribunais nos tempos que nos aguardam.

Quanto aos mitos a que alude o título, longe de estarem ainda por formar-se na vaga silhueta do amanhã, são – ao contrário – fenômenos presentes aqui e agora; bem mais assustadores, por isso mesmo, que qualquer espectro longínquo. O que liga uma coisa à outra é a minha convicção de que, se quisermos realmente progredir neste campo, precisamos desde logo exorcizar certos fantasmas que não raro se materializam graças ao ectoplasma da nossa própria miopia.

Muitas ideias, sensatas e insensatas, vêm sendo divulgadas a respeito do programa que se há de adotar para aperfeiçoar a Justiça. Não acrescentarei novas sugestões ao conhecido e extenso catálogo. Prefiro, hoje, colocar-me na perspectiva oposta e externar alguns pensamentos relativos àquilo que devemos afastar de nossas cogitações. Antes de iniciar qualquer edificação, é indispensável – passe o truísmo – limpar o terreno. Vamos, pois, à tentativa de exorcismo. Os mitos, cumpre advertir, são numerosos; mas, por óbvias razões, aqui só posso ocupar-me de

---

1 Texto de conferência pronunciada em 5-4-2000, no Rio de Janeiro, no seminário O *Direito no Século XXI – Novos Desafios*, comemorativo do 20º aniversário do CEPAD (com o acréscimo de notas). Publicado em *Rev. For.*, v. 352, *Rev. de Proc.*, nº 99, *Rev. Jur.*, v. 282, *Rev. Síntese de Dir. Civ. e Proc. Civ.*, nº 6, *Rev. da Acad. Bras. de Letras Jur.*, v. 17, *Rev. de Dir. da Proc.-Geral* (do Estado do Rio de Janeiro), v. 53.

alguns que considero particularmente daninhos – na verdade, quatro. Tratarei de cada qual em separado, na medida compatível com a preocupação, viva em meu espírito, de não aborrecer demais a assistência.

2. PRIMEIRO MITO: A RAPIDEZ ACIMA DE TUDO (ou: Quanto mais depressa, melhor)

O aspecto mais visível disso a que se costuma chamar "a crise da Justiça" é sem dúvida a duração dos processos, não por acaso vista como excessiva por tantos observadores. Aqui sinto a necessidade de desdobrar em quatro itens esta denúncia: quatro submitos, se assim me posso expressar.

O submito nº 1 é a crença, bastante difundida, de que se cuida de fenômeno exclusivamente brasileiro, ou quando nada de que a posição de nosso país, na escala planetária, é aí tão escandalosamente ruim como a que lhe cabe em tema de distribuição de renda. Sem de longe insinuar que isso nos sirva de consolo, ou nos permita dormir o sono da boa consciência, ouso assinalar que o problema é praticamente universal e alarma não poucos países do chamado primeiro mundo. Há décadas frequento congressos internacionais de direito processual, e a nenhum assisti em que não ouvisse ao propósito gemidos e lamentações, vindos dos mais diversos quadrantes. Passemos em breve revista alguns exemplos significativos.

Com justas razões, olhamos para a Itália como quem contempla um dos pontos culminantes da ciência jurídica em geral e da processual em particular. Isso não impede que o processo, lá, seja exasperantemente lento. Na área civil, segundo dados constantes do relatório sobre a administração da justiça em 1998, elaborado pelo Procurador-Geral da República junto à Corte de Cassação, girou em torno de quatro anos, entre 1991 e 1997, a duração média dos processos, em primeiro grau de jurisdição, perante os órgãos de competência comum, os tribunais. No Japão – informa um dos vice-presidentes da Associação Internacional de Direito Processual –, antes da entrada em vigor do novo código, em 1998, não era raro que um feito civil se arrastasse por alguns anos na primeira instância e levasse mais de um decênio até a eventual decisão da Corte Suprema[2]. Habituamo-nos a enxergar no universo anglo-saxônico pa-

2 TANIGUCHI, The 1996 Code of Civil Procedure of Japan – A Procedure for the Coming Century?, in *The American Journal of Comparative Law*, v. 45, nº 4. p. 769.

drão insuperável de onímoda eficiência. Todavia, a Inglaterra estava tão descontente com o desempenho de sua Justiça civil – e muito especialmente com o ritmo dos pleitos, mencionado em documentos incontáveis como problema capital[3] –, que se dispôs a adotar, quebrando multissecular tradição, a partir exatamente de abril do ano passado, um código de processo civil bastante aproximado, em vários traços, do modelo continental europeu. Quanto aos Estados Unidos, para onde costumam voltar-se, com admiração que beira o êxtase, as miradas de tantos, lê-se em obras de autores norte-americanos, logo insuspeitos, que em muitos lugares um feito civil de itinerário completo (isto é, que se estenda até o *trial*) chega a durar em média, na primeira instância, nada menos que três a cinco anos[4]. A lentidão processual explica sem dúvida a preferência de inúmeros litigantes por vias extrajudiciais, e aí está o motivo pelo qual o fenômeno da *Alternative Dispute Resolution* (ADR, na sigla usual) encontrou nos Estados Unidos o solo de sua máxima florescência.

O submito nº 2 é a ideia de que todos os jurisdicionados clamam, em quaisquer circunstâncias, pela solução rápida dos litígios. Ideia ingênua: basta alguma experiência da vida forense para mostrar que, na maioria dos casos, o grande desejo de pelo menos um dos litigantes é o de que o feito se prolongue tanto quanto possível. Ajunto que os respectivos advogados nem sempre resistem à tentação de usar todos os meios ao seu alcance, lícitos ou ilícitos que sejam, para procrastinar o desfecho do processo: os autos retirados deixam de voltar a cartório no prazo legal, criam-se incidentes infundados, apresentam-se documentos fora da oportunidade própria, interpõem-se recursos, cabíveis ou incabíveis, contra todas as decisões desfavoráveis, por menos razão que se tenha para impugná-las, e assim por diante. É verdade que o Código de Processo Civil prevê sanções para uma série de comportamentos irregulares, mas por vários motivos elas permanecem quase letra-morta no texto legal, ou, mesmo aplicadas, não se revelam capazes de coibir

3 Para nos limitarmos a um exemplo: no Foreword às novas Civil Procedure Rules, referia-se o então Lord Chancellor à "*widespread public dissatisfaction with the delay; expense, complexity and uncertainty of pursuing cases through the civil courts*". Não será por acaso que a demora aparece no primeiro lugar da lista...

4 *Vide* as informações coincidentes de CARP STIDHAM, *Judicial Process in America*, Washington, 1993, p. 207, e de HAZARD-TARUFFO, *La giustizia civile negli Stati Uniti*, Bolonha, 1993, p. 259 (desta obra, escrita em colaboração por um processualista norte-americano e um italiano, que tem pesquisado e lecionado com frequência nos Estados Unidos, existe versão em inglês, publicada naquele país).

totalmente a chicana. Mais grave ainda se afigura o fenômeno na esfera penal; e, convenhamos, que réu sabedor de sua própria culpa deixará de batalhar como puder para relegar a temida condenação às sobrecarregadíssimas calendas gregas?

Identifico o submito nº 3 na crença de que cabe aos defeitos da legislação processual a maior responsabilidade pela duração excessiva dos pleitos. O chavão, repetido a cada momento – sobretudo em editoriais da imprensa, redigidos, ao que parece, por pessoas que nunca sequer passaram pela porta do Fórum –, acompanha-se de recomendações veementes de que se reduzam prazos e recursos, se cancelem oportunidades para as manifestações das partes, e outras do gênero. É inegável que os nossos códigos conservam resquícios de um formalismo bolorento, que entorpece os processos, e bastante se pode e deve fazer para podar-lhe os excessos. No campo civil, por sinal, não é pouco o que já se vem fazendo, mediante reformas parciais do diploma em vigor, por uma sequência de leis editadas a partir de 1992: simplificou-se o procedimento da citação e da prova pericial, extinguiu-se a inútil liquidação por cálculo do contador, aboliram-se formalidades supérfluas em procedimentos especiais, deu-se ao agravo disciplina menos burocrática, generalizou-se a possibilidade da antecipação da tutela sob determinadas condições.

No entanto, a demora resulta da conjugação de múltiplos fatores, entre os quais não me parece que a lei, com todas as imperfeições que tem, ocupe o lugar de máximo relevo. Recordemos, antes de mais nada, a escassez de órgãos judiciais, a baixa relação entre o número deles e a população em constante aumento, com a agravante de que os quadros existentes registram uma vacância de mais de 20%[5] que na primeira instância nem a veloz sucessão de concursos públicos consegue preencher. Teríamos de incluir no catálogo das mazelas o insuficiente preparo de muitos juízes, bem como o do pessoal de apoio; em nosso Estado, e provavelmente não só nele, a irracional divisão do território em comarcas, em algumas das quais se toma insuportável a carga de trabalho, enquanto noutras, pouco movimentadas, se mantém uma capacidade ociosa deveras impressionante; a defeituosa organização do trabalho e a insuficiente utilização da moderna tecnologia, que concorrem para reter

5 De acordo com o Banco Nacional de Dados do Poder Judiciário, mantido pelo Supremo Tribunal Federal, na Justiça Comum de primeiro grau, o percentual, em 1997, era de 23,37%.

em baixo nível a produtividade. Poderia alongar-se a lista; os pontos assinalados bastam, porém, para evidenciar quão unilateral é a apreciação que atira todas as culpas, ou quando nada as maiores, sobre a legislação. Se ainda restar dúvida, atente-se na diferença ponderável de resultados obtidos, no seio de um mesmo tribunal, sob idênticos regimentos e condições de trabalho, pelos diversos órgãos fracionários: esta câmara julga qualquer apelação: comum em um mês ou dois, aquela outra gasta quase um ano, possivelmente mais, para prestar igual serviço.

Não convém esquecer, por outro lado, que há uma demora fisiológica, consequente à necessidade de salvaguardar na atividade judicial certos interesses e valores de que uma sociedade democrática não ousaria prescindir. Insiste-se na escrupulosa observância de tais ou quais garantias das partes – ao menos, diga-se de passagem, quando se trata de pessoas simpáticas à opinião pública (ou melhor, à opinião publicada, que com aquela ingenuamente somos levados a confundir). Ora, um processo de empenho garantístico é por força um processo menos célere. Dois proveitos não cabem num saco, reza a sabedoria popular. É pretensão desmedida querer desfrutar ao mesmo tempo o melhor de dois mundos. Nada mais sumário e rápido que o linchamento do réu; mas tolerar semelhante prática hoje em dia parece inconcebível, por maior frequência que se observe ainda em tentativas, às vezes bem-sucedidas, de empregá-la – senão no sentido físico, seguramente no moral – para com certos réus que incorrem, por isto ou por aquilo, nas iras especiais da imprensa e de outros meios de comunicação social.

O submito nº 4 é talvez o mais perigoso. Consiste em hiperdimensionar a malignidade da lentidão e sobrepô-la, sem ressalvas nem matizes, a todos os demais problemas da Justiça. Para muita gente, na matéria, a rapidez constitui o valor por excelência, quiçá o único. Seria fácil invocar aqui um rol de citações de autores famosos, apostados em estigmatizar a morosidade processual. Não deixam de ter razão, sem que isso implique – nem mesmo, quero crer, no pensamento desses próprios autores – hierarquização rígida que não reconheça como imprescindível, aqui e ali, ceder o passo a outros valores. Se uma Justiça lenta demais é decerto uma Justiça má, daí não se segue que uma Justiça muito rápida seja necessariamente uma Justiça boa. O que todos devemos querer é que a prestação jurisdicional venha a ser melhor do que é. Se para tomá-la melhor é preciso acelerá-la, muito bem: não, contudo, a qualquer preço.

3. SEGUNDO MITO: A "FÓRMULA MÁGICA" (ou "Abracadabra")

Não poucos críticos da situação atual deixam entusiasmar-se por um determinado remédio que lhes parece capaz de debelar todos os males. Só têm olhos para a suposta panaceia. Desdobram-se, a propósito de tudo e até sem propósito algum, em exortações ao uso da receita. Há casos de autêntica obsessão.

Como é natural, valia a fórmula de acordo com as preferências do propagandista. Um se mostra convicto de que o caminho único é o reforço da oralidade no processo; causa-lhe arrepios a ideia de que algo, seja o que for, se faça por escrito. Outro enxerga o inimigo capital no emprego do procedimento ordinário, a ser expulso da posição de eminência que se lhe atribui. Um terceiro preconiza a universalização do regime dos Juizados Especiais. Não falta quem veja a saída do impasse na opção radical pelos meios alternativos de composição dos litígios, que teriam a virtude quase milagrosa de desafogar o aparelho judicial. Já aludi aos militantes da campanha pela redução de prazos e de recursos. Abstenho-me, por desnecessário, de prosseguir na exemplificação.

Na realidade, basta ver como são diversificadas as causas do insatisfatório desempenho da máquina judiciária, em função da variedade do contexto institucional, econômico, social, cultural em que ela é chamada a trabalhar, para perceber quão ilusória é a esperança de quem aposta todas as fichas num só número. Bem expressivo é o caso da oralidade: facilmente se descobrem, na paisagem mundial, fluxos e refluxos periódicos, ora a acentuá-la, ora a atenuá-la, sempre com o mesmo propósito de melhorar o funcionamento da Justiça. O Código-modelo de Processo Civil para a América Ibérica prestigia ao máximo o elemento oral, e na sua trilha adota o Uruguai, ao que se diz com êxito, um procedimento por audiências. Enquanto isso, não é exagerado afirmar que em diversos países europeus a oralidade está em franco declínio: na França, a prova testemunhal vai sendo cada vez mais frequentemente substituída por atestações escritas[6]; o recente código inglês afasta-se em mais de um aspecto do tradicional apego britânico à oralidade; a própria Áustria, para

6 Já o assinalava, há mais de dez anos, NORMAND, *I poteri del giudice e delle parti quanto al fondamento delle pretese controverse* (trad. Maria Francesca Ghirga), *in Riv. di dir. proc.*, v. XLIII (1988), p. 672: *"Si fa sempre meno ricorso alla prova testimoniale. A questa misura costosa e che rallenta inevitavelmente il cammino del processo la pratica giudiziaria preferisce un ricorso intenso alle attestazioni".*

escândalo de muitos, torna facultativa, nos anos 80, a audiência preliminar (*erste Tagsatzung*), de valor emblemático na matéria.

Há relativamente pouco tempo, surgiu em nosso país um livro intitulado "Arbitragem: a solução". Pois bem: procurou-se revigorar entre nós o instituto, com louvável diligência, mediante a Lei nº 29.307, de 23-9-1996, mas até hoje não se vislumbram na realidade do foro sinais muito eloquentes do esperado desafogo da Justiça. Aquilo a que se chamou, com ênfase, "a solução" (não apenas "uma solução") pouco tem conseguido solucionar.

A verdade é que simplesmente não existe fórmula de validade universal para resolver por inteiro a equação. Temos de combinar estratégias estáticas, pondo de lado o receio de parecermos incoerentes se, para enfermidades de diferente diagnóstico, experimentarmos remédios também diferenciados. O simplismo das palavras de ordem, já indesejável na política revela-se aqui funesto.

4. TERCEIRO MITO: SUPERVALORIZAÇÃO DE MODELOS ESTRANGEIROS (ou "A galinha da vizinha é sempre mais gorda que a minha")

A ninguém é lícito duvidar, nos dias que correm, da importância dos estudos comparativos, indispensáveis, entre outros fins, para que os ordenamentos jurídicos possam beneficiar-se reciprocamente das experiências levadas a cabo fora das fronteiras nacionais. Na esfera processual, nos últimos decênios assistem à exploração intensa desse filão, para o que vem concorrendo a multiplicação de congressos internacionais, onde se expõem e se discutem relatórios de variadíssimas fontes acerca dos mais atuais e relevantes temas.

Uma coisa, porém, é a atenção crescente ao direito comparado, movimento a que o autor desta palestra dificilmente poderia ser tachado de alheio. Outra, bem distinta, é o deslumbramento ingênuo que impele à imitação acrítica de modelos estrangeiros. Nossa legislação processual exibe traços de muitas influências: vimos importando produtos de origens bastante diversificadas. O Código de Processo Civil, por exemplo, tem impressas no texto marcas portuguesas, italianas, alemãs e até de uma lei menos conhecida, mas bem vista nos círculos especializados por seu apuro técnico: o *codice di procedura civile* do Estado do Vaticano, editado pelo Papa Pio XII em 1946 – manancial em que o legislador de

1973 se abeberou com frequência que a muitos não deixará de surpreender. De algum tempo a esta parte, os olhos dos reformadores, assim no terreno civil como no penal, têm-se voltado de preferência para o direito anglo-saxônico, a cuja inspiração devemos, entre outras coisas, a criação dos Juizados Especiais e a adoção, embora com forma peculiar, do tratamento coletivo para pleitos atinentes a interesses difusos, coletivos propriamente ditos e mesmo individuais, sob determinadas condições e dentro de certos limites. Tudo isso, em si, merece louvores pelos bons resultados que se vêm colhendo, não obstante algumas distorções. É hora, todavia, de acender um sinal de alarma, senão vermelho, pelo menos amarelo, para advertir contra os perigos do excesso.

A dois pressupostos, segundo penso, devem subordinar-se as operações de importação. Primeiro, cumpre examinar a fundo o modo como na prática funciona o instituto de que se cogita no país de origem – análise que reclama a visita direta às fontes, o conhecimento dos textos originais, mas também a consulta da jurisprudência e da doutrina alienígenas, a fim de evitar erros de perspectiva em que não raro incorrerá quem se contente com leituras de segunda ou terceira mão, com traduções nem sempre fidedignas, ou – pior ainda – com a contemplação de sequências de películas cinematográficas, superlativamente emocionantes, porém sem compromisso maior com a realidade. Valha o exemplo de tantos filmes policiais norte-americanos, capazes de dar a impressão de que, nos Estados Unidos, a quinta-essência do processo penal consiste no espetacular episódio do *trial*, que não dispensa um juiz armado de martelo, embora provido de poderes escassos em mais de um aspecto, ao passo que na verdade constituem minoria insignificante, não ultrapassam 10% do total, os feitos criminais que chegam até esse ponto[7].

O segundo pressuposto é o convencimento, fruto de reflexão tanto quanto possível objetiva, de que a pretendida inovação é compatível com o tecido do ordenamento no qual se quer enxertá-la. Aqui se faz mister passar em cuidadosa revista não apenas os dados normativos, senão também os costumes judiciários, a formação profissional e a mentalidade das classes mais diretamente envolvidas – juízes e advogados, cuja colaboração franca será imprescindível ao êxito da operação. Não estou a dizer que nos devamos conformar sempre com o *status quo*. A História

7 Em obra muito recente, o dado impressiona: apenas cerca de 2% de todos os processos penais se resolveriam por meio do *trial* (SAMAHA, *Criminal Procedure*, 4ª ed., Belmont, 1998, p. 37).

registra casos importantes em que, para promover o avanço, foi preciso lutar contra preconceitos e hábitos arraigados: FRANZ KLEIN não encontrou facilidade na implantação do código austríaco de 1895, marco indelével na solução legislativa do processo civil, mas alvo, na época, da resistência de juízes e advogados aos quais não agradavam suas ousadias inovadoras. O que recomendo, e com veemência, é a cautela necessária para não submeter o transplante ao risco manifesto de rejeição.

Modos novos de agir não se assimilam de um dia para outro. Que advogados brasileiros, por exemplo, estariam habilitados de imediato a proceder, como seus colegas norte-americanos, à *cross-examination* de testemunhas? E que juízes nacionais, com ou sem martelo, seriam capazes de presidir ao ato com a olímpica impassibilidade em que costumam manter-se os *trial* judges dos Estados Unidos?

Conto-lhes pitoresco episódio que ilustra o perigo de importações precipitadas, em desarmonia com a cultura do país importador[8]. Na Espanha, recentemente, por óbvia influência da prática do processo penal norte-americano, ampliaram-se de maneira notável as possibilidades de negociação entre acusação e defesa, com vistas à decretação de pena consensual. Pois bem: num caso de denúncia por homicídio, o órgão acusador, que de início pedira a aplicação de pena de 30 anos, na sessão pública de julgamento passou inesperadamente a pleitear que se condenasse o réu só a 6 anos de privação da liberdade – proposta que o acusado se apressou a aceitar, mas que o tribunal teve a coragem de repelir. O que não se podia prever foi a indignada reação da família da vítima, cujos parentes, desprezando as conveniências, se levantaram de seus lugares e saíram correndo atrás do promotor, obrigado a fugir, para não sofrer fisicamente a ira despertada por aquilo que a todos, ou a quase todos, pareceu o fruto de uma trampolinagem.

No caso de nosso país, o máximo de cuidado há de ser posto justamente na abertura das portas jurídicas aos produtos vindos dos Estados Unidos, dada a notória diferença estrutural dos dois sistemas – o brasileiro, de linhagem europeia continental, com o predomínio das fontes escritas, e o norte-americano, muito mais afeiçoado à formação jurisprudencial do direito. Devo declarar com absoluta sinceridade, por

---

8 Devo a informação, documentada com recortes de jornais, ao caro amigo JOSÉ LUIS VÁZQUEZ SOTELO, professor da Universidade de Barcelona, a quem registro aqui meu cordial agradecimento.

exemplo, acerca da atribuição de eficácia vinculativa a precedentes judiciais, que a julgo conatural a este último sistema, enquanto me parece duvidoso, para dizer o menos, que se harmonize com aquele.

5. QUARTO MITO: A ONIPOTÊNCIA DA NORMA (ou: "Vale o escrito")

Tenho criticado mais de uma vez o erro dos que desdenham por questão de princípio reformas legislativas, entendendo que nada adianta modificar a norma. Se assim fosse, do mesmo jeito que não nos daria motivo de alegria a adoção de reforma boa, não precisaríamos preocupar-nos ante a ameaça de reforma ruim: tanto uma como outra deixariam as coisas exatamente onde estavam. Agora, no entanto, desejo equilibrar os pratos da balança, denunciando o erro oposto: a crença simplista de que, alterando a redação de um artigo ou introduzindo-lhe novo parágrafo, se pode dar como solucionado um problema da vida jurídica. A norma, vale sublinhar, nem é impotente, nem onipotente.

Estou convencido de que a ânsia de modificar incessantemente a lei – tão sensível, nos últimos anos, no campo processual – cresce na razão inversa de nossa disposição para pesquisar a realidade com critérios técnicos. Terá algo de uma tentativa, consciente ou não, de supercompensar um déficit – mecanismo familiar à psicanálise. É bem conhecido nosso desamor pelas estatísticas judiciais. As que existem e merecem crédito, ou são insuficientes, ou insuficiente é a respectiva divulgação, como o é a facilidade de acesso a elas. Tal carência responde por uma série de inconvenientes, que me permito distribuir em duas classes: os anteriores e os posteriores à edição da norma[9].

Antes de reformar a lei processual (*rectius*: qualquer lei), mandam a lógica e o bom senso que se proceda ao diagnóstico, tão exato quanto possível, dos males que se quer combater e das causas que os geram ou alimentam. Nenhum médico digno desse nome prescreve remédios e tratamentos sem inteirar-se de que mal padece o doente, e por quê. Se o nosso intuito, *v.g.*, é o de acelerar a máquina da Justiça, necessitamos saber quais as peças que estão rendendo menos, e como penetra no mecanismo a areia que as desgasta. Sem essa prévia verificação, ne-

---

9 Retomo neste passo tema que há muito me vem causando preocupação constante, manifestada em mais de um trabalho: *vide*, por exemplo, *As reformas do Código de Processo Civil: condições de uma avaliação objetiva*, in *Temas de Direito Processual (Sexta Série)*, São Paulo, 1997, p. 81 e s.; *Reformas processuais, in Rev. Jur.*, nº 258, p. 5 e s.

nhum critério sólido teremos para empreender o trabalho da reforma. Corremos o risco de sair a atacar moinhos de vento, enquanto deixamos em paz e sossego os verdadeiros inimigos.

Depois de reformar a lei, impende acompanhar de perto, com lentes adequadas, a repercussão da reforma no dia a dia forense. Não há outra maneira de descobrir o que realmente mudou, em que sentido e com que alcance. Nem se concebe, sem esse elementar cuidado, uma avaliação minimamente objetiva, à luz da qual possamos decidir se vale a pena continuar no mesmo rumo ou se é mais aconselhável dar marcha a ré. Retomando o paralelo com a medicina: administrado o remédio, começado o tratamento, nem por isso está finda a missão do médico: incumbe-lhe observar como estará reagindo o organismo do doente e, conforme o caso, aumentar ou diminuir a dose, quando não substituir a terapia que se haja revelado anódina ou contraproducente.

Ora, não tenho notícia de pesquisas que precedam as sucessivas reformas do Código de Processo Civil, ministrando aos projetos base firme em dados concretos. E sobretudo quase nenhum sinal enxergo de interesse com relação aos efeitos práticos das inúmeras modificações consagradas. É pouco, pouquíssimo, o que deles se sabe com certeza. Algumas interrogações ilustrarão minha perplexidade.

Em vez da citação por oficial de justiça, pôs-se como regra geral a citação pelo correio. Alguém já investigou se de semelhante troca se originaram problemas? Na hipótese afirmativa, quais? De que extensão? Com que frequência? Criou-se para a consignação em pagamento uma fase antejudicial, na esperança de que os litígios se resolvessem por meio dos bancos e aliviassem a carga dos juízes. Pergunto: diminuiu a incidência das ações consignatórias? Que grandeza terá atingido o movimento bancário no particular? A tentativa obrigatória de conciliação, tal como regulada no art. 331, é uma faca de dois gumes: quando se obtém o acordo das partes, encurta-se notavelmente o itinerário do feito; quando não, ele ao contrário se estica mais do que se se omitisse a audiência a isso destinada, sem que os ganhos laterais superem o inconveniente da procrastinação. Pois bem: qual o percentual de tentativas frutíferas? Superará ele notavelmente o das infrutíferas? E mais: em que matérias tem sido mais fácil promover o acordo? Quais os principais óbices à respectiva consumação? Naturalizou-se a ação monitória. Quantas do gênero têm sido propostas? Dessas, que quantidade tem vingado? Que tipos de obstáculos têm barrado O caminho das que não vingam?

Se passamos à repercussão social das reformas, mais ainda se adensam as trevas. Tomemos o exemplo da antecipação da tutela. Não importa unicamente saber em que casos ela vem sendo concedida com maior frequência. Seria bom que formássemos alguma ideia das espécies de interesses que costuma satisfazer. Teremos criado apenas uma agência mais expedita de cobrança de débitos pecuniários, ou um mecanismo capaz de assegurar proteção efetiva a titulares de direitos cuja lesão gera consequências irreparáveis, e que portanto precisam ser acudidos pronta e eficazmente, sob pena de fazer-se inútil o socorro?

Se algum dos presentes dispõe de dados fidedignos com que responder a uma ou duas de minhas perguntas, desde já me confesso extremamente alegre com o fato e agradecido pela comunicação que me queira fazer. Do contrário, terei reforçada a convicção de que nossas reformas se movem a um ritmo puramente impressionístico. Assentamos o que há de ser modificado, e como, ao sabor de nossas impressões pessoais, não raro colhidas em conversas ligeiras de bar ou de corredor de tribunal. E, mais tarde, projetamos sobre a realidade, sem fixar nesta os olhos, a imagem correspondente a tais impressões – dada a óbvia dificuldade que sentiríamos em aceitar que qualquer delas haja sido falsa. Ora, o impressionismo, que na arte produziu frutos saborosíssimos, em direito é uma das piores pragas que devemos temer.

Cumpre renunciar à ilusão de que a vida da norma termina no momento em que começa a viger, e daí por diante já não precisamos interessar- nos pelo respectivo destino. Muito ao contrário: nesse preciso momento é que se inicia a sua verdadeira vida – e é a partir daí que ela demanda nossa maior atenção. Aí nem sempre "vale o escrito", como no jogo inventado pelo Barão de Drummond e habitualmente praticado por senhoras de moral acima de qualquer suspeita, embora incluído na lista das contravenções penais.

6. CONSIDERAÇÕES CONCLUSIVAS

Nenhuma construção sólida pode erguer-se sobre terreno minado. Se queremos edificar um novo aparelho judicial, isento das chagas que enfeiam a face da Justiça, é mister antes de mais nada que nos libertemos de falsas ideias, como as que acabo de denunciar. Elas turvam a nossa visão e nos induzem a caminhos pelos quais, em vez de avançar, corremos o risco de cair no mais fundo despenhadeiro.

Repito que, sem adequada bola de cristal, nunca me atreveria a formular prognósticos. Já me darei por muito satisfeito se houver contribuído de alguma forma para um diagnóstico. Combater enfermidades que não se conhecem bem é desferir às cegas golpes na escuridão. Para saber em que direção nos devemos mover, cumpre ter uma imagem tão exata quanto possível da situação atual. Perseverar no culto de mitos, que a deformam, é condenarmo-nos a procurar a difícil via com os olhos toldados pelo mais espesso nevoeiro. Não será assim que lograremos assegurar um horizonte ensolarado para o futuro da nossa Justiça.

Março de 2000.

COMENTÁRIOS DOS ATUALIZADORES

O FUTURO DA JUSTIÇA: ALGUNS MITOS

Luís Roberto Barroso / Frederico Montedonio

A atualidade desta conferência de José Carlos Barbosa Moreira – uma de suas primeiras no século XXI – não foi prejudicada pelos vinte anos que a separam desta nota. O autor identificou quatro mitos que ainda hoje permanecem perigosos. H. L. Mencken dizia que "para todo problema complexo existe uma solução clara, simples e errada". Barbosa Moreira essencialmente faz soar um alarme contra simplificações excessivas, "fórmulas mágicas" que até podem atacar uma das causas de um problema complexo, mas não o resolvem – quando não o agravam –, justamente por não darem conta de toda a sua complexidade. Não à toa, os quatro mitos são sugestivamente identificados por chavões: fáceis de dizer, mas de escasso valor. Problemas complexos como o acesso à Justiça ou a lentidão dos processos continuam a demandar trabalho sério de diagnóstico e providências em múltiplas frentes. Assim, a atualização cabível refere-se menos às ideias centrais do autor e mais a alguns dos exemplos invocados para ilustrá-las.

O que os próximos anos reservam para a Justiça é conjectura que nem mesmo Barbosa Moreira se aventurou a fazer, de modo que os atualizadores não incorrerão nesse atrevimento, especialmente durante um momento de crise e transformações rápidas, como a pandemia do novo coronavírus (Sars-CoV-2). O trabalho de atualização consiste em noticiar a evolução do tema até o presente. Não se pode, porém, deixar de registrar o que a pandemia apenas acelerou: uma tendência cada vez mais intensa de digitalização, automação e uso de inteligência artificial em diversos aspectos ligados à Justiça, como revela o dado de que no Brasil, em 2019, "apenas 10% do total de processos novos ingressaram fisicamente"[10]. A esse respeito, remete-se o leitor à bibliografia pertinente[11].

O primeiro mito – a rapidez acima de tudo, ou "quanto mais rápido, melhor" – continua vivo na imaginação popular e mesmo na de especialistas, frequentemente esquecidos da "demora fisiológica" exigida por um processo de qualidade e civilizado. A par do "linchamento" invocado por Barbosa Moreira como contraexemplo, não é possível resistir à tentação de lembrar outro não tão cruel, mas não menos sumário: ao ver uma infração de trânsito na Índia, um guarda ordenou ao motorista flagrado que abrisse o vidro do carro, e, então, esbofeteou o rosto do condutor. Depois apenas disse: "pode ir". Outra ilustração da ideia vem do exemplo da China, onde embora mais de 99% dos casos cíveis em primeira instância sejam sentenciados em menos de seis meses – muitos deles em menos de dois meses –, e 97% das apelações cíveis sejam julgadas em até três meses, a baixa qualidade geral das decisões gera uma "profunda crise de confiança" na Justiça[12].

---

10 BRASIL, Conselho Nacional de Justiça. *Justiça em números 2020*: ano-base 2019. Brasília, CNJ, 2020, p. 112. Disponível em: <https://www.cnj.jus.br/wp-content/uploads/2020/08/WEB-V3-Justi%C3%A7a-em-N%C3%BAmeros-2020-atualizado-em-25-08-2020.pdf>. Acesso em: 17 jan.2021.

11 V., *e.g.*, SUSSKIND, Richard. *Online courts and the future of Justice*. Oxford: Oxford University Press, 2019. FERRARI, Isabela (coord.) *Justiça digital*. São Paulo: Revista dos Tribunais, 2020. NUNES, Dierle; LUCON, Paulo Henrique dos Santos; WOLKART, Erik Navarro (orgs.). *Inteligência artificial e direito processual*: os impactos da virada tecnológica no direito processual. 2.ed. Salvador: Juspodivm, 2021. CABRAL, Antonio do Passo. Proceso y tecnologia: nuevas tendencias. *Civil procedure review*, v. 10, n. 1, jan.-abr.2019, p. 111/135. Disponível em: <https://civilprocedurereview.com/blog/editions/proceso-y-tecnologia-nuevas-tendencias-antonio-cabral/>. Acesso em: 17 jan.2021.

12 "According to these findings, Chinese judges have done an impressively efficient job compared to their foreign counterparts. However, when judicial quality is considered (represented by the parties' attitude towards judicial decisions), reality depicts a much different picture. (...) In this regard, it is accurate to state that the Chinese civil judicial system is currently suffering from a deep crisis of public

Barbosa Moreira divide o primeiro mito em quatro submitos. O primeiro submito é o de que a morosidade seria um problema exclusivamente brasileiro, o que continua falso. O próprio autor empenhou-se para demonstrá-lo em outros textos publicados posteriormente ao ora atualizado[13]. O problema da ausência de estatísticas, de que Barbosa Moreira tanto se ressentia, felizmente foi atenuado, embora ainda haja muito espaço para avanço nessa matéria[14]. Mas hoje se sabe, de acordo com o relatório Justiça em Números 2020 (ano-base 2019), produzido pelo Conselho Nacional de Justiça, que um processo judicial de conhecimento no Brasil leva em média um ano e sete meses para ser sentenciado em primeira instância. Na fase de execução, o tempo até a sentença aumenta para quatro anos e três meses. O processo aguarda em média mais dez meses pela decisão do tribunal de segunda instância. No Superior Tribunal de Justiça, a média de tempo até a decisão é de mais nove meses[15]. No Supremo Tribunal Federal, segundo o relatório Supremo em ação 2018 (ano-base 2017), o tempo médio de

confidence and poor finality" (CHEN, Hangping. Doing Justice: Chinese civil procedure and its reform. *Civil procedure review*, v. 10, n. 3, set.-dez.2019, p. 154).

13 MOREIRA, José Carlos Barbosa. A duração dos processos: alguns dados comparativos. *In*: *Revista da EMERJ*, v. 7, n. 26, 2004. Disponível em: <http://www.emerj.tjrj.jus.br/revistaemerj_online/edicoes/revista26/revista26_52.pdf>. Acesso em: 9 jan.2020. Do mesmo autor: O problema da duração dos processos: premissas para uma discussão séria. *In*: *Temas de direito processual*: nona série. São Paulo: Saraiva, 2007, p. 367-377.

14 Vale observar que o índice de acesso a informação judicial na internet - IAcc do Brasil em 2018 foi de 41,58%, o que colocou o País em 14º lugar na lista dos 34 países membros da Organização dos Estados Americanos. O primeiro lugar foi do Chile, com 76,21%. Fonte: CENTRO DE ESTUDIOS DE JUSTICIA DE LAS AMERICAS – CEJA. Índice de accessibilidad a la información judicial en internet – IACC. 2019 (dados de 2018), p. 16. Disponível em: http://biblioteca.cejamericas.org/bitstream/handle/2015/5633/IACC_FINAL_agosto2019.pdf?sequence=1&isAllowed=y>. Acesso em: 17 jan.2021.

15 BRASIL, Conselho Nacional de Justiça. *Justiça em números 2020*: ano-base 2019. Brasília, CNJ, 2020, p. 179-191. Disponível em: <https://www.cnj.jus.br/wp-content/uploads/2020/08/WEB-V3-Justi%C3%A7a-em-N%C3%BAmeros-2020-atualizado-em-25-08-2020.pdf>. O próprio relatório esclarece que "[e]ssas estimativas guardam limitações metodológicas. A principal delas está no uso da média como medida estatística para representar o tempo. A média é fortemente influenciada por valores extremos, por isso pode apresentar distorções quando são resumidos em um único indicador os resultados de informações extremamente heterogêneas" (p. 178).

tramitação foi de dois anos e quatro meses[16]. O Brasil terminou o ano de 2019 com 77,1 milhões de processos pendentes, com idade média do acervo de 5 anos e 2 meses[17].

Os números brasileiros são superlativos, mas a lentidão processual não tem gosto de jabuticaba. A Corte Interamericana de Direitos Humanos recentemente condenou a Argentina por violação aos arts. 8º e 25 do Pacto de São José da Costa Rica, por ter demorado sete anos e onze meses para decidir um processo judicial despido de grande complexidade (somado o tempo de trâmite do processo administrativo que precedeu o ajuizamento da ação, chegou-se a treze anos e quatorze dias num dos casos analisados)[18].

A Corte Europeia de Direitos Humanos, frequentemente chamada a decidir se os processos em curso nos Estados-membros atendem ou não ao "prazo razoável" previsto no art. 6º, 1, da Convenção Europeia dos Direitos do Homem, desenvolveu uma jurisprudência segundo a qual é considerada "razoável" a duração de até dois anos por grau de jurisdição em casos não complexos. Havendo complexidade, a Corte pode permitir um tempo ainda maior, com especial atenção a períodos de inatividade que possam ser considerados excessivos, mas raramente admite um período maior que cinco anos, e quase nunca mais de oito anos. Ficam ressalvados casos considerados prioritários (como os que envolvem a subsistência de uma das partes, réus presos, idosos etc.), nos quais pode haver condenação do Estado-membro ainda que a demora seja inferior a dois anos. A conduta das partes que implique alongamento da duração do processo pode absolver o Estado de uma acusação de demora irrazoável.

---

16 BRASIL, Conselho Nacional de Justiça. *Supremo em ação 2018*: ano-base 2017. Brasília, CNJ, 2017, p. 53. Disponível em: https://www.cnj.jus.br/wp-content/uploads/2017/06/fd55c3e8cece47d9945bf147a7a6e985.pdf>. Acesso em: 17 jan.2021.

---

17 BRASIL, Conselho Nacional de Justiça. *Justiça em números 2020*: ano-base 2019. Brasília, CNJ, 2020, p. 93 e 181-183. Disponível em: <https://www.cnj.jus.br/wp-content/uploads/2020/08/WEB-V3-Justi%C3%A7a-em-N%C3%BAmeros--2020-atualizado-em-25-08-2020.pdf>. Acesso em: 17 jan.2021.

18 Caso Perrone y Preckel v. Argentina, sentença de 8/10/2019. Disponível em: <http://www.corteidh.or.cr/docs/casos/articulos/seriec_385_esp.pdf>. Acesso em: 17 jan.2021.

Vem havendo redução do número de condenações a Estados europeus por tempos excessivos de tramitação processual, o que indica aprimoramento dos sistemas nacionais: em 2012, houve 227 condenações e esta era a segunda violação à Convenção mais frequentemente invocada perante a Corte, de um total de 24 violações possíveis; em 2016, houve 106 condenações e esta passou a ser a quinta violação mais invocada[19]. No final daquele ano em Portugal, porém, 29,5% de todos os processos cíveis e 40,7% dos feitos criminais ainda tramitavam no primeiro grau há mais de dois anos[20].

O quadro abaixo foi feito a partir de levantamento que pode ser considerado o equivalente ao relatório Justiça em números da Europa, tendo por base os dados medianos de 2018. O percentual na tabela representa a taxa de resolutividade (clearance rate) e o número entre parêntesis consiste no tempo teórico de tramitação (disposition time)[21]:

19 CALVEZ, Françoise; REGIS, Nicolas. *Length of court proceedings in the member states of the Council of Europe based on the case law of the European Court of Human Rights*. 3 ed. CEPEJ (European Comission for the Eficiency of Justice), 2018, p. 3-5. Disponível em: <https://rm.coe.int/cepej-2018-26-en-rapport-calvez-regis-en-length-of-court-proceedings-e/16808ffc7b>. Acesso em: 17 jan.2021.

20 EUROPA. Comissão Europeia para a Eficiência da Justiça (CEPEJ). *European judicial systems*: efficiency and quality of justice (CEPEJ studies n. 26). 2018 ed. (2016 data), p. 254 e 316. Disponível em: <https://rm.coe.int/rapport-avec-couv-18-09-2018-en/16808def9c>. Acesso em: 17 jan.2021.

21 EUROPA. Comissão Europeia para a Eficiência da Justiça (CEPEJ). *European judicial systems*: overview. Tabela dinâmica disponível em: <https://public.tableau.com/profile/cepej#!/vizhome/CEPEJ-Overviewv20201_0EN/Overview>. Acesso em: 17 jan.2021. Enquanto a média aritmética consiste na soma e posterior divisão simples de uma série de números, o valor mediano é o número que separa igualmente as metades superior e inferior de uma série. A mediana é menos sensível que a média aos valores extremos. A taxa de resolutividade (*clearance rate*) é um percentual, obtido a partir da divisão do número de casos resolvidos pelo número de casos novos em dado período, multiplicada por 100. Já o tempo teórico de tramitação (*disposition time*) é uma medida em dias, obtida a partir da divisão do número de casos pendentes ao fim de um período pelo número de casos resolvidos no mesmo período, multiplicada por 365. Não é o tempo médio de tramitação, mas simples estimativa teórica do tempo que foi necessário para resolver cada caso pendente num determinado período.

Taxa de resolutividade e tempo teórico de tramitação
na Europa - dados medianos

Tipo de caso / *instância*	*1ª instância*	*2ª instância*	Última instância
Casos cíveis e comerciais litigiosos	100,7% (194 dias)	101,7% (141 dias)	99,2% (204 dias)
Casos que envolvem o Poder Público	99,7% (205 dias)	97,3% (185 dias)	98,5% (218 dias)
Casos criminais	99,9% (118 dias)	99,1% (99 dias)	98,8% (107 dias)

Não é possível deixar de observar que a litigiosidade europeia é bem menor que a brasileira: em 2018, na primeira instância, o número médio de novos casos cíveis por 100 habitantes foi de 2,24, o de casos envolvendo o Poder Público foi de 0,33, e o de casos criminais foi de 1,54, isto é, um total aproximado de 4,11 casos novos para cada 100 habitantes[22]. Em 2019, o Brasil teve 24.189.843[23] casos novos na primeira instância para 210 milhões de habitantes, ou cerca de 11,51 casos novos para cada 100 habitantes. Isto significa que a litigiosidade brasileira corresponde a quase o triplo da europeia.

A atualização dos exemplos citados por Barbosa Moreira, entretanto, confirma que a lentidão processual continua não sendo exclusividade brasileira. A duração média dos processos cíveis contenciosos na Itália em 2016 foi de 981 dias, ou seja, pouco mais de dois anos e oito meses. Quando se incluem outros casos de resolução mais rápida, tais como processos de jurisdição voluntária, separações e divórcios con-

22 EUROPA. Comissão Europeia para a Eficiência da Justiça (CEPEJ). *European judicial systems*: overview. Tabela dinâmica disponível em: <https://public.tableau.com/profile/cepej#!/vizhome/CEPEJ-Overviewv20201_0EN/Overview>. Acesso em: 17 jan.2021. Casos envolvendo o Poder Público são classificados como "administrative cases".

23 BRASIL, Conselho Nacional de Justiça. *Justiça em números 2020*: ano-base 2019. Brasília, CNJ, 2020, p. 49, 52, 56, 60, 64 e 68. Disponível em: <https://www.cnj.jus.br/wp-content/uploads/2020/08/WEB-V3-Justi%C3%A7a-em-N%C3%BAmeros-2020-atualizado-em-25-08-2020.pdf>. Acesso em: 17 jan.2021. O número de casos novos na primeira instância foi obtido a partir da soma dos casos novos no 1° grau da Justiça Estadual (12.155.205) e respectivos Juizados Especiais (5.193.140); no 1° grau da Justiça do Trabalho (2.632.093); no 1° grau da Justiça Federal (1.115.582) e respectivos Juizados Especiais (3.003.387); no 1° grau da Justiça Eleitoral (86.092); no 1° grau da Justiça Militar estadual (2.831) e nas Auditorias Militares da União (1.513).

sensuais, a média cai para pouco mais de um ano (375 dias)[24]. Naquele país, a chamada "Lei Pinto" (Legge 24 marzo 2001, n. 89) previu, em seu art. 2, 2-bis, o direito a uma "justa reparação" (equa riparazione) por procedimentos que demorem mais de três anos na primeira instância, dois anos na segunda instância e um ano na Corte de Cassação, ou seis anos no total (art. 2, 2-ter). Em 2016, a Corte Constitucional italiana declarou inconstitucional a admissão de que o processo tramite por três anos na primeira instância, apoiando-se no parâmetro de dois anos formulado pela Corte Europeia de Direitos Humanos (sentenza 13 gennaio - 19 febbraio 2016, n. 36). Apesar disso, no primeiro semestre de 2020 ainda havia 352.911 processos em tramitação há mais de três anos na primeira instância (Tribunale), 100.297 processos há mais de dois anos na segunda instância (Corte di Appello) e 84.965 processos há mais de um ano na Corte de Cassação[25].

Quanto às estatísticas dos Estados Unidos, o próprio Barbosa Moreira, em texto posterior, sublinhou sua "limitada significação" e a necessidade de recebê-las com "o clássico grão de sal", em razão da multiplicidade de sistemas estaduais e porque, "pela grande frequência de acordos", "poucos processos chegam a percorrer todo o itinerário teoricamente previsto"[26]. Apesar disso, é possível dizer que na Justiça Federal dos EUA, em 30/9/2020, havia 53.600 casos pendentes há mais de três anos na primeira instância (District Courts), o que correspondia a pouco mais de 11% do total. A duração mediana do procedimento completo na primeira instância registrada na mesma data foi de 27,1 meses (isto é, cerca de dois anos e quatro meses)[27]. Já na segunda ins-

24 ITÁLIA. Ministero della Giustizia. *Andamento della durata media degli affari del civile – anno 2016*. 17 marzo 2017. Disponível em: <https://www.giustizia.it/giustizia/it/mg_1_14_1.page?facetNode_1=4_54&facetNode_2=4_26&contentId=SST1263302&previsiousPage=mg_1_14#a1>. Acesso em: 17 jan.2021.

25 ITÁLIA. Ministero della Giustizia. *Monitoraggio della giustizia civile – anni 2003-I semestre 2020*. 11 novembre 2020. Disponível em: <https://www.giustizia.it/giustizia/it/mg_1_14_1.page?contentId=SST1287132&previsiousPage=mg_2_9_13>. Acesso em: 17 jan.2021.

26 MOREIRA, José Carlos Barbosa. O problema da duração dos processos: premissas para uma discussão séria. *In*: *Temas de direito processual*: nona série. São Paulo: Saraiva, 2007, p. 371-372.

27 ESTADOS UNIDOS DA AMÉRICA. *United States District Courts — National Judicial Caseload Profile*. Disponível em: <https://www.uscourts.gov/sites/default/files/data_tables/fcms_na_distprofile0930.2020.pdf>. Acesso em: 17 jan.2021.

tância (Courts of Appeals) havia 38.731 casos pendentes, e a duração média era de 9,1 meses[28].

Na Inglaterra, por sua vez, os dados mais atualizados disponíveis (referentes ao terceiro trimestre de 2020), negativamente impactados pela pandemia, revelam que o tempo médio de espera desde o protocolo da inicial até a realização da audiência (trial) dos casos efetivamente levados a julgamento foi de 48,8 semanas (pouco mais de 11 meses) para as pequenas causas (small claims, de valor até 10 mil libras), e de 62 semanas (pouco mais de 1 ano e 2 meses) para as demais causas (fast track ou multi track, com valor acima de 10 mil e 25 mil libras, respectivamente). O número de decisões caiu 59%, de 342.000 para 138.000, em comparação com o mesmo período do ano anterior[29].

Quanto ao Japão, outro país citado na conferência de Barbosa Moreira, parece ter havido considerável melhora. Por limitações linguísticas dos atualizadores, não foi possível consultar as estatísticas japonesas diretamente na fonte. Mas há notícia de que, das 141.006 ações cíveis ordinárias concluídas na primeira instância em 2014, em mais de um terço dos casos isso ocorreu em até três meses, e em mais da metade dos processos em até seis meses. Apenas 5% dos casos foram resolvidos em mais de dois anos. O tempo médio de tramitação foi de 7,8 meses em 2014. Em 1989, antes da entrada em vigor do novo Código de Processo Civil japonês, ocorrida em 1998, a média era de 12,9 meses[30].

Ainda no que diz respeito ao mito da "rapidez acima de tudo", o segundo submito é o de a todos os jurisdicionados interessaria a conclusão célere das demandas, quando em verdade um dos litigantes obtém proveito com a demora. Embora o CPC de 2015 tenha reforçado as sanções contra a litigância de má-fé (art. 81) e a prática de atos atenta-

28 ESTADOS UNIDOS DA AMÉRICA. *U.S. Court of Appeals - Judicial Caseload Profile*. Disponível em: <https://www.uscourts.gov/sites/default/files/data_tables/fcms_na_appprofile0930.2020.pdf>. Acesso em: 17 jan.2021.

29 INGLATERRA. Ministry of Justice. *Civil Justice statistics quarterly*: July to September 2020. Disponível em: <https://www.gov.uk/government/publications/civil-justice-statistics-quarterly-july-to-september-2020/civil-justice-statistics-quarterly-july-to-september-2020>. Acesso em: 17 jan.2021.

30 SUGIYAMA, Etsuko. Simplified Civil Procedure in Japan. *Erasmus law review*, n. 4, 2015. Disponível em: <http://www.erasmuslawreview.nl/tijdschrift/ELR/2015/4/ELR-D-15-00025>. Acesso em: 17 jan.2021.

tórios à dignidade da justiça (art. 77, § 2º), permanece válida a observação de Barbosa Moreira segundo a qual tais multas, na prática, são raras. Nesse sentido, levantamento feito no Superior Tribunal de Justiça em 2017 revelou que, de 66 acórdãos que apreciaram o tema, apenas 16 foram condenatórios e 50 afastaram a condenação[31]. De toda forma, quando diante de reiterados recursos manifestamente protelatórios, o Supremo Tribunal Federal e o Superior Tribunal de Justiça têm determinado a baixa imediata dos autos, independentemente da publicação do acórdão ou do seu trânsito em julgado, sendo às vezes ordenada a certificação do trânsito. É possível encontrar precedentes nessa linha ao menos desde 2004[32] até os dias atuais[33].

O terceiro submito é o de que a principal culpada pela morosidade processual seria a legislação. Como afirma Barbosa Moreira, há bastante espaço para aprimorar as leis, e de fato o CPC de 2015 eliminou mais alguns "resquícios de um formalismo bolorento". Por exemplo, passaram a constituir matéria de contestação a alegação de incompetência relativa, a incorreção do valor da causa e a indevida concessão de gratuidade de justiça (CPC/2015, art. 337, II, III e XIII), eliminando assim incidentes apartados para tais matérias, previstos no CPC/1973 e na Lei 1.060/1050, que ocasionavam decisões interlocutórias autônomas e séries respectivas de recursos. Permanecem, entretanto, os demais problemas mencionados pelo autor. Basta, por exemplo, consultar o relatório Justiça em Números 2020 (ano-base 2019) para ler que há 22.706 cargos de magistrados no Brasil, mas apenas 18.091 encontram-se providos. Os 4.615 cargos vagos representam 20% do total[34].

---

31 WOLKART, Erik Navarro. *Análise econômica do processo civil:* como a economia, o direito e a psicologia podem vencer a tragédia da Justiça. São Paulo: Revista dos Tribunais, 2019, p. 829/839. O levantamento foi feito entre acórdãos do STJ de janeiro a 26/10/2017.

32 STJ, 5ª T., EDcl nos EDcl nos EDcl nos EDcl no REsp 378450, Rel. Min. José Arnaldo da Fonseca, j. 16/3/2004. No mesmo sentido: STF, 2ª T., RE 395.662 AgR-ED-ED, Rel. Min. Gilmar Mendes, j. 14/12/2004.

33 V., *e.g.*: STF, 1ª T., RE 1.190.372 ED-AgR-ED, Rel. Min. Luiz Fux, j. 6/12/2019; STJ, CE, EDcl nos EDcl no AgInt no RE nos EDcl no AgInt nos EAREsp 634687, Rel. Min. João Otávio de Noronha, j. 13/8/2019.

34 BRASIL, Conselho Nacional de Justiça. *Justiça em números 2020*: ano-base 2019. Brasília, CNJ, 2019, p. 46. Disponível em: <https://www.cnj.jus.br/wp-content/uploads/2020/08/WEB-V3-Justi%C3%A7a-em-N%C3%BAmeros-2020-atualizado-em-25-08-2020.pdf>. Acesso em: 17 jan.2021>.

Para uma população de 210 milhões de pessoas, o Brasil tem hoje 8,61 juízes para cada 100.000 mil habitantes, enquanto o valor mediano da Europa em 2018 era muito superior: 17 juízes por 100.000 habitantes[35].

Também subsiste o perigo do quarto submito: o ataque à lentidão da Justiça a qualquer preço. Exemplo expressivo, no campo processual penal, são audiências de custódia em que também se procede à instrução e ao julgamento[36]. Assim, teoricamente, uma pessoa pode ser condenada no mesmo dia da prisão em flagrante: esquecidas da "demora fisiológica" necessária para que o processo cumpra seus fins civilizatórios, acusação e defesa são oferecidas imediatamente, sem tempo para reflexão mínima e estruturação da argumentação, a serviço de uma sentença também instantânea. Não seria exagero considerar materialmente indefesos réus cujos advogados aceitam tal sistemática.

Quanto ao segundo mito, o das "fórmulas mágicas" (ou "abracadabra"), foram lembradas como pretensas panaceias, entre outras, a oralidade[37] e a arbitragem. Este último instituto, disciplinado pela Lei 9.307/1996 e alterado pelo CPC/2015 e pela Lei 13.129/2015 – que, entre outros pontos, previu expressamente o uso do instrumento pela Administração Pública – continua, na prática, com alcance muito limitado. Prova disso é um levantamento intitulado Anuário da arbitragem no Brasil 2018, que mapeou apenas 1.397 procedimentos arbitrais em andamento em 31/12/2018, em 21 instituições diferentes, número irrisório em vista da quantidade de processos judiciais em andamento no País. A duração média dos procedimentos arbitrais concluídos pelas referidas instituições nos dois anos anteriores foi de 23,62 meses contados do requerimento de arbitragem e de 20,22 meses contados da assinatura do respectivo termo, e o valor médio das arbitragens em an-

35 EUROPA. Comissão Europeia para a Eficiência da Justiça (CEPEJ). *European judicial systems*: overview. Tabela dinâmica disponível em: <https://public.tableau.com/profile/cepej#!/vizhome/CEPEJ-Overviewv20201_0EN/Overview>. Acesso em: 17 jan.2021.

36 É possível encontrar notícias recentes de tal prática. Veja-se, *e.g.*: <https://www.cjf.jus.br/cjf/noticias/2019/08-agosto/justica-federal-de-navirai-ms-realiza-no-mesmo-dia-audiencia-de-custodia-instrucao-criminal-e-julgamento>. Acesso em: 18 jan.2021.

37 Barbosa Moreira discorreu um pouco mais sobre as tendências relacionadas à oralidade em estudo posterior ao ora atualizado (Correntes e contracorrentes no processo civil contemporâneo. *In: Temas de direito processual*: nona série. São Paulo: Saraiva, 2007, p. 61/65).

damento foi de R$ 419.798.212,22[38], confirmando que o instrumento é usado preferencialmente em litígios caros e sofisticados.

No que diz respeito ao terceiro mito, o da supervalorização de modelos estrangeiros (ou "a galinha da vizinha é sempre mais gorda que a minha"), permanecem atuais as preocupações de Barbosa Moreira sobre os "pressupostos" a que "devem subordinar-se as operações de importação" de institutos jurídicos: o conhecimento profundo do funcionamento do sistema de origem e sua compatibilidade com o ordenamento de destino. Há quem use um neologismo de gosto duvidoso – "commonlawlização" – para se referir à tendência incorporação de institutos e práticas de origem anglo-saxã ao direito brasileiro. Em verdade, há relativo consenso de que os sistemas romano-germânico e anglo-saxão estão em processo de aproximação recíproca[39]: de um lado, aumenta a importância do direito legislado nos EUA e no Reino Unido; de outro, valoriza-se cada vez mais o direito jurisprudencial na Europa continental e demais países filiados à família romano-germânica.

A cross-examination mencionada por Barbosa Moreira é apenas um exemplo de como essa aproximação foi sentida no Brasil, já que o instituto veio a ser expressamente adotado no direito brasileiro, primeiramente no processo penal (CPP, art. 212 e 473, nas redações conferidas pelas Leis 11.689 e 11.690/2008), e depois no processo civil (CPC/2015, art. 459). Os acordos de não persecução penal são um exemplo mais recente (CPP, art. 28-A, incluído pela Lei 13.964/2019). Mas há muito mais: apesar do ceticismo de Barbosa Moreira[40] quanto à compatibilidade da eficácia vinculante dos precedentes com o sistema

38 CENTRO DE ESTUDOS DAS SOCIEDADES DE ADVOGADOS – CESA. *Anuário da arbitragem no Brasil 2018*. Dezembro de 2019. Disponível em: <http://www.cesa.org.br/media/files/Anuario2018Arbitragem.PDF>. Acesso em: 17 jan.2021. O tempo médio dos procedimentos resulta da média aritmética simples dos períodos mencionados na p. 18 do relatório, enquanto o valor é a média ponderada do número de procedimentos em curso em cada instituição (p. 8) e seu respectivo valor médio (p. 15).

39 Como não poderia deixar de ser, o ponto é reconhecido pelo próprio Barbosa Moreira em estudo posterior ao ora atualizado (O processo civil contemporâneo: um enfoque comparativo. *In: Temas de direito processual*: nona série. São Paulo: Saraiva, 2007, p. 53).

40 O mesmo autor desenvolveu sua crítica, posteriormente ao texto ora atualizado, no artigo Súmula, jurisprudência, precedente: uma escalada e seus riscos. *In: Temas de direito processual*: nona série. São Paulo: Saraiva, 2007, p. 299/313.

romano-germânico, um dos principais alicerces do Código de Processo Civil de 2015 foi a construção de um sistema de precedentes obrigatórios. Longe de ser uma simples importação acrítica, o Código criou um autêntico sistema brasileiro de precedentes, atento às vicissitudes do atual cenário jurídico nacional. Por certo, farão bem os juristas brasileiros em dominar conceitos como os de ratio decidendi, obiter dicta e distinguishing, correntes no sistema anglo-saxão, não para emular advogados ingleses – o que dependeria mais da ostentação de uma peruca branca –, mas para operar um sistema que busca promover a segurança jurídica, a isonomia e a eficiência no direito brasileiro[41].

Por fim, o quarto mito – a onipotência da norma, ou "vale o escrito" – continua vivo na cultura brasileira, muito afeita ao bacharelismo e à crença de que problemas complexos podem ser resolvidos a golpes de caneta. Lamentavelmente ainda há poucas pesquisas empíricas aptas a embasar diagnósticos e propostas de reforma legislativa, tampouco estudos voltados a responder à maior parte das perguntas formuladas por Barbosa Moreira nessa parte de sua conferência. Quanto a pelo menos uma indagação, porém, há resposta: em 2019, o índice de processos resolvidos por conciliação no Brasil foi de 12,5%, sendo que na Justiça do Trabalho como um todo tal índice chega a 24%, ou mesmo a 39%, quando considerada apenas a fase de conhecimento no primeiro grau de jurisdição trabalhista[42]. O tema evoluiu significativamente, com a criação em 2006 do Movimentação pela Conciliação, do Conselho Nacional de Justiça, passando pela edição da Resolução CNJ 125/2010 – que instituiu a Política Judiciária Nacional de tratamento adequado dos conflitos de interesse –, e chegando à Lei 13.140/2015 (Lei da Mediação) e ao Código de Processo Civil de 2015, altamente empenhado em promover soluções autocompositivas (e.g., art. 3º, §§ 2º e 3º; art. 90, § 3º; arts. 165 a 175; art. 334 etc.).

---

41 BARROSO, Luís Roberto; MELLO, Patrícia Perrone Campos. Trabalhando com uma nova lógica: a ascensão dos precedentes no direito brasileiro. *Revista da AGU*, v. 15, n. 3, p. 9/52, jul./set.2016. Disponível em: <https://seer.agu.gov.br/index.php/AGU/article/view/854/730>. Acesso em: 17 jan.2021.

42 BRASIL, Conselho Nacional de Justiça. *Justiça em números 2020*: ano-base 2019. Brasília, CNJ, 2020, p. 171/172. Disponível em: <https://www.cnj.jus.br/wp-content/uploads/2020/08/WEB-V3-Justi%C3%A7a-em-N%C3%BAmeros-2020-atualizado-em-25-08-2020.pdf >. Acesso em: 18 jan.2021). O índice é obtido pelo "percentual de sentenças e decisões resolvidas por homologação de acordo em relação ao total de sentenças e decisões terminativas proferidas".

Apesar dessa evolução, um índice geral de conciliação pouco superior a 10% parece desaconselhar a realização obrigatória da audiência de conciliação ou mediação, como previsto no art. 334 do CPC/2015. Possivelmente é o que diria Barbosa Moreira, como se depreende de estudo específico sobre o tema publicado posteriormente ao ora atualizado, à vista das modificações introduzidas pela Lei 10.444/2002 no CPC/1973[43]. Seja como for, em raro e recente estudo empírico, com base em dados do Judiciário de cinco Estados, concluiu-se que conciliações bem sucedidas reduzem à metade o tempo de tramitação dos processos, e isso ocorre mais frequentemente em feitos relativos a direito de família, direito do consumidor e dano moral[44].

Em conclusão, o nevoeiro a que alude Barbosa Moreira continua espesso, os mitos sobre o futuro da Justiça ainda são perigosos e as palavras de ordem simplistas permanecem tão atraentes quanto equivocadas, mas hoje há mais dados empíricos que poderão auxiliar na formulação de diagnósticos mais precisos e de propostas menos "impressionistas". Seja como for, as ideias de Barbosa Moreira continuam indispensáveis para descortinar "um horizonte ensolarado para o futuro da nossa Justiça".

---

43 MOREIRA, José Carlos Barbosa. Vicissitudes da audiência preliminar. *In: Temas de direito processual*: nona série. São Paulo: Saraiva, 2007, p. 129/140 (v. esp. p. 138/140).

44 BRASIL, Conselho Nacional de Justiça. *Mediação e conciliação avaliadas empiricamente*. 3ª série da edição Justiça Pesquisa. Brasília, 2019, p. 96/97 e 176/177. Disponível em: <https://www.cnj.jus.br/wp-content/uploads/2011/02/e1d2138e-482686bc5b66d18f0b0f4b16.pdf>. Acesso em: 17 jan.2021.

POR UM PROCESSO SOCIALMENTE EFETIVO[1]

1. Efetividade do processo é expressão que, superando as objeções de alguns, se tem largamente difundido nos últimos anos. Querer que o processo seja efetivo é querer que desempenhe com eficiência o papel que lhe compete na economia do ordenamento jurídico. Visto que esse papel é instrumental em relação ao direito substantivo, também se costuma falar da instrumentalidade do processo. Uma noção conecta-se com a outra e por assim dizer a implica. Qualquer instrumento será bom na medida em que sirva de modo prestimoso à consecução dos fins da obra a que se ordena; em outras palavras, na medida em que seja efetivo. Vale dizer: será efetivo o processo que constitua instrumento eficiente de realização do direito material.

Tem o sabor do óbvio a afirmação de que a busca da efetividade no processo suscita grande e multiforme problemática. Não é nem poderia ser meu propósito, neste ensejo, discorrer sobre todos os seus variados aspectos. Escolhi um ângulo, uma perspectiva, que o próprio título da palestra basta para pôr em evidência. Interessa-me, aqui e agora, a efetividade social do processo. Mas convém precisar o objeto de minha atenção: o adjetivo "social", com efeito, vítima constante de abusos que o desgastam, está longe de ser unívoco.

Dos diversos critérios possíveis de aferição, vou concentrar-me em dois, que me parecem sobremodo importantes. De acordo com o primeiro, será socialmente efetivo o processo que se mostre capaz de veicular inspirações da sociedade como um todo e de permitir-lhes a satisfação por meio da Justiça. Consoante o segundo, merecerá a denominação de efetivo, do ponto de vista social, o processo que consinta aos membros menos bem aquinhoados da comunidade a persecução judicial de seus interesses em pé de igualdade com os dotados de maiores forças – não só econômicas, senão também políticas e culturais.

Fique bem claro que não estou atribuindo a processo algum, por mais efetivo que seja, a virtude de tomar por si só menos iníquas as estruturas sociais, de corrigir-lhes as tristes deformidades que as marcam em países como o nosso. Não se promove uma sociedade mais justa, ao

1 Texto de palestra proferida no Rio de Janeiro, em 31 -3-2001 (com o acréscimo de notas). Publicado em *Rev. de Proc.*, nº 105, *Rev. Síntese de Dir. Civ. e Proc. Civ.*, nº 11, *Rev. de Dir. Renovar*, v. 20, *Rev. da Assoc. dos Proc. do Est. do RJ* nº 11.

menos primariamente, por obra do aparelho judicial. É todo o edifício, desde as fundações, que para tanto precisa ser revisto e reformado. Pelo prisma jurídico, a tarefa básica inscreve-se no plano do direito material.

Não se deve inferir daí, porém, que o processo, enquanto tal, não tenha o que fazer no trabalho de renovação. Há quem encare com total cepticismo a possibilidade de qualquer contribuição processual nesse terreno e prefira aguardar as grandes mudanças do ordenamento desde as raízes mais profundas. É uma posição só aparentemente progressista: renuncia a um pouco do que se pode tentar conseguir hoje ou amanhã, em nome do muito que, em hipótese otimística, apenas a longo prazo se tem razoável expectativa de ver acontecer.

Seja como for, vale a advertência de que, nesta oportunidade, é mais o caminho, em si, do que a meta, que me atrai a mirada. Estarei de olhos postos antes na estrada que no ponto final do itinerário, sem que isso signifique, é claro, minimizar-lhe a importância. Não se há de entender, pois, a expressão "processo socialmente efetivo" como se designasse processo apto a conduzir por força, mediante uma sentença ou o respectivo cumprimento, a resultado socialmente desejável, senão – com maior modéstia – processo apto a abrir passagem mais desimpedida a interesses socialmente relevantes, quando necessitem transitar pela via judicial.

2. Assim definido o objeto da palestra, comecemos pelo tópico relativo à construção de vias utilizáveis por quem deseje vindicar em juízo os mencionados interesses. Do legislador brasileiro, inclusive em nível constitucional, seria injusto dizer que tem sido negligente na execução do trabalho. Não faltam em nosso ordenamento positivo figuras inspiradas em semelhante programa. Ponha-se em relevo, aqui, a consagração, nos últimos decênios, de mecanismos destinados ao tratamento processual coletivo de direitos supraindividuais. Interesses voltados para a proteção do meio ambiente, do consumidor, de valores estéticos, históricos, artísticos – numa palavra, culturais – ganharam possibilidades de tutela judicial muito mais amplas do que aquelas que se lhes abriam entre nós noutros tempos e, ainda hoje, até em países mais adiantados. É suficiente lembrar, à guisa de exemplos, textos como o da Lei nº 4.717, de 29-6-1965, que regulou a ação popular, o da Lei nº 7.347, de 24-7-1985, que disciplinou a ação civil pública, e ainda o da Lei nº 8.078, de 11-9-1990, que instituiu o Código de Defesa do Consumidor.

Decididamente não é por falta de instrumentos processuais que continua tão insatisfatória a situação nacional nesse terreno. Escusado insistir em que nem tudo pode ficar na dependência da atuação dos mecanismos da Justiça. Há que contar com uma ação enérgica das instâncias administrativas; e há que contar, sobretudo, com a colaboração constante dos próprios membros da comunidade. Seja-me lícito reproduzir aqui observação feita alhures. O reconhecimento de interesses coletivos e difusos implica necessariamente o de deveres que recaem sobre cada um de nós em face dos outros membros da comunidade. Se não nos prontificamos a fazer o que nos toca para preservar os bens e valores que pertencem a todos, ou a muitos, falece-nos autoridade moral para cobrar de órgãos públicos, inclusive dos judiciais, desempenho mais prestante. Quem cultiva o hábito de lançar à rua, ou às areias da praia, seu lixo particular, sob a forma de papéis sujos, de pontas de cigarro, de palitos de picolé – para não aludir a artefatos de mais íntimo uso –, é óbvio que não estará legitimado a reclamar da degradação do ambiente...

Mas, ainda a abstrair-se desse aspecto, o confronto entre o que consta dos textos legais e o que se passa na realidade fornece matéria para refle~ ões nem sempre alegres. Pode-se dizer da ação civil pública, por exemplo, que esteja correspondendo plenamente às expectativas que lhe cercaram a criação? Neste passo é mister revestir quaisquer pronunciamentos de um envoltório de cautela. Juízos mais incisivos teriam de fundar-se em dados concretos, escrupulosamente colhidos no quotidiano forense. Ora, os elementos de que dispomos são escassos: poucos se têm disposto a joeirar o material depositado nos autos de processos, para reconstituir com fidelidade a imagem não do que pode ser a ação civil pública, conforme a letra da lei, senão do que ela realmente tem sido, no dia a dia dos pretórios. Temos de contentar-nos, em geral, com as notícias fragmentárias que nos chegam aqui e dali, insuficientes para fundamentar afirmações muito categóricas.

Em todo caso, não parece distante da verdade a suspeita de que a ação civil pública vem sendo vítima de algumas distorções graves. A mais evidente respeita à iniciativa da propositura. A Lei nº 7.347 optou por um regime de legitimação concorrente e disjuntiva entre várias entidades, cada qual habilitada a exercitar independentemente a ação (art. 5º). Incluiu no elenco as associações civis, constituídas há pelo menos um ano, que contemplem, entre suas finalidades institucionais, a proteção dos interesses em causa. É fora de dúvida que o legislador punha muita esperança na atuação desses "corpos intermédios", pontes de passagem entre o universo público e o privado. Não há sinais eloquentes de que tal esperança venha sendo satisfeita. Ao menos em nosso Estado – e não se afigura temerário supor que também noutros –, a grande maioria das ações de que tratamos têm sido intentadas pelo Ministério Público. As associações civis não se animam com frequência a agir por si mesmas, e preferem muitas vezes provocar a iniciativa daquele órgão.

É de justiça mencionar aqui a pesquisa de campo ainda recente, realizada na UERJ, sob a direção do Professor PAULO CEZAR PINHEIRO CARNEIRO. Cuida-se de trabalho pioneiro no gênero, e merece atenção e divulgação. Levantamento efetuado no foro central da comarca desta cidade revelou que, do total de ações civis propostas, entre 1987 e 1996, apenas cerca de 10% o foram por associações e organizações não governamentais, ao passo que mais de 60% tiveram como autor o Ministério Público, dividido o restante entre o Município do Rio de Janeiro, a Defensoria Pública e outras entidades[2].

Ampliando um pouco o campo de observação, importa registrar que a atuação das entidades associativas ainda se vê mais reduzida em sua eficácia prática por força de enxertos legislativos de infeliz inspiração. Sirva de exemplo a introdução, por medida provisória[3], de dispositivo segundo o qual a sentença proferida em ação coletiva de associação civil, na defesa dos interesses e direitos dos associados, só abrangerá aqueles que, na data da propositura, tenham domicílio no âmbito da competência territorial do órgão prolator. A inovação atentou contra princípio firme na doutrina, a saber, o de que, nas hipóteses de substituição processual, o julgado vale e produz efeitos para os substituídos[4] sem distinções do tipo da que se consagrou, baseada em elemento aleatório e irrelevante como o domicílio em certa data. E não existe razão lógica que justifique a restrição estar algum membro da associação domiciliado fora do âmbi-

---

2 Dados constantes da tese de concurso do citado autor à titularidade de Teoria Geral do Processo na Faculdade de Direito da UERJ: *Acesso à Justiça – Juizados Especiais Cíveis e Ação Civil Pública,* Rio de Janeiro, 1999, p. 185.

3 No momento em que se escreve, o veículo é a Medida Provisória nº 1.984-24, de 23-11-2000, art. 4º, que acrescentou um art. 2º-A à Lei nº 9.494, de 10-9-1997. Mas a inovação vem de mais longe.

4 Tese pacífica na literatura pátria: *vide* por todos a monografia de WALDEMAR MARIZ DE OLIVEIRA JUNIOR *Substituição processual,* S. Paulo, 1971, p. 170 e 172, e obra recentíssima de análise do Código: ARAÚJO CINTRA, *Comentários ao Código de Processo Civil,* v. IV, Rio de Janeiro, 2000, p. 305.

to da competência territorial do órgão julgador não é circunstância que inevitavelmente torne menos intenso e menos digno de tutela, para esse associado o interesse em jogo.

3. Um dos grandes desafios do processo socialmente orientado é o desequilíbrio de forças que logo de início se exibe entre as partes litigantes, a comprometer em regra a igualdade de oportunidades de êxito no pleito. Como bem se compreende, ressalta particularmente o aspecto econômico, que todavia está longe de ser o único. Antes mesmo dele, põe-se um problema de ordem cultural. O baixo nível de cultura constitui, aqui como em tudo, fator de marginalização. Para um analfabeto ou semianalfabeto, são notórias as desvantagens nesta espécie de competição, a começar pelo déficit informativo, que tantas vezes lhe dificulta ou até veda a noção de seus direitos e da possibilidade de reclamar satisfação por via civilizada.

Por esse ângulo – diga-se de passagem –, a questão transcende as fronteiras do mundo processual e mesmo do mundo jurídico, para evidenciar a necessidade de ampla campanha de conscientização, em que colaborem os mais diversos setores da sociedade e se utilizem os mais variados meios de divulgação. Para ficarmos num exemplo significativo: com certeza muito chão ainda haverá que percorrer até que as emissoras de rádio e televisão se compenetrem do papel que lhes reserva no particular a Constituição da República, ao dispor, no art. 221, que a respectiva programação deve assegurar "preferência a finalidades educativas, artísticas, culturais e informativas". À luz do que se costuma ver na telinha, parece quase insensato sonhar com o dia em que semelhante preceito se converta em realidade.

Iniciativa aberta ao Poder Judiciário – e, mais do que aberta, imposta pelo texto constitucional – é a de aproximar a Justiça do grosso da população, com o propósito, entre outros, de eliminar ou reduzir barreiras culturais. Todos sabemos que o cidadão comum não se sente à vontade nos recintos tradicionais em que se exerce a função jurisdicional: tudo aí se lhe afigura estranho, misterioso, e não é de admirar que lhe inspire mais desconfiança e temor do que tranquilidade. Menor dose de solenidade e formalismo contribuirá para suavizar o desconforto do ingresso em juízo. É a filosofia em que se embebem, ou deveriam embeber-se, os Juizados Especiais previstos no art. 98, nº I, da Carta de 1988: nem por outra razão, ao redigir-se o art. 2º da Lei nº 9.099, de 26-9-1995, reguladora da matéria, se incluíram entre os critérios a serem observados no processo o da simplicidade e o da informalidade.

Um discurso menos superficial acerca do que se vem fazendo nessa esfera precisaria levar em conta fatores múltiplos e diversificados, desde a localização e a estrutura física dos órgãos até o horário e outras condições do respectivo funcionamento. Trabalhos de pesquisa levados a cabo chegaram, em certos pontos, a resultados pelo menos à primeira vista surpreendentes. Verificou-se, por exemplo, que, no Rio de Janeiro, ao contrário do que se poderia prever, a instalação de Juizados em áreas ocupadas por favelas não propiciou maior acesso das populações faveladas ao aparelho judicial. O fenômeno é observável desde o período anterior à Lei nº 9.099, com referência aos antigos Juizados Especiais de Pequenas Causas. A um deles, situado no Morro do Pavãozinho, não acorriam moradores da favela, mas pessoas de classe média, habitantes de Ipanema, que levavam ao órgão lides relativas a acidentes de trânsito ou conflitos de vizinhança em edifícios de apartamentos[5].

É provável que o exame da legislação, notadamente no que concerne à competência dos Juizados Especiais, lance alguma luz sobre as causas de tal situação. Com efeito: o art. 3º, § 2º, da Lei nº 9.099 exclui do âmbito daquela competência feitos como os de natureza alimentar e os oriundos de acidentes do trabalho, que presumivelmente ocupariam lugar de realce em qualquer lista de litígios frequentes nas camadas populares menos bem aquinhoadas. Quanto a outros conflitos de interesses, é de recear que fiquem submetidos a instâncias extrajurídicas, como sói acontecer em áreas onde o ordenamento oficial cede o passo ao ditado pelos "poderosos chefões" locais.

A questão, porém, não é simples. Dilatar a competência dos Juizados Especiais importaria, obviamente, aumentar-lhes a carga de trabalho. Dada a dificuldade de obter recursos, materiais e humanos, que permitissem multiplicar esses órgãos em medida considerável, fatalmente nos veríamos a braços com o ingurgitamento de uma via judicial que se quer desatravancada e rápida, De certo grau de obstrução já se notam, aliás, sintomas aqui e ali, a provocar demoras incompatíveis com o espírito que presidiu à criação dos Juizados, É o caso de lembrar a observação

5 Dados colhidos, também aqui, em PAULO CEZAR PINHEIRO CARNEIRO, ob. cit., p. 135/6.

irônica de autor norte-americano[6], que comparava a instituição de um sistema judiciário com a construção de uma estrada: quanto melhor a estrada, maior o tráfego; ora, o aumento do tráfego, por sua vez, faz piorar a estrada.

4. O problema capital, no entanto, continua a ser o econômico. À semelhança de quase todas as suas antecessoras, a vigente Constituição traçou norma específica a tal respeito, no inciso LXXIV do art. 5º, assim redigido: "O Estado prestará assistência jurídica integral e gratuita aos que comprovarem insuficiência de recursos". O texto é ambivalente. De um lado, avança mais que os anteriores, ao falar de assistência não apenas judiciária, mas "jurídica" – o que, entre outras coisas, obriga o poder público a ministrar serviços gratuitos de consultoria a quem, não podendo pagá-los, deles necessite em matéria de direito. De outro lado, a letra do dispositivo dá a impressão de regredir em confronto com a legislação infraconstitucional preexistente, que já chegara ao ponto de consagrar, para o benefício da gratuidade da justiça, presunção (relativa) de necessidade ante a mera declaração do interessado de não estar em condições de prover às despesas pertinentes sem prejuízo próprio ou da família (Lei nº 1.060, de 5-2-1950, com a redação dada pela Lei nº 7.510, de 4-7-1986). Felizmente, não vingou a ideia de que a Constituição houvesse revogado a disposição e passado a exigir prova da miserabilidade em cada caso fosse como fosse, a lei não incidiria em vício algum ao ir além da Carta da República, para conceder um plus aos interessados[7].

O art. 134 da Constituição individualiza o órgão a que incumbe, além da "orientação jurídica", "a defesa, em todos os graus, dos necessitados, na forma do art. 5º, LXXIV": tais atribuições estão confiadas à Defensoria Pública, a que o texto dá a honrosa qualificação de "instituição essencial a função jurisdicional do Estado". Lamentavelmente, o poder público nem sempre se mostra solícito em prover o órgão dos meios necessários ao desempenho cabal de sua elevada função e em assegurar aos defensores públicos condições de trabalho compatíveis com suas responsabilidades. Seria de desejar que o litigante pobre pudesse contar

6 NEELY, *Why Courts Don't Work*, Nova Iorque, 1983, p. 58, *apud* McCORMICK, *Canada's Courts*, Toronto, 1994, p. 44.

7 Sobre o tópico, *vide* BARBOSA MOREIRA, O *direito à assistência jurídica: evolução* do *ordenamento brasileiro de nosso tempo, in Temas de Direito Processual* (Quinta Série). S. Paulo, 1994, p. 59/60.

com serviços do mesmo nível dos que um bom escritório de advocacia presta aos clientes, de tal sorte que seus interesses se vissem defendidos em juízo com tanta eficiência quanta resultasse, para o adversário mais abastado, da contratação de advogado competente.

Incumbe ao juiz que defere o benefício da gratuidade determinar que o serviço estadual de assistência judiciária, onde houver, ou, na sua falta, a Ordem dos Advogados do Brasil, por suas Seções Estaduais ou Subseções Municipais, proceda à indicação do profissional que se incumbirá da representação do beneficiário (Lei nº 1.060, art. 5º, §§ 1º e 2º). Caso não haja, no local, subseção da OAB, o próprio juiz nomeará o advogado (§ 3º).

Algumas observações são aqui oportunas. Pode suceder que o necessitado conheça determinado profissional e o prefira a qualquer outro no patrocínio de sua causa. De modo nenhum se lhe impõe utilizar os serviços da Defensoria Pública: a circunstância de não dispor de recursos para pagar honorários não deve privá-lo de uma escolha pessoal, inspirada na confiança. Daí estabelecer o art. 5º, § 4º, da Lei nº 1.060 que, tocando ao juiz a nomeação, ela recairá no advogado "que o interessado indicar e que declare aceitar o encargo". Por outro lado, se o profissional tem de patrocinar a causa em substituição à Defensoria Pública, não seria justo nem conveniente forçá-lo a trabalhar sem remuneração – o que até poderia induzi-lo a empregar menor zelo, em detrimento do necessitado. Por isso, a Lei nº 8.906, de 4-7-1994 (Estatuto da Advocacia), no § 12 do art. 22, confere-lhe direito aos honorários fixados pelo juiz e pagos pelo Estado.

São disposições que se articulam no sentido de assegurar ao litigante pobre, na medida do possível, que seus interesses sejam defendidos de modo condigno em juízo. Na prática, por motivos diversos, esse objetivo está longe de ser atingido em todos os casos. As Defensorias Públicas, notadamente, nem sempre conseguem imprimir a seu trabalho a eficiência desejável, apesar da competência e da dedicação de tantos defensores. Equipá-las bem é tópico que precisaria assumir posição de maior relevo nas escalas de prioridade da Administração Pública; mas o que se vê, no particular, é a frequente incoerência entre a declarada preocupação social de muitos governos e o descaso na prática votado ao assunto.

Uma exigência legal capaz de dificultar ou até de obstar o acesso à Justiça para os menos favorecidos é a do depósito em dinheiro como pressuposto do ajuizamento de ação. Assim se dá, entre nós, com o art.

488, nº I, do Código de Processo Civil, no tocante à rescisória. O parágrafo único não contempla o beneficiário da gratuidade entre as exceções à regra, nem se cuidou até agora de acrescentar a verba ao elenco do art. 3º da Lei nº 1.060, que enumera as isenções abrangidas pelo benefício. No entanto, em sistema processual socialmente orientado, não se concebe que o exercício de ação alguma fique subtraído ao respectivo titular, só pelo fato de carecer de meios. Cumpre afastar o óbice em sede hermenêutica, para excluir a necessidade do depósito, se o autor faz jus ao benefício; e é o que tem feito a doutrina, com o beneplácito da jurisprudência dominante[8].

A Lei nº 9.756, de 17-12-1998, que modificou o art. 557 do Código de Processo Civil, criou problema de certa gravidade, ao cominar multa para o litigante que interponha, contra a decisão do relator de recurso, agravo "manifestamente inadmissível ou infundado" (§ 2º). É fora de dúvida que as multas, in genere, não se compreendem no benefício da gratuidade: segundo já tive ocasião de dizer alhures, a pobreza não justifica a concessão de um bill de indenidade quanto a comportamentos antijurídicos[9]. Aqui, porém, toma a questão fisionomia peculiar, pois a parte ficará proibida de interpor qualquer outro recurso enquanto não depositar o valor da multa imposta no julgamento do agravo. Ora, se não o faz porque não dispõe de numerário, afigura-se injurídico privá-la do exercício do outro recurso: semelhante entendimento contraviria frontalmente ao disposto no art. 52, nº LV, da Carta da República, que assegura aos litigantes – é claro que sem exceção dos pobres – "o contraditório e ampla defesa, com os meios e recursos a ela inerentes".

5. Para tocar ponto sensível da matéria, cabe dizer algumas palavras sobre a instrução probatória. Como sabemos todos, raríssimos são os pleitos que se julgam à luz da solução de puras questões de direito: na imensa maioria dos casos, a sorte das partes depende do que se prove nos autos acerca dos fatos relevantes. Ora, é intuitivo que o litigante economicamente mais forte em geral acha maior facilidade em munir-se de provas.

---

8 BARBOSA MOREIRA, *Comentários ao Código de Processo Civil,* v. V, 8ª ed., Rio de Janeiro, 1999, p. 180/1, com abundantes indicações doutrinárias e jurisprudenciais na nota 178.

9 Art. cit. na nota 6 *supra*, p. 52/3.

O tema reveste particular delicadeza no que respeita à perícia. Sem dúvida, a Lei nº 1.050 arrola os honorários do perito entre as isenções decorrentes da concessão do benefício da gratuidade. Por conseguinte, não há como impor ao beneficiário, quando requer o exame pericial, que proceda ao depósito referido no parágrafo único do art. 33 do Código de Processo Civil. Tem-se decidido que pelos honorários do perito responderá a parte contrária, se vencida afinal, ou o Estado[10].

Entretanto, a questão pode comportar outros aspectos, que a façam mais complexa. O custeio da diligência não raro demandará o desembolso de outras importâncias, como as relativas a transporte. Julgados há que atribuem ao próprio perito o dever de acudir a tais despesas[11]), mas o ponto não é pacífico.

Hipótese que merece atenção é a de exames como o do DNA, que às vezes precisam ser levados a cabo fora da sede do juízo, talvez em lugar distante, e dentro de breve prazo após a colheita do material. Suponha-se que seja indispensável a utilização de transporte aéreo: estarão as companhias transportadoras obrigadas a emitir gratuitamente bilhete de passagem ao portador? Será próprio invocar, para responder afirmativamente, a norma pouco explorada do art. 339 do estatuto processual, em cujos termos "ninguém se exime do dever de colaborar com o Poder Judiciário para o descobrimento da verdade"? No caso negativo, deverá o poder público efetuar o gasto correspondente? São perguntas que não tenho notícia de ver analisadas pela jurisprudência. Mais cedo ou mais tarde, virão à balha; e, se há nisso um ponto firme, é o de que a resposta não poderá ser tal que subtraia à parte carente a possibilidade de fazer realizar a perícia.

6. Ainda em matéria probatória, convém dar aqui ênfase particular à necessidade de que o órgão judicial não se furte ao exercício oficioso dos poderes instrutórios de que a lei o investe. É uma recomendação que vale, em linha de princípio, para todo e qualquer pleito, mas que se toma especialmente oportuna quando se cuida do interesse de litigante falto de meios.

Veja-se, por exemplo, o caso do art. 399, nº I, do Código de Processo Civil, de acordo com o qual o juiz requisitará às repartições públicas as

---

10 STJ, 11-2-1992, REsp nº 15.529, *in Rev. do STJ*, v. 37, p. 484.

11 *V.g.*, TJSP, 19-4-1988, A.I. nº 100.573, *in Rev. de Jur. do TJSP*, v. 114, p. 332.

certidões necessárias à prova das alegações das partes. Forte corrente jurisprudencial costuma dar entendimento redutivo a essa norma, considerando que ela só deve aplicar-se ante a demonstração de que seria impossível ou extremamente difícil ao litigante obter por si mesmo a certidão[12]. Ora, mostra a experiência que o hipossuficiente em geral se defronta aí com sérias dificuldades. Basta pensar nas distâncias que precisa vencer para ir da residência ou do local de trabalho à repartição pública, na escassez de tempo disponível para tratar do assunto, nas inibições psicológicas e culturais que o tolhem... Afigura-se justo reconhecer quando menos uma presunção de necessidade em seu favor.

Existem outros textos do Código em cuja interpretação e aplicação seria pouco razoável deixar de levar em conta o nível socioeconômico da parte interessada. É o que ocorre com o conceito de "começo de prova por escrito", no art. 402, nº I: ninguém desconhece que, nas camadas inferiores da população, rareia a observância de formalidades na realização de negócios, de modo que o mesmo documento, visto como insuficiente entre contratantes bem informados, pode e deve bastar sob condições diversas. Assim também o art. 442, nº II, que prevê a ida do juiz ao local onde se encontre a coisa a inspecionar, quando não puder ser apresentada em juízo "sem consideráveis despesas ou graves dificuldades". A semelhante cláusula não se há de atribuir sempre idêntico significado, seja qual for a situação da parte a quem caberia o ônus. Despesas serão ou não consideráveis, dificuldades mais graves ou menos graves, conforme os recursos de que alguém disponha. Não é lícito ao juiz desprezar tais diferenças.

7. O que se acaba de dizer põe de manifesto quão importante, para a efetividade social do processo, é a maneira por que o conduza o órgão judicial. A lei concede ao juiz muitas oportunidades de intervir no sentido de atenuar desvantagens relacionadas com a disparidade de armas entre os litigantes. Todavia, uma coisa é o que reza a lei, outra o que dela retira o órgão processante.

Cumpre neste passo prevenir objeção de alguma relevância. A certos espíritos parecerá que uma condução socialmente orientada do feito se presta a incorrer na censura de parcialidade: o juiz estaria fazendo pender indevidamente um dos pratos da balança para o lado em que se

12 *Vide* o acórdão do *STJ*, de 28-8-1990. REsp nº 3.901, *in Rev. do STJ*, v. 23, p. 249.

situa a palie mais fraca e violando, com isso, o dever de proporcionar a ambas igualdade de tratamento (Código de Processo Civil, art. 125, nº I).

Não uma, senão inúmeras vezes já se proclamou, em fórmulas bem conhecidas, que o verdadeiro critério da igualdade consiste em tratar desigualmente os desiguais, na medida em que desigualam. Também já se repetiu de sobejo que a tentativa de realizar a justiça não pode contentar-se com a igualdade formal, senão que reclama a igualdade material. A questão está em que quase todos concordam em tese com essas afirmações, mas se rebelam quando, numa hipótese determinada, se pretende extrair delas consequências concretas.

Na verdade, nenhum sistema processual, por mais bem inspirado que seja em seus textos, se revelará socialmente efetivo se não contar com juízes empenhados em fazê-lo funcionar nessa direção. Qualquer discussão da matéria passa obrigatoriamente pela consideração dos poderes do órgão judicial na direção do processo. É patente a tendência ao incremento de tais poderes nas reformas recentes da legislação brasileira. E o fenômeno está longe de restringir-se ao nosso ordenamento. Agora mesmo, acha-se em curso no Parlamento alemão projeto de reforma da *Zivilprozessordnung*, que, entre outras coisas, mais acentua a responsabilidade do juiz pelo esclarecimento cabal dos fatos, previsto no § 139, reforçando-lhe o dever de incitar as partes a manifestar-se tempestiva e completamente sobre todos os fatos relevantes, suprir deficiências dos dados, indicar provas e formular os pedidos cabíveis[13]. É ocioso frisar a importância de disposições desse teor para um programa tendente a imprimir maior efetividade social ao processo.

Não vamos reincidir, porém, na ingênua ilusão de supor que só com textos se resolva tudo. A grande questão está em saber em que medida e sentido hão de ser exercitados pelo juiz os poderes de que a lei o investe. Com isso recaímos no antigo e sempre atual problema da formação dos magistrados.

Ocupa-se do assunto a reforma constitucional em andamento, no que tange à Justiça[14]. Exige três anos de experiência em atividade jurídica, no mínimo, para a inscrição do bacharel em concurso para o car-

---

13 *Deutscher Bundestag*, 14. *Wahlperiode, Drucksache 14/3750:* na p. 5 está a nova redação proposta para o § 139.

14 Baseio-me no texto da proposta de emenda de acordo com a redação final aprovada em segundo turno pela Câmara dos Deputados.

go inicial da carreira; prevê a criação de cursos oficiais de preparação, aperfeiçoamento e promoção de magistrados; faz da participação em curso oficial ou reconhecido etapa indispensável do processo de vitaliciamento. São medidas louváveis, mas ainda tímidas.

O domínio da técnica jurídica é predicado de que jamais se poderá prescindir num juiz; está longe, contudo, de ser bastante. Preparação adequada teria de incluir certa familiaridade com outros ramos do conhecimento humano, como a sociologia e a ciência política. As escolas de magistratura podem e devem tentar suprir lacunas e abrir novas perspectivas. Precisamos de juízes compenetrados da relevância social de sua tarefa e das repercussões que o respectivo desempenho produz no tecido da sociedade. Em época de crises reiteradas e de transformações profundas, como esta em que vivemos, o juiz vê-se convocado a dar mais que o mero cumprimento pontual de uma rotina burocrática. Por difícil que lhe seja, com a carga de trabalho que o oprime, corresponder a esse chamamento, não há como exonerá-lo de uma responsabilidade que a ninguém mais se poderia atribuir. Pois a verdade é que, sem a sua colaboração, por melhores leis que tenhamos, jamais lograremos construir um processo socialmente efetivo.

Dezembro de 2000.

COMENTÁRIOS DOS ATUALIZADORES

POR UM PROCESSO SOCIALMENTE EFETIVO

Luís Roberto Barroso / Frederico Montedonio

Permanecem vívidas as preocupações que José Carlos Barbosa Moreira manifestou há mais de vinte anos acerca da efetividade social do processo. Ainda que seja limitado o papel do direito processual – na verdade, do direito como um todo – na construção de uma sociedade mais justa, os juristas não devem abdicar da função que lhes cabe, por modesta que seja, como bem defende o autor. Ao contrário do que ocorreu durante muito tempo com o direito constitucional, o processo sempre foi o reino da efetividade, da realização prática dos comandos previstos em normas abstratas. Felizmente para o direito constitucional não é mais assim, e a Constituição é reconhecida como norma jurídica cogente[15]. Mas nem por isso se pode reduzir a vigilância sobre os problemas relativos à efetividade, mesmo aqueles que tocam ao direito processual.

A presente nota de atualização tem como eixos as duas acepções da expressão "efetividade social do processo" expostas pelo autor. Conforme a primeira, relacionada à participação direta da sociedade no processo, *"será socialmente efetivo o processo que se mostre capaz de veicular aspirações da sociedade como um todo e de permitir-lhes a satisfação por meio da Justiça"*. De acordo com a segunda acepção, relativa à mitigação das desigualdades sociais no processo, *"merecerá a denominação de efetivo, do ponto de vista social, o processo que consinta aos membros menos bem aquinhoados da comunidade a persecução judicial de seus interesses em pé de igualdade com os dotados de maiores forças – não só econômicas, senão também políticas e culturais"*.

No que diz respeito à primeira acepção, Barbosa Moreira destaca os instrumentos processuais aptos a veicular *"interesses socialmente relevantes"*, particularmente *"mecanismos destinados ao tratamento processual coletivo de direitos supraindividuais"*, como a ação popular, a ação civil pública e o Código de Defesa do Consumidor. Houve diversas inovações na matéria desde a palestra de Barbosa Moreira. O Código de Processo Civil de 1973 foi concebido para tratar de demandas individuais, enquanto o processo coletivo foi disciplinado de forma superveniente por leis extravagantes. Já o Código de Processo Civil de 2015, embora tenha optado por conviver com a legislação especial, deixando de tratar da matéria de maneira abrangente e exaustiva, não apenas reconheceu a existência do microssistema de tutela coletiva (*e.g.*, arts. 139, X; 985, I) como também impactou-o: não se concebe, por exemplo, que as ações coletivas se subtraiam à incidência das normas fundamentais do novo Código (arts. 1º a 12)[16]. Mas talvez a contribuição mais significativa do CPC/2015 para a efetividade social do processo, nesta primeira acepção utilizada por Barbosa Moreira, tenha sido a previsão que torna possível a admissão da figura do *amicus curiae* em todo e qualquer processo, desde que tenha "representatividade adequada", "considerando a relevância da matéria,

---

15 Luís Roberto Barroso, *O direito constitucional e a efetividade de suas normas*: limites e possibilidades da Constituição brasileira. 9. ed. Rio de Janeiro: Renovar, 2009.

16 Nesse sentido: DIDIER JR. Fredie; ZANETI JR., Hermes. *Curso de direito processual civil*, vol. 4. 10. ed. Salvador: Juspodivm, 2016, p. 50.

a especificidade do tema objeto da demanda ou a repercussão social da controvérsia" (art. 138), o que, naturalmente, também alcança as ações coletivas.

Na legislação extravagante, as inovações havidas desde 2001 confirmam a atualidade da observação do autor, de que "[d]ecididamente não é por falta de instrumentos processuais que continua tão insatisfatória a situação nacional nesse terreno". Destaca-se a disciplina do mandado de segurança coletivo, instrumento previsto no art. 5º, LXX, da Constituição de 1988, cujo tratamento, ausente na antiga lei do mandado de segurança (Lei 1.533/1951), só foi trazido pela Lei 12.016/2009 (arts. 21 e 22), embora o instrumento já estivesse em utilização antes do advento deste último diploma. Além disso, depois de quase trinta anos da criação do mandado de injunção pela Constituição de 1988 (CF, art. 5º, LXXI), foram finalmente regulamentados o mandado de injunção individual e o coletivo, por meio da Lei 13.300/2016.

Mas é na Lei 7.347/1985, que trata da ação civil pública (ACP), que foram promovidas as mais importantes alterações nesse campo. Eis as principais desde 2001:

(1) Hoje é expressamente previsto o cabimento de ação civil pública por infração da ordem econômica (Lei 12.529/2011) e por danos à ordem urbanística (MP 2.180-35/2011), à honra e à dignidade de grupos raciais, étnicos ou religiosos (Lei 12.966/2014) e ao patrimônio público e social (Lei 13.004/2014), conforme incisos V, VI, VII e VIII do art. 1º da Lei 7.347/1985, incluídos pelos diplomas acima citados, respectivamente.

(2) Foi inserida pela MP 2.180-35/2001 restrição de cabimento da ação "para veicular pretensões que envolvam tributos, contribuições previdenciárias, o Fundo de Garantia do Tempo de Serviço - FGTS ou outros fundos de natureza institucional cujos beneficiários podem ser individualmente determinados", conforme art. 1º, p. único, da Lei 7.347/1985. Apesar disso, o Plenário do STF assentou que o *Parquet* pode se valer de ACP para anular acordo de natureza tributária entre empresa e ente da federação (RE 576.155, Rel. Min. Ricardo Lewandowski, j. 12/8/2010 – tema 56 da repercussão geral), e, ainda, que "o Ministério Público tem legitimidade para a propositura de ação civil pública em defesa de direitos sociais relacionados ao FGTS" (RE 643.978, Rel. Min. Alexandre de Moraes, j. 9/10/2019 – tema 850 da repercussão geral).

(3) Há expressa adoção do rito da Lei 7.347/1985 para ações de responsabilização de pessoas jurídicas por atos contra a Administração Pública (art. 21 da Lei 12.846/2013, conhecida como "Lei Anticorrupção").

(4) Foi reconhecida expressamente a legitimidade do Distrito Federal e da Defensoria Pública para propositura de ACP (art. 5º, II e III, da Lei 7.347/1985, com redação dada pela Lei 11.448/2007), bem como de associações que tenham entre suas finalidades a proteção de ao menos um dos bens jurídicos tutelados pelo referido instrumento processual (art. 5º, V, *b*, da Lei 7.347/1985, com redação dada pela Lei 13.004/2014). Quanto à Defensoria Pública, sua legitimidade para atuar na proteção de direitos coletivos teve a constitucionalidade reconhecida pelo STF (ADI 3.943, Rel. Min. Cármen Lúcia, j. 7/5/2015) e foi consagrada pela Emenda Constitucional 80/2014, que deu nova redação ao art. 134 da Constituição, tema que voltará a ser abordado nesta nota.

As pesquisas empíricas em matéria de ações coletivas continuam raras, mas, além do estudo de Paulo Cezar Pinheiro Carneiro, citado por Barbosa Moreira, outra exceção mais recente é digna de nota: o relatório *"Ações Coletivas no Brasil: temas, atores e desafios da tutela coletiva"*, produzido pela Sociedade Brasileira de Direito Público – SBDP e publicado pelo Conselho Nacional de Justiça em 2018[17]. Algumas conclusões do estudo, reproduzidas a seguir, mostram que os problemas apontados por Barbosa Moreira ainda subsistem, ao lado de outros ainda pouco explorados:

(1) Há um "uso estratégico de ações civis públicas para a defesa de direitos individuais homogêneos ou mesmo direitos individuais. Com frequência, ao contrário do que se podia esperar, os autores das ações intentam a garantia de direitos individuais, não a defesa de direitos coletivos em sentido difuso. (...) No tema da saúde, por exemplo, em que o Ministério Público lidera como demandante na tutela de direitos individuais homogêneos, prevalece a busca por satisfação de demandas pontuais. Não encontramos nenhuma ação nesta amostra que pretendesse reforma estrutural da política, como a incorporação geral de algum medicamento, insumo ou serviço ao SUS." (p. 212/213).

---

17 Disponível em: <https://www.cnj.jus.br/wp-content/uploads/2011/02/799b01d7a3f27f85b334448b8554c914.pdf>. Acesso em: 27 set.2020.

(2) "62,4% dos magistrados ouvidos responderam que as ações individuais têm mais sucesso do que as ações coletivas. Na visão da maioria dos juízes entrevistados, portanto, há uma certa primazia da tutela individual sobre a coletiva" (p. 214).

(3) No que diz respeito ao art. 139, X, do CPC/2015 – inspirado no art. 7º da Lei 7.347/1985 –, que prevê como incumbência do juiz "quando se deparar com diversas demandas individuais repetitivas, oficiar o Ministério Público, a Defensoria Pública e, na medida do possível, outros legitimados a que se referem o art. 5º da Lei nº 7.347, de 24 de julho de 1985, e o art. 82 da Lei nº 8.078, de 11 de setembro de 1990, para, se for o caso, promover a propositura da ação coletiva respectiva", a pesquisa apurou que "a esmagadora maioria dos juízes respondeu que nunca oficiou os legitimados em questão com base no dispositivo legal supracitado. Entre os que utilizam este ofício, a maior parte afirmou que o direciona ao Ministério Público" (p. 129).

(4) Existe uma "baixa utilização, por parte de setores da sociedade civil, das ações coletivas como estratégia e instrumento de defesa de seus interesses. A partir da análise das partes presentes nos seis tribunais para os quais essa informação está disponível, identificamos uma relativa ausência de setores da sociedade civil organizada como parte das decisões mapeadas no banco de dados" (p. 215/216). Por exemplo, em ações coletivas que versam sobre o direito à saúde, o Ministério Público (Federal ou Estadual) foi o demandante em 77% dos casos, bem à frente da instituição seguinte, a Defensoria Pública, com 16% das ações propostas (p. 83). Nesse sentido, "a maioria esmagadora dos entrevistados (83,8%) afirmou que 'A Lei da ACP contribuiu para fortalecer o Ministério Público, mais do que as associações da sociedade civil, comparativamente falando', (...) com destaque para a importância dos inquéritos civis e dos termos de ajustamento de conduta, fatores considerados por mais de 90% dos entrevistados como responsáveis para o predomínio do Ministério Público no ajuizamento de ACPs" (p. 112/113).

(5) Há "um desestímulo a demandas coletivas envolvendo questões ambientais ou relacionadas à probidade administrativa. Entende-se que a possibilidade de êxito em tais ações está muito atrelada à capacidade do autor de fazer provas técnicas e materiais do dano ambiental, no caso da ação ambiental, e do elemento subjetivo do agente público (dolo) no caso da improbidade. A análise de temas mostrou que a própria competência do juízo para analisar questões de danos ambientais

é definida pelo local do dano, fato de difícil determinação a depender do âmbito e dimensão do dano ambiental verificado ou potencial. Em ações de improbidade administrativa, por sua vez, verificamos que seu processamento depende da identificação clara de dolo do agente público, de modo que a incapacidade de demonstrar esse elemento subjetivo torna inócua a responsabilização de agentes públicos por esta via processual" (p. 218). A propósito, "[u]ma questão pontual, mas de extrema importância, diz respeito às perícias. A dificuldade de contratação de perícias, apontada pelos promotores entrevistados, compromete a resolução de conflitos que dependam de um laudo pericial. (...) Em função disso, fica dificultada a produção de provas – lembrando que 68,3% dos magistrados respondentes do *survey* concordam ou concordam fortemente que 'os temas debatidos em ações coletivas exigem produção probatória mais complexa'. Sem dúvida, pudemos constatar por diversos meios que este é um impasse a ser resolvido para a defesa de direitos difusos e de interesses coletivos. Os magistrados entrevistados fizeram diversas sugestões para equacionar esse problema, destacando-se a sugestão de criação de um fundo para arcar com a antecipação dos honorários periciais" (p. 219).

(6) "No que se refere à fase de adjudicação, merece destaque a fragilidade percebida pelos próprios magistrados acerca do conhecimento que possuem sobre direitos coletivos: precisamente 63,6% dos juízes que responderam ao *survey* consideraram esse conhecimento parcialmente suficiente. Não obstante, 25,7% das respostas disseram que tal conhecimento é insuficiente. Em termos gerais, 89,3% dos juízes ouvidos não consideram plenamente adequada a formação da magistratura em temas relacionados aos direitos coletivos e aos instrumentos processuais para tutelar tais direitos. Sem dúvida, este é um ponto que merece atenção do CNJ no que diz respeito a políticas de aperfeiçoamento da tutela coletiva. O ponto mais sensível, contudo, é a formação dos servidores em matéria de direitos coletivos. Para 78,7% dos entrevistados, o conhecimento do quadro de servidores nesse tema é insuficiente. Somada às respostas que indicaram como "parcialmente suficiente" a formação dos servidores em questões de direitos coletivos, a crítica evolui para cerca de 97,8% dos juízes ouvidos, segundo os quais o conhecimento de seus funcionários não é totalmente adequado quando o assunto é tutela coletiva" (p. 217).

(7) "Para execução das decisões judiciais em ações coletivas, 59,3% dos entrevistados consideraram como insuficiente a estrutura

existente. Ao todo, para aproximadamente 95% dos magistrados ouvidos, a estrutura do Judiciário não é adequada em alguma medida. Quando as decisões judiciais envolvem políticas públicas, o cenário é ainda mais crítico: 80,1% dos entrevistados responderam que a estrutura existente é insuficiente para acompanhar a implementação de tais decisões. Para 98,5% dos respondentes, a estrutura é insatisfatória de alguma maneira" (p. 219).

(8) "Passadas quatro décadas da Lei da ACP, um dos novos problemas identificados por nossos entrevistados é o fenômeno da reiteração de ações para obtenção de sentenças que já existem. Seja pela amplitude territorial e jurisdicional do país, seja por ineficiência comunicacional, seja pela centralidade do MP como autor e não a própria sociedade civil, seja pelo tradicional hermetismo do judiciário, o fato é que muitos problemas coletivos que já dispõem de decisões anteriores tornam-se, mesmo assim, recorrentes na justiça" (p. 221).

Acreditamos que Barbosa Moreira ficaria satisfeito em saber que as pesquisas mais recentes, além de iluminar outros problemas que merecem atenção da comunidade jurídica, confirmam suas preocupações. Uma delas diz respeito à restrição da eficácia das ações propostas por entidades associativas aos "substituídos que tenham, na data da propositura da ação, domicílio no âmbito da competência territorial do órgão prolator" (art. 2º-A da Lei 9.494/1997, na redação dada pela MP 2.180-35/2001), o que desestimularia a propositura de ações coletivas por associações. O STF, porém, confirmou a validade da regra em dois julgamentos sob o regime de repercussão geral, dos quais não participou o primeiro atualizador: o RE 573.232, Rel. para o acórdão Min. Marco Aurélio, j. 14/5/2014, e o RE 612.043, Rel. Min. Marco Aurélio, j. 10/5/2017.

O restante do texto de Barbosa Moreira – e desta nota de atualização – concentra-se na segunda acepção de efetividade social do processo, aquela mais ligada à atenuação das desigualdades, inclusive as de ordem cultural. Em sintonia com a preocupação do autor de aproximar o Judiciário da população que, por barreiras culturais ou geográficas, tem dificuldades de acioná-lo, o Conselho Nacional de Justiça editou a Recomendação 37/2019, que sugere a implementação efetiva de programas de "Justiça Itinerante", já utilizados com sucesso em diversos Estados da Federação.

No que diz respeito aos Juizados Especiais, as principais inovações legislativas desde a palestra de Barbosa Moreira foram a criação dos Juizados Especiais Federais (Lei 10.259/2001) e dos Juizados Especiais da Fazenda Pública, estes no âmbito dos Estados, do Distrito Federal e dos Municípios (Lei 12.153/2009). Fora isso, no que diz respeito à efetividade social do processo, destacam-se as seguintes medidas: (a) foi ampliado o rol de legitimados a acionar os Juizados Especiais nos incisos do art. 8º, § 1º, da Lei 9.099/1995: ao lado das pessoas físicas (inciso I), agora estão os microempreendedores individuais, microempresas e empresas de pequeno porte (inciso II, incluído pela LC 147/2014), as organizações da sociedade civil de interesse público (inciso III, incluído pela Lei 12.126/2009) e as sociedades de crédito ao microempreendedor (inciso IV, incluído pela Lei 12.126/2009); (b) a Lei 12.726/2012 previu a criação e instalação dos "Juizados Especiais Itinerantes, que deverão dirimir, prioritariamente, os conflitos existentes nas áreas rurais ou nos locais de menor concentração populacional", conforme redação dada ao parágrafo único do art. 95 da Lei 9.099/1995, em reforço ao que já constava no art. 94 da mesma lei; (c) o critério da simplicidade foi também expressamente previsto para os Juizados Especiais Criminais (art. 62 da Lei 9.099/1995, com redação dada pela Lei 13.603/2018), assim como já ocorria com os Juizados Especiais Cíveis (art. 2º da Lei 9.099/1995); e (d) foi prevista expressamente a possibilidade de "conciliação não presencial conduzida pelo Juizado mediante o emprego dos recursos tecnológicos disponíveis de transmissão de sons e imagens em tempo real, devendo o resultado da tentativa de conciliação ser reduzido a escrito com os anexos pertinentes" (art. 12-A da Lei 9.099/1995, incluído pela Lei 13.994/2020).

Com o aniversário de 25 anos da criação dos Juizados Especiais pela Lei 9.099/1995, completado no ano de 2020, o Conselho Nacional de Justiça produziu recentemente o *Diagnóstico dos Juizados Especiais*[18], do qual merecem destaque os seguintes achados, especificamente no que toca aos Juizados Estaduais: (a) os Juizados de 16 Estados realizam itinerâncias, a maior parte dos quais com periodicidade igual ou menor que seis meses, sendo que há juízes que atuam exclusivamente em itinerâncias em 4 Estados e servidores em 6 Estados (p. 24/26); (b) o número de processos novos de conhecimento nos Juizados Estaduais em 2019 foi de 4.013.150, ou cerca de 55% do que se verifica nas demais

18 Disponível em: <https://www.cnj.jus.br/wp-content/uploads/2020/08/WEB_LIVRO_JUIZADOS_ESPECIAIS.pdf>. Acesso em: 29 set.2020.

Varas Estaduais de primeiro grau (7.201.344), números esses mais ou menos constantes desde 2015 (p. 46); (c) o número de processos novos de execução nos Juizados em 2019 foi de 1.179.990, ou cerca de 65% do número total de execuções (exceto as fiscais e penais) das demais Varas Estaduais de primeiro grau (1.838.812), sendo que a quantidade total de execuções nos Juizados e nas Varas aumentou muito desde 2015: naquele ano, foram 620.367 execuções nos Juizados e 1.310.005 nas Varas (p. 46); (d) os Juizados baixaram em cerca de 18% o número de casos pendentes entre 2015 (6.819.944) e 2019 (5.498.856 – p. 47); (e) em 2019, a média do tempo de baixa de processos de conhecimento e execução nos Juizados foi de 1 ano e 6 meses, menos da metade do lapso exigido pelas demais Varas de primeiro grau: 3 anos e 7 meses para processos de conhecimento e 4 anos e 2 meses para execuções não fiscais nem criminais (p. 49); e (f) durante a pandemia do novo coronavírus (Sars-CoV-2), "as medidas mais adotadas pelos juizados são aquelas relativas à adoção do trabalho remoto (de 95,6% a 97%), à suspensão de audiências (92% dos casos) e à suspensão de prazos processuais (89,6% a 91,1%). Nesse contexto, o atendimento se reduziu significativamente considerando que as audiências realizadas por videoconferência chegaram ao máximo de 30,9% dos casos (nas capitais) e os esquemas de rodízio para atendimento presencial aconteceram em 24,2% (nas cidades do interior)" (p. 63).

No que diz respeito aos Juizados Especiais Federais - JEFs, a Lei 12.011/2009 criou "230 (duzentas e trinta) Varas Federais, destinadas, precipuamente, à interiorização da Justiça Federal de primeiro grau e à implantação dos Juizados Especiais Federais no País" (art. 1º). Quanto à itinerância, apesar de prevista no art. 22, parágrafo único, da Lei 10.259/2001 e no art. 107, § 2º, da Constituição (incluído pela EC 45/2004), no âmbito do estudo do CNJ acima referido "apenas o Tribunal da 1ª Região apresentou informações sobre projetos de itinerância (...) por meio de veículo fluvial com periodicidade quase bimensal. No ano de 2019, foram realizadas pelo TRF 1 sete edições, em 22 municípios e 9 mil atendimentos, que geraram o andamento de 5.059 processos que refletiram em igual quantitativo de sentenças (incluindo as homologatórias de acordo)" (p. 86). Destacam-se ainda do referido relatório: (a) a expressividade dos JEFs no âmbito da Justiça Federal, dado que "em 2019, os casos novos que chegam aos juizados especiais federais correspondem a 57,4% das demandas recebidas pelas unidades judiciárias federais" (p. 81); (b) o número de casos novos teve um especial aumento em 2019, quando foram recebidos 3.003.387 casos novos, 53,1% a mais do que em 2018 (p. 102), sendo que, desde 2015, o aumento é de 81,3% (p. 135) ; (c) em 2019, a média do tempo de baixa de processos de conhecimento nos Juizados foi de 1 ano e 9 meses, contra 2 anos e 9 meses das Varas Federais, e o tempo de baixa de processos de execução nos JEFs foi de 1 ano e 10 meses, menos da metade do lapso exigido pelas demais Varas de primeiro grau: 4 anos e 5 meses (p. 104); (d) durante a pandemia do novo coronavírus (Sars-CoV-2), foi "implantado em quase a totalidade de juizados o trabalho remoto para as equipes (99%), suspensas as audiências (95%) e suspensos os prazos processuais (90%)" (p. 116).

No que diz respeito aos obstáculos econômicos para a efetividade social do processo, Barbosa Moreira destaca a atuação da Defensoria Pública, que veio a ser depois reforçada pela nova redação do art. 134 e parágrafos da Constituição, conformada pelas Emendas Constitucionais 45/2004, 74/2013 e 80/2014. Destaca-se a previsão de atuação inclusive extrajudicial da Defensoria, na promoção dos direitos humanos e na defesa de direitos individuais e coletivos (art. 134, *caput*), bem como a garantia de autonomia funcional, administrativa e a iniciativa de sua proposta orçamentária (§§ 2º e 3º).

O Código de Processo Civil de 2015 não alterou a regra defendida por Barbosa Moreira: a concessão de gratuidade de justiça continua a não depender de prova de miserabilidade, presumindo-se "verdadeira a alegação de insuficiência deduzida exclusivamente por pessoa natural", sendo que "[o] juiz somente poderá indeferir o pedido se houver nos autos elementos que evidenciem a falta dos pressupostos legais para a concessão de gratuidade, devendo, antes de indeferir o pedido, determinar à parte a comprovação do preenchimento dos referidos pressupostos" (CPC/2015, art. 99, §§ 2º e 3º). O Código também colocou a salvo, tal como defendido pelo autor, o direito de o beneficiário da gratuidade ser assistido por advogado particular de sua confiança (§ 4º). Ainda em alinhamento com as preocupações de Barbosa Moreira, a exigência de depósito para ajuizamento de ação rescisória foi expressamente dispensada pelo Código para o beneficiário da gratuidade (art. 968, § 1º), assim como o pagamento de multa para interposição de agravo interno e embargos de declaração, que somente será cobrada ao final (art. 1.021, § 5º, e art. 1.026, § 3º), conforme regra geral do art. 98, VIII e § 4º, que reitera o revogado art. 3º, VII, da Lei 1.060/1050, na redação dada pela LC 132/2009.

O Código ainda inovou ao prever a possibilidade de concessão parcial de gratuidade de justiça, inclusive sob a forma de parcelamento (art. 98, §§ 5º e 6º), e previu expressamente a possibilidade de deferimento do benefício a pessoas jurídicas e a estrangeiros, mesmo não residentes no País (art. 98, *caput*), diferentemente do que era previsto na Lei 1.060/1950. Também agora a gratuidade abrange a remuneração de intérpretes e tradutores, o custo com elaboração de memória de cálculo e os emolumentos devidos a notários e registradores por atos relacionados à efetivação de decisão judicial de processo em que o benefício tenha sido concedido (art. 98, VI, VII, IX e § 8º).

No que diz respeito às perícias requeridas por beneficiário de gratuidade, o tema foi regulado nos §§ 3º e 5º do art. 95 c/c §§ 2º e 3º do art. 98 do CPC/2015, em sintonia com as preocupações de Barbosa Moreira: os valores deverão ser adiantados pelo ente público e cobrados ao final do sucumbente, que, sendo beneficiário de gratuidade, ficará dispensado de pagar os valores, salvo se demonstrada a mudança de sua situação econômica nos cinco anos seguintes ao trânsito em julgado, vedada a utilização de recursos do fundo de custeio da Defensoria Pública.

Quanto ao exercício de poderes instrutórios de ofício pelo juiz em favor de beneficiários de gratuidade de justiça, o art. 438, I, do CPC/2015 reproduz a previsão do art. 399, I, do CPC/1973. A jurisprudência restritiva, porém, permanece (*e.g.*, TRF3, 1ª T., AI 0002167-72.2017.4.03.0000, Rel. Juiz Convocado Renato Becho, j. 23/1/2018). Os outros dispositivos que Barbosa Moreira defende devam ser interpretados em favor dos hipossuficientes (arts. 125, I, 402, I, e 442, II, do CPC/1973) também foram reproduzidos no CPC/2015 (arts. 139, I, 444 e 483, II, respectivamente).

A preocupação com a igualdade substancial no processo, defendida pelo autor, é exemplificada pelo art. 186, § 3º, do CPC/2015, que inovou ao conceder prazo em dobro também para "escritórios de prática jurídica das faculdades de Direito reconhecidas na forma da lei e às entidades que prestam assistência jurídica gratuita em razão de convênios firmados com a Defensoria Pública". Outro exemplo está na regra de distribuição dinâmica do ônus da prova, pois a desigualdade entre as partes pode levar "à impossibilidade ou à excessiva dificuldade de cumprir o encargo" por uma das partes ou "à maior facilidade de obtenção da prova do fato contrário" pela outra (art. 373, § 1º).

Por fim, no que diz respeito à formação de magistrados, Barbosa Moreira se referiu à proposta de Emenda Constitucional sobre a "Reforma do Judiciário", que ainda tramitava à época de sua palestra e que veio a ser aprovada posteriormente (EC 45/2004). A exigência de três anos de atividade jurídica e a previsão de cursos oficiais de preparação, aperfeiçoamento e promoção de magistrados, inclusive como etapa obrigatória do vitaliciamento, passaram a ser previstas no art. 93, I e IV, da Constituição. A Escola Nacional de Formação e Aperfeiçoamento de Magistrados – ENFAM funciona desde 2006 junto ao Superior Tribunal de Justiça (CF, art. 105, parágrafo único, I) e instituiu uma carga horária mínima de 480 horas-aula, distribuídas em até quatro meses, para os cursos oficiais de formação inicial na carreira da magistratura, com um conteúdo programático extenso e descrito no Anexo II da Resolução ENFAM 2/2016, incluindo sociologia jurídica, tal como queria Barbosa Moreira.

Tudo o que foi narrado é pouco diante da imensa injustiça social que ainda assola o Brasil. Permanecem atuais, portanto, as observações do autor: para que o processo seja socialmente mais efetivo – nas duas acepções da expressão –, ao lado do aprimoramento das leis, é necessário o contínuo aperfeiçoamento dos juízes, a fim de que as vozes plurais da sociedade possam se fazer ouvir nas cortes de justiça, e as desigualdades sociais, se não podem ser de todo eliminadas, sejam ao menos atenuadas no âmbito do processo.

O PROCESSO, AS PARTES E A SOCIEDADE[1]

1. Convém começar pela pergunta: a quem interessa um processo civil? A resposta que logo acode à mente é: às partes. Parece óbvio o ponto. É por tal iniciativa de uma das partes (Código de Processo Civil, art. 262, *principio)* – ou, em alguns sistemas jurídicos, possivelmente pela de ambas[2] – que o processo tem início. A elas incumbe, em regra, contratar advogados que as representem em juízo e pagar-lhes os honorários devidos pelo exercício da identidade profissional. Sobre as esferas jurídicas de uma e de outra, ordinariamente, vão recair as consequências do julgamento, inclusive, se for o caso, as condenações acessórias a pagar as custas processuais e os honorários do advogado *ex adverso.* A resposta intuitiva, portanto, exibe todas as credenciais de correção: o processo civil interessa às palies.

Não é outra a razão pela qual o ordenamento, além de fazer depender de uma, ou das duas, a existência mesma do fato, lhes reconhece, em grau elevado, o poder de influir na respectiva marcha e desfecho. Para ficarmos em poucos exemplos: compete a uma das partes, o autor, a fixação do âmbito em que o juiz é chamado a julgar (Código de Processo *Civil,* arts. 128, 459, 1ª alínea, 460); estão elas autorizadas a provocar, por acordo, a suspensão do processo (art. 265, nº II); em princípio, são livres de fazer extingui-lo em virtude de autocomposição, unilateral ou bilateral do litígio (art. 269, nº II, III, V).

Dificilmente se estranhará, portanto, que à inteligência de muitos o território do processo civil se tenha apresentado como campo de dominação das partes, como área em que a vontade delas constitui o último e decisivo critério de conformação. Segundo uma expressão da antiga doutrina alemã, o processo civil seria *Sache der Parteien,* coisa das partes[3].

---

1 Texto de conferência pronunciada *em* 1º-5-2003, no Rio de Janeiro (com o acréscimo de notas). Publicado em *Rev. de Proc.,* nº 114. *Rev. Dialética de Proc. Civil* nº 5, e no volume coletivo *Doutrina.* nº 15.

2 Assim, *v.g.,* na França *(code de procédure civile,* art. 57) e na Argentina *(Código Procesal Civil y Comercial de la Nación,* art. 336).

3 *Vide,* ao propósito, CAPPELLETTI, *Le grandi* tendence *evolutive del processo civile nel dirito Comparato, in Processo e ideologie.* Bolonha, 1961, p. 194 (com outras referências).

2. E, no entanto, o que ficou dito não passa de meia verdade. Raciocinemos. Em qualquer sociedade moderna, a possibilidade de realizar um processo civil pressupõe a disponibilidade de complicado mecanismo, cuja manutenção implica vultosos gastos com pessoal e material. Essa despesa é suportada mediante a arrecadação de tributos, que não são pagos só pelos litigantes, mas por toda a coletividade. A realização do feito reclama não raro a colaboração de outros órgãos e entidades – por exemplo, a imprensa oficial, os correios, a polícia – igualmente custeados pela contribuição, direta ou indireta, dos membros da sociedade, em geral.

A própria sorte do litígio, com certa frequência, afeta outras pessoas que não as partes. De que modo se explicariam, a não ser assim, figuras como a da assistência e a do recurso de terceiro prejudicado? Esse transbordamento alcança proporções imensas nos casos em que a lei estende o vínculo da coisa julgada a um setor das pessoas estranhas ao feito, ou até à totalidade delas – fenômeno que se vem tornando mais comum no panorama contemporâneo do direito brasileiro[4]. Basta pensar na potencial influência, sobre o destino de multidões, de acórdão do Supremo Tribunal Federal que julgue ação direta tendente à declaração da inconstitucionalidade de lei criadora de certo imposto[5].

Mas não é só nessas hipóteses extremas que o resultado de um processo civil pode assumir relevância prática para centenas, milhares, talvez milhões de almas que nem sequer precisam haver tomado conhecimento da existência do pleito. Realmente: ao consagrar esta ou aquela tese jurídica, a decisão vai somar-se às anteriores que também a tenham esposado, para formar um corpo de jurisprudência. Ora, muitas vezes acontece que, na substância, a situação levada ao exame do juiz encontre paralelo em grande número de outras, por hipótese ainda não submetidas ao crivo do Judiciário. Nos sistemas jurídicos que atribuem eficácia vinculativa a precedentes, a questão estará, em princípio, resolvida de uma vez por todas para o inteiro universo dos casos análogos. Mesmo,

---

4 Por exemplo: ação popular (Lei nº 4.717, de 29-6-1965, art. 18); ação civil pública (Lei nº 7.347, de 24-7-1985, art. 16); ações coletivas de defesa do consumidor (Lei nº 8.078, de 11-9-1990, art. 103).

5 "A declaração de constitucionalidade ou de inconstitucionalidade, inclusive a interpretação conforme a Constituição e a declaração parcial de inconstitucionalidade sem redução de texto, têm eficácia contra todos e efeito vinculante em relação aos órgãos do Poder Judiciário e à Administração Pública federal, estadual e municipal" (Lei nº 9.868, de 10-11-1999, art. 28, parágrafo único).

porém, onde não vigore aquela regra, extravasará das bordas do processo a repercussão, pelo menos de fato, do pronunciamento emitido.

Vejamos um exemplo. A jurisprudência do Superior Tribunal de Justiça fixou-se no entendimento de que, na locação, o fiador não responde pelos alugueres majorados por força de aditamento contratual feito sem sua participação, ainda que se tenha obrigado até a entrega das chaves do imóvel[6]. É claro que isso gera expectativa favorável para os fiadores dos numerosíssimos contratos de locação celebrados pelo país afora. Será muito escassa, com efeito, a probabilidade de que eles venham a ser responsabilizados sob semelhantes condições. Nem se tomará necessário que se ponha a matéria, de novo, *sub iudice:* a simples ciência da posição Jurisprudencial dominante com certeza desencorajará tentativas de contrariá-la por parte dos advogados de locadores. O influxo começará a manifestar-se, em geral, no próprio momento da formação do contrato: os interessados dificilmente deixarão de levar em conta, ao redigi-lo, a tese vitoriosa. Se porventura algum locador recalcitrante tomar a iniciativa de sustentar a antítese em juízo, andará mal em alimentar esperança de êxito, o U até de ver julgada pelo tribunal a apelação que interponha contra a sentença: o relator dificilmente vacilará em negar-lhe seguimento, nos termos do art. 557 do Código de Processo Civil, na redação da Lei nº 9.756, de 17-12-1998.

A jurisprudência, inclusive no Brasil, apesar de não adotarmos o princípio da eficácia vinculativa dos precedentes, já contribuiu poderosamente para modelar o ordenamento jurídico. Partiu dela a iniciativa de dispensar, na interpretação do art. 1.523 do antigo Código Civil, a prova, que a Letra da lei exigia, do concurso do preponente para o dano causado pelo preposto, permitindo assim que o prejudicado promovesse em juízo, frutiferamente, a responsabilidade do primeiro. Nela também nasceu a construção segundo a qual o expropriado, desde que previamente imitido o expropriante na posse, faz jus à verba de juros compensatórios, pela perda da fruição do bem objeto da desapropriação. Foi de início obra sua, igualmente, a proteção da concubina após a separação, com o expediente da chamada "sociedade de fato", que assegurava àquela o direito a uma fração do patrimônio constituído à custa dos esforços comuns dos companheiros – e isso muito antes que o legislador, em nível constitucional e depois ordinário, viesse a contemplar a figura

6 *Súmula da Jurisprudência Predominante*, nº 214.

da hoje denominada "união estável". Pois bem: toda essa evolução, de reflexos intensíssimos na vida social, começou, em cada caso, com uma decisão em processo singular, entre partes determinadas, sem que estas se hajam dado conta da magnitude das consequências que da solução do seu litígio adviriam, para vasta quantidade de pessoas de cuja existência nem elas nem o órgão julgador tinham sequer notícia.

Creio não exagerar se disser que ao juiz, quando lhe cabe julgar uma causa, é impossível prever a extensão integral do terreno que sua sentença direta ou indiretamente afetará, assim como o menino que atira uma pedrinha ao lago é incapaz de adivinhar até onde chegarão os círculos concêntricos que seu gesto simples desenha na superfície da água. Que bola de cristal mostrará de antemão ao julgador, por exemplo, a totalidade dos efeitos que pode produzir a eventual decretação da falência de uma grande empresa? Extraio sem hesitar a conclusão: a rigor, não há processo que interesse exclusivamente às partes e não ecoe na paisagem da sociedade.

3. A afirmação que acabo de fazer é equivalente a esta outra: em todo e qualquer feito existe uma dimensão de *interesse público,* no sentido de interesse que toca ao público, à população em geral. Nem poderia ser de outro modo, se considerarmos que o processo é instrumento da jurisdição, e portanto exercício do poder estatal[7].

Os aspectos teóricos dessa problemática sem dúvida comportam larga reflexão, que a doutrina não se tem furtado a empreender. Aqui preferi ilustrar meu pensamento com exemplos concretos, tirados da experiência do dia a dia forense. Mas o tema é dos que sempre mereceram, no plano dos princípios, a atenção da ciência processual, e produziram frutos nos principais ordenamentos modernos.

Naturalmente se concebe que seja maior ou menor a dimensão a que me refiro; e o legislador atende a semelhante gradação. O art. 82, nº III, *fine,* do nosso Código de Processo Civil prevê a intervenção do

---

7 Costumo citar, a esse respeito, dois passos expressivos de BERNHARDT. *Die Aufklärung des Sachverhalts im Zivilprozess, in Beiträge zum Zivilprozessrecht (Festgabe zum siebzigsten Geburtstag von Leo Rosenberg),* Munique-Berlim, 1949, p. 30: *"eine Streitsache, die der staatlichen Gerichtsbarkeit unterbreitet ist, keine Privatsache mehr ist* (uma lide submetida à Justiça estatal deixa de ser matéria puramente privada)"; e ainda: *"Durch die Anrufung des Gerichts ist die Streitsache aus dem privaten Bereich gezogen und zu einer öffentlichen Angelegenheit geworden* (por força do recurso ao juiz, a lide afastou-se do terreno privado e converteu-se em assunto público)".

Ministério Público nas "causas em que há interesse público, evidenciado pela natureza da lide ou qualidade da parte"[8], Trata-se aí de um interesse público *qualificado:* é o que justifica a especial disciplina do ponto. Não ocorrerá a ninguém de juízo são inferir do texto legal que o Ministério Público deva intervir em *todos* os processos; nem há incompatibilidade entre a limitação da incidência da norma a casos especiais e o reconhecimento de que a nenhum pleito falta alguma dose de interesse público.

Fora das hipóteses de intervenção do Ministério Público, é ao próprio órgão judicial, bem se compreende, que compete velar pela proteção do interesse público. Este requer, por exemplo, que O feito se realize com o dispêndio necessário e suficiente de tempo e de energias: nem menos, nem mais. É uma imposição que pode coincidir ou não com o desejo dos litigantes: ao contrário do que às vezes se supõe com certa ingenuidade, em regra pelo menos um dos dois, e às vezes ambos, preferem que se mantenha lento o passo do processo. Deixado o pleito, no particular, aos exclusivos cuidados das partes, surge o perigo de que ele se eternize. O órgão judicial deve estar atento e impedir que o perigo se converta em dano: a condução do processo há de assegurar-lhe toda a rapidez possível, sem prejuízo do respeito aos direitos dos litigantes, ainda quando estes não se mostrem dispostos a colaborar. Em nosso ordenamento, "o processo civil começa por iniciativa da parte, *mas se desenvolve por impulso oficial"* (art. 262). Descumpre inescusavelmente o preceito o juiz que condescende com manobras protelatórias ou, em termos mais amplos, subordina à vontade dos litigantes, ou à de qualquer deles, o exercício de uma atribuição que a lei lhe confia.

4. É hora de generalizar. Enquanto se considerava o processo como "coisa das partes", era natural que se entregasse a estas – ou, talvez mais exatamente, aos respectivos advogados – o comando do ritmo

8 É oportuno recordar as seguintes palavras de KLEIN, *Der Zivilprozess Österreichs,* Aalen, 1970 (reimpressão da edição de 1927), p. 193: *"Rechtskonflikte haben für die Allgemeinheit verschiedene Bedeutung, je nach dem Gegenstande des Streites und nach den Personen, zwischen denen sie ausgebrochen sind* (Conflitos jurídicos têm para o público significação variada, conforme o objeto do litígio e as pessoas entre as quais eles irromperam)". A dupla referência ao objeto e aos sujeitos do litígio corresponde à alternativa posta em nosso texto legal ("natureza da lide ou qualidade da parte"), Ter-se-á inspirado o legislador no pensamento do jurista austríaco? Absurda a hipótese não é, dados os notórios conhecimentos do autor do anteprojeto, ALFREDO BUZAID. Mas pode ser que se trate de mera coincidência.

processual e a possibilidade de manejar a seu exclusivo critério outras alavancas importantes, como a colheita do material destinado a ministrar base à solução do litígio. Tal concepção foi denunciada e combatida ao longo de muitas décadas, por juristas inconformados com o amesquinhamento que ela impunha à função jurisdicional.

Recapitular aqui todos os marcos dessa trajetória estaria fora do alcance de quem não pretende esgotar o assunto, nem... a paciência do auditório. De resto, nos seus lances principais, a história é bem conhecida. A moderna ciência processual nasceu e engatinhou em atmosfera impregnada de individualismo; as leis que de início ela produziu, como não podia deixar de acontecer, refletem o espírito da época. Em nome do chamado "princípio dispositivo", por assim dizer sacralizado, negavam-se ao órgão judicial poderes de iniciativa em cujo exercício se tendia a enxergar uma ingerência descabida na vida dos litigantes.

Outros tempos chegaram, e com eles a inevitável reação a tal modo de pensar. Começou a ser posto em realce o elemento publicístico do processo. O fim do século XIX viu surgir o primeiro grande monumento legislativo inspirado numa concepção social, o código austríaco de 1895. Em boa parte sob sua influência, e ao longo de sucessivas modificações, o ordenamento alemão foi-se inclinando no mesmo sentido. Na Itália, gigantes do pensamento processual esforçadamente pregaram a necessidade de reformas e trataram de concretizar em projetos arrojados as novas ideias[9]. A doutrina italiana incumbiu-se de transmiti-las

---

9 Relevo especial assume aqui o projeto redigido em 1918 por CHIOVENDA, na qualidade de presidente do *"gruppo per gli studi processuali"* da *"Commissione per il dopo guerra"*. Pode-se ler o texto no v. 11, p. 114 e s., dos *Saggi di diritto processuale civile*, Milão, 1993. Precede-o a *relazione* em que o autor expõe as diretrizes adotadas e justifica a nova disciplina proposta (p. 1 e s.). Entre outras passagens, merece aqui citação esta em que CHIOVENDA frisa *"il rinnovato concetto della giurisdizione come funzione dello Stato"*, à luz da qual se restitui *"al giudice nel processo moderno una posizione centrale d'organo pubblico* interessato a render giustizia nel modo migliore e più pronto possibile" (p. 38; sem destaque no original). Em exposição clara e precisa da evolução histórica ocorrida na península, lê-se que *"la c. d. 'pubblicizzazione' del processo civile inverte* i *presupposti di fondo che erano alia base del codice del* 1865 *e della dottrina ottocentesca: il processo non è più esclusivamente un 'affare delle parti', ma um luogo in cui si esprime l'autorità dello Stato; esso non mira solo alla tutela di interessi privati, ma realizza l'interesse pubblico all'amministrazione della giustizia: il perno del processo non è più l'iniziativa delle parti, ma la funzione del giudice"* (TARUFO, *La giustizia civile in Italia dal'700 a oggi*, Bolonha, 1980, p. 188).

a outros países latinos, que se habituaram a buscar na península a sua estrela-guia.

A onda inovadora chegou até esta banda do Atlântico e embebeu leis declaradamente empenhadas na ruptura com um passado privatístico, em que os códigos processuais se viam reduzidos a modestos apêndices da legislação civil. Em alguns sistemas jurídicos, entre os quais o nosso, o solo era até mais favorável a essa floração que o de ordenamentos europeus, onde o âmbito do processo civil se circunscrevia a litígios atinentes a relações de direito privado, ao passo que no Brasil ele se estende a assuntos de feição inequivocamente publicística[10], Entre nós, o grande giro consumou-se com o advento do primeiro Código nacional, de 1939, em que o papel do juiz cresceria notavelmente de importância.

Com o passar dos anos, os ventos da transformação atingiram quase todo o mundo ocidental. Exemplo significativo é o da França, país de tradição privatística, onde ainda hoje se usa a denominação *Droit Judiciaire Privé* para designar o direito processual civil[11]. Pois bem: a França, em 1975, decidiu-se a pôr no lugar do velho código napoleônico diploma claramente definido por outras coordenadas teórica[12], que veio coroar

---

10 Em mais de um país do velho continente, escapa à Justiça comum o conhecimento de lides que envolvam órgãos estatais, para cuja solução existe a chamada Justiça administrativa; assim se explica o conceito restritivo que lá se adota de processo civil. Enquanto isso, onde prevaleça, como no Brasil, o sistema da unidade de jurisdição, a área do processo civil limita-se *por exclusão,* conforme sublinhava José FREDERICO MARQUES, *Manual de Direito Processual Civil,* v. I, 13ª ed., S. Paulo, 1990, p. 6. É processo civil "o que não é penal e por meio do qual se resolvem conflitos regulados não só pelo direito privado, como também pelo direito constitucional, administrativo, tributário, trabalhista etc." (ANTONIO CARLOS DE ARAUJO C1NTRA-ADA PELLEGRINI GRINOVER-CANDIDO RANGEL DINAMARCO, *Teoria geral do processo,* 18ª ed., S. Paulo, 2002, p. 49).

11 Assim continuam a intitular-se obras prestigiosas de exposição sistemática da matéria, *v.g.*, as de SOLUS-PERROR, HÉRON, CADIET... Ultimamente, vale registrar, vem-se tornando frequente o emprego da expressão *Droit processuel;* é o título de livro recente, dedicado à teoria geral do processo, de autoria de GUINCHARD e outros, 2ª ed., Paris, 2003.

12 A rigor, não houve substituição total: o novo código, com efeito, ao entrar em vigor, era obra incompleta e deixava subsistir parte do antigo, A tal respeito, e sobre os rumos posteriores da reforma, extensamente, VINCENT-GUINCHARD, *Procédure civile,* 26ª ed., Paris, 2001, p. 63 e s.; um resumo em CADIET, *Droit judiciaire privé,* 2ª ed., Paris, 1998, p. 32/3.

uma evolução legislativa caracterizada, entre outras coisas, pejo aumento progressivo dos poderes do juiz[13].

Dir-se-ia consolidada a mudança, e desnecessário qualquer esforço suplementar a seu favor. Eis senão quando o pensamento antigo ameaça querer ressuscitar. Na Espanha, a recente reforma do processo civil dá marcha a ré no que tange às iniciativas instrutórias do órgão judicial: elimina- se um dos instrumentos com que ele contava para suprir lacunas do material probatório, as chamadas *diligencias para mejor proveer*[14]. Um dos últimos números de importante revista jurídica italiana publica artigo que contém verdadeira diatribe contra a concepção publicística do processo – fruto, ao ver do autor, do "equívoco de fundo" consistente em supor que "o juiz possa importar-se mais do que as partes com as causas civis"[15]. Até no processo penal se notam sintomas de uma reviravolta: na Itália, o art. 190, 2ª alínea, do novo *codice di procedura penale* restringe aos casos previstos em lei a possibilidade, para o órgão judicial, de determinar *ex officio* a produção de provas. De resto, não se cuida de ponto isolado: a orientação fundamental, na preparação da reforma, pôde ser indicada, com autoridade, na tendência para um modelo processual: que atribuísse "papel menos ativo ao juiz" e correlatamente desse "maior espaço às partes"[16].

---

13 Para a ilustração desse movimento, entre outros, VINCENT-GUINCHARD, ob. cit., p. 472/3.

14 Em comunicação às XVIII Jornadas Ibero-americanas de Direito Processual (Montevidéu, 2002). sob o título *El proceso civil y su futuro,* publicada no México, *in Cuadernos procesales,* nº 17-18 (set./dez. de 2002), VÁZQUEZ SOTELO qualifica a nova regulamentação da matéria, na *Ley de Enjuiciamiento Civil* de 2000, como *"una regresión histórica verdaderamente increíble"* (p. 42). Mas a inovação reflete a orientação geral afirmada na Exposição de Motivos: sob a égide do "princípio dispositivo", *"no se entiende razonable que al órgano jurisdiccional le incumba investigar y comprobar la veracidad de los hechos alegados como configuradores de un caso que pretendidamente requiere una respuesta de tutela conforme a Derecho" (Boletín Oficial del Estado* de 8-1-2000, p. 577). Pergunta-se: é possível reputar *"conforme a Derecho"* uma resposta que não se preocupe com a veracidade dos fatos em que se baseia?

15 CIPRIANI, *Il processo civile italiano* tra *efficienza e garanzie, in Rivista trimestrale di diritto e procedura civile,* 2002, p. 1.243 e s. O passo citado está na p. 1.250, *verbis: "Vero è che alla base della c. d. concezione pubblicistica vi è* un *equivoco di fondo: che il giudice possa tenere alle cause civili più di quanto vi tengano le parti".*

16 Era o que acentuava, durante os trabalhos preparatórios, AMODIO, *Il modello accusatorio statunitense e il nuovo processo penale italiano: miti e realtà della giustizia americana,* no v. *Il processo penale negli Stati Uniti d'America,* ed. Amodio e Cherif

5. É sempre difícil identificar as causas de fenômenos como o que ora se examina, e sobretudo avaliar os diferentes pesos de cada uma delas. A honestidade intelectual sugere ao estudioso que seja modesto em suas pretensões e não se atreva a oferecer como verdades dogmáticas o que não passa, nem pode passar, do plano das meras conjecturas. Dito isso, *fica* ele autorizado a formular algumas hipóteses, naturalmente sujeitas à confirmação ou ao desmentido da ciência e da experiência.

A primeira suposição que ocorre é a de uma reação de desencanto. Em visão difusamente compartilhada, o funcionamento da Justiça civil permanece insatisfatório, por mais de um prisma, ainda onde mudanças legislativas hajam acentuado o elemento publicístico do processo, entre outras coisas incrementando os poderes do órgão judicial. A frustração de esperanças gera a tentação de voltar atrás. A isso não se objeta de maneira adequada só com a observação de que o velho sistema processual também sofria de graves mazelas: para apontar um único exemplo, a excessiva demora dos pleitos constitui problema arquicentenário. Fraco é o consolo que esse tipo de argumentação proporciona: de qualquer sorte, se era para deixar tudo na mesma, terão valido a pena os esforços de adaptação que as reformas tornaram inevitáveis?

Mais frutuosa parece outra linha de reflexão. A norma jurídica, em si mesma, não tem a virtude de modificar a realidade. Pouco adianta outorgar ao juiz maior soma de poderes, se o respectivo exercício for inábil ou insuficiente. Uma reforma legislativa que reforce tais poderes talvez decepcione não *porque* os haja reforçado, mas *apesar de* tê-lo feito. Atente-se na questão das iniciativas instrutórias oficiais: caso não sejam utilizadas as possibilidades que a lei abre ao órgão judicial, o resultado prático não será diferente do que se teria se ela, ao contrário, lhe negasse tais possibilidades. É o que vem acontecendo, com grande frequência, em nosso país e alhures[17]. A reação apropriada, portanto, consistiria em

Bassiouni, Milão, s.d. (mas 1988), p. XXV, *verbis "si punta da noi verso* un *modello processuale che attribuisca un ruolo meno altivo al giudice e dia correlativamente maggior spazio alle parti".*

17 Cf., quanto à Itália, as conclusões de pesquisa dirigida por DENTI, no v. *Le prove nel processo civile,* Milão, 1973, p. 13 e s.; com referência a Portugal, ARTUR ANSELMO DE CASTRO, *Direito Processual Civil declaratório,* v. III, Coimbra, 1982, p. 163; para a Áustria, FASCHING. *Lehrbuch des österreichischen Zivilprozessrechts,* 2ª ed., Viena, 1990, p. 350; no concernente à França, HÉRON, *Droit judiciaire privé,* Paris, 1991, p. 164.

combater as causas da inércia, que podem ligar-se ao desmedido acúmulo de serviço, à escassez de recursos disponíveis, a uma exagerada preocupação de evitar censuras de parcialidade ou, pura e simplesmente, à inapetência para atuar por impulso próprio.

Apenas uma investigação criteriosa e tecnicamente bem conduzida seria capaz de evidenciar aí as relações de causa e efeito, e sugerir adequadas providências corretivas – entre as quais se teriam de incluir, sem dúvida, medidas de efetiva responsabilização de juízes por ações ou omissões injustificadas. No Brasil atual, seria excesso de otimismo imaginar que haja quem se disponha a semelhante empresa. As pesquisas empíricas não nos atraem; preferimos quedar-nos mergulhados na névoa das impressões, sem cuidarmos de medir a distância, com certeza nalguns casos abissal, entre a imagem que elas nos transmitem e a realidade objetiva.

6. Uma segunda hipótese relaciona-se com a recente propensão de diversos ordenamentos da chamada família romano-germânica para importar elementos do mundo anglo-saxônico, em cuja tradição, como se sabe, a atividade das partes (ou, dizendo melhor, dos advogados) prepondera sobre a do órgão judicial em mais de um aspecto, notadamente no da colheita de provas. Segundo o modelo clássico dos países de *common law*, o denominado *adversary system*, protagonistas do drama processual são os litigantes; ao juiz compete fiscalizar as "regras do jogo" e decidir, quando não caiba ao júri esta última atribuição[18]. Deve-se enxergar no espírito de imitação a fonte de certas inovações relativas ao processo, no continente europeu e na América Latina? Seria de estranhar que a esfera processual ficasse imune a uma influência sensível, quase diria avassaladora, em tantas outras áreas da vida da sociedade, desde a música popular até a paixão pelas pipocas – visível (e audível) em todos os cinemas.

Se assim for, dois reparos tornam-se oportunos. Primeiro: ao contrário do que muitos supõem, o processo civil anglo-saxônico está longe de corresponder à imagem altamente idealizada que fatores de vária es-

18 Na Inglaterra, praticamente desapareceu o júri em matéria civil: *vide* referências em BARROSA MOREIRA, *Notas sobre alguns aspectos do processo (civil e penal) nos países anglo-saxônicos, in Temas de Direito Processual (Sétima Série)*, S. Paulo, 2001, p. 162, nota 13. Ele subsiste, porém, nos Estados Unidos, onde é até constitucionalmente assegurado.

pécie difundiram no pensamento de leigos e até de alguns especialistas. Para ficarmos num único mas importante exemplo, o da duração dos feitos, a realidade está longe de retratar-se fielmente nas ideias correntias. É eloquente, a esse respeito, o depoimento da própria doutrina local: consoante informa recente obra norte-americana[19], em muitos juízos há que esperar quatro ou cinco anos para que a causa chegue ao fim do itinerário, em primeiro grau de jurisdição. Aí reside, com certeza, uma das razões pelas quais os litigantes optam com tanta frequência por soluções consensuais, je tal forma que poucos pleitos chegam, na prática, ao *trial*[20].

Por outro lado, a estrutura do processo civil anglo-saxônico já não se vê refletida com exatidão em descrições tradicionais. De algum tempo para cá, o modelo vem sofrendo consideráveis modificações, sobretudo na Inglaterra, onde em 1999 entrou em vigor um código de processo civil, *Civil Procedure Rules,* que, de maneira significativa, se afastou da linha histórica precisamente no que tange à distribuição das tarefas entre partes e juiz. Vale a pena ressaltar que o objetivo central da empresa reformadora foi atender à insatisfação do público "com a demora, o custo, a complexidade e a incerteza" reinantes na Justiça civil[21] – defeitos, acrescente-se, vistos como consequência da falta de maior controle da atividade processual pelo juiz, o qual, por isso mesmo, se tratou de intensificar[22].

7. Em perspectiva mais abrangente, é possível conjecturar que o processo, à semelhança de outras áreas da cultura, está recebendo a influência de uma virada filosófica. Vivemos hoje em atmosfera muito sensível à necessidade de proteger os direitos dos indivíduos, em face, principalmente, das entidades estatais. O século XX ensinou-nos, a um preço terrivelmente alto, quão grave é o perigo da hipertrofia do Estado.

---

19 FRIEDENTHAL-KANE- MILLER, *Civil Procedure,* 3ª ed., reimpressão, St. Paul, 2001, p. 472.

20 Para abundante documentação bibliográfica a respeito, *vide* BARBOSA MOREIRA, art. cit. na nota 17, p. 165 e s., espec. 166 (e, aí, notas 20 e 21).

21 Tal preocupação é explicitamente mencionada no *Foreword* do *Lord Chancellor* às novas *Rules,*

22 Sugestivo o título do artigo de ANDREWS, *in Civil Justice Quarterly,* v. 19 (2000), p. 19 e s.: *A New Civil Procedural Code for England: Party-Control "Going, Going, Gone".* Sobre as características básicas do novo diploma, *vide* BARBOSA MOREIRA, *Uma novidade: o código de processo civil inglês, in Temas,* cit., p. 179 e s. (particularmente quanto ao incremento dos poderes do órgão judicial, p. 185 e s.).

Totalitarismos de direita e de esquerda deixaram marcas indeléveis na história do sofrimento humano. Não é de surpreender que a mentalidade atual se caracterize por certa desconfiança em relação aos poderes públicos e reclame garantias contra sua excessiva interferência. O próprio intervencionismo mitigado e democrático do *Welfare State* passou a ser olhado com boa dose de suspicácia. Encalhado esse modelo nas areias do gigantismo burocratizante e das limitações orçamentárias, o pêndulo ideológico vem-se deslocando para uma versão renovada do liberalismo político. Quer-se reduzir o peso do Estado e erguer diante dele uma barreira de garantias para o cidadão.

O fenômeno, em si, não deixa de ser justificado, e em alguns casos rasga horizontes luminosos nas trevas do despotismo. No entanto, como não raro tem acontecido em situações análogas, a reação ameaça às vezes ultrapassar os limites do razoável. A preocupação unilateral com a autonomia do indivíduo corre o risco de assumir a feição de uma como hostilidade para com os órgãos incumbidos de velar pelos interesses da coletividade. Na tela processual, esse pendor se projetaria à maneira de desabrida exaltação dos direitos das partes em confronto com a autoridade do juiz.

Ninguém pode objetar à existência de um sistema de garantias para os litigantes. A Constituição de 1988 tem sido louvada, com justiça, por haver tratado o assunto com cuidado muito maior que suas predecessoras, que em regra só se ocupavam, no particular, com o processo penal. A ela devemos a consagração expressa, inclusive para o campo civil, da garantia do contraditório e da ampla defesa (art. 5º, nº LV), da publicidade dos atos processuais (art. 5º, nº LX), da motivação das decisões judiciais (art. 93, nº IX) e, em termos genéricos, do devido processo legal (art. 52, nº LIV).

Tudo isso é positivo; não cabe, porém, interpretar esse conjunto de normas no sentido de excluir ou coarctar os poderes do juiz na condução do feito. Guardemo-nos de supor que toda e qualquer intervenção de agentes públicos seja incompatível com a preservação da liberdade. Ao contrário: ela é frequentemente indispensável para assegurar o livre desenvolvimento da pessoa humana. Os fatos desmentem a ideia de que o mercado sempre se autorregula, da qual se quis extrair a tese de que é condenável qualquer intervenção do Estado no sentido de disciplinar a economia. O que se diz do processo econômico diz-se, analogicamente, do processo judicial – do civil não menos que do penal.

Tentar de novo reduzir o juiz à posição de espectador passivo e inerte do combate entre as partes é anacronismo que não encontra fundamento no propósito de assegurar aos litigantes o gozo de seus legítimos direitos e garantias. Deles hão de valer-se as partes e seus advogados, para defender os interesses privados em jogo. Ao juiz compete, sem dúvida, respeitá-los e fazê-los respeitar; todavia, não é só isso que lhe compete. Incumbe-lhe dirigir o processo de tal maneira que ele sirva bem àqueles a quem se destina a servir. E o processo deve, sim, servir às partes; mas deve também servir à sociedade.

Abril de 2003.

COMENTÁRIOS DOS ATUALIZADORES

O PROCESSO, AS PARTES E A SOCIEDADE

Luís Roberto Barroso / Frederico Montedonio

A norma segundo a qual o processo começa por iniciativa da parte e se desenvolve por impulso oficial foi elevada à categoria de norma fundamental do processo civil (art. 2º do CPC/2015). Não por menos: trata-se do princípio da inércia da jurisdição, ou princípio da demanda, intimamente ligado ao dever de imparcialidade judicial. A diferença deste preceito do CPC/2015 para o art. 262 do CPC/1973 é a expressa ressalva do dispositivo mais recente às "exceções previstas em lei", como ocorre quando o juiz, de ofício, suscita conflito de competência ou incidente de resolução de demandas repetitivas (CPC/2015, arts. 951 e 977, I, respectivamente).

Os corolários do princípio da inércia citados por Barbosa Moreira continuam previstos no CPC/2015: (a) são as partes que propõem os limites do mérito, sendo vedado ao juiz conhecer de questões que exijam a iniciativa delas e não tenham sido suscitadas (art. 141); (b) as partes podem convencionar a suspensão do processo (art. 313, II); e (c) o processo pode ser extinto por autocomposição das partes (art. 487, III, *a*, *b* e *c*). Nesse particular, foi extremamente significativa a ampliação dos poderes das partes para entabular negócios jurídicos processuais, como o saneamento consensual (art. 357, § 2º), a escolha do perito (art. 471), o calendário processual (art. 191) e mesmo negócios jurídicos processuais atípicos (art. 190). O papel das partes ganhou mais destaque.

Naquilo em que o processo civil interessa a toda a coletividade – não apenas às partes –, as alterações do CPC/2015 foram expressivas. No nível micro, a coisa julgada agora pode beneficiar terceiros (art. 506), o que não poderia ocorrer sob a vigência do art. 472 do CPC/1973. Mantém-se a vedação relativa ao prejuízo de terceiros, embora se saiba que, na prática, isso possa ocorrer, a exemplo das hipóteses de legitimação extraordinária. As mudanças principais, porém, ocorreram no nível macro, com a organização do sistema brasileiro de precedentes (art. 926 e seguintes) e a instituição de figuras como os incidentes de assunção de competência e de resolução de demandas repetitivas, bem como os recursos especial e extraordinário repetitivos e a própria repercussão geral, instituída pela EC 45/2004, ainda inexistente à época da conferência de Barbosa Moreira. Todos esses instrumentos, em maior ou menor grau, geram decisões com efeitos vinculantes não apenas para as partes do processo, mas para toda a coletividade. Foram ampliadas para além das súmulas, portanto, as hipóteses em que o relator pode negar ou mesmo dar provimento a recursos de forma monocrática, tal como era previsto no art. 557 do CPC/1973 e hoje é disciplinado pelo art. 932, IV e V, do CPC/2015.

Permanece, assim, válida a afirmação do autor de que "não há processo que interesse exclusivamente às partes e não ecoe na paisagem da sociedade", e que, portanto, "em todo e qualquer feito existe uma dimensão de *interesse público*, no sentido de interesse que toca ao público, à população em geral". Nem por isso deve o Ministério Público intervir em toda e qualquer causa, tendo por pretexto o art. 178, I, do CPC/2015, pelas razões que Barbosa Moreira expõe no texto. Mas essa dimensão pública explica, por exemplo, a ampliação das possibilidades de intervenção de *amici curiae*, bem como a provocação do *Parquet* e da Defensoria Pública para o ajuizamento de ação coletiva em caso de repetição de demandas individuais (CPC/2015, art. 138 e 139, X). Também justifica que o juiz zele pela duração razoável do processo e indefira postulações meramente protelatórias, como hoje está expresso no art. 139, II e III, do CPC/2015.

Sobre a relação entre os maiores ou menores poderes diretivos e instrutórios do juiz, de um lado, e o caráter mais publicístico ou privatístico do processo, de outro, o próprio Barbosa Moreira tem um escrito posterior ao texto ora atualizado[23]. A doutrina mais recente não noticia, em relação a esta conferência do autor, alterações substanciais na matéria no panorama do direito comparado[24]. Seja como for, é certo dizer que o Código de Processo Civil de 2015, embora tenha ampliado os poderes das partes, notadamente com os negócios jurídicos processuais, definitivamente não seguiu a linha privatística.

O atual Código brasileiro confere ao juiz, por exemplo, poderes para "determinar todas as medidas indutivas, coercitivas, mandamentais ou sub-rogatórias necessárias para assegurar o cumprimento de ordem judicial, inclusive nas ações que tenham por objeto prestação pecuniária" (art. 139, IV), "dilatar os prazos processuais e alterar a ordem de produção dos meios de prova, adequando-os às necessidades do conflito de modo a conferir maior efetividade à tutela do direito" (art. 139, VI), e, ainda, concede ao magistrado poderes instrutórios gerais e exercitáveis de ofício (art. 370).

Depois disso, a inovação no direito brasileiro veio no processo penal, com a Lei 13.964/2019, que incluiu o art. 3º-A do CPP, com a seguinte redação: "O processo penal terá estrutura acusatória, *vedadas a iniciativa do juiz na fase de investigação e a substituição da atuação probatória do órgão de acusação*", embora ainda subsistam normas que contemplam a atuação judicial de ofício em matéria probatória criminal (*e.g.*, arts. 209 e 242 do CPP). Há quem defenda que a produção de provas de ofício pelo juiz no processo penal se justificaria ainda mais que no processo civil, dado que a seara criminal quase sempre envolveria direitos indisponíveis, enquanto no âmbito civil a regra seria a da disponibilidade[25]. Nada obstante, o legislador parece ter consa-

---

23 MOREIRA. José Carlos Barbosa. O neoprivatismo no processo civil. *In: Temas de direito processual civil*: nona série. São Paulo: Saraiva, 2007, p. 87/101.

24 *E.g.*: TARUFFO, Michele. Poderes probatorios de las partes y del juez en Europa. *In: DOXA, Cuadernos de Filosofía del Derecho*, 29 (2006), p. 249/271. Disponível em: <http://www.cervantesvirtual.com/portales/doxa/obra/poderes-probatorios-de-las-partes-y-del-juez-en-europa-0/>. Acesso em: 4 out.2020. QUEIROZ, Pedro Gomes de. O poder do juiz de produzir prova de ofício. *In*: *Revista Jurídica Luso-Brasileira*, ano 5 (2019), nº 6, p. 1709. Disponível em: <https://www.cidp.pt/revistas/rjlb/2019/6/2019_06_1707_1736.pdf>. Acesso em: 4 out.2020.

25 "[N]a maioria dos países, o princípio dispositivo preponderava no processo civil, enquanto o processo penal adotava o princípio inquisitório. Como o primeiro se destinava, principalmente, à defesa de direitos patrimoniais privados disponíveis,

grado a visão de que no processo penal a lógica é distinta, pois para a absolvição basta a dúvida (CPP, art. 386, II, V, VI e VII). Assim, como qualquer prova reduz o espaço de dúvida, o resultado da atividade instrutória é tendente à condenação, e por isso não deve haver atuação probatória do juiz de ofício no processo penal, sob pena de quebra da imparcialidade[26]. A ideia não é pacífica e o dispositivo acima transcrito está com a eficácia suspensa por decisão monocrática do Min. Luiz Fux (ADI 6.298, j. 22/1/2020).

De todo modo, também para assegurar a celeridade e a razoável duração do processo – contempladas no art. 5º, LXXVIII, da Constituição, a partir da EC 45/2004, posterior a esta conferência de Barbosa Moreira –, é inegável que, ao menos no processo civil, o juiz deve exercer poderes diretivos e até instrutórios de ofício, atento ao interesse público que subjaz mesmo nos feitos individuais. É ainda atual, portanto, a conclusão de que "o processo deve, sim, servir às partes; mas deve também servir à sociedade".

buscava uma verdade meramente formal que resultava unicamente das provas propostas pelas partes. Ora, se as partes poderiam dispor do próprio direito material para o qual buscavam tutela, por meio do processo, poderiam dispor, também, dos meios de prova destinados à demonstração dos fatos geradores desse direito e dos indícios desses fatos. Já o processo penal investigava a verdade real, pois tratava sempre de direitos indisponíveis: o direito de liberdade do réu e o jus puniendi estatal" (QUEIROZ, Pedro Gomes de. O poder do juiz de produzir prova de ofício. *In*: *Revista Jurídica Luso-Brasileira*, ano 5 (2019), nº 6, p. 1709. Disponível em: <https://www.cidp.pt/revistas/rjlb/2019/6/2019_06_1707_1736.pdf>. Acesso em: 4 out.2020.

26 Sobre o ponto, v., entre outros: LIMA, Renato Brasileiro de. *Manual de processo penal*. 8. ed. Salvador: Juspodivm, 2020, p. 105/113. SANTOS, Marcos Paulo Dutra. *Comentários ao Pacote Anticrime*. Rio de Janeiro: Forense, 2020, p. 93/97.

O PROCESSO CIVIL BRASILEIRO ENTRE DOIS MUNDOS[1]

1. Para a boa compreensão do tema da palestra, impõe-se breve resenha histórica. Ao tomar-se independente, recebeu o Brasil, em matéria de processo como em tudo mais, a legislação que então vigia em Portugal e já se aplicava em nosso território, antes do 7 de setembro. Uma lei de 20-10-1823 expressamente determinou que as ordenações, leis, regimentos, alvarás, decretos e resoluções promulgadas pela coroa portuguesa permanecessem vigentes na medida em que não revogadas, de tal sorte que por elas se regulariam "os negócios do interior deste Império, enquanto não se organizar um novo Código, ou não forem especialmente alteradas".

No que tange ao processo civil, continuaram a vigorar as disposições do Livro III das Ordenações Filipinas. Tributárias, em grande parte, do chamado processo comum, que dominou por largo tempo o continente europeu, haviam elas sido editadas em fins do século XVI pelo rei Felipe I (II da Espanha), embora só postas em vigor por seu sucessor, Felipe II (III da Espanha). Restaurada a monarquia portuguesa, em 1640, confirmou D. João IV as leis promulgadas no período da denominada União Ibérica, e em especial os cinco livros das Ordenações. Tal foi, basicamente, o ordenamento processual herdado pelo Brasil, naturalmente com as modificações sofridas nesse ínterim.

2. Alguns ramos do direito vieram a ser codificados entre nós no curso do século XIX. Assim o direito penal: em t 830 foi promulgado o Código Criminal do Império, ao qual se seguiria, dois anos depois, o Código do Processo Criminal. Embora a Constituição imperial de 1824 contivesse regras que interessavam ao processo civil, esta matéria não foi objeto de legislação sistemática nos primeiros tempos do Império. Uma primeira tentativa de regulamentação, parcial e logo desfigurada, consistiu na *Disposição Provisória acerca da Administração da Justiça Civil,* anexa ao Código do Processo Criminal; eram 27 artigos, onde se consagravam

---

1 Texto de conferência pronunciada em 20-8-2001, no Rio de Janeiro (com o acréscimo de notas). Publicado em *Rev. For.*, v. 359, *Rev. da EMERJ*, nº 4/16, *Rev. Jur. Consulex*, nº 144, e no volume coletivo *Doutrina*, nº 12.

princípios que viriam mais tarde a agitar a Europa como bandeiras de correntes modernizadoras.

O marco subsequente foi o célebre Regulamento nº 737, de 1850, aplicável de início apenas ao processo comercial, que assim adquiriu disciplina autônoma. Evidenciada a superioridade desse diploma sobre a regulamentação complicada e formalista do processo civil, determinou o Governo Provisório, após a proclamação da República, pelo Decreto nº 763, de 19-9-1890, que ele passasse a ser observado também no campo civil. Teve o Regulamento nº 737 sobrevida relativamente longa, em Estados que não se apressaram a elaborar seus próprios códigos processuais no exercício da competência legislativa que lhes outorgava a Constituição de 1891. E, mesmo onde surgiram, tais códigos em geral não se distanciaram muito do modelo daquele Regulamento[2].

3. Essa recapitulação sucinta era necessária para caracterizar o quadro histórico em que nasceu e se desenvolveu, nos seus primeiros tempos, o processo civil brasileiro. Com ressalva da efêmera *Disposição Provisória* de 1832, nenhum traço moderno se descobria no quadro. A herança portuguesa vinha coberta da poeira de séculos: importa notar que Portugal não se beneficiara desde cedo do sopro renovador da legislação napoleônica, em particular do *code de procédure civile* de 1806, que tanta influência exerceria noutras regiões da Europa[3].

De modernização do processo civil de nosso país, em termos gerais, a rigor só cabe falar a propósito do primeiro Código nacional, de 1939. Refletiram-se nesse diploma, com efeito, ideias e orientações que haviam ganho relevo em terras europeias, ao longo das primeiras décadas do século XIX. É o momento em que começa a fazer-se sentir com intensidade a influência italiana – não tanto a do velho *codice di procedura*

---

2 No tocante à matéria desses dois primeiros itens, consultem-se, entre outros, JOSÉ FREDERICO MARQUES, *Instituições de Direito Processual Civil,* 1ª ed. atualizada, Campinas, v. 1, 2000, p. 109 e s., e MOACYR LOBO DA COSTA, *Breve notícia histórica do direito processual civil brasileiro e de sua literatura,* S. Paulo, 1970, p. 1 e s.

3 Segundo frisava LIEBMAN em nota à tradução das *Instituições de Direito Processual Civil* de CHIOVENDA, 2ª ed., S. Paulo, 1965, v. I, p. 144, na Península Ibérica "nenhuma repercussão teve a renovação jurídica que se verificou em França por obra da Monarquia e da Revolução e que triunfou e invadiu a Europa através da codificação napoleônica, provocando por toda parte, inclusive nas instituições processuais, a destruição dos últimos vestígios medievais".

civile de 1865, então em vigor na península, mas sobretudo a de movimentos doutrinários e de projetos de reforma que, não tendo vingado na própria Itália, vieram a repercutir nesta banda do Atlântico.

Quanto ao Código de 1973, eclético é o elenco das fontes em que buscou inspiração o nosso legislador. Mesclam-se em seu texto aportes italianos, portugueses, em menor dose alemães e – *last but not least* – os do pouco citado *codice di procedura civile dello Stato della Città del Vaticano*, editado em 1946, no pontificado de Pio XII, e por sua vez influenciado pelo projeto carneluttiano dos anos 20[4]. A variedade não surpreenderá, se se tiver em mente a vastidão dos conhecimentos de direito comparado do autor do anteprojeto, o Professor ALFREDO BUZAID.

4. A esta altura já é possível concluir com segurança que, nos alicerces e na estrutura básica, o processo civil brasileiro é fruto genuíno do sistema jurídico chamado romano-germânico. Filia-se, pois, à família a que tradicionalmente se vem aplicando a denominação inglesa de *civil law*, em oposição à de *common law*, pela qual se designa o direito dos países anglo-saxônicos e daqueles que o assimilaram em razão de vicissitudes históricas.

Isso não quer dizer que nosso ordenamento processual haja permanecido mais de um século inteiramente refratário a qualquer importação de produtos ingleses ou norte-americanos. Se quiséssemos abranger nesta resenha o processo penal, teríamos de aludir para logo ao *habeas corpus*, recebido no Império. Já na era republicana, a adoção do modelo federativo, talhado segundo o figurino dos Estados Unidos, repercutiu na criação do Supremo Tribunal Federal e na de um recurso destinado a assegurar a inteireza e a aplicação uniforme da Constituição e das normas jurídicas editadas pela União – recurso a que se viria a dar o nome de extraordinário. Tem essa figura origem remota no *Judiciary Act* norte-americano de 1789, que permitiu a revisão, pela Corte Suprema, de decisões finais dos mais altos tribunais dos Estados, mediante o então denominado *writ* of *error*, em hipóteses relacionadas com a constitucio-

4 Ao propósito, BARBOSA MOREIRA, *Quelques aspects de la procédure civile brésilienne et de ses rapports avec d' autres systèmes juridiques, in Rev. int. de droit comparé.* 1982, nº 4, p. 1.215 e s., ou *in Temas de Direito Processual (Terceira Série)*, S. Paulo, 984. p. 15 e s. Especificamente sobre a influência do código do Vaticano, *vide* ainda BARBOSA MOREIRA, *Il codice di procedura civile dello Stato dela Città del Vaticano come fonte storica del diritto brasiliano, in Studi in onore di Vittorio Denti*, Pádua, 1994, v. I, p. 1 e s., ou *in Temas de Dir. Proc. (Quinta Série)*, S. Paulo, p. 189 e s.

nalidade de leis, bem como de títulos, direitos, privilégios e isenções, à luz da Constituição, dos tratados e das leis da União. Menos certo é o parentesco entre o mandado de segurança, filho da Constituição de 1934 (art. 113, nº 33), regulado pela Lei nº 1.533, de 31-12-1951, e os *writs* norte-americanos, embora não se possa excluir a influência destes sobre o legislador brasileiro[5].

5. Isolados, contudo, até pouco tempo atrás, eram os casos de institutos processuais oriundos de outros sistemas jurídicos que não o dominante no continente europeu. Correlatamente, a doutrina brasileira só costumava abeberar-se na produção científica da Europa continental, em geral con, manifesta preferência pela italiana. Para tanto contribuíram vários fatores: entre eles, de modo compreensível, a facilidade de acesso resultante da afinidade linguística, mas também a marca duradoura do justo prestígio firmado em nosso país pelo grande mestre peninsular ENRICO TULLIO LIEBMAN, cuja presença no Brasil, por vários anos, foi poderoso catalisador dos estudos processuais entre nós.

A paisagem começou a modificar-se há cerca de três décadas, com crescente curiosidade em relação a institutos norte-americanos, sobretudo, de início, na área da proteção de interesses supraindividuais, onde passaram a atrair certa atenção figuras como a da *class action.* Aqui vale a pena registrar um paradoxo. Apesar da imensa difusão que experimentou, particularmente desde o fim da Segunda Guerra Mundial, a língua inglesa não era (nem é) das mais familiares nos meios jurídicos brasileiros. Nossos juristas, em geral- e a constatação parece menos duvidosa entre os processualistas que noutros setores –, sentiam-se e ainda se sentem tradicionalmente mais à vontade no universo dos idiomas latinos. Isso explica que de fenômenos peculiares aos Estados Unidos tomemos conhecimento, com frequência, por meio de trabalhos redigidos em espanhol ou italiano.

Serve de exemplo o movimento de valorização das chamadas ações coletivas, que marcou os últimos anos da década de 70 e as que se lhe

5 É controvertida a questão das fontes históricas do mandado de segurança. MARCELO CAETANO, *As raízes luso-brasileiras do mandado de segurança,* in *Rev. For.,* v. 252, p. 30, pretendeu identificar-lhe um antecedente no velho direito reinol. Os monografistas da matéria em geral não se definem. Para OTHON SIDOU, *Do mandado de segurança,* 2ª ed. Rio de Janeiro-S. Paulo, 1959, p. 43, a figura "não tomou por padrão nenhum instituto estranho à legislação do país".

seguiram. Os principais veículos da divulgação desse tipo de ideias no Brasil foram, sem dúvida, escritos de autores peninsulares, com especial relevo para MAURO CAPPELLETTI, que viria a ser, por anos a fio, o processualista estrangeiro mais cultuado no Brasil. Com as exceções de praxe, as fontes originárias não costumavam ser consultadas com tanta assiduidade, a despeito do florescimento, nos Estados Unidos, de abundante literatura referente às *class actions*. Os próprios textos legais norte- americanos eram muitas vezes citados de segunda mão. Quanto ao direito inglês, ainda hoje é bastante escasso, em geral, o conhecimento que temos dele.

6. Seja como for, é indubitável que o peso do universo anglo-saxônico tem aumentado no direito brasileiro, talvez mais noutros campos, agora diretamente alcançados pelas vagas da globalização econômica, mas também no terreno do processo civil. Vejamos alguns sinais dessa mudança.

a) No plano dos princípios, ponto que chama a atenção é a presença, inédita até 1988 em texto constitucional, da fórmula "devido processo legal", tradução quase literal da expressão *"due process of law"*, de antiga linhagem anglo-saxônica[6], Viu-se ela inserida no art. 5º, nº LIV, da vigente Carta da República, onde, do ponto de vista processual, funciona como "norma de encerramento", a incidir em casos não cobertos por disposições consagradoras de garantias específicas, como a do contraditório e ampla defesa (nº LV), a do juiz natural (nº LIII), a da publicidade dos atos do processo (nº LX) e outras – garantias que, por sinal, não se podem propriamente considerar peculiares ao mundo de *common law*.

b) Ao influxo norte-americano, em boa parte, devem as técnicas de proteção coletiva dos direitos e interesses supraindividuais, a que já se aludiu, o notável desenvolvimento que tiveram entre nós, nos últimos decênios do século XX. Na verdade, o ordenamento brasileiro contava desde mais remota data com um instrumento processual capaz, em certa medida, de prestar aí bons serviços: a ação popular, regulada pela Lei nº 4.717, de 29-6-1965, mas cujas virtualidades nunca haviam sido ple-

---

6 Embora a ideia decerto remonte a época anterior, aponta-se lei de 1354, editada sob o reinado de Eduardo III, como o primeiro texto legal a usar a locução *"due process of law"* (cf. Lord DENNING, *The Due Process of Law*, Londres, 1980, prefácio, p. V). No direito americano ela viria a ser introduzida pela 5ª Emenda à Constituição. Boa informação histórica ao propósito, na doutrina pátria, em MARIA ROSYNETE OLIVEIRA LIMA, *Devido processo legal*, Porto Alegre, 1999, p. 21 e s., 69 e s.

namente exploradas[7]. Na evolução subsequente, o modelo norte-americano das *class actions* foi decerto objeto de consideração, ainda que o legislador brasileiro dele se haja afastado em pontos capitais, como o du legitimação para agir. Com efeito, não se adotou aqui o critério da *Rule* 23 das *Federal Rules of Civil Procedure,* que legitima qualquer dos membros da classe interessada, desde que se afigure, aos olhos do juiz, um "representante adequado" da coletividade. Preferiu-se outorgar legitimação a órgãos públicos e a associações civis que satisfaçam certos requisitos (Lei nº 7.347, de 24-7-1985, art. 52). De qualquer sorte, a experiência norteamericana conserva importância como ponto de referência praticamente obrigatório nos trabalhos sobre a matéria.

c) As denominadas *small claims courts* encontraram aqui figura correspondente nos Juizados Cíveis Especiais, hoje consagrados constitucionalmente (Carta da República de 1988, art. 98, nº I), regidos pela Lei nº 9.099, de 26-9-1995, e, no âmbito da Justiça Federal, pela recente Lei nº 10.259, de 12-7-2001. Sucederam eles, como é notório, aos antigos Juizados Especiais de Pequenas Causas, disciplinados pela Lei nº 7.244, de 7-11-1984, e por sua vez precedidos de experiências informais levadas a cabo em alguns Estados, dos quais foi pioneiro o Rio Grande do Sul[8]. O texto constitucional prevê a atribuição de competência, aos referidos órgãos, para "a conciliação, o julgamento e a execução de causas cíveis de menor complexidade"; a Lei nº 9.099 tratou de enumerá-las no art. 3º, segundo critério variável, ora fundado no valor (inciso I e § 1º, nº II), ora na matéria (incisos II a IV), ao passo que a Lei nº 10.259 privilegia o critério *ratione valoris* (art. 3º, *caput).*

d) A esses exemplos cabe ajuntar a inovação introduzida em nosso ordenamento sob o regime constitucional da chamada Emenda nº 1, de 17-10-1969, e consistente em permitir que o Supremo Tribunal Federal, dentro de certos limites, procedesse a uma seleção das causas que julgaria em grau de recurso extraordinário: em determinadas hipóteses, do recurso apenas se conheceria se reconhecida a "relevância da questão

---

7 *Vide* BARBOSA MOREIRA, *A ação popular do direito brasileiro como instrumento de tutela jurisdicional dos chamados " interesses difusos", in Studi in onore di Enrico Tullio Liebman,* Milão, 1979, v. IV, p. 2.673 e S., ou *in Temas de Dir. Proc. (Primeira Série),* 2ª ed., S. Paulo, 1988, p. 110 e s.

8 Sobre o assunto, ADA PELLEGRINI GRINOVER, *Conciliação e Juizados de Pequena Causas, in Novas tendências do direito processual,* S. Paulo, 1990, p. 2 13, e A *conciliação extrajudicial no quadro participativo, ibid.,* p. 227/9.

federal" a ser arguida pelo recorrente. Cuidava-se de expediente destinado a aliviar a grande carga de trabalho do Tribunal, e obviamente inspirado no mecanismo norte-americano do *certiorari*, se bem que de menor alcance. Algo de semelhante se pretende ressuscitar, nos termos de projeto de reforma da Constituição em curso no Congresso Nacional: quer-se acrescentar ao art. 102 um § 4º, consoante o qual, "no recurso extraordinário, o recorrente deverá demonstrar a repercussão geral das questões constitucionais discutidas no caso", conferindo-se ao Supremo Tribunal o poder de negar conhecimento ao recurso, pelo voto de dois terços de seus membros, quando não considere atendida a exigência.

e) Também se pode estabelecer ligação com o direito anglo-saxônico a propósito de outra inovação prevista no mesmo projeto de reforma constitucional. Refiro-me à disposição que se propõe introduzir, como art. 103-A, para consagrar, sob determinadas condições, o sistema dos precedentes vinculativos. Na verdade, o regime aí estabelecido difere em mais de um ponto do que vigora nos Estados Unidos, onde as teses jurídicas assentadas pela *Supreme Court* automaticamente se impõem à observância dos outros tribunais e juízes, no julgamento de espécies análogas. Entre nós, a vingar a proposta, diversamente se passarão as coisas: o Supremo Tribunal, após reiteradas decisões no mesmo sentido e mediante o pronunciamento de dois terços de seus membros, poderá atribuir eficácia vinculante a proposições incluídas em sua *Súmula*, desde que haja "controvérsia atual entre órgãos judiciários ou entre esses e a administração pública que acarrete grave insegurança jurídica e relevante multiplicação de processos sobre questão idêntica". Trata-se, à evidência, de versão bastante mitigada do mecanismo dos *binding precedents* norte-americanos, em todo caso fonte indiscutível de inspiração[9].

7. Será razoável vislumbrar nesses fenômenos sintomas de um progressivo deslocamento do processo civil brasileiro para a órbita do *common law?* Parece temerário responder afirmativamente. Por maior importân-

9 É vasta a literatura sobre o princípio *stare decisis* e sobre a força vinculativa dos precedentes. Vejam-se, por exemplo, DAVID, *Les grands systemes de droit contemporain*, 6ª ed., Paris, 1974, p. 445 e s.; FARNSWORTH, *Introduzione al sistema giuridico degli Stati Uniti d'America*, trad. de Renato Clarizia, Milão. 1979, p. 52 e s. Vale a pena ler o artigo de EDWARD D. Re *Stare decisis*, trad. de Ellen Gracie Northfleet, *in Rev. de Proc.*, nº 73, p. 47.

cia que revistam, são em regra específicos e limitados os tópicos em que se manifesta a influência norte-americana: pontos isolados de um conjunto vastíssimo, cuja substância não alteram. Aninham-se na ramagem da árvore, sem lhe atingir raízes ou tronco.

Quem quer que se disponha a comparar com atenção as notas essenciais do sistema processual brasileiro e do norte-americano, verificará com facilidade que se distanciam em aspectos capitais. O núcleo característico de um sistema processual reside fundamentalmente na relação entre os papéis atribuídos ao juiz e às partes, em si mesmas ou enquanto representadas por seus advogados. Cada sistema, em função das premissas ideológicas em que assente e dos fins primordiais que pretenda atingir, opta por um modo de equilibrar os movimentos dessas peças; e o tipo de equilíbrio adotado define o sistema.

Simplificando um pouco as coisas, por amor à comodidade da exposição, julgo possível identificar uma dupla divergência entre o sistema brasileiro e o norte-americano. Em termos esquemáticos, passam-se as coisas como se duas pessoas caminhassem ao longo da mesma rua, em sentidos opostos, uma de cada lado, embora troquem de calçada, de um trecho para outro do itinerário. O distanciamento jamais é completo: ambos os transeuntes, afinal de contas, atravessam as mesmas zonas da cidade, e muito do panorama lhes é comum. Há, entretanto, uma diferença de enfoque, bastante para distinguir os dois trajetos.

8. Deixando de parte as imagens, tentemos concretizar os conceitos enunciados. Falou-se de uma relação entre o papel do juiz e o dos litigantes (e seus advogados). Essa relação pode variar de acordo com o problema ou conjunto de problemas que o ordenamento procura resolver, e tal variação, por seu turno, será mais ou menos intensa conforme as opções de política legislativa efetuadas.

Tomemos como primeiro exemplo o da coleta do material probatório que será utilizado como base do juízo sobre os fatos. Em pura teoria, e talvez concebível que um sistema jurídico escolha ao propósito entre estas duas posições diametralmente opostas: confiar de maneira absoluta no labor das partes, às quais ficará a tarefa reservada com exclusividade, mantendo-se o órgão judicial totalmente inerte; ou então, ao contrário, incumbir o juiz de proceder ele mesmo à apuração dos fatos, desprezando a possível colaboração das partes. Na prática, por intuitivas razões, nunca se viu sistema algum que, com férrea coerência lógica, levasse às últimas consequências qualquer dos dois métodos[10]. Mas é perfeitamente possível que nem sempre se ponha a ênfase no mesmo princípio; e essa diversidade de tratamento poderá ministrar um critério legítimo de classificação, *com* todas as ressalvas e matizes que o quadro comporte ou reclame, para não se transformar em caricatura.

Ora, a inércia do órgão judicial em matéria de instrução probatória, enquanto vale como regra no mundo de *common law*, no Brasil constitui aberração que contraria frontalmente disposições expressas do Código de Processo Civil, *v.g.*, as dos arts. 130 ("Caberá ao juiz, *de ofício* ou a requerimento da parte, determinar as provas necessárias à instrução do processo"), 342 ("O juiz pode, *de ofício*, em qualquer estado do processo, determinar o comparecimento pessoal das partes, a fim de interrogá-las sobre os fatos da causa"), 355 ("O juiz pode ordenar que a parte exiba documento ou coisa, que se ache em seu poder"), 416 ("O juiz interrogará a testemunha sobre os fatos articulados..."), 426, nº II ("Compete ao juiz... formular os [quesitos] que entender necessários ao esclarecimento da causa"), 437 ("O juiz poderá determinar, *de ofício* ou a requerimento da parte, a realização de nova perícia, quando a matéria não lhe parecer suficientemente esclarecida"), 440 ("O juiz, *de ofício* ou a requerimento da parte, pode, em qualquer fase do processo, inspecionar pessoas ou coisas, a fim de se esclarecer sobre fato, que interesse à decisão da causa")... Bem se sabe que os juízes brasileiros, por vários motivos, não soem tomar com muita frequência as iniciativas que a lei lhes faculta ou até impõe. A orientação do ordenamento, no entanto, é clara e inequívoca.

Por outro lado, nos Estados Unidos, a pesquisa e reunião de dados úteis à formação do juízo sobre os fatos compete precipuamente aos advogados dos litigantes. O instrumento empregado para tal fim é a chamada *discovery*, procedimento que pode consistir na colheita de depoimentos de partes ou de testemunhas, mediante perguntas orais ou escritas, em interrogatórios, na busca de documentos ou de outras coi-

10 A observação é correntia. Cite-se, por todos, ZUCKERMAN, *Reform in the Shadow of Lawyers' Interests*, no volume coletivo *Reform of Civil Procedure* (ed. Zuckerman e Cranston),Oxford, 1995, p. 78: *"there is no pure adversarial system any more than there is a pure inquisitorial system"*. Como se sabe, os termos *"adversarial"* e *"inquisitorial"* costumam ser usados na terminologia de língua inglesa para designar, respectivamente, os modelos processuais que dão maior relevo à atuação das partes ou, inversamente, à do juiz.

sas, em exames físicos e mentais das partes e assim por diante. Importa frisar aqui a característica primordial de todas essas atividades: elas se realizam, no comum dos casos, *extrajudicialmente, sem participação do magistrado,* que só intervém quando se torna preciso dirimir questão decorrente de abuso, ou recalcitrâncias[11]. Quanto à sessão de julgamento *(trial),* é notória a atitude geralmente passiva do juiz norte-americano, que se limita a fiscalizar a observância das «regras do jogo» por parte dos advogados, aos quais se confia a tarefa de conduzir a tomada das provas orais. Não é mister gastar mais palavras para ressaltar a clara oposição entre os dois sistemas.

9. Vamos adiante. Se em tema de instrução probatória encontra limites apertados – e não apenas na prática – a atuação do órgão judicial nos Estado, Unidos, em compensação há outro setor em que ela se exerce com largueza inconcebível para quem se guie pelos padrões brasileiros. Refiro-me ao poder de aplicar sanções aos responsáveis por comportamentos havidos como irregulares – ao denominado *contempt power,* cujas manifestações podem ser de natureza criminal ou civil[12]. No *civil contempt,* ou se trata de compelir alguém ao cumprimento de ordem do tribunal, mediante a cominação de multa ou prisão, ou então de compensar o litigante prejudicado pelo descumprimento. Apesar de certas discrepâncias, providências desse tipo não são muito diferentes, no cerne, de medidas coercitivas incorporadas a tradição do direito brasileiro, nomeadamente a prisão civil do devedor de alimentos (Código de Processo Civil, art. 733, § 1 º).

Já o *criminal contempt* diz com a punição imposta a quem deliberadamente desobedeça a uma ordem do tribunal, ainda que o ator não infrinja lei alguma. O processo por *criminal contempt* é visto como distinto

11 *"The effectiveness of any discovery system depends in great measure on whether, it can operate extrajudicially",* observa KANE, *Civil Procedure,* St. Paul, 1979, p. II. Mais enfático CLERMONT, *Civil Procedure,* 5ª ed., St. Paul, 1999, p. 80: *"Discovery under the Federal Rules is meant to work almost wholly by action of the parties, with intervention by lhe court".*

12 A exposição que se segue é baseada sobretudo em DOBBYN, *Injunctions,* St. Paul, 1974, p. 216 e s., com achegas de HAZARO-TARUFFO, *La giustizia civile negli Stati Unit,* Bolonha, 1993, p. 112. Na literatura nacional, boa informação sobre o *contempt of court* em MARCELO LIMA GUERRA, *Execução indireta,* S. Paulo, 1998, p. 78 e s., espec. 93 e s.

daquele em que fora emitida a ordem, e nele o demandante não é a parte adversa, mas *o próprio juiz.* Em quase metade dos Estados, não existe limite máximo para a pena a ser aplicada. Aqui, a extensão dada a *contempt power* coloca-o em patente contraste com princípios cardeais do direito brasileiro, como o da reserva legal e o da inadmissibilidade de instauração *ex officio* de processo penal.

A distância entre os dois ordenamentos fica ainda mais nitidamente caracterizada se se tiver em vista que o *contempt power,* seja na sua versão civil, quer na penal, pode ser exercitado não só contra as partes, senão até contra os advogados, Ele integra, na verdade, o amplo poder de supervisão, pelo juiz, da maneira pela qual aqueles conduzem o pleito – noção igualmente estranha ao direito pátrio, em que nada existe, e ninguém razoavelmente imaginará que um dia venha a existir, de parecido com essa sujeição do advogado à fiscalização do órgão judicial.

10. A precedente resenha de forma alguma aspira a catalogar de forma exaustiva as dessemelhanças entre o processo civil brasileiro e o norte-americano. Há ainda, porém, um ou dois tópicos a cujo respeito não se justificaria silenciar. O primeiro é o emprego do júri em matéria civil, subsistente nos Estados Unidos, conquanto já virtualmente extinto na Inglaterra. É verdade que, na prática, só uma fração bem pequena das causas atinge lá esse estágio[13], ao passo que é considerável o número daquelas que se resolvem por acordo entre as partes.

O reparo, por sua vez, leva-nos à consideração de outro ponto em que os dois sistemas diferem claramente em seu funcionamento concreto, a saber a forte inclinação dos norte-americanos a fazer uso de meios conciliatórios – ou, em termos mais genéricos, dos expedientes que se costumam reunir sob a denominação de *alternative dispute resolution (ADR,* na conhecida abreviação). Embora os Estados Unidos tenham a fama de ser uma nação litigiosa, vale-se o seu povo com crescente intensidade da negociação, da mediação, da arbitragem e de diversas formas de combinação

13 ABRAHAM, *The Judicial Process,* 6ª ed., Nova Iorque-Oxford, 1993, p. 109, aponta percentual de 10%. A informação confere com a de HAZARD-TARUFFO, *La giustizia civile negli Stati Uniti,* Bolonha, 1993, p. 122, consoante a qual mais de 90% das causas chegam a solução consensual antes do *trial.* Para outras citações, sempre em sentido conforme, *vide* BARBQSA MOREIRA, *Notas sobre alguns aspectos do processo (civil e penal) nos países anglo-saxônicos, in Temas de Dir. Proc. (Sétima Série),* S. Paulo, 2001, p. 166, nota 21 (dados análogos relativos à Inglaterra na nota 20),

entre essas figuras, florescendo no país uma quantidade surpreendente, para nós, de órgãos e instituições, que se encarregam de exercer extrajudicialmente tais atividades. Enquanto isso, no Brasil, setores doutrinários atuantes conseguem, sim, que o legislador se mova no sentido de prestigiar os métodos alternativos, mas até agora nem a doutrina nem as leis vêm obtendo êxito em desviar para esse canal um volume de litígio comparável, mesmo de longe, à torrente dos que deságuam na Justiça.

11. Em última análise, o que sugere a realidade é que o processo civil brasileiro e o norte-americano se inserem – para empregar expressão vaga, mas talvez insubstituível – em culturas jurídicas distintas. Não significa isso que não possamos servir-nos dos frutos da experiência dos Estados Unidos, tão interessante por mais de um prisma: já o termos feito e estamos por fazê-lo de novo, se vingarem as propostas da reforma constitucional. Significa, entretanto, a meu ver, que, como até aqui, as importações se limitarão em regra à periferia do sistema, sem penetrar-lhe o âmago. Transplantes mais profundos correrão provavelmente o risco da rejeição. Para o bem e para o mal, o ordenamento pátrio é – e continuará a ser – um rebento da família romano-germânica, e portanto de *civil law.*

Nessa ordem de ideias, cabe-me pedir desculpas a quem se haja impressionado demais com a preposição no título da palestra. A rigor, o processo civil brasileiro não se situa propriamente "entre" dois mundos: pertence a um deles, ainda que possa, e eventualmente deva, beneficiar-se dos produtos do outro. De resto, se me permitem uma observação – ou antes, uma ressalva – final, parece oportuno registrar que, em perspectiva mais abrangente, há sinais visíveis de encurtamento da distância entre processo de *common law e* processo de *civil law.* Marco importante de tal evolução, do lado de lá da linha divisória, é o ainda recente surgimento, na Inglaterra, de um código de processo civil *(Civil Procedure Rufes),* que aproxima em mais de um ponto o sistema processual inglês do modelo predominante na Europa continental[14]. Esse, porém, já seria assunto para outra palestra.

Julho de 2001.

14 Ao propósito, peço licença para remeter o leitor a meu artigo *Uma novidade: o código de processo civil inglês, in Estudos em homenagem ao Ministro Adhemar Ferreira Maciel,* S. Paulo, 2001, p. 451 e *s.,* ou *in Temas de Dir. Proc. (Sétima Série),* S. Paulo, 2001, p. 17 e s.

COMENTÁRIOS DOS ATUALIZADORES

O PROCESSO CIVIL BRASILEIRO ENTRE DOIS MUNDOS

Luís Roberto Barroso / Frederico Montedonio

A edição do Código de Processo Civil de 2015 não significou a deserção do Brasil da família jurídica romano-germânica – e nem poderia ser diferente –, embora o diploma revele sinais ainda mais evidentes de aproximação com o mundo anglo-saxão. A exposição de motivos do CPC/2015 proclama que o novo texto não busca "uma ruptura com o passado, mas um passo à frente". A tendência de aproximação dos "dois mundos", de resto, já era identificada de forma consensual, inclusive por Barbosa Moreira, em texto posterior ao ora atualizado[15]. Mas antes de tudo note-se que, ao contrário do CPC/1973, o atual Código de Processo Civil foi editado sob a vigência da Constituição de 1988 e concretizou o movimento de constitucionalização do processo civil (art. 1º).

Na linhagem europeia continental, as fontes inspiradoras do atual Código brasileiro também são ecléticas. Alguns exemplos: (a) o art. 5º, que trata da boa-fé processual, é idêntico ao art. 52 do CPC suíço de 2008; (b) o art. 10, que versa sobre o contraditório, encontra dispositivos congêneres no art. 16 do CPC francês de 1976, no art. 3º do CPC português de 2013 e no art. 101 do CPC italiano de 1940; (c) o incidente de resolução de demandas repetitivas é inspirado no *Musterverfahren* (procedimento-modelo) alemão, como expresso na exposição de motivos do CPC/2015.

Mas também são numerosas as influências da tradição do *common law*. A mais notável, sem dúvida, é a atribuição de eficácia vinculante a precedentes[16]. Barbosa Moreira mencionou em sua conferência a introdução da súmula vinculante, até então apenas uma proposta de emenda à Constituição, posteriormente concretizada no art. 103-A da Carta da República, na redação determinada pela EC 45/2004. Mas

15 MOREIRA, José Carlos Barbosa. O processo civil contemporâneo: um enfoque comparativo. *In: Temas de direito processual*: nona série. São Paulo: Saraiva, 2007, p. 53.

16 Sobre o tema, v. BARROSO, Luís Roberto. MELLO, Patrícia Perrone Campos. Trabalhando com uma nova lógica: a ascensão dos precedentes no direito brasileiro. *Revista da AGU*, v. 15, n. 3, p. 9/52, jul./set.2016. Disponível em: <https://seer.agu.gov.br/index.php/AGU/article/view/854/730>. Acesso em: 6 out.2020.

houve muito mais. A vinculatividade, em sentido forte, hoje foi estendida às decisões proferidas em incidentes de resolução de demandas repetitivas e de assunção de competência, com cabimento de reclamação (CPC/2015, art. 988, IV). Também foi conferido efeito vinculante às decisões proferidas em processos com repercussão geral reconhecida e em recursos repetitivos, desde que esgotadas as instâncias ordinárias (art. 988, § 5º, II). Apesar disso, a Corte Especial do STJ decidiu pelo descabimento de reclamação por violação a orientação de recurso especial repetitivo (Rcl 36.476, Rel. Min. Nancy Andrighi, j. 5/2/2020). No STF, por sua vez, há precedentes seguindo outra linha de jurisprudência restritiva, os quais exigem, além do esgotamento das instâncias ordinárias, a teratologia da decisão reclamada (*e.g.*, 1ª T., Rcl 39.305 AgR, Rel. Min. Luiz Fux, j. 3/4/2020).

Mesmo fora dessa vinculatividade forte – que pressupõe o cabimento de reclamação –, o sistema brasileiro de precedentes prevê a necessidade de que os tribunais uniformizem sua jurisprudência e mantenham-na "estável, íntegra e coerente" (art. 926), bem como que juízes e tribunais observem, além das decisões vinculantes em sentido forte, também os enunciados das súmulas do STF em matéria constitucional e do STJ em matéria infraconstitucional, e ainda a orientação do plenário ou do órgão especial aos quais estiverem vinculados (art. 927, IV e V). Diante disso, juristas brasileiros agora precisam manejar conceitos como *distinguishing* e *overruling* – de denominação claramente anglo-saxã –, além das noções de *ratio decidendi* e *obiter dictum* (que, apesar da origem latina, são muito difundidos nos Estados Unidos). Esta talvez seja a aproximação mais clara do sistema brasileiro de *civil law* com a tradição do *common law*.

Merece destaque ainda a repercussão geral, inspirada no *certiorari* da Suprema Corte estadunidense, e consagrada no art. 102, § 3º, da Constituição, com redação determinada pela EC 45/2004, depois da conferência de Barbosa Moreira[17]. O instituto foi disciplinado nos arts. 543-A e 543-B do CPC/1973, com redação dada pela Lei 11.418/2006,

---

17 O tema é objeto de estudo dos atualizadores. V: BARROSO, Luís Roberto; REGO, Frederico Montedonio. Como salvar o sistema de repercussão geral: transparência, eficiência e realismo na escolha do que o Supremo Tribunal Federal vai julgar. *Revista Brasileira de Políticas Públicas*, Brasília, v. 7, nº 3, 2017 pp. 695-713. REGO, Frederico Montedonio. *Repercussão geral:* uma releitura do direito vigente. Belo Horizonte: Fórum, 2020 (2ª edição no prelo).

depois substituídos pelos arts. 1.035 a 1.040 do CPC/2015. Hoje se discute a instituição do requisito atinente à "relevância da questão federal" para os recursos especiais, de competência do Superior Tribunal de Justiça (PEC 10/2017, atualmente em trâmite no Senado Federal, já tendo sido aprovada na Câmara sob o nº 209/2012).

Houve ainda avanços das técnicas de proteção coletiva dos direitos e interesses supraindividuais, inspiradas nas *class actions* dos Estados Unidos, por exemplo, com a disciplina do mandado de segurança coletivo (Lei 12.016/2009, arts. 21 e 22) e do mandado de injunção coletivo (Lei 13.300/2016, arts. 12 e 13). E os Juizados Especiais, que encontram figura congênere nas *small claims courts*, tiveram um avanço no Brasil com a criação dos Juizados Especiais da Fazenda Pública (Lei 12.153/2009).

Também merece menção a possibilidade de admitir em qualquer feito o *amicus curiae* (art. 138), figura que, segundo a exposição de motivos do CPC/2015, tem origem inglesa (nota 22). Da mesma forma, a comissão autora do anteprojeto afirmou ter se inspirado nos poderes de gerenciamento do feito (*case management powers*) para prever o poder do juiz de adaptar o procedimento às peculiaridades da causa (art. 139, VI).

Mas, mesmo com todas essas mudanças, permanece válida a observação de Barbosa Moreira de que o Brasil ainda permanece fora da órbita do *common law*. Ao contrário da tradição jurídica anglo-saxã, ao menos no processo civil brasileiro o juiz continua dotado de amplos poderes instrutórios exercitáveis de ofício, como se extrai dos arts. 370, 385, 396, 459, § 1º, 470, II, 480 e 481, todos do CPC/2015, correspondentes aos artigos do CPC/1973 citados pelo autor no texto. Por outro lado, o *contempt power* no Brasil continua mais restrito que nos EUA. Embora o CPC/2015 tenha conferido ao juiz um poder genérico para "determinar todas as medidas indutivas, coercitivas, mandamentais ou sub-rogatórias necessárias para assegurar o cumprimento de ordem judicial, inclusive nas ações que tenham por objeto prestação pecuniária" (art. 139, IV), as multas por atos atentatórios à dignidade da justiça continuam aplicáveis apenas às partes, e não aos seus representantes (art. 77, §§ 6º e 8º). Apenas no processo penal há possibilidade de aplicar multa a advogados por abandono da causa (CPP, art. 265), regra cuja constitucionalidade foi reconhecida no STF por apertada maioria de 6 a 5 (ADI 4.398, Rel. Min. Cármen Lúcia, j. 5/8/2020). Já os poderes do juiz citados pelo autor quanto ao *criminal contempt* nos EUA continuam sem paralelo no direito brasileiro.

Ao contrário dos Estados Unidos, que utilizam o júri em matéria cível, o Brasil continua com o júri restrito aos crimes dolosos contra a vida (CF, art. 5º, XXXVIII). Por outro lado, ainda é tímida entre nós a utilização dos meios alternativos de resolução de disputas (ADR). A arbitragem, disciplinada pela Lei 9.307/1996 e alterada pelo CPC/2015 e pela Lei 13.129/2015 – que, entre outros pontos, previu expressamente o uso do instrumento pela Administração Pública – continua, na prática, com alcance muito limitado. Prova disso é um levantamento intitulado *Anuário da arbitragem no Brasil 2018*, que mapeou apenas 1.397 procedimentos arbitrais em andamento em 31/12/2018, em 21 instituições diferentes, número irrisório em vista da quantidade de processos judiciais em andamento no País[18]. Quanto à conciliação, segundo a apresentação do Min. Dias Toffoli ao relatório Justiça em Números 2020 (ano-base 2019): "apenas 12,5% de processos foram solucionados via conciliação. Em relação a 2018, houve aumento de apenas 6,3% no número de sentenças homologatórias de acordos, em que pese a disposição do novo Código de Processo Civil (CPC), que, em vigor desde 2016, tornou obrigatória a realização de audiência prévia de conciliação e mediação"[19]. Permanece válida, portanto, a afirmação de Barbosa Moreira de que "até agora nem a doutrina nem as leis vêm obtendo êxito em desviar para esse canal um volume de litígios comparável, mesmo de longe, à torrente dos que desaguam na Justiça".

A exposição de motivos do CPC/2015 reconhece que "a época em que vivemos é de interpenetração de civilizações". Mas, no particular, a doutrina de Barbosa Moreira continua tão atual hoje como era há vinte anos: ainda que possamos "servir-nos dos frutos da experiência dos Estados Unidos", "[p]ara o bem e para o mal, o ordenamento pátrio é – e continuará a ser – um rebento da família romano-germânica, e portanto de *civil law*".

---

18 CENTRO DE ESTUDOS DAS SOCIEDADES DE ADVOGADOS – CESA. *Anuário da arbitragem no Brasil 2018*. Dezembro de 2019. Disponível em: <http://www.cesa.org.br/media/files/Anuario2018Arbitragem.PDF>. Acesso em: 17 jan.2021.

19 BRASIL, Conselho Nacional de Justiça. *Relatório Justiça em Números 2020*: ano-base 2019. CNJ: Brasília, 2020, p. 6. Disponível em: < https://www.cnj.jus.br/wp-content/uploads/2020/08/WEB-V3-Justi%C3%A7a-em-N%C3%BAmeros-2020-atualizado-em-25-08-2020.pdf>. Acesso em: 12 out.2020.

REFORMAS PROCESSUAIS E PODERES DO JUIZ[1]

1. Uma das coordenadas que definem qualquer sistema judicial é a posição do juiz na dinâmica do processo. Não é concebível, à evidência, que se negue todo relevo ao órgão da jurisdição; mas pode variar, e de fato tem variado, a medida de sua importância. Ordenamentos há em que o personagem confiado ao juiz é, claramente, o protagonista; noutros lhe sobressai menos a atuação. Bem se compreende que, de uma a outra ponta do espectro, se sucedam inúmeros graus intermediários.

A linguagem doutrinária criou expressões, que se tornaram tradicionais, para indicar o nível dessa dosagem. Costuma-se aludir a "processo inquisitivo" para designar o modelo em que se atribui ao órgão judicial maior soma de poderes, e a "processo dispositivo" para indicar aquele em que se lhe impõem limitações mais acentuadas, reservando às partes, na substância, o papel principal.

Tais denominações são bastante equívocas. Com efeito: em primeiro lugar, na faixa contínua que liga os extremos, tem sempre algo de arbitrário o traçado da fronteira entre os dois territórios. Ademais, a divisão do trabalho entre o órgão judicial e as partes não suscita *um único* problema, senão, muito ao contrário, *uma série* de problemas distintos, para os quais é possível adotar soluções também diferenciadas. Por exemplo: fala-se de "princípio dispositivo" a propósito de temas como o da iniciativa de instauração do processo, o da fixação do objeto litigioso, o da tarefa de coletar provas, o da possibilidade de autocomposição do litígio, o da demarcação da área coberta pelo efeito devolutivo do recurso, e assim por diante. Nada força o ordenamento a dar a todas essas questões, com inflexível postura, respostas de idêntica inspiração. Daí proclamar a generalidade dos estudiosos que não existe processo "puramente" inquisitivo, nem processo "puramente" dispositivo[2].

---

1 Texto de palestra proferida em 27-11-2002, no Rio de Janeiro (com o acréscimo de notas). Publicado em *Rev.* Jur., v. 306, *Rev. do Min. Público,* v. 18, *Rev. do TJRJ,* v. 56, *Rev. da EMEJ,* nº 22.

2 A afirmação é tão corrente que, a rigor, dispensaria citações; em todo caso, veja-se, por todos, TARUFFO, *"La prova dei fatti giuridici",* v. II, t. 2, do *Trattato di diritto civile e commerciale* de CICU-MESSINEO-MENGONI, Milão, 1992, p. 22.

2. Ideia que se insinuou no pensamento da doutrina é a da existência de uma vinculação entre o modelo processual preferido pelo legislador e o tipo de regime político vigente no momento da opção. A predominância do "princípio dispositivo" corresponderia a um regime "liberal"; a do "princípio inquisitivo", a um regime "autoritário".

Seria ingênuo negar que a índole do regime político tem reflexos no campo processual. Nenhuma província do direito é politicamente "neutra". Decerto, o processo penal, por óbvias razões, costuma refletir com maior intensidade as diretrizes políticas vigentes do que o processo civil: mas este de maneira alguma está imunizado a semelhante influência. A observação atenta da experiência histórica, porém, não confirma a tese de uma vinculação constante e necessária entre a prevalência dos traços "inquisitivos" e a feição autoritária do regime político, ou entre a prevalência dos traços "dispositivos" e a feição liberal desse regime.

Dois exemplos ilustrarão suficientemente o dito. Um dos "pontos sensíveis" de nossa problemática é o da iniciativa em matéria de prova. Enxergam alguns traço de autoritarismo na assunção *ex officio* de poderes; instrutórios pelo órgão judicia[3]. Ora, o art. 37, 2ª parte, da lei suíça sobre o processo civil federal, de 1947, autoriza o juiz a "ordenar provas que as partes não hajam proposto"; o art. 10 do Código de Processo Civil francês, de 1975, estatui que "o juiz pode ordenar de ofício todas as medidas de instrução legalmente admissíveis". A ninguém de juízo são ocorrerá pensar que a Suíça, em 1947, e a França, em 1975, viviam sob regimes políticos "autoritários".

3. São de natureza diversificada os poderes exercidos pelo órgão judicial no processo. Nem todos, bem se sabe, têm caráter jurisdicional: há os de índole administrativa, como os arrolados no art. 445 do nosso Código de Processo Civil, que usa a expressão "poder de polícia": "manter a ordem e o decoro na audiência" (inciso I), "ordenar que se retirem da sala da audiência os que se comportarem inconvenientemente" (inciso II), "requisitar, quando necessário, a força policial" (inciso III).

3 Assim, por exemplo, MONTERO AROCA, *La Nueva Ley de Enjuiciamiento* Civil, *española y la oralidad*, no volume *Relatorios y ponencias sobre Derecho Procesal* das XVII Jornadas Ibero-americanas de Direito Processual, San José, 2000, t. II, p. 332/3. A exemplificação do autor recorre a casos em que Estados totalitários abraçaram a orientação de aumentar poderes do juiz; mas isso mostra somente que o fenômeno não é exclusivo de ideologia alguma.

Mais importantes, sem dúvida, são os poderes de caráter jurisdicional. Várias classificações desses poderes têm sido propostas em sede doutrinária. Não vem ao caso passá-las em revista aqui, senão apenas registrar quão difícil é formular uma que na verdade esgote as múltiplas atribuições outorgadas ao juiz. Afigura-se preferível salientar determinadas espécies de maior relevância. Os principais poderes do juiz, compreende-se, são os relacionados com a atividade *decisória;* não é por acaso que ao propósito desta se tem falado de "poder-fim"[4] por oposição aos "poderes-meios". Dentre estes últimos, de feição instrumental, merecem ressalto os poderes de direção do processo, os poderes instrutórios e os poderes de coerção.

4. É intuitivo que, em qualquer ordenamento, o poder de decidir se atribui eminentemente ao órgão judicial. Com isso não se quer dizer que fique excluída para os litigantes a possibilidade de determinar o conteúdo da solução da lide: sendo disponível a relação jurídica controvertida, pode acontecer que o desfecho resulte de ato unilateral ou bilateral das partes – renúncia à pretensão ou reconhecimento do pedido, no primeiro caso, transação, no segundo. A transação vem até merecendo tratamento particularmente favorável das leis modernas, que estimulam os litigantes à conciliação, à composição consensual do conflito de interesses. De todo modo, quando não se obtém semelhante resultado, é óbvio que no processo caberá ao juiz, e a mais ninguém, proferir decisão. Variam, contudo, os limites postos ao exercício desse poder: a tradição do direito ocidental[5], no particular, é a de que, ao menos em regra, o órgão judicial está adstrito a julgar no âmbito do pedido, e só nele *(ne eat iudex ultra vel extra petita;* para a indicação de uma exceção recentemente introduzida no ordenamento brasileiro, *vide, infra,* nº 8).

No que tange à direção do processo e à instrução probatória, é costume opor dois modelos, um que dá primazia ao juiz, confiando-

4 *V.g.,* SATIA, *Diritto processuale civile,* 6ª ed., Pádua, 1959 (reimpressão), p. 136, o qual, para sermos exatos, falava, em termos mais amplos, do *"potere di dichiarare e realizzare (coattivamente) il diritto nel caso concreto",* aí compreendidos, por conseguinte, poderes inerentes à atividade *executiva.*

5 O adjetivo não está empregado aí em sentido estritamente geográfico, mas abrange os ordenamentos de países que, noutros quadrantes, adotaram, com maior ou menor rigor, modelos processuais de corte europeu ou americano. Sirvam de exemplo a Turquia e o Japão.

-lhe, naturalmente com observância dos parâmetros legais, a marcação do ritmo procedimental e larga iniciativa na coleta de provas, outro que deixa às partes, em maior medida, tais cuidados. Habitualmente se identifica o primeiro modelo com o direito da Europa continental e dos países que em substância o receberam, como os latino-americanos, e o segundo modelo com o chamado *common law,* característico dos povos anglo-saxônicos.

Essa dupla correlação, sem embargo do interesse que possa conservar como índice de tendências gerais, não espelha hoje a realidade de modo inteiramente fiel. Recente evolução do direito norte-americano fez emergir a figura do *managerial judge,* em diversos aspectos distanciada da imagem tradicional de um "árbitro" que assistisse qual espectador passivo à luta das partes e apenas interviesse para assegurar o *fair play*[6]. Na Inglaterra, a transformação é talvez mais sensível e remonta a época anterior às *Civil Procedure Rules* em vigor desde 1999, cuja edição assinalou o ponto mais saliente, até agora, de um progressivo afastamento das posições clássicas do denominado *adversary system*[7]. Por outro lado, no continente europeu, notam-se movimentos no sentido contrário, como o cerceamento das iniciativas instrutórias do juiz na nova *Ley de Enjuiciamiento Civil* espanhola, de 2000, que, suprimindo as antigas *diligencias para mejor proveer,* restringe às hipóteses legalmente previstas o poder do órgão judicial de ordenar de ofício a realização de provas (art. 282, 2ª parte)[8].

---

6 Cf., recentissimamente, CHASE, *American "Exceptionalism" and Comparative Procedure, in The American Journal of Comparative Law,* v. 50 (2002), p. 298: *"To be sure, recent changes in American litigation rules have tended to enhance the role of the court in relation to lhe parties: the whole concept* of *'managerial judging' centers on the power and responsibility of the judge to move lhe case along, to promote settlement possible, and at the very least to get to the trial promptly".*

7 Sobre o referido diploma, *vide* BARBOSA MOREIRA. *Uma novidade: o Código de Processo Civil inglês, in Temas de Direito Processual (Sétima Série),* S. Paulo, 2001, p. 179 e s.; na doutrina inglesa, o sugestivo (desde o título) artigo de ANDREWS, *A New* Civil *Procedural Code for England: Party-Control "Going, Going, Gone", in Civil Justice Quarterly,* v. 19 (2000), p. 19 e s. Acerca das mudanças antecedentes, JOLOWICZ. *A reforma do processo civil inglês: uma derrogação do "adversary system?,* tradução do autor deste trabalho, *in Rev. For.,* v. 328, p. 61 e s.

8 Na Exposição de Motivos nº VI, está dito que a lei se inspira no "princípio dispositivo" e daí se conclui: "Según *el principio procesal citado, no se entiende razonable que al órgano jurisdiccional le incumba investigar y comprobar la veracidad de los hechos alegados como configuradores de un caso que pretendidamente requiere una*

5. Filia-se o ordenamento processual brasileiro, notoriamente, à chamada família romano-germânica[9], se bem que exiba, aqui e ali, marcas de infiltrações de origem norte-americana. Na Exposição de Motivos do vigente Código de Processo Civil lê-se a afirmação de que ele "consagra o princípio dispositivo" (Capítulo IV, nº III, item 18). A imprecisão semântica da expressão, todavia, reclama esclarecimento. É indubitável que o diploma de 1973 segue, em pontos capitais, algumas das diretrizes tradicionalmente vistas como típicas do "processo dispositivo". A instauração do feito depende, em regra, da iniciativa da parte (art. 262, *principio);* e a exceção aberta para o inventário (art. 989) nenhuma repercussão vem tendo na prática do foro. Também cabe à parte fixar o objeto do processo, vedado o julgamento *extra* ou *ultra petita* (arts. 128, 458, 459, 1ª parte); aí, contudo, tornam-se indispensáveis certos reparos, que virão a seu tempo. É dado aos litigantes pôr termo ao pleito, mediante autocomposição da lide, por ato unilateral – reconhecimento do pedido, renúncia à pretensão – ou bilateral – transação (art. 269, incisos II, V e III, respectivamente), sem que se permita ao juiz, desde que validamente praticado o ato, deixar de chancelá-lo. A interposição de recurso por uma só das partes não abre ao órgão *ad quem* a possibilidade de proferir decisão mais favorável àquela que não recorreu (proibição da *reformatio in peius)*[10].

---

respuesta de tutela conforme a Derecho". Reparo intuitivo é o de que uma "resposta conforme ao direito" deve basear-se em fatos cuja ocorrência se haja devidamente comprovado, e portanto, para pôr-se em condições de dá-la, é lógico que o juiz inclua entre seus cuidados semelhante comprovação. Em relatório apresentado às XVII Jornadas Ibero-americanas de Direito Processual (Montevidéu, 2002), sob o título *El proceso civil y su futuro,* e ainda não publicado, mas do qual gentilmente nos forneceu cópia o autor, VÁZQUEZ SOTELO qualifica a modificação operada na legislação espanhola como *"una regresión histórica verdaderamente increíble"* (item IX, *Poderes e iniciativas instrutorias del juez).*

9 O agrupamento dos sistemas jurídicos em "famílias", questão de que se ocupam os comparatistas, é naturalmente esquemático e comporta flexibilizações, mas conserva interesse como indicador genérico de afinidades e contrastes; parece exagero relegá-lo à condição de "mito", conforme quer CÂNDIDO DINAMARCO, *Instituições de Direito Processual Civil,* v. I, 2ª ed., S. Paulo, 2002, p. 172/3. Aliás, esse mesmo autor, noutros passos da obra, faz uso do conceito, ainda que relativizado: *vide,* por exemplo, as referências feitas na p. 286.

10 Apesar da inexistência de disposição proibitiva expressa, o ponto é pacífico: *vide* BARBOSA MOREIRA, *Comentários ao Código de Processo Civil,* v. V, 10ª ed., Rio de Janeiro, 2002, p. 433 e s., com abonações jurisprudenciais na nota 53 à p. 433 (quanto à relação com o chamado princípio dispositivo, p. 434/5).

Já no que concerne à participação ativa do juiz na instrução probatória o art. 130 é claro em atribuir-lhe o poder de determinar as provas necessárias, "de ofício ou a requerimento de parte". Tem esse texto alcance genérico. Outras disposições, que contemplam hipóteses específicas, devem reputar-se meramente explicitantes: assim, o art. 342, que autoriza o órgão judicial a ordenar, em qualquer estado do processo, o comparecimento pessoal das partes, a fim de interrogá-las sobre os fatos da causa; o art. 355, que lhe faculta determinar a exibição de documento ou de outra coisa, em poder da parte; o art. 399, segundo o qual ele requisitará às repetições públicas, em qualquer tempo ou grau de jurisdição, "as certidões necessárias à prova das alegações das partes" e os autos de "procedimentos administrativos nas causas em que forem interessados a União, o Estado, o Município ou as respectivas entidades da administração indireta": o art 440, que permite ao órgão judicial inspecionar pessoas ou coisas etc. A mesma orientação, cabe notar de passagem, vê-se corroborada em diplomas processuais mais recentes, por exemplo, a Lei nº 9.099, de 26-9-1995, que regula os Juizados Especiais no plano estadual, e cujo art. 5º, *principio,* é categórico; «O juiz dirigirá o processo com liberdade para determinar as provas a serem produzidas». Bem se sabe que, na prática os juízes brasileiros, e não só os brasileiros, fazem escassa aplicação de normas desse tipo e se contentam, as mais das vezes, com a contribuição trazida voluntariamente pelas partes. O fenômeno tem causas diversas, algumas justificáveis, como a sobrecarga de trabalho, outras menos. Nada, entretanto, é a posição do ordenamento.

6. Ao longo dos últimos dez anos, vem sofrendo o Código de Processo Civil uma série de modificações, que de início visavam a simplificar, desburocratizar o procedimento, eliminando formalidades inúteis, e a dissipar dúvidas suscitadas por textos obscuros, mas pouco a pouco assumiram iniludivelmente proporções mais vultosas. A faina reformadora, vale observar, não constitui singularidade de nosso país no panorama contemporâneo: por toda parte fervilham anseios de mudança, a refletir uma insatisfação difusa com o funcionamento da Justiça civil, e elaboram-se códigos novos ou alteram-se os existentes[11].

---

11 Para uma resenha dos principais marcos do movimento reformulador, até 1995, *vide* BARBOSA MOREIRA, *Miradas sobre o processo civil contemporâneo, in Temas de Direito Processual (Sexta Série),* S. Paulo, 1997, p. 45 e s. À enumeração que ali se fez, é, hoje mister acrescentar, entre outros exemplos, o novo Código de Processo

Importa verificar a direção geral dessas inovações, do ponto de vista que aqui nos interessa, ou seja, no que respeita aos poderes do juiz. Pelo prisma comparativo, vê-se com facilidade que predomina amplamente a tendência a reforçá-los, em mais de um aspecto. Caso sobremodo interessante, pela carga de novidade que levou a sistema tradicionalmente apegado ao *adversary system,* é o já mencionado das *Civil Procedure Rules* inglesas[12]. Também na reforma alemã há sinais no mesmo sentido: assim, *v.g.*, o poder que tinha o juiz de ordenar à parte a apresentação de documentos em seu poder, aos quais ela houvesse feito menção, estende-se agora aos documentos a que *a parte contrária* se refira, e a ordem de apresentação pode dirigir-se igualmente a terceiros, desde que isso lhes seja exigível e não ocorra qualquer das hipóteses de recusa legítima a depor na condição de testemunha *(ZPO,* § 142, 1ª e 2ª alíneas, na redação dada pela lei de 27-7-2001).

Não surpreende, pois, que as leis modificativas de nosso estatuto processual venham tratando igualmente de incrementar os poderes do órgão judicial. Esse traço ressalta à primeira vista na paisagem desenhada pelas reformas, com particular relevo no que tange à direção do processo. Vejamos alguns exemplos:

a) Embora a tradição do ordenamento pátrio inclua o controle judicial da demanda, a partir do primeiro contacto do juiz com a postulação do autor, na sistemática primitiva do Código, se fosse indeferida a petição iniciai, não se facultava ao magistrado reconsiderar o indeferimento, por mais que se convencesse de haver errado ao decretá-lo. De acordo com a redação dada ao art. 296 pela Lei nº 8.952, de 13-12-1994, caso o autor apele, o órgão judicial pode reformar sua própria decisão, para deferir a inicial.

b) O parágrafo único do art. 46, introduzido pela mesma lei, autoriza o juiz a "limitar o litisconsórcio facultativo quanto ao número de litigantes, quando este comprometer a rápida solução do litígio ou dificultar a defesa". A admissão do litisconsórcio facultativo, com efeito, visa a atender a imperativos de economia processual; sob certas circunstâncias, todavia, pode revelar-se contraproducente, como vinha sucedendo

Civil japonês, de 1996, as *Civil Procedure Rules* inglesas, em vigor desde 1999, a nova *Lei de Enjuiciamento Civil* espanhola, de 2000, e a recente reforma do processo civil alemã levada a cabo em 2001.

12 Permitimo-nos remeter o leitor, de novo, ao trabalho cit. na nota 6, *supra.*

em pleitos de servidores públicos, reunidos às centenas, quando não aos milhares, a tomar extremamente árdua a tarefa de examinar cada situação individual, não só para o réu, ao contestar, senão também para o próprio órgão judicial, no momento de julgar.

c) o juízo *a quo* já tinha competência para apreciar a admissibilidade da apelação, mas só podia exercê-la uma única vez; caso admitisse o recurso, não lhe era lícito voltar atrás, ressalvada a hipótese de deserção. Com o advento da Lei nº 8.950, de 13-12-1994, depois de oferecida resposta do apelado, passou a facultar-se ao juiz o reexame dos requisitos de admissibilidade do recurso e, eventualmente, o respectivo trancamento (art. 518, parágrafo único).

d) No segundo grau de jurisdição, assumem realce a possibilidade aberta ao relator, de dar efeito suspensivo, sob determinadas condições, o recurso que não o tenha por força de lei (arts. 527, nº III, e 558 e seu parágrafo único, desde a Lei nº 9.139, de 30-11-1995), e, mais recentemente, a de converter o agravo de instrumento em agravo retido (art. 5º, nº II, tal qual redigido por força da Lei nº 10.352, de 26-12-2001).

7. Merece consideração especial o caso da audiência a princípio chamada de conciliação e depois rebatizada de audiência preliminar. Foi ela introduzida no procedimento ordinário pela Lei nº 8.952, de 13-12-1994, que deu nova redação ao art. 331, determinando a realização da audiência nas hipóteses em que fossem incabíveis a extinção do processo nos termos do art. 329 e o julgamento antecipado da lide segundo o art. 330, e além disso versasse a causa sobre direitos disponíveis. Este último requisito foi objeto de críticas, com o argumento de que o objetivo da audiência não se cingia à tentativa de conciliação; houve até quem sustentasse até a despeito do teor literal do dispositivo, a audiência deveria realizar-se inclusive nos casos de indisponibilidade do direito controverso, suprimida apenas a tentativa de conciliação [13]. Ao nosso ver, a audiência só caberia quando disponível o direito; por outro lado, em tal hipótese, ela era obrigatória, vedado ao órgão judicial dispensá-la, e de maneira alguma se facultava a este consultar as partes, para que declarassem se a desejava ou não: os juízes que

---

13 Assim, CANDIDO DINAMARCO, *A reforma do Código de Processo Civil*. 3ª ed., S. Paulo, 1996, p. 124/5.

assim procediam, abdicando de um poder-dever que lhes outorgava a lei, frontalmente a infringiam.

Agora, no entanto, a matéria sujeita-se à nova disciplina estabelecida pela Lei nº 10.444, de 7-5-2002. Consoante a redação por ela dada ao art. 331, § 3º, "se o direito em litígio não admitir transação, ou se as circunstâncias da causa evidenciarem ser improvável sua obtenção, o juiz poderá, desde logo, sanear o processo e ordenar a produção de provas, nos termos do § 2º». Parece-nos que o texto contém duas prescrições distintas: a primeira afasta categoricamente o cabimento da audiência preliminar, sempre que indisponível o direito controverso; a segunda deixa ao órgão judicial uma alternativa entre realizar ou não a audiência – mudança que nos interessa particularmente, como sinal de ampliação do poder de dirigir o processo.

A inovação tem precedentes no direito comparado. Sempre que se fala em audiência preliminar, vem à balha o código austríaco de 1895, em que o instituto adquiriu valor emblemático e foi cantado em prosa e verso pelos entusiastas da oralidade. Para surpresa de muitos, uma lei de 1983 veio a tornar facultativa a realização da audiência, a critério do órgão judicial, que passou a poder suprimi-la, quando haja razões para presumir, à vista do conteúdo da demanda e dos documentos apresentados pelo autor, que o réu se disporá a combater *("dass sich der Beklagte in den Rechtsstreit einlassen wird")*, isto é, que não propenderá para uma solução consensual *(ZPO,* § 243, 4ª alínea). Note-se que a opção entre realizar ou não a audiência *precede* a contestação e baseia-se exclusivamente em elementos trazidos *pelo autor;* é de supor que, no sistema brasileiro, o juiz possa ter dados mais consistentes, à vista da resposta do réu, para aquilatar a probabilidade ou improbabilidade de acordo entre as partes.

Também o direito português confere ao órgão judicial a possibilidade de dispensar a audiência preliminar em certas hipóteses. Elas estão previstas nos dois incisos do art. 508-B, introduzido no Código de Processo Civil pelo Dec.-Lei nº 180, de 25-9-1996. O denominador comum é a *simplicidade:* ou a da própria causa (inciso I) ou a da apreciação das chamadas exceções dilatórias (inciso II).

Quando o legislador torna facultativa a audiência preliminar, leva em conta que sua realização apresenta vantagens e desvantagens, e portanto é preferível excluí-la nos casos em que estas presumivelmente superarão aquelas. O que chama a atenção, pelo ângulo em que nos colocamos neste trabalho, é o fato de que ele renuncia a enumerar aprioristicamente esses casos, confiando no discernimento do juiz para identificá-los. Como quer que se valore tal solução, não deixa de manifestar-se aí, mais uma vez, a tendência ao incremento dos poderes judiciais de direção do processo. Ressalve-se que no particular não existe, a rigor, *discricionariedade:* a opção do juiz não é inteiramente livre. Uma de duas: ou o material constante dos autos aponta de forma inequívoca no sentido da improbabilidade do acordo, e o órgão judicial *não deve* realizar a audiência, ou se dá o contrário, e o órgão judicial *não pode deixar* de realizá-la. Na primeira hipótese, adite-se, cumpre ao juiz, no ato escrito de saneamento do feito, expor as razões pelas quais lhe pareceu improvável a solução consensual do litígio. Seja como for, não há dúvida de que também aqui se lhe concede apreciável latitude.

8. Aludimos há pouco aos poderes de coerção, isto é, àqueles cujo exercício visa a obter compulsoriamente a prática ou a abstenção de determinados atos. Trata-se de poderes inerentes à condição de órgão público, de que o juiz se acha investido. Por isso mesmo, não os têm os árbitros, que precisam valer-se do auxílio da Justiça estatal quando, por exemplo, querem fazer vir à sua presença uma testemunha recalcitrante (Lei nº 9.307, de 23-9-1996, art. 22, § *2º, fine).*

O terreno principal em que os ordenamentos costumam recorrer a medidas coercitivas é o dos deveres de fazer ou de não fazer, não cumpridos espontaneamente. Tais medidas podem ser de duas espécies: pessoais e patrimoniais. No direito brasileiro é tradicional a preferência pelas medidas patrimoniais, até em razão da proscrição constitucional da prisão do devedor, salvo hipóteses excepcionais (hoje, Carta de 1988, art. 5º, nº LXVII). A legislação pátria sempre abriu espaço a cominações daquele tipo, notadamente em matéria de execução de obrigações com prestação infungível, como nos exemplos clássicos do pintor famoso que se recusa a pintar o quadro prometido, ou o do pianista renomado que reluta em dar o concerto a que se obrigara.

Reformas recentes do Código de Processo Civil vêm aumentando de modo considerável a esfera de atuação das medidas coercitivas. O art. 461, a que a Lei nº 8.952, de 13-12-1994, deu nova redação, mutuada do Código de Defesa do Consumidor, prevê em termos *gerais,* no campo das obrigações de fazer ou não fazer, a imposição de multa diária, na liminar ou na sentença que acolha o pedido, para o caso de descumprimento do prazo fixado ao devedor renitente[14]. Registre-se que a medida já está prevista no art. 645, para a execução de obrigações de fazer ou não fazer com fundamento em título extrajudicial. Disposições análogas vieram a ser introduzidas pela Lei nº 10.444, de 7 -5-2002, com referência à entrega de coisa, seja por força de sentença (art. 461-A, § 3º), seja em execução fundada em título extrajudicial (art. 621, parágrafo único, nova redação).

Aspecto que cumpre ressaltar é o de que, para impor a multa, o juiz prescinde de pedido do autor, inclusive em caso de imposição na sentença. Nesse sentido é expresso O § 4º do art. 461. Tem-se aí nova exceção, que se soma às já antes previstas no Código (arts. 20, 293), à regra da congruência entre sentença e pedido – e, por conseguinte, nova atenuação ao princípio dispositivo, nessa particular projeção[15]. Ainda outra manifestação do alargamento dos poderes do órgão judicial é a possibilidade, que se lhe abre, de modificar, também de ofício, o valor ou a periodicidade da multa, nos termos do § 6º, acrescentado ao art. 461 pela Lei nº 10.444, e ao qual faz remissão, por sua vez, o art. 644, na redação dada pela mesma lei.

9. Esta resenha ficaria incompleta se não aludisse, posto que brevemente, à progressiva dilatação dos poderes do relator, no procedimento recursal. A tradição do direito pátrio conferia-lhe exclusivamente atribuições relacionadas com o *processamento* do recurso; reservava-se o julgamento ao órgão colegiado. No texto originário do Código, o art. 557 criava exceção a essa regra, para permitir ao relator do agravo de

---

14 Se com isso se ampliou, em nosso direito, o elenco das sentenças (e ações *mandamentais* é questão cuja solução depende do conceito que se adote para definir tal categoria; dela não nos podemos ocupar no momento. Para uma discussão do problema *vide* BARBOSA MOREIRA, *A sentença mandamental - da Alemanha ao Brasil, in Temas* de *Direito Processual (Sétima Série)*, S. Paulo, 2001, p. 53 e s.

15 Pode suceder, naturalmente, que o autor *haja pedido* a imposição da multa. No sistema primitivo do Código, segundo a melhor doutrina. se o autor pleiteava a tutela específica, *devia*, nos termos do art. 287, de teor imperativo ("constará"), incluir a cominação na inicial; hoje, à luz da nova redação dada ao dispositivo pela Lei nº 10.444, a inclusão é facultativa *("poderá* requerer"). A modificação obviamente visou a pôr o art. 287 em consonância com as disposições que atribuem ao juiz o poder de impor a multa *ex officio*. Sobre a evolução do ordenamento, na matéria, *vide*, antes mesmo da Lei nº 10.444, a exposição de CALMON DE PASSOS, *Comentários ao Código de Processo Civil*, v. III, 8ª ed. Rio de Janeiro, 1998, p. 180 e s.

instrumento indeferi-lo quando "manifestamente improcedente"; mas tratava-se de caso isolado.

Uma série de reformas foi pouco a pouco imprimindo nova feição ao sistema, no particular[16]. Culminou o processo evolutivo – por enquanto! – com a Lei nº 9.756, cuja redação, por sinal, se esmerou em desprezar as regras da boa técnica legislativa. Em parágrafo acrescentado ao art. 557 e curiosamente designado como § 1º-A, apesar de situado *antes do* § 1º, esse diploma investiu o relator (de qualquer recurso) do poder de dar-lhe provimento por decisão monocrática, se a recorrida «estiver *em* manifesto confronto" (leia-se conflito) "com jurisprudência dominante do Supremo Tribunal Federal, ou de Tribunal Superior". Caso se persista em caminhar no mesmo sentido, a relação regra-exceção, mais dia, menos dia, estará invertida, e excepcionais passarão a ser os julgamentos colegiados de recursos[17].

10. Até aqui, procuramos mostrar como o ordenamento processual de nosso país vem evoluindo constantemente no sentido de reforçar os poderes do órgão judicial – e o fato de que a evolução se esteja processando à sombra de instituições politicamente democráticas só faz trazer mais um desmentido à tese da vinculação entre semelhante reforço e o caráter *autoritário* do regime vigente.

Uma coisa, entretanto, é o texto legal, outra a maneira como os juízes concretamente o aplicam – ou deixam de aplicá-lo... Já se aludiu à escassez, na prática judiciária, das iniciativas tomadas *ex officio* em matéria de prova. Os poderes de direção do processo nem sempre são exercidos de modo eficaz, por mais de uma razão, entre as quais sobressai o fato de que o pleito não raro passa sucessivamente pelas mãos de vá-

16 Para uma resenha, *vide* BARBOSA MOREIRA, *Algumas inovações da Lei* nº 9.756 em *matéria de recursos civis, in Temas de Direito Processual (Sétima Série)*, cit. na nota 12, p. 71 e s., espec. 73/6, e também *Reformas do CPC em matéria de recursos*, in *Rev. For.*, v. 354, p. 181/2.

17 No direito alemão, convém registrar, nota-se tendência análoga a concentrar em membros individuais do tribunal colegiado poderes decisórios em matéria de recursos, nomeadamente da apelação. Nesse sentido, é significativo o § 526, 1ª alínea, da *ZPO*, na redação dada pela lei de 27-7-2001. A orientação vem sendo ali adotada, no entanto, de modo mais cauteloso: basta ver que o *Einzelrichter* só se investe da função de decidir mediante delegação do colegiado, subordinada a certos pressupostos.

rios magistrados. O princípio da identidade física, mesmo restritamente entendido, como identidade entre o juiz "que concluir a audiência" e o que julgar a lide, sofreu atenuações no art. 132 do Código nacional. Para dizer a verdade, o ideal seria que *todo* o processo se desenvolvesse em primeiro grau sob direção única, do primeiro ao último ato. Não se pode esperar que um juiz controle com a necessária firmeza a marcha do pleito, se sabe que, mais cedo ou mais tarde, será substituído no comando. O ideal, por definição, é sem dúvida inatingível: quando nada em caso de morte, sem falar de outros menos dramáticos, inexiste alternativa para a substituição. Seria de desejar, porém, que as normas de organização judiciária cuidassem de impedir que se converta em regra geral um permanente rodízio, consoante vem acontecendo em não poucos casos.

Naturalmente, ponto capital é a preparação dos magistrados para os encargos de direção do processo. Os *errores in procedendo* costumam gerar complicações e incidentes que procrastinam o desfecho do pleito e geram inconvenientes graves, inclusive aumentos de despesa, para o litigante que tem razão. Basta pensar em decisões equivocadas acerca de competência, às quais se segue quase sempre um cortejo de conflitos, recursos, decretações de nulidade, tudo com lamentável desperdício de tempo, energias e dinheiro. À semelhança do dolo, da fraude, da omissão ou do retardamento injustificável, previstos no art. 133, também o erro grosseiro na condução do feito deveria acarretar a responsabilidade do juiz pelas perdas e danos causados às partes.

Ainda a propósito dos poderes de direção, se nos permitem um parêntese breve, é oportuno advertir que, mesmo independentemente das reformas do Código, muito era e é possível extrair dos princípios por ele abraçados, notadamente do dever, imposto ao juiz pelo art. 125, nº II, de "velar pela rápida solução do litígio". Por exemplo: se um dos devedores solidários, demandado pelo credor, requer o chamamento ao processo dos outros devedores, invocando o art. 77, nº III, toca ao órgão judicial verificar se o requerimento porventura não se resolve em simples manobra procrastinatória, conforme ocorrerá, com toda a probabilidade, quando o réu pleiteie o chamamento de pessoa notoriamente insolvente, ou domiciliada em país estrangeiro, onde seja difícil o cumprimento de rogatória para a citação. Em hipóteses do gênero, não deve o juiz hesitar em indeferir o requerimento.

Quanto aos amplíssimos poderes concedidos hoje aos relatores em órgãos de grau superior, impõe-se ao nosso ver discurso matizado.

Admita-se que, aliviando a carga de trabalho dos colegiados, disposições do gênero contribuam para abreviar o itinerário do processo e, nessa medida, beneficiem os jurisdicionados. Sobre tal suposição pesa uma hipoteca, porque a decisão do relator comporta necessariamente impugnação perante o colegiado, mediante agravo, e, se a parte se valer desse novo recurso, estará reduzida a nada a pretensa vantagem. É certo que o legislador procurou desestimular a interposição do agravo, cominando, no § 2º do art. 557 (com a redação dada pela Lei nº 9.756), "multa entre um e dez por cento o valor corrigido da causa", a cujo pagamento se condenará o agravante, sempre que o recurso for "manifestamente inadmissível ou infundado"; além disso, a interposição de qualquer outro recurso ficará "condicionada ao depósito do respectivo valor". A disposição é criticável por mais de um aspecto, a começar pela escolha da base de cálculo da multa a essa altura, o valor da causa tem pouquíssima relevância, e nenhuma relação com o problema. Ajunte-se que a cláusula final cerceia com rigor excessivo o direito de recorrer[18].

É de bom alvitre que o relator exerça com algum comedimento os poderes decisórios que se lhe conferem, sobretudo os contemplados no art. 557, § 1º-A. Na aplicação desse dispositivo, deve ele ter em vista entre outras coisas, que o conceito de 'jurisprudência dominante" não possui contornos precisos, que o predomínio desta ou daquela tese pode e costuma variar com o tempo, mesmo no Supremo Tribunal Federal e nos Tribunais Superiores, e que por conseguinte seria erro grave arvorar sempre em critério definitivo e imutável, digno de sobrepor-se a tudo mais, uma tendência contingente, embora reiterada, a dar a tal ou qual norma determinada interpretação. Enquanto nosso ordenamento não incorpora: o princípio da eficácia vinculante de precedentes, casos haverá em que se mostre preferível abrir ao colegiado a oportunidade de pesar os prós e os contras da adesão estrita à diretriz neles firmada, por mais alta que seja a fonte de onde emanam.

11. O incremento dos poderes do juiz tem de ser encarado e utilizado como instrumento da boa prestação jurisdicional o lado mais visível,

---

18 Por esse aspecto, não seria desarrazoado cogitar de sua incompatibilidade com garantia insculpida no art. 5º, nº LV, *fine,* da Carta da República. O Supremo Tribunal Federal, entretanto, negou a existência de inconstitucionalidade, no julgamento dos Emb. Decl. no Ag. Reg. no Rec. Extr. nº 244.269, em 22-2-2000, *in Rev. dos Trib.,* v. 779, p. 169.

mas não o único, é o da duração do processo, que tudo se há de fazer para não alongar mais que o necessário. Outros aspectos merecem consideração: facultar ao órgão judicial mais largas iniciativas instrutórias pode concorrer para equilibrar em certa medida as diferenças de recursos da, partes, e com isso dar ao contraditório efetividade capaz de fazê-lo descer do plano das puras abstrações dogmáticas para o das necessidades concretas e encarnadas, aqui e agora, da realização da Justiça.

A correta valoração das reformas, aqui como alhures, exigiria que dispuséssemos de dados objetivos sobre o impacto por elas produzido no quotidiano forense. Para avaliar o que realmente vêm significando, precisaríamos saber como estava a situação antes delas e como passou a estar depois. Infelizmente, estatísticas judiciárias não são o nosso forte: ou simplesmente inexistem, ou, quando existem, nem sempre se mostram acessíveis e fidedignas. Ficamos constrangidos, assim, a emitir juízos fundados em meras impressões. Ora, o impressionismo, que produziu obras-primas na arte, em direito nada produz senão chavões sem compromisso com a realidade e cientificamente imprestáveis.

Voltemos ao exemplo da audiência outrora chamada de conciliação, hoje preliminar. Sua inserção no *iter* processual foi e é uma faca de dois gumes: se se consegue promover o acordo das partes, ela abrevia o pleito em medida considerável; no caso contrário, só faz prolongá-lo, sem que outros eventuais benefícios compensem por força a desvantagem. A modificação introduzida pela Lei nº 10.444 no § 3º do art. 331, no sentido de permitir ao juiz que deixe de realizar a audiência, quando as "circunstâncias da causa" tornarem improvável a solução consensual, terá refletido, presume-se, mudança de posição do legislador quanto à obrigatoriedade da realização, no âmbito dos direitos disponíveis. Prevaleceu, salta aos olhos, o entendimento de que os prós não superam sempre e necessariamente os contras. Estamos, porém, condenados a ignorar em que se baseou o legislador para, em 1994, considerar que era aconselhável dar caráter obrigatório à audiência, naquele terreno, e em que se baseou para, em 2002, chegar à conclusão de que mais valia confiar no critério do órgão judicial. Com efeito, não se tem notícia de pesquisas ou levantamentos de dados, anteriores ou posteriores a cada alteração, cujos resultados justificassem o vaivém.

É mais que tempo de mudar de atitude. Uma avaliação digna desse nome pressupõe o conhecimento tão completo quão possível do objeto avaliado. Urge averiguar, com métodos tecnicamente idôneos, *se* e *como* estão os juízes exercitando os seus acrescidos poderes em nosso foro civil, e que resultados se vêm colhendo do ponto de vista da efetividade do processo – que é, não nos esqueçamos, a causa final e a razão de ser de toda e qualquer reforma processual.

Novembro de 2002.

COMENTÁRIOS DOS ATUALIZADORES

REFORMAS PROCESSUAIS E PODERES DO JUIZ

Luís Roberto Barroso / Frederico Montedonio

Os movimentos de reforma do processo civil não cessam em todo o mundo, como consequência natural das transformações também incessantes dos fatos e das necessidades sempre presentes de aprimoramento. Depois da palestra de Barbosa Moreira, há, por exemplo, notícias de reformas processuais que passaram a valer no Japão (2004), Itália (2009) e França (2016), e novos Códigos de Processo Civil que entraram em vigor na Suíça (2011), Portugal (2013), Romênia (2013), Bulgária (2015) e, claro, no Brasil (2016). Quanto aos poderes do juiz, o atual Código brasileiro confirmou a tendência vislumbrada pelo autor, segundo a qual "[p]elo prisma comparativo, vê-se com facilidade que predomina amplamente a tendência a reforçá-los, em mais de um aspecto": o art. 139 do CPC/2015 tem dez incisos, ao contrário dos quatro que constavam do art. 125 do CPC/1973. Observe-se, porém, que na maior parte dos casos não se trata de poderes novos, mas de uma melhor sistematização dos que já existiam.

A ausência de vinculação, de um lado, entre a orientação liberal ou autoritária de um regime político, e, de outro, a predominância no respectivo direito processual do "princípio dispositivo" ou do "princípio inquisitivo", é confirmada por textos mais recentes da lavra de autores que Barbosa Moreira costumava citar, como Michele Taruffo[19].

19 TARUFFO, Michele. Poderes probatorios de las partes y del juez en Europa. *In: DOXA, Cuadernos de Filosofía del Derecho*, 29 (2006), p. 249/271. Disponível em: <http://www.cervantesvirtual.com/portales/doxa/obra/poderes-probatorios--de-las-partes-y-del-juez-en-europa-0/>. Acesso em: 4 out.2020.

A observação também pode ser comprovada no plano normativo, pela atualização dos exemplos dados pelo autor: o art. 10 do CPC francês de 1975 continua em vigor, e o art. 153 do atual CPC suíço prevê a possibilidade de produção de provas de ofício pelo juiz. França e Suíça, felizmente, continuam distantes do autoritarismo.

Os poderes de polícia do juiz na audiência foram preservados no art. 360 do CPC/2015, com o acréscimo de dois deveres, que, em rigor, já eram aplicáveis desde antes: "tratar com urbanidade as partes, os advogados, os membros do Ministério Público e da Defensoria Pública e qualquer pessoa que participe do processo" e "registrar em ata, com exatidão, todos os requerimentos apresentados em audiência" (incisos IV e V, respectivamente). Mas agora há também a previsão genérica do poder de polícia do juiz (art. 139, VII), que não se restringe, portanto, à audiência de instrução e julgamento.

Quanto aos poderes jurisdicionais do magistrado, ao contrário do que ocorreu no CPC/1973, a exposição de motivos do CPC/2015 não invoca expressamente o "princípio dispositivo", mas mantém suas diretrizes fundamentais: (a) a iniciativa da parte continua indispensável para a instauração do processo, segundo a norma fundamental do art. 2º, tendo sido suprimida a exceção atinente ao inventário (art. 989 do CPC/1973); (b) remanesce com as partes a fixação do objeto do processo (art. 141) e a possibilidade de autocomposição unilateral ou bilateral (art. 487, III), sendo vedado o julgamento *extra* ou *ultra petita* (arts. 490 e 492); (c) a proibição da *reformatio in peius*, embora continue sem dispositivo expresso, permanece sendo observada pela jurisprudência (*e.g.*, STJ, 3ª T., AgInt no REsp 1.854.984, Rel. Min. Marco Aurélio Bellizze, j. 14/9/2020).

O juiz continua com amplos poderes instrutórios exercitáveis de ofício, seja por força da regra geral prevista no art. 370, seja em razão de regras específicas, como as que autorizam o magistrado a ordenar o comparecimento pessoal das partes para interrogá-las (art. 385), a exibição de documentos ou coisas (art. 396), a requisição de certidões e procedimentos administrativos (art. 438) e a inspeção de pessoas ou coisas (art. 481). O magistrado ainda continua com o poder de: (a) depois da apelação do autor, retratar-se da decisão que indefere a inicial (art. 331); (b) limitar o número de litigantes no litisconsórcio facultativo (art. 113, § 1º); e, no segundo grau, (c) dar efeito suspensivo a recurso que não o tenha (arts. 1.019, I, e 1.012, § 4º). O recurso de agravo retido foi suprimido do novo ordenamento processual. O poder de reexaminar os requisitos de admissibilidade da apelação (art. 518, § 2º, do CPC/1973, na redação dada pela Lei 11.276/2006), foi deslocado para o relator do recurso no tribunal (CPC/2015, art. 1.010, § 3º, e art. 1.011), que pode se retratar da decisão se houver interposição de agravo interno (art. 1.021, § 2º).

A audiência preliminar do art. 331 do CPC/1973 foi substituída pela audiência de conciliação ou de mediação prevista no art. 334 do CPC/2015, com participação obrigatória de conciliador ou mediador. A designação da audiência continua a pressupor a falta de motivos para indeferir a inicial ou julgar o pedido liminarmente improcedente, mas seu momento foi antecipado: agora o ato se dá antes da resposta do réu. Segundo a literalidade do art. 334, § 4º, do CPC, a audiência apenas não ocorre quando inadmissível a autocomposição ou se ambas as partes manifestarem, expressamente, desinteresse na composição consensual. Basta, portanto, que uma das partes manifeste interesse ou se omita para que a audiência deva ser designada, sendo a ausência injustificada de qualquer delas considerada ato atentatório à dignidade da justiça e punível com multa (art. 334, § 8º). A medida reduziu o poder de o juiz dirigir o processo em relação à disciplina anterior, pois só é dado a ambas as partes, e não ao magistrado, dispensar a audiência. Apesar disso, segundo a apresentação do Min. Dias Toffoli ao relatório Justiça em Números 2020 (ano-base 2019), "apenas 12,5% de processos foram solucionados via conciliação. Em relação a 2018, houve aumento de apenas 6,3% no número de sentenças homologatórias de acordos, em que pese a disposição do novo Código de Processo Civil (CPC), que, em vigor desde 2016, tornou obrigatória a realização de audiência prévia de conciliação e mediação"[20]. Isso parece indicar que a criação dessa etapa obrigatória em quase todos os casos não produziu benefícios que justifiquem a medida. Solução diferente adotou o direito português, que faz depender a tentativa de conciliação de pedido *conjunto* das partes ou de que "o juiz a considere oportuna, mas as partes não podem ser convocadas exclusivamente para esse fim mais que uma vez" (CPC português, art. 594, 1).

---

20 BRASIL, Conselho Nacional de Justiça. *Relatório Justiça em Números 2020*: ano-base 2019. CNJ: Brasília, 2020, p. 6. Disponível em: < https://www.cnj.jus.br/wp-content/uploads/2020/08/WEB-V3-Justi%C3%A7a-em-N%C3%BAmeros-2020-atualizado-em-25-08-2020.pdf>. Acesso em: 12 out.2020.

Quanto aos poderes de coerção do juiz, o CPC/2015 inovou ao conferir ao magistrado poderes gerais para "determinar todas as medidas indutivas, coercitivas, mandamentais ou sub-rogatórias necessárias para assegurar o cumprimento de ordem judicial, inclusive nas ações que tenham por objeto prestação pecuniária" (art. 139, IV). Como se vê, tais poderes não são mais restritos a obrigações de fazer, não fazer ou entrega de coisa que não seja dinheiro, como era previsto nos arts. 461, § 5º, e 461-A, § 3º, do CPC/1973, correspondentes ao art. 536, *caput* e § 1º, e ao art. 538, § 3º, do CPC/2015. Com base no novo Código, tem sido determinada a apreensão de passaportes ou carteiras de motorista de devedores até a dívida pecuniária seja paga ou garantida (STJ, REsp 1.782.418, 3ª T., Rel. Min. Nancy Andrighi, j. 23/4/2019). O art. 139, IV, do CPC/2015 é impugnado em ação direta de inconstitucionalidade (ADI 5.941, Rel. Min. Luiz Fux). Tal como ocorria no CPC/1973, as multas continuam a poder ser impostas e modificadas de ofício (arts. 537, *caput* e § 1º, do CPC/2015), inclusive em execuções por títulos extrajudiciais (arts. 806, § 1º, e 814 do CPC/2015).

Em matéria de poderes do juiz, digno de nota é o art. 139, VI, do CPC/2015, que prevê a possibilidade de "dilatar os prazos processuais e alterar a ordem de produção dos meios de prova, adequando-os às necessidades do conflito de modo a conferir maior efetividade à tutela do direito". O aumento dos prazos processuais é relevante, por exemplo, em hipóteses de grande complexidade, nas quais o prazo comum para resposta do réu possa se mostrar insuficiente, mas a medida só pode ser determinada antes de encerrado o prazo regular, conforme o parágrafo único do mesmo dispositivo. Trata-se de ressalva relevante para evitar que o poder de gerenciamento do juiz seja desvirtuado numa espécie de repristinação de prazos já exauridos, com evidentes reflexos sobre a formação de eventual coisa julgada. Já a alteração da ordem de produção dos meios de prova consiste em providência de flexibilização que pode recair sobre os incisos do art. 361 do CPC/2015, ou mesmo implicar a realização da audiência de instrução antes da produção de outra prova, conforme o juiz entenda mais adequado ao caso concreto. Inegavelmente, a medida representa ampliação dos poderes do magistrado.

Quanto ao restante das previsões do art. 139 do CPC/2015, os incisos I, II, III e V encontravam correspondentes no art. 125 e na parte final do art. 130 do CPC/1973. O poder de "determinar o suprimento de pressupostos processuais e o saneamento de outros vícios processuais" (art. 139, IX) é, antes de tudo, um dever voltado a assegurar a primazia da decisão de mérito (art. 4º). E a previsão do inciso X, ressalvado o acréscimo da Defensoria Pública, já encontrava correspondente no art. 7º da Lei 7.347/1985.

Os poderes monocráticos do relator tiveram substancial incremento no art. 932 do CPC/2015, confirmando o prognóstico de Barbosa Moreira, segundo o qual "[c]aso se persista em caminhar no mesmo sentido, a relação regra-exceção, mais dia, menos dia, estará invertida e excepcionais passarão a ser os julgamentos colegiados de recursos". No ano de 2019, o Supremo Tribunal Federal proferiu 115.603 julgamentos, sendo apenas 17.695 colegiados (15,3%) e 97.908 colegiados (84,7%)[21]. No STJ as proporções são semelhantes, mas o volume é ainda mais avassalador: em 2019 foram 543.381 decisões terminativas, sendo 111.135 colegiadas (20,5%) e 432.246 monocráticas (79,5%)[22]. Merecem destaque os poderes do relator para, monocraticamente, homologar autocomposição das partes (inciso I); apreciar pedido de tutela provisória em recursos e processos de competência originária (inciso II); negar provimento a recursos contrários a súmulas, acórdãos de recursos repetitivos, incidentes de resolução de demandas repetitivas e incidentes de assunção de competência (inciso IV); dar provimento a recursos, depois de facultada a apresentação de contrarrazões, se a decisão recorrida estiver de acordo com os mesmos parâmetros do inciso IV (inciso V); e decidir incidente de desconsideração de personalidade jurídica de competência originária (inciso VI).

Das decisões monocráticas cabe agravo interno (CPC/2015, art. 1.021), o que pode eliminar a economia imaginada com a concentração de poderes no relator. Nada obstante, o Código atual parece apostar no mesmo mecanismo do anterior: a estimativa de que uma minoria de sucumbentes irá recorrer, aliada à imposição de multa quando o recurso for "manifestamente inadmissível ou improcedente" (§ 4º). A inovação na matéria está na exigência de votação unânime para que a penalidade seja aplicada, bem como a dispensa de depósito prévio pela Fazenda Pública e pelo beneficiário de gratuidade (§ 5º). A despei-

21 BRASIL, Supremo Tribunal Federal. *Estatísticas do STF*: movimento processual. Disponível em:<http://www.stf.jus.br/portal/cms/verTexto.asp?servico=estatistica&pagina=movimentoProcessual>. Acesso em: 14 out.2020.

22 BRASIL, Superior Tribunal de Justiça. *Relatório estatístico 2019*, p. 19. Disponível em: <http://www.stj.jus.br/webstj/Processo/Boletim/verpagina.asp?vPag=0&vSeq=343>. Acesso em: 14 out.2020.

to das objeções do autor, a regra vem sendo aplicada cotidianamente nos Tribunais Superiores. Já o "comedimento" que Barbosa Moreira recomenda aos relatores, como público e notório, não tem sido frequente: para o exercício monocrático de poderes decisórios, nem sequer se tem exigido a existência de "jurisprudência dominante".

Os problemas identificados no texto, em larga medida, permanecem. A norma que previa a identidade física do juiz, ainda que com exceções (art. 132 do CPC/1973) não foi sequer reproduzida pelo CPC/2015, o que parece favorecer o "permanente rodízio" apontado pelo autor. Só no processo penal ainda permanece disposição semelhante (CPP, art. 399, § 2º). Não foi contemplada a proposta de Barbosa Moreira para atribuir responsabilidade do juiz por "erro grosseiro na condução do feito": o art. 143 do CPC/2015 manteve, em substância, a previsão do art. 133 do CPC/1973, que prevê responsabilidade do juiz apenas por dolo, fraude ou recusa, omissão ou retardamento injustificado de providência que deva ordenar de ofício ou a pedido, com o acréscimo de que tal responsabilidade se dá "civil e regressivamente", a inviabilizar ações propostas diretamente em face do juiz: o prejudicado haverá de demandar primeiramente o Estado que, condenado, poderá exercer o direito de regresso (CF, art. 37, § 6º). A tese foi consagrada para os agentes públicos em geral por acórdão do STF em repercussão geral, que fixou a seguinte tese: "A teor do disposto no art. 37, § 6º, da Constituição Federal, a ação por danos causados por agente público deve ser ajuizada contra o Estado ou a pessoa jurídica de direito privado prestadora de serviço público, sendo parte ilegítima para a ação o autor do ato, assegurado o direito de regresso contra o responsável nos casos de dolo ou culpa" (RE 1.027.633, Rel. Min. Marco Aurélio, j. 14/8/2019).

De toda forma, continua sendo possível extrair consequências relevantes de poderes-deveres como o de "velar pela duração razoável do processo" (CPC/2015, art. 139, II). O exemplo dado por Barbosa Moreira poderia ser resolvido por disposição expressa do inciso seguinte, que impõe ao juiz o dever geral de "indeferir postulações meramente protelatórias" (CPC/2015, art. 139, III).

Ainda é possível avançar muito em termos de estatísticas judiciárias, mas ao menos hoje já se pode dizer que o número de conciliações provavelmente não justifica a realização obrigatória, na maioria dos casos, da audiência de conciliação e mediação (art. 334 do CPC/2015), como visto acima. Também é possível constatar que a taxa de recorribilidade média do STF em 2017 foi de 12,4%[23], enquanto no STJ em 2019 foi de 24,8%[24]. Antes que se sustente que essas taxas aparentemente baixas justificam a aposta no uso de poderes monocráticos pelo relator, é preciso lembrar que 10% ou 20% do volume processual do STF e do STJ ainda representam dezenas de milhares de processos, que toda essa "monocratização" incrementa muito o risco de decisões conflitantes, e que o sacrifício da colegialidade tem sido muito deletério às instituições. Caminho mais promissor, embora não isento de problemas, parece ser o das decisões colegiadas tomadas em plenário virtual. Seja como for, espera-se que não apenas as estatísticas continuem a fornecer dados, mas também que eles sejam adequadamente interpretados, para determinar se são necessárias outras reformas processuais sobre os poderes do juiz.

---

23 BRASIL, Conselho Nacional de Justiça. *Relatório Supremo em Ação 2018*: ano-base 2017. Brasília, CNJ, 2017, p. 30 e 50. Disponível em: <https://www.cnj.jus.br/wp-content/uploads/2017/06/fd55c3e8cece47d9945bf147a7a6e985.pdf>. Acesso em: 14 out.2020. Segundo o relatório: "recorribilidade é calculada pela razão entre o número de recursos interpostos e o número de decisões, terminativas ou não. Das 210,7 mil decisões proferidas em 2017, 12,4% receberam recursos".

24 BRASIL, Superior Tribunal de Justiça. *Relatório estatístico 2019*, p. 30. Disponível em: <http://www.stj.jus.br/webstj/Processo/Boletim/verpagina.asp?vPag=0&vSeq=343>. Acesso em: 14 out.2020. A taxa de recorribilidade do STJ leva em conta apenas as decisões terminativas.

LA PUBLICITÉ DES ACTES DE PROCÉDURE COMME GARANTIE CONSTITUTIONNELLE EN DROIT BRESILIEN[1]

1. Le Brésil a depuis le 5 octobre 1988 une nouvelle Constitution. Elle succède à celle du 24 janvier 1967, promulguée sous le régime militaire et remaniée au long de plusieurs réformes, dont la plus importante datait du 17 octobre 1969. La Constitution en vigueur s'écarte à bien des égards, soit dans sa structure, soit dans ses choix politiques, non seulement de celles qui la précédèrent immédiatement, mais de la tradition national e tout entière.

Parmi les nouveautés qui méritent d'être retenues, il faut signaler l'accroissement de l'intérêt pour les thèmes processuels. Les Constitutions précédentes se donnaient tout au plus la peine d'établir quelques regles concernant la procédure pénale, dans le but d'assurer certains droits à la défense. Elles se souciaient beaucoup moins de la procédure civile; les dispositions ayant trait à cette branche du droit processuel furent toujours moins nombreuses et en général plutôt vagues.

La Constitution actuelle consacre aux *Droits et garanties fondamentaux* son Titre II, dont le Chapitre I s'occupe des *Droits et devoirs individuels et collectifs* et en dresse une longue liste dans l'art. *5.* C' est là que l'on trouve la plupart des dispositions de principe relatives à la procédure, dont plusieurs ont bien entendu une portée générale, en ce sens qu'elles possèdent la même valeur dans le domaine de la *Justice civile* et ailleurs. Dans cette énumération une regle nous regarde spécialement: celle du nº LX, qui défend au législateur de restreindre la publicité des actes de procédure sauf dans la mesure nécessaire à la protection de l'intimité ou de l'intérêt social. Une telle prohibition se voit confirmée par le nº IX de l'art. 93, ou la Constitution prescrit que tous les jugements judiciaires soient publics, sous réserve de la possibilité de limiter l'assistance, si l'intérêt public le demande, aux parties et à leurs avocats, ou bien à ceux-ci seulement.

---

1 Trabalho escrito para o livro *Mélanges en l'honneur de Henri-Robert Schupach,* Basileia-Genebra-Munique, 2000.

2. On ne peut pas ne pas percevoir que la règle de la publicité est loin d'être absolue. D'abord, il y a certains litiges dont la nature même réclame qu'ils soient traités avec discrétion. Les constituants du 1988 l'ont bien compris, qui n'oublièrent pas d'atténuer l'exigence de la publicité, compte tenu de l'atteinte qu'une application stricte de la règle pourrait porter a d'autres valeurs et intérêts également dignes de préservation. Il faut cependant vérifier si les dispositions de la législation infraconstitutionnelle, en particulier celles du code de procédure civile et du code de procédure pénale – tous les deux antérieurs à la Constitution en vigueur – s'harmonisent avec les exigences de celle-ci.

L'art. 155 du code de procédure civile mentionne les cas ou l'instance se déroule "sous secret de *Justice*": ceux où l'intérêt public l'imposerait (nº I) et d'autres concernant des rapports de famille (mariage, filiation, séparation des époux, conversion de la séparation en divorce, pensions alimentaires, garde des mineurs: nº II). Cette énumération comporte à notre avis une extension à des hypotheses analogues: par exemple, bien que le texte passe sous silence le "divorce direct" – c' est-à-dire celui qui ne présuppose pas la séparation des époux –, on ne saurait douter qu'il se soumet à un régime égal. Dans tous ces cas, seules les parties et leurs avocats peuvent consulter le dossier, participer aux audiences et assister, devant les juridictions collégiales, au délibéré et à la votation.

On voit aisément que le texte du code est compatible avec les dispositions constitutionnelles. Le nº I de l'art. 155, qui se réfere à "l'intérêt public", employait à l'avance une expression que reprend l'art. 93, nº IX, de la Constitution. Quant aux cas prévus au nº II du même article (et d'autres analogues), ils sont tous couverts par la clause constitutionnelle relative au droit à l'intimité.

Le code de procédure pénale, de son côté, autorise le juge ou la cour à ordonner, d'office ou sur demande de l'accusé ou du Ministere Public, que la séance soit tenue à huis elos, et à limiter le nombre des assistants, lorsque la publicité pounait donner lieu au scandale ou à un inconvénient grave, ou mettre l'ordre en danger (art. 792, § 1º). Ce sont des hypotheses qu'il est facile de rattacher au concept d'"intérêt public".

Même en dehors des hypotheses indiquées ci-dessus, il peut se faire que la juridiction collégiale, à un certain moment, estime convenable de poursuivre la discussion sans l'assistance du public ("en conseil"). Tout membre du college peut prendre l'initiative de cette démarche, que prévoient ['art. 151 du règlement de la Cour Suprême *(Supremo Tribunal*

Federal) et des textes semblables des règlements des autres cours. Pendant la discussion "en conseil" personne n'est admis dans la salle: pas même les parties et leurs avocats. Mais l'interdiction ne sera que temporaire: tôt ou tard la séance reprendra son cours normal et les votes seront toujours énoncés publiquement. On a mis en doute la compatibilité d'un tel procédé avec la garantie constitutionnelle de la publicité. Nous pensons que celleci est suffisamment préservée par l'obligation, imposée à tous ceux qui doivent participer au délibéré, de se prononcer *coram populo,* une fois rouveltes les portes.

3. Le lecteur se sera déjà rendu compte d'une caractéristique qui distingue le droit brésilien de la plupart des systemes juridiques européens ou d'origine européenne. Une question importante qui se pose au sujet du fonctionnement des juridictions collégiales est de savoir si les membres du college ont à émettre leurs opinions et leurs votes publiquement ou en secret. Dans l'Europe continental e, on le sait bien, le principe du secret du délibéré regne d'une façon presque absolue. On connaît certes des exceptions, dont précisément – si nos informations sont correctes – le Tribunal Fédéral suisse, aux termes de l'art. 17 de la loi fédérale d'organisation judiciaire; mais la regle générale est tout autre.

Il faut dire sur le coup que le Brésil adhère depuis longtemps au système de la publicité du délibéré. On a prétendu y discerner un signe de l'influence du régime constitutionnel nord-américain et spécialement du modele de la *Supreme Court* – où, d'ailleurs, le débat oral n'est pas suivi immédiatement de la divulgation de la teneur du jugement. On ne l'apprendra qu'à une date postérieure (parfois très éloignée), et elle sera inscrite dans un document qui seul exprimera l'*opinion* de la Cour ou, le cas échéant, les *opinions* individuelles des *Justices.* De toute façon, la supposition touchant le droit brésilien manque de base historique. L'adoption du principe de la publicité remonte chez nous aux premiers temps de l'Empire, à une époque ou l'organisation politique de notre pays ne cherchait pas encore aux Etats Unis sa première source d'inspiration. L'empreinte de ce principe a été du reste plus forte au Brésil, ou l'on ne se borne pas à révéler les votes après coup: la discussion entre les juges se déroule elle-même, en général, à la vue du publico.

Nulle différence essentielle n'existe à cet égard entre les affaires civiles et pénales, soit devant la Cour Suprême *(Supremo Tribunal Federal),* soit devant les autres cours de l'Union Fédérale ou des Etatsmembres. Les membres du college discutent entre eux et émettent leurs votes *coram populo.* Une fois le débat clos, le président fait le compte des suffrages exprimés et annonce le résultat.

Ce systeme, qui – répétons-le – plonge des racines très profondes dans notre tradition historique s' est vu hausser depuis 1988 au niveau des garanties constitutionnelles. Tout jugement qui s'en écarte est frappé de nullité.

4. Nous avons passé sommairement en revue les principales atténuations apportées au principe de la publicité, soit par la Constitution elle-même, soit par des lois compatibles avec elle. A côté de ces tempéraments, il faut reconnaître l'existence de vraies exceptions à la regle. Il va sans dire qu'aucune de ces exceptions ne saurait se passer d'une autorisation constitutionnelle expresse. Seule la Constitution a le pouvoir de dispenser le législateur de l'observance de ses propres préceptes.

C'est le cas du jury, compétent pour juger les crimes intentionnels contre la vie. La Constitution en vigueur, à l'instar de celles qui la précéderent, consacre cette institution dans l'art. 5, XXXVIII. Ele établit en outre les principes à respecter dans sa réglementation légale, parmi lesquels on découvre celui du "secret du délibéré". Les jurés se manifestent par écrit, en consignant leurs votes sur de petits papiers, qui sont tous mis dans un seul récipient et puis comptés sans qu'il soit possible d'identifier l'origine de chacun. On peut savoir si la votation a été unanime ou à majorité, mais, dans le deuxieme cas, on ignorera qui s'est prononcé dans un sens et qui dans l'autre.

Dans la législation antétieure à 1988 on trouvait d'autres exceptions. Par exemple: il y a des hypothèses où les cours supérieures statuent comme juges de premier et dernier ressort; or, aux termes de l'art. 561, VI, du code de procédure pénale, apres la clôture des débats, la séance devenait secrète, bien que le résultat de la votation fût annoncé publiquement. Une telle disposition ne pourrait à notre avis subsister sous le nouveau régime constitutionnel; le législateur a dû cependant intervenir explicitement, par une loi du 1993, pour abroger l'art. 561 (et d'autres) du code mentionné.

5. La doctrine discute souvent les avantages et les inconvénients pratiques du secret et de la publicité du délibéré. Certains estiment que le secret est indispensable pous soustraire le juge aux pressions extérieures qui pourraient l'influencer au moment de décider: sans cette protection, on serait moins surqu'il ne cedera pas à la crainte d'une vengeance, ou bien au désir de ne pas déplaire à un ami, à une autorité, à un parti politique, à ce que l'on a l'habitude de nommer l'"opinion publique"... La médaille a pourtant son revers. Sous l'anonymat il est peut-être plus aisé de prendre une position commode mais peu sinère, ou du moins peu réfléchie, que l'on aurait de la peine à soutenir si l'on était contraint à la justifier devant le public. Si le juge sait que sa manifestation sera divulguée, il s'appliquera avec plus d'énergie à la fonder sur de bonnes raisons; la publicité stimule, donc, dans son esprit la conscience de sa responsabilité personnelle.

Quelques-uns se scandaliseront à l'idée d'une discussion ouverte entre les membres du collège. Même s'ils sont invités à exprimer leurs vues séparément, chacun à son tour, la possibilité d'objections et de répliques ne reste pour autant nullement exclue, et il peut se faire qu' on ait lieu de craindre que le débat ne s'aigrisse. Un autre danger est la tentation de l'"étalage": sachant qu'il sera vu et entendu par un nombre plus considérable de personnes, le juge pourra se laisser séduire par le désir de "briller", ce qui l'entrainera probablement às' étendre plus qu' il ne fallait dans l'exposé de sa pensée et, de ce fait, à ralentir la délibération.

On soutiendra d'autre part que, pour les plaideurs et pour le public en général, la possibilité d'assister au délibéré renforce les motifs de croire au sérieux du jugement. Ils prennent connaissance directe des votes, au fur et à mesure que ceux-ci sont émis, et ils sont en état de contrôler par eux-mêmes l'exactitude du résultat qu'on leur annonce. Ils n'ont pas de quoi nourrir le soupçon d'un "accomodement" peu loyal.

Bien plus important est de vérifier si (et dans quelle mesure) la présence du public est capable d'influencer la teneur même des manifestations. Tel juge, à huis elos, accueillera volontiers l'objection soulevée par un collegue aux arguments qu'il avait invoqués. Sa réaction sera-t-elle parfaitement égale si on le contredit publiquement? N'aura-t-il plutôt tendance à se "raidir", de crainte que le recul ne nuise à sa réputation de "fermeté"? En revanche, ne résistera-t-il pas plus bravement en public à des tentations de le démouvoir d'une attitude juste?

La condition humaine étant ce qu'elle est, personne ne saurait répondre, catégoriquement et par avance, à ces questions ou à d'autres semblables. Quoi qu' il en soit, il ne faut pas oublier que l'adoption d'un systeme ou de l'autre ne se laisse expliquer ni par de pures raisons logiques, ni par l'analyse scientifique de l'expérience, laquelle du reste ne fut jamais menée à bout. D'autres eomposantes, dont la tradition, y jouent um rôle plus remarquable. Au Brésil, la préférence du législateur pour la, publicité est assez claire depuis longtemps. La Constitution du 1988 l'a acueillie et l'a renforcée de son autorité; maintenant il ne s'agit plus d'um simple précepte légal, mais d'une garanti e constitutionnelle.

6. Notre exposition n'aspire bien entendu pas à l'exhaustivité. L'ampleur et la complexité de la problématique rendraient vaine toute ambition de l'épuiser dans le cadre d'un article. Maintes questions doivent être omises ici. Il y en a une, cependant, qu›il serait impardonnable de passer sous silence, vu son importance théorique et pratique, ainsi que son actualité.

Cette question a trait à l'étendue de la garantie constitutionnelle dans une de ses principales dimensions. Publicité n'est pas un mot au sens parfaitement univoque. Dans ce contexte, le concept a un "noyau dur", qui consiste dans la possibilité, pour le public en général – c'est--à dire, non pas pour les seules personnes directement interessées ou intervenant à titre officiel, mais en principe pour n'importe qui puísse le désirer – d'être présent dans la salle où le jugement se déroule.

Il faut pourtant déterminer si une telle prérogative implique forcément la liberté de divulguer au dehors de l'ambiance judiciaire ce qui se passe au long de la discussion et du délibéré, ou de prendre des mesures nécessaires à cette divulgation. (Nous ne nous référons évidemment pas aux affaires soumises au "secret de *Justice*"). On pense surtout aux agents des médias, qui se laissent souvent attirer par un certain genre de jugements.

Aucun doute n'est concevable là où l'activité de ces professionnels ne diffère pas en substance de celle qui pourrait être réalisée par n'importe quel autre observateur. Tous les spectateurs sont libres, par exemple, de prendre note de ce qu'ils voient et écoutent pendant la séance. Rien n'empêche le reporter d'un journal ou d'un magazine d'en faire autant, en vue d'une publication subséquente.

Les choses deviennent moins simples lorsq'il s'agit de photographies. d'ínterviews, d'un enregistrement sur film, d'une transmission simultanée par la radio ou par la télévision... Les cours ne voient pas d'un bon oeuil ce genre d'activités à l'occasion d'une séance et ne sont guere enclines à les autoriser. Outre les inconvénients pratiques auxquels elles ne manquent pas de donner lieu, on craint – àjuste titre selon nous – qu'ici la gravité des dangers inhérents à la publicité au sens strict ne dépasse tous les limites du tolérable. Des troubles d'ordre psychologique sont presque toujours inévitables; ils peuvent influencer indûment la conduite des personnes participant au jugement: avocats, parties, témoins.

Mais ce qui préoccupe davantage c'est naturellement la réaction des juges. Si l'expérience démontre que notre façon de parler et d'agir peut subir des changes considérables devant une caméra ou sous les lumieres des réflecteurs, cela ne vaut pas moins pour le juge que pour quelqu'un d'autre. Il n' est plus question ici d'une assistance qui normalement ne dépassse guère une dizaine, tout au plus – dans des cas à sensation – une centaine. La radio et la télévision portent l'image et la voix du juge, indéfiniment multipliées, à des milliers, voire à des millions d'yeux et d'oreilles, disséminés partout. Pour beaucoup la tentation est grande de faire et de dire ce que, selon toute probabilité, la majorité de cette multitude s'attend à voire et à entendre. Ce phénomène s'intensifie lorsq'il s'agit d'un proces qui suscite dans la population en général un intérêt inhabituel – par exemple, le jugement de l'accusé d'un crime terrifiant, ou celui d'une affaire suffisamment imprégnée de politique pour éveiller des passions partisanes.

7. Au Brésil on cherchera en vain, dans les recueils de jurisprudence, des arréts concernant cette matière. Cela ne signifie pas que les cours brésiliennes n'ont jamais dû faire face à des problemes relatifs à l'intervention des médias pendant une séance. Seulement elles les résolvent par une décision administrative ou tout au plus par la solution d'une question d'ordre, et les intéressés se sont jusqu'à présent abstenus de les attaquer par voie juridictionnelle.

Il convient de rappeler quelques cas retentissants. Le *Supremo Tribunal Federal* a autorisé une fois la transmission directe de la séance par la télévision. Il s'agissait d'un jugement aux conséquences politiques importantes, d'un *mandado de segurança* requis par l'ex-président da la République Fernando Collor de Mello et ayant un certain rapport avec la procédure de son *impeachment.* Il est à présumer que l'expérience a déplu à la Cour Suprême, car elle ne l'a pas reprise[2].

2 Nota de atualização: posteriormente à redação deste trabalho, o Supremo Tribunal Federal tomou a iniciativa de fazer transmitir suas sessões por um canal especial de televisão (TV-Justiça).

Le *Superior Tribunal de Justiça,* chargé de veiller à l'uniformisation de la jurisprudence en ce qui concerne l'interprétation des disposition, infraconstitutionnelles, a dû trancher un litige entre un club sportif et l'institution qui s'occupe des questions relatives au football dans tout le pays. Etant donné l'intérêt passionné de la plupart des brésiliens à ce sport, l'affluence inaccoutumée de professionnels de la presse n'était que trop prévisible. Le président de la séance a suspendue celle-ci pour quelque: minutes et a autorisé la prise de photos pendant la suspension, mais il l'a prohibée par la suite.

Un épisode analogue a eu lieu au cours d'une séance de la Cour d'Appel *(Tribunal de Justiça)* de l'Etat de Rio de Janeiro, qui avait à juger, en deuxième dégré de juridiction, une affaire touchant la politique locale. La Cour n'a pas admis l'enregistrement en film du délibéré, en vue de sa transmission par la télévision. Elle s' est contentée de permettre am journalistes non seulement de prendre note de ce qu'ils voyaient el entendaient (ce qui était évidemment escompté), mais aussi d'interviewer les parties et leurs avocats hors de la salle, avant, durant et apres le jugement.

A la lumière de ces précédents, on peut conclure que la garanti e constitutionnelle de la publicité des actes de procédure ne comprend pas nécessairement la liberté absolue pour les médias de divulguer, par tous les moyens qu'ils ont coutume d'utiliser, ce qui se passe pendant une séance.

Fevereiro de 2000.

COMENTÁRIOS DOS ATUALIZADORES

LA PUBLICITÉ DES ACTES DE PROCÉDURE COMME GARANTIE CONSTITUTIONELLE EM DROIT BRÉSILIEN

Luís Roberto Barroso / Frederico Montedonio

Neste trabalho, Barbosa Moreira dá notícia ao público francófono sobre as regras processuais brasileiras que tratam da publicidade dos atos processuais, inclusive em sede constitucional. Desde a publicação do trabalho, em 2000, as normas fundamentais na matéria permanecem as mesmas, sem prejuízo de mudanças secundárias. Nesse sentido, destaca-se a mudança de redação do art. 93, IX, da Constituição pela EC 45/2004, que apenas explicitou as hipóteses nas quais se manifestam os parâmetros envolvidos na ponderação de exceções à publicidade: "casos nos quais a preservação do direito à intimidade do interessado no sigilo não prejudique o interesse público à informação".

O Brasil, portanto, continua orientado pela norma da publicidade, em contraste com o princípio do segredo de deliberação, ainda adotado como regra por boa parte dos países europeus, como França (art. 448 do CPC francês) e Itália (art. 276 do CPC italiano). A Suíça, mesmo depois do novo Código de 2008, ainda desponta como exceção (art. 54).

Com base nos arts. 5º, LX, e 93, IX, da Constituição, o STF declarou a inconstitucionalidade de lei estadual que decretava abstratamente segredo de justiça em todos os processos em curso perante vara criminal (ADI 4.414, Rel. Min. Luiz Fux, j. 31/5/2012), bem como a invalidade de interpretação de dispositivo do Regimento Interno do STM, que autorizava a certificação de resultado de julgamento sem a lavratura de acórdão (RE 575.144, Rel. Min. Ricardo Lewandowski, j. 11/12/2008). Além disso, com base na norma da publicidade, o STF determinou ao STM que garantisse a pesquisadores acesso a registros fonográficos de sessões secretas de julgamento ocorridas na década de 1970, o que demandou não apenas um recurso em mandado de segurança (RMS 23.036, Rel. para o acórdão Min. Nelson Jobim, j. 28/3/2006), mas também uma reclamação para cumprimento da decisão anterior (Rcl 11.949, Rel. Min. Cármen Lúcia, j. 16/3/2017).

Sobre o sigilo das votações no júri (CF, art. 5º, XXXVIII, *b*), a Lei 11.689/2008 revogou a redação do art. 487 do CPP, que determinava "sejam declarados o número de votos afirmativos e o de negativos", o que pode comprometer o sigilo, no caso de votação unânime. Atualmente, embora o art. 488 do CPP ainda determine que fique registrada no termo "a votação de cada quesito", a contagem é encerrada quando obtida maioria de quatro votos em qualquer sentido, de modo que o sigilo da votação não corra risco, o que não gera prejuízo ao réu (STF, 1ª T., HC 104.308, Rel. Min. Luiz Fux, j. 31/5/2011).

O art. 155 do CPC/1973 foi substituído pelo art. 189 do CPC/2015. Além da possibilidade de decretação de sigilo na hipótese de "interesse social", não apenas de "interesse público" (inciso I), e da melhor enumeração de hipóteses afetas ao direito de família (inciso II) – o que contempla a anotação de Barbosa Moreira –, foi expressamente prevista a possibilidade de decretação de sigilo para proteção do direito constitucional à intimidade (inciso III), e em causas arbitrais, normalmente sigilosas (inciso IV).

Inovação ocorreu com a previsão da "confidencialidade" como princípio da mediação e conciliação (CPC, art. 166), que "estende-se a todas as informações produzidas no curso do procedimento, cujo teor não poderá ser utilizado para fim diverso daquele previsto por expressa deliberação das partes" (§ 1º), bem como à atuação do mediador, conciliador e suas equipes (§ 2º). Tal sigilo, disciplinado também pelos arts. 30 e 31 da Lei 13.140/2015, favorece a criação de um ambiente de confiança mais propício à celebração de autocomposições.

O art. 151 do Regimento Interno do Supremo Tribunal Federal está em desuso. Nem mesmo as sessões administrativas (inciso II) são realizadas de forma secreta, até por força da nova redação do art. 93, X, da Constituição, conferida pela EC 45/2004, que acrescentou a regra da publicidade também às sessões administrativas dos tribunais.

Embora Barbosa Moreira tenha razão ao dizer que "a garantia constitucional da publicidade dos atos processuais não inclui necessariamente a liberdade absoluta de os meios de comunicação divulgarem, por qualquer meio que estejam acostumados a utilizar, o que se passa durante uma sessão" (tradução livre), o que se verifica hoje é que os próprios tribunais têm transmitido ao vivo suas sessões de julgamento.

Quando publicado o texto de Barbosa Moreira, em 2000, ainda não havia sido promulgada a Lei 10.461/2002, que criou a TV Justiça e foi sancionada pelo Ministro Marco Aurélio Mello, do STF, no exercício da Presidência da República. Por essa razão, a TV Justiça apareceu no texto sob a forma de uma breve nota de atualização. No entanto, a transmissão dos julgamentos do Plenário do STF ao vivo pela televisão, e posteriormente pela internet, radicalizou o princípio da publicidade das sessões de julgamento do Supremo Tribunal Federal. Esse fenômeno chegou ao seu ponto máximo até agora com a pandemia do novo coronavírus (Sars-CoV-2), que impôs medidas de distanciamento social e julgamentos por videoconferência. Assim, sessões das Turmas do STF e de vários outros tribunais também passaram a ser transmitidas ao vivo pela internet e também armazenadas para consulta posterior. Ainda hoje, porém, pouquíssimos tribunais no mundo seguem a mesma linha. Um deles é a Suprema Corte do Reino Unido.

Sobre os impactos da TV Justiça sobre o Supremo Tribunal Federal, por todos, veja-se a magistral tese de doutorado de Felipe de Melo Fonte: *Jurisdição constitucional e participação popular: o Supremo Tribunal Federal na era da TV Justiça*, publicada comercialmente em 2017. Entre outras constatações, o autor revela que a TV Justiça ajudou a tornar mais longos os votos dos Ministros do STF, perigo contra o qual Barbosa Moreira advertiu em seu texto. No mesmo período, a produtividade colegiada diminuiu e o número de decisões monocráticas aumentou de forma dramática.

A atual fronteira da publicidade reside nos julgamentos virtuais, adotados como forma de decidir colegiadamente no volume exigido pela distribuição de casos novos, mas nos quais não há debates síncronos entre os julgadores. O relator vota e os demais Ministros se manifestam no sistema à medida que cada um se sinta apto a participar. Embora todos esses votos sejam públicos e fiquem disponíveis ao público em tempo real, há não poucas objeções a essa sistemática em nome do princípio da publicidade, especialmente quanto a casos de grande repercussão[3]. Talvez seja cedo para dizer, mas a sistemática do Plenário Virtual parece um mal menor diante da "monocratização" do STF. De toda forma, é inegável que alguns julgamentos, por sua relevância, devem ocorrer de modo síncrono e com efetivas possibilidades de debate pelos membros do colegiado.

3 Nesse sentido: GOMES, Juliana Cesario Alvim. Opacidade do plenário virtual, Zika e censura nas escolas: obstáculo ou estratégia? JOTA, 12.mai.2020. Disponível em: <https://www.jota.info/stf/supra/opacidade-plenario-virtual-zika-censura-escolas-12052020>. Acesso em: 8.nov.2020.

ANTECIPAÇÃO DA TUTELA: ALGUMAS QUESTOES CONTROVERTIDAS[1]

Introdução. **1.** A questão terminológica. **2.** O conceito de "prova inequívoca" no art. 273, caput, do CPC. **3.** A irreversibilidade como pressuposto da antecipação. **4.** Eficácia do provimento antecipatório no tempo. **5.** Significação social da antecipação da tutela?

INTRODUÇÃO

Dos institutos recentemente introduzidos em nosso processo civil, ao longo das sucessivas reformas que tem sofrido nos últimos anos, ocupa lugar de relevo a antecipação da tutela, quer pela densidade das questões teóricas que suscita, quer pela importância prática que assume na vida forense. A interpretação do art. 273 do Código de Processo Civil, tal como redigido pela Lei nº 8.952, de 13-12-1994, vem merecendo especial atenção e, conforme facilmente se compreende, tem dado azo a controvérsias e divergências no plano doutrinário e no jurisprudencial.

No espaço de uma palestra, que não pretende abusar da paciência dos ouvintes, seria impossível passar em revista toda a problemática da matéria. Foi mister proceder a uma seleção; e, como toda escolha, esta não podia deixar de ter algo de subjetivo. Parece-nos, contudo, que dificilmente se negará a relevância dos tópicos escolhidos.

1. A questão terminológica

Permitam-me começar por uma observação de índole terminológica. Não é raro encontrar, até em escritos de alto nível científico, a expressão "tutela antecipatória". Ela não é abonada nem pela linguagem da lei nem pela lógica gramatical. O texto vigente do art. 273 do Código de Processo Civil, na redação atual, alude a "antecipação da tutela" nos §§ 2º e 5º, e à "tutela antecipada" nos §§ 3º e 4º. Diz também, no *caput*, que "o juiz poderá (...) antecipar os efeitos da tutela"; e impõe a indicação

1 Texto de conferência pronunciada em 24-5-2001, em Manaus (com o acréscimo de notas). Publicado em *Rev. de Proc.*, nº 104, *Rev. Síntese de Dir. Civ. e Proc. Civ.*, nº 13, *Rev. do Min. Público*, v. 14.

clara e precisa das razões "na decisão que antecipar a tutela" (§ 1º). Em lugar algum se depara a locução "tutela antecipatória".

Andou bem o legislador em expressar-se como se expressou. Se por "tutela" se entende a proteção dispensada ao litigante, é intuitivo que ela não pode constituir o sujeito, mas apenas o objeto da antecipação. A tutela não antecipa seja o que for: pode, isso sim, ser antecipada pelo juiz, ou por decisão que este profira. Falar-se-á com propriedade, portanto, em "decisão antecipatória", ou em "providência antecipatória", no sentido de decisão ou de providência que antecipa a tutela. Quanto a esta última, ou será antecipada ou não o será: antecipatória é que jamais se concebe que seja.

2. O conceito de "prova inequívoca" no art. 273, *caput*, do CPC

O art. 273, *caput*, do Código de Processo Civil, na redação dada pela Lei nº 8.952, estabelece os pressupostos essenciais da antecipação, no todo ou em parte, dos efeitos da tutela pleiteada no pedido inicial. Terá cabimento a antecipação "desde que, existindo prova inequívoca", o juiz "se convença da verossimilhança da alegação" do requerente – e além disso, é claro, ocorra alguma das situações previstas nos incisos I e II, que não precisamos examinar aqui.

Não se tem mostrado inteiramente pacífica, para dizer o menos, a convivência entre os dois pressupostos: o da "prova inequívoca" e o da "verossimilhança da alegação". Doutrina e jurisprudência enleiam-se em dificuldades quando tratam de explicar essa conjugação. Deixa certo a lei que, para a concessão do provimento antecipatório, basta a convicção de ser "verossímil" a alegação do requerente, isto é, não se exige a certeza de que ela seja veraz. Como entender, então, a referência a "prova inequívoca" – expressão que à primeira vista aponta no sentido da formação de convencimento certo?[2] É sensível o desconforto que assalta os expositores do instituto e os julgadores que têm de aplicá-lo, quando se esforçam por juntar as duas pontas do fio. É igualmente

2 CÂNDIDO DINAMARCO, *A reforma do Código de Processo Civil*, 3ª ed., S. Paulo, 1996, p. 145, tacha de "formalmente contraditórias" as duas locuções contidas no ano 273. Também a ERNANE FIDÉLIS DOS SANTOS, *Novíssimos perfis do processo civil brasileiro*, Belo Horizonte, 1999, p. 36, "quanto ao aspecto lógico, parece haver contradição". No mesmo sentido, Luís Fux, *Curso de Direito Processual Civil*, Rio de Janeiro, 2001, p. 63.

sensível o artificialismo, para não dizer a precariedade, do nó com que costumam atá-las.

A raiz dessas dificuldades parece consistir na premissa comum que se adota, a saber, a de que o art. 273, quando fala de "prova inequívoca", está qualificando a prova do ponto de vista de sua força persuasiva, de sua capacidade para determinar o convencimento do órgão judicial[3]. Há quem pretenda, por exemplo, que só será bastante para justificar a antecipação a prova que o seria para fundamentar o julgamento do mérito a favor do autor[4] – o que equivale a apagar, na substância, a diferença entre a providência antecipatória e a sentença de procedência do pedido. Às vezes se procura a chave exegética numa comparação com o *fumus boni iuris*, tradicionalmente apontado como um dos pressupostos das medidas cautelares: sustenta-se que, para a antecipação da tutela, seria exigível prova capaz de produzir no espírito do juiz grau mais intenso de convicção[5]. Com certa frequência cai-se na tautologia, quando se dá à expressão "prova inequívoca", pura e simplesmente, o sentido de prova

---

3 Em acórdão de 7-4-1997, REsp nº 113.368, *in DJ* de 19-5-1997, p. 20.593, afirmou o STJ: "Prova inequívoca é aquela a respeito da qual não mais se admite qualquer discussão" – conceito que, a rigor, tornaria supérflua toda atividade de instrução posterior à medida antecipatória. Expressivo, por outro lado, o passo de ATHOS GUSMÃO CARNEIRO, *Da antecipação da tutela no processo civil*, 2ª ed., Rio de Janeiro, 1999, p. 21: "A rigor, em si mesma. prova alguma será inequívoca, no sentido de absolutamente incontestável" (grifado pelo autor). Mas há outros sentidos possíveis! Percebeu-o ARAKEN DE ASSIS, *Antecipação da tutela*, no volume coletivo *Aspectos polêmicos da antecipação da tutela*, coord. por Teresa Arruda Alvim Wambier, S, Paulo, 1997, p. 2314, ao registrar a diferença de acepção entre "prova inequívoca" no art. 273 do Código e "prova inequívoca" no art. 32, parágrafo único, da Lei nº 6.830, de 22-9-1980.

4 Assim, CALMON DE PASSOS, *Inovações no Código de Processo Civil*, Rio de Janeiro, 1995, p. 13, *verbis:* "A antecipação pede a mesma prova inequívoca que pede a decisão definitiva". Cf. p. 11: "A prova para antecipação é uma prova menos robusta ou menos inequívoca que a exigida para a decisão de mérito? Minha resposta é negativa". Para melhor compreender esses trechos, cumpre ter em vista o próprio conceito de antecipação da tutela adotado pelo autor, que a restringe à exclusão do efeito suspensivo do recurso cabível contra a sentença, tornada, "de logo, provisoriamente exequível" *(ibid.)*. Não se trataria, em suma, de um adiantamento *da decisão*, mas apenas de um adiantamento *da execução*.

5 Consoante sustentam CÂNDIDO DINAMARCO, ob. e lug. cit. (nota 1), TEORI ALBINO ZAVASCKI, *Antecipação da tutela*, S. Paulo, 1997, p. 76, e SÉRGIO SAHIONE FADEL, *Antecipação da tutela no processo civil*, S. Paulo, 1998, p. 29.

bastante para convencer o órgão judicial da verossimilhança da alegação do requerente[6].

Ao nosso ver, falsa é a premissa de que se parte. A força persuasiva da prova, a sua capacidade para persuadir o juiz, está suficientemente assinalada no texto legal pela oração "desde que (...) se convença da verossimilhança da alegação". Se é indispensável que o juiz se convença e se o convencimento do juiz não se pode basear senão em alguma prova, dizer que essa prova tem de ser convincente é dizer o mesmo que está dito alhures acerca do juiz. Gira-se num círculo vicioso: o juiz deve convencer-se da verossimilhança da alegação, e a prova deve ser tal que disso convença. Em semelhante perspectiva, sugerir, como há quem sugira, que se traduza "verossimilhança" por "probabilidade"[7] desloca o problema sem resolvê-lo: continuará a ser inevitável a redundância. Claro está, com efeito, que, se o juiz se convenceu de ser provável a alegação, é sinal de que a prova teve por força a virtude de convencê-lo dessa probabilidade Em quaisquer interpretações desse gênero, imputa-se à lei o defeito d: expressar duas vezes a mesma ideia, ou melhor, de formular duas vezes: mesmo pressuposto da antecipação: uma ao qualificar de "inequívoca" prova, outra ao exigir que à vista dela o juiz "se convença".

Gostaríamos de propor uma alternativa, com apoio em premissa diversa. Se a força persuasiva da prova está suficientemente indicada na oração "desde que (...) se convença", e não se presume na lei a existência de palavras inúteis, outro deve ser o significado do adjetivo na locução "prova inequívoca". Raciocinemos, pois, a partir daí. "Inequívoca" é o antônimo de "equívoca". Consoante ensinam os dicionários, "equívoco'· significa aquilo "que tem mais de um sentido ou se presta a mais de uma interpretação". Um sinônimo de "equívoco" seria "ambíguo", e o antônimo perfeito "unívoco", definido como "palavra, conceito ou atributo que se aplica a sujeitos diversos de maneira absolutamente idêntica"[8]. Nessa

6 Salvo engano, é o que faz LUIZ GUILHERME MARINONI, *A antecipação da tutela, 3ª* ed. S. Paulo, 1997, p. 155: "A denominada 'prova inequívoca', capaz de convencer o juiz da 'verossimilhança da alegação', somente pode ser entendida como a 'prova suficiente' para o surgimento do verossímil".

7 Nesse sentido, CÂNDIDO DINAMARCO, ob. e lug. cit. (nota 1). Nada muda, em substância, com o acréscimo de um adjetivo, como alvitra ERNANE FIDÉLIS DOS SANTOS, ob. cit. (nota 1), p. 37/8, que fala em "probabilidade *máxima*".

8 *Vide* os verbetes respectivos no dicionário *Novo Aurélio,* 3ª ed., Rio de Janeiro, 1999.

óptica, será equívoca a prova a que se possa atribuir mais de um sentido: inequívoca, aquela que só num sentido seja possível entender – independentemente, note-se, de sua maior ou menor força persuasiva.

Para esclarecer melhor, vamos a exemplo, tirado da prova documental, sem dúvida a mais importante nesta matéria. Um documento pode ser unívoco ou equívoco, segundo os seus dizeres comportem, respectivamente, um único ou mais de um entendimento. Ora, a univocidade ou equivocidade não guarda relação necessária com a força persuasiva do documento como prova. Pode acontecer que, apesar de unívoco, o documento não seja suficiente para convencer o órgão judicial. Por hipótese, só um entendimento ele comporta, mas, com esse entendimento, não se revela convincente quanto à veracidade da alegação.

O que se acaba de dizer acerca do documento também se dirá de qualquer outra prova. Perfeitamente se concebe, *v.g.*, que o depoimento de uma testemunha sofra de ambiguidade, isto é, seja equívoco, assim como igualmente se concebe o contrário: que seja unívoco (ou inequívoco), embora nem por isso forçosamente bastante para persuadir o juiz de que são verazes as declarações da testemunha.

Se nos colocamos no ponto de vista acima indicado, cessa toda e qualquer dificuldade para compatibilizar, na interpretação do art. 273, a qualidade de "inequívoca", exigível na prova, e o patamar de simples "verossimilhança" – ou de "probabilidade", se se preferir – que a alegação precisa alcançar, na mente do juiz, para justificar a antecipação da tutela. Em duas etapas se desdobrará a perquirição do magistrado, diante da prova produzida. Primeira: é ela "inequívoca", no sentido de que só comporta um entendimento? Segunda: com esse entendimento, tem ela suficiente força persuasiva para fazer verossímil (ou provável) a alegação do requerente? Quer-nos parecer que a solução aqui proposta elimina os rangidos que inevitavelmente se ouvem na articulação, tal como habitualmente feita, das duas peças do art. 273, *caput*. Cada uma delas concerne a um aspecto do problema, e ambas se conjugam em perfeita harmonia na armação do mecanismo legal.

3. A irreversibilidade como pressuposto da antecipação

Outro pressuposto da antecipação da tutela vem expresso, em forma negativa, no § 2º do art. 273. Esse dispositivo exclui o cabimento da antecipação "quando houver perigo de irreversibilidade do provimento antecipado". Melhor seria dizer, aí, "provimento antecipatório": à tutela, vale repetir, é que calha o rótulo de "antecipada".

Desde logo acode uma pergunta: a que alude o texto quando fala em irreversibilidade? Literalmente, para excluir a possibilidade da antecipação, o perigo deveria consistir na irreversibilidade do provimento mesmo; e assim têm entendido alguns[9]. Mas a exegese não parece sustentável. O provimento antecipatório, em si, é sempre essencialmente reversível, conforme ressalta do disposto no § 4º, que autoriza o juiz a revogar ou modificar a medida, a qualquer tempo.

Argumenta-se que o que a lei quis evitar foi a concessão da tutela antecipada em certas ações declaratórias e constitutivas; e dá-se como exemplo a desconstituição de um casamento, cuja decretação seria irreversível[10]. O argumento é inconvincente. Antes de mais nada, o texto nenhum elemento contém que aponte em tal direção; e não teria sido difícil expressar com palavras claras, de modo direto, a proibição de que se cogita. Além disso, o exemplo lembrado não ajuda o raciocínio: a desconstituição de um casamento, em si, nada tem de irreversível. Mesmo a abstrair-se do fato de que os ex-cônjuges podem restabelecer, a qualquer tempo, a união conjugal, mediante novo casamento, é bem de ver que a sentença que anule o primeiro (ou o declare nulo), ainda que transite em julgado, não fica imune a eventual rescisão, por alguma das causas arroladas no art. 485 do Código; e ocioso frisar que, na hipótese de procedência da rescisória, a situação das partes reverte ao estado anterior.

Bem anda, pois, a doutrina predominante em relacionar a irreversibilidade com os efeitos do provimento antecipatório. A eles é que se refere, com técnica defeituosa, o § 2º do art. 273. Não se antecipará a tutela quando houver perigo de que a concessão gere efeitos irreversíveis[11].

9 *V.g.*, LUIZ GUILHERME MARINONI, ob. cit. (nota 5), p. 164 e s.

10 LUIZ GUILHERME MARINONI, ob. cit. (nota 5), p. 167.

11 Assim, por exemplo, CANDIDO DINAMARCO, ob. cit. (nota I), p. 148; ATHOS GUSMÃO CARNEIRO, ob. cit. (nota 2), p. 61/2; TEORI ALBINO ZAVASCKI, ob. cit. (nota 4), p. 97; e os outros autores arrolados por LUIZ FERNANDO BELLINETTI, *Irreversibilidade do provimento antecipado,* no volume coletivo cit. na nota 2, p. 247. SERGIO BERMUDES, *A reforma do Código de Processo Civil,* 2ª ed., S. Paulo, 1996, p. 29, fala em "resultados irreversíveis", expressão em que "resultados" equivale manifestamente a "efeitos".

Importa observar que, tanto na doutrina quanto na jurisprudência, se manifesta forte propensão a abrandar o aparente rigor da norma[12]. Em alguns casos, realmente, a antecipação afigura-se imprescindível para salvaguardar o direito em jogo, e não deve bastar para excluir-lhe a possibilidade a circunstância de serem irreversíveis os respectivos efeitos. Vejamos dois exemplos. Há necessidade urgente de submeter menor a uma transfusão de sangue, para salvar-lhe a vida, mas um dos pais opõe-se ao ato, por motivo religioso, e faz-se necessário requerer ao juiz o suprimento da autorização: se não for obtido incontinenti, o provimento já não será útil. O ofendido em sua honra requer a apreensão do jornal que contém a matéria injuriosa: a não ser que se antecipe a tutela, os exemplares já terão circulado e causado no seio da comunidade a repercussão nociva à reputação do lesado. Nessas hipóteses, e em várias outras, a antecipação produzirá efeitos irreversíveis: não se poderá restituir à fonte o sangue transfundido; o jornal apreendido não mais circulará utilmente.

Os autores que se têm ocupado da questão sublinham que, em casos assim, a proibição de antecipar a tutela, se tomada ao pé da letra, poderia surtir, por sua vez, efeitos igualmente irreversíveis. Sem a oportuna transfusão de sangue, o menor provavelmente morreria; não haveria como recolher os exemplares vendidos do jornal, e muito menos como apagar da mente dos leitores a impressão já produzida. Efeitos irreversíveis podem surgir, portanto, quer no caso de conceder-se, quer no de negar-se a antecipação. É mister encontrar uma saída para esse beco. E a atitude mais razoável consiste em proceder a uma valoração comparativa dos riscos; em outras palavras, balancear os dois males, para escolher o menor[13].

Nos trabalhos preparatórios dos novos projetos de reforma do Código, havia-se cogitado de abrir, em mais um parágrafo ao art. 273, exceção expressa à proibição de antecipar a tutela em razão da irreversibilidade. O veto ficaria afastado, justamente, se da denegação pudesse decorrer, para o autor, prejuízo por seu turno irreversível e maior que o

12 "A exigência da irreversibilidade inserta no § 2º do art. 273 do CPC" – assentou o STJ, 6-10-1997, REsp nº 144.656, *in DJ* de 27-10-1997, p. 54.778 – "não pode ser levada ao extremo, sob pena de o novel instituto da tutela antecipatória não cumprir *a* excelsa missão a que se destina".

13 Nesse sentido, *v.g.*, ATHOS GUSMÃO CARNEIRO, ob. cit. (nota 2), p. 66. Na p. 67 lê-se o texto (depois suprimido) a que aludimos no parágrafo subsequente.

benefício resultante para o réu. No texto enviado ao Congresso Nacional suprimiu-se essa proposta. Entretanto, é pouco provável que isso influa na orientação, já adotada pelos tribunais, de interpretar e aplicar o § 2º à luz moderadora do critério da proporcionalidade.

4. Eficácia do provimento antecipatório no tempo

Bem pesadas as coisas, as considerações que se acabam de fazer refletem uma ideia básica. Na antecipação da tutela, como em todo assunto relativo ao processo, é mister levar em conta a bilateralidade que informa o fenômeno processual. Ora, essa ideia deve inspirar-nos a preocupação de evitar que, no funcionamento de qualquer mecanismo, uma das partes recolha sozinha as vantagens, enquanto se deixa a outra a gemer sob o peso dos inconvenientes.

Como é óbvio, no instituto sob exame, o benefício destina-se primariamente ao autor[14]. Quer-se, acima de tudo, remediar a injustiça consistente em fazê-lo suportar as consequências danosas da passagem do tempo indispensável à conclusão do processo, quando as cores da paisagem sugerem que do seu lado é que está a razão. Semelhante raciocínio, fundamentalmente correto, gera porém, se nos limitarmos a olhar para uma única margem da estrada, o risco de perpetrarmos outra injustiça, de sinal contrário mas não menor gravidade.

É perfeitamente concebível que, com a progressão do feito, e sobretudo com o desenvolvimento da atividade instrutória, venha a mudar de aspecto o panorama. Os elementos que pareciam justificar a impressão de uma vitória provável do autor vão cedendo o passo a outros, que invertem no espírito do juiz a inclinação inicial. E, por hipótese, chegado o momento de decidir, verifica o órgão judicial que agora prevalecem de modo nítido os dados favoráveis ao réu. A sentença, então, julga improcedente o pedido.

14 Sublinhando que a antecipação da tutela foi "concebida unilateralmente", MONIZ DE ARAGÃO, *Alterações no Código de Processo Civil: tutela antecipada, perícia,* no volume coletivo *Reforma do Código de Processo Civil,* coord. por Sálvio de Figueiredo Teixeira, S. Paulo, 1996, p. 237, chega a opinar que, em face do princípio de isonomia, o instituto «sob esse ângulo padece de inconstitucionalidade» – mácula que, ao ver do autor, precisa ser sanada mediante «interpretação construtiva da lei, que estenda o benefício também ao réu, quando e se for o caso».

O senso comum induz-nos a pensar que a mudança da situação há de repercutir na respectiva disciplina. Afinal, desapareceu um dos pressupostos essenciais da concessão do benefício de que vinha gozando o autor. Havia-se afigurado verossímil a sua alegação; eis que, sob o impacto das provas produzidas, se desvanece a verossimilhança, e a versão do réu passa a impor-se à preferência do juiz. O que se presume é que esse novo e diferente entendimento tenha base mais sólida que o anterior. Soa até contraditório, em tal perspectiva, sustentar que deva subsistir ao desaparecimento do pressuposto o efeito do provimento que dele extraía sua razão de ser. Assim, pelo menos em linha de princípio, com o julgamento desfavorável de mérito, já não se afigura razoável que o autor continue a desfrutar do benefício proporcionado pela antecipação da tutela, a qual deve ter-se por automaticamente revogada[15], embora convenha, para evitar dúvidas, que o juiz a revogue de modo expresso na sentença.

Dir-se-á que o eventual recurso pode ser capaz de produzir nova reviravolta: a decisão de segundo grau talvez conclua em sentido oposto ao da proferida pelo juízo *a quo*, e no entanto se terá privado o autor, nesse ínterim, do benefício. É verdade, mas isso não modifica os termos da equação. Nem sempre se há de considerar, retrospectivamente, que o autor vitorioso deveria ter-se beneficiado da antecipação da tutela. Os pressupostos desta e os da vitória final não coincidem necessariamente; o máximo que cabe dizer é que seria bom que coincidissem, e a lei vê como provável tal coincidência, sem todavia poder assegurar que ela ocorra em todos os casos. Não é inconcebível, nem será com certeza tão raro, que um pedido venha a ser julgado procedente apesar de não se haver concedido a quem o formulou tutela antecipada. Não há censurar o juiz que a denegou só porque depois se revelou fundado o pedido: a decisão sobre o requerimento de antecipação fora tomada à luz dos elementos de que então se dispunha, e é bem possível que eles não bastassem para imprimir verossimilhança à alegação do autor; se a imagem do pleito mudou após a instrução probatória, nada de estranhar em que

15 Cf., por exemplo, ATHOS GUSMÃO CARNEIRO, ob. cit. (nota 2), p. 85; TEORI ALBINO ZAVASCKI, ob. cit. (nota 4), p. 114; SÉRGIO SAHIONE FADEL, ob. cit. (nota 4), p. 62 e s., espec. 65/7; ERNANE FIDÉLIS DOS SANTOS, ob. cit. (nota 1), p. 41; EDUARDO TALAMINI, *Tutela relativa aos deveres de fazer e de não fazer*, S. Paulo, 2001, p. 360. Para LUIZ FUX, ob. cit. (nota 1), p. 66, "a sentença final que dispõe sobre o litígio deve cassar a tutela antecipada, prevalecendo sobre esta". *Aliter*, LUIZ GUILHERME MARINONI, ob. cit. (nota 5), p. 163/4.

se dê ganho de causa àquele mesmo litigante a quem se recusara (ou até se revogara) a antecipação. *A fortiori*, se o órgão julgador agora é outro.

De qualquer maneira, cessado com a sentença o benefício da antecipação, não fica o autor impedido de requerê-lo outra vez, perante o tribunal. É óbvio que precisará valer-se de elementos capazes de justificar nova e diferente convicção.

Importa lembrar que o argumento concernente aos prejuízos que resultam do decurso do tempo deve ser encarado sob prisma duplo. Antes da concessão da tutela antecipada, o tempo militava contra o autor; concedida que seja ela, entretanto, passa a militar contra o réu. Sobre este, daí em diante, é que recai o peso da sujeição à pretensão do adversário. Nem é desprezível a possibilidade de que o autor, colocado em posição de vantagem, não só se desinteresse de colaborar para o prosseguimento normal do feito, mas até venha a atuar no sentido de protelar-lhe o desfecho. Fenômeno desse tipo ocorreu, em certa época, com o mandado de segurança: uma vez obtida a liminar, o que menos queria o impetrante era o julgamento do pleito, e foi mister que a lei fixasse prazo à vigência da liminar[16]", para desestimular a "sabotagem" de impetrantes menos escrupulosos.

É necessário muito cuidado para não exagerar na dose, quando se cuida de instituir medidas tendentes à satisfação rápida (ainda que provisória) daquele que tomou a iniciativa de ir a juízo. Tem-se às vezes a impressão de que um zelo desmedido pode acabar por construir um "processo civil do autor", como já se está construindo, com zelo igual e simétrico, um "processo penal do réu".

5. Significação social da antecipação da tutela?

A Justiça brasileira não tem grande amor por estatísticas. As que existem, ainda quando confiáveis, não se veem divulgadas como seria de desejar. Isso torna muito difícil a valoração de qualquer mudança legislativa. É certo que a numerosos observadores nenhuma inibição lhe" ocorre, mesmo sem dados objetivos, de pronunciar-se num sentido ou noutro, e em tom frequentemente categórico. Peço vênia para tachar de anticientífica essa atitude: não se faz ciência com opiniões desprovidas de base em elementos concretos.

---

16 Lei nº 4.348, de 26-6-1964, art. 1º, *b* (*vide* também o art. 2º).

O caso da antecipação da tutela nada tem aqui de original. Desconhece- se a existência de estatísticas que revelem com segurança a sorte das modificações operadas em nosso processo civil. No caso, por exemplo, ninguém sabe ao certo sequer a percentagem de processos em que se requereu a medida e, desses, em quantos foi ela concedida, em quantos denegada. Conhecer tais números seria o mínimo indispensável para fundar sobre a inovação um juízo de valor que aspire à seriedade.

Mas esse juízo ainda estaria longe de ser completo. A significação social de um instituto não se deixa apreender numa simples tabela de dados numéricos. Ao vetor quantitativo precisaríamos agregar um veto qualitativo. A pergunta fundamental seria aqui: para que tem servido, na prática judicial, a antecipação da tutela? A que espécies de interesses tem ela proporcionado satisfação? Que tipos de litigantes vêm sendo por ela predominantemente favorecidos?

Pesquisa desse gênero poderia concluir, digamos, que no comum dos casos o objeto da tutela antecipada tem sido uma pretensão de natureza pecuniária; ou, em vez disso, que o direito antecipadamente tutelado é, com maior frequência, de índole personalíssima, insuscetível de ser substituído de maneira plenamente satisfatória por seu suposto equivalente em moeda – *v.g.*, a honra, a imagem, a intimidade, a liberdade religiosa. É manifesto que a nossa valoração não haveria de ser igual em ambas as hipóteses. Na primeira, com efeito, a lei nada mais teria criado, em substância, que uma agência de cobrança de dívidas mais eficiente; não se trataria de conquista desprezível, mas sua importância, para a sociedade, seria com certeza menor que na outra hipótese. É inaceitável, realmente, pôr em pé de igualdade o interesse social na satisfação dos credores de dinheiro e o interesse social em ver eficazmente protegidos valores morais e espirituais – pelo menos no âmbito de um ordenamento como o nosso, em que semelhantes valores, por força de disposições expressas, gozam de especial proteção em nível constitucional (*v.g.*, art. 5º, incisos VI e X), sem falar na circunstância de que a respectiva preservação, em regra, ou opera incontinenti, ou já não terá eficácia prática.

A esta altura, vem-me à lembrança o começo de um poema que teve sua época de fama: "Ora (direis) ouvir estrelas? Certo perdeste o senso!"[17] Substituam o "ouvir estrelas" por "desejar pesquisas", e não me

17 A citação – se há necessidade de dizê-lo – é de soneto de OLAVO BILAC, *in Poesias*, 2ª ed., Rio de Janeiro-S. Paulo-Belo Horizonte, 1949, p. 55.

admirarei se, aplicando o verso às presentes elucubrações, começarem a suspeitar de que quem vai perdendo o senso é o autor desta palestra. Estamos no Brasil, país onde um cronista igualmente famoso em seu tempo se comprazia em xingar de "idiotas da objetividade" todos aqueles que se atreviam a pôr em dúvida a capacidade de arroubos emocionais para refletir com justeza a realidade; país onde uma exclamação lançada com suficiente força pulmonar vale mais que mil demonstrações geométricas. Nossas convicções alimentam-se de impressões, não de argumentos; e, se os fatos não as confirmam, pior para os fatos...

Não sei se vale a pena alertar mais uma vez para a gravidade desse erro. Farei nova tentativa, assumindo o risco de tomar-me insuportavelmente maçante para quem já me haja ouvido noutras ocasiões. É necessário denunciar a funesta tendência a enxergar na entrada em vigor de uma norma o ponto final de sua história. Ao contrário, nesse momento é que ela começa verdadeiramente a viver; e é a partir daí que ela passa a merecer a nossa particular atenção. Já pouco interessam, agora, as intenções por mais altas que fossem, do legislador, e as expectativas que ele acalentava. Interessa, sim, o que estará acontecendo no *dia a dia* forense; é forçoso que mantenhamos o espírito aberto aos ensinamentos que a experiência nos possa dar. Se eles vierem a coroar nossas esperanças, tanto melhor; no caso contrário, renunciemos às ilusões e tenhamos a coragem de rever o que foi feito, e até de desfazê-lo, se preciso for.

Em matéria processual, como a de que estamos cuidando, o primeiro passo consistirá necessariamente na observação escrupulosa do que sucede no foro, com a utilização das técnicas próprias. Colhidos os resultados, cumpre examiná-los atentamente e sem ideias preconcebidas, para concluir com segurança. Isso é o que se deveria fazer – estar fazendo em relação às inovações introduzidas em nosso sistema processual, desde instante em que cada uma principiou a viger. Tudo indica que já se perdeu bastante tempo: mas nunca é tarde demais para começar. Estarei regiamente pago do esforço se lograr convencer os ouvintes da necessidade de pôr mãos à obra, em matéria de antecipação da tutela e em qualquer outra análoga.

Abril de 2001.

COMENTÁRIOS DOS ATUALIZADORES

ANTECIPAÇÃO DA TUTELA: ALGUMAS QUESTÕES CONTROVERTIDAS

Luís Roberto Barroso / Frederico Montedonio

A antecipação da tutela é tema que passou por substanciais alterações com a aprovação do CPC/2015, a começar pela questão terminológica. Como queria Barbosa Moreira, o atual Código também não utiliza a expressão "tutela antecipatória". Mas agora a antecipação de tutela constitui o gênero "tutela provisória", do qual são espécies a "tutela de urgência" e a "tutela de evidência" (art. 294). A primeira delas guarda correspondência com a tutela antecipada que era disciplinada pelo CPC/1973, aqui compreendida a tutela cautelar, valendo notar que a fungibilidade de pedidos de tutela cautelar e satisfativa só veio a ser prevista com o advento da Lei 10.444/2002 (art. 273, § 7º, do CPC/1973). Lembre-se que o CPC/2015 revogou o Livro III do CPC/1973, que tratava do processo cautelar, sendo algumas medidas cautelares extintas e outras redistribuídas pelo Código, com previsão do poder geral de cautela no art. 301. A tutela de urgência, seja satisfativa ou cautelar, foi unificada e tem os mesmos requisitos: probabilidade do direito e perigo de dano ou risco ao resultado útil do processo (art. 300). Ambas podem ser concedidas em caráter antecedente ou incidental (art. 294, p. único).

O art. 297 do CPC/2015 previu o poder geral de efetivação da tutela provisória, por qualquer meio executivo, típico ou atípico. No CPC/1973 havia previsão semelhante, mas apenas para a tutela cautelar (art. 798) e para as obrigações de fazer ou não fazer (art. 461, § 5º). Observe-se, porém, que o CPC/2015 não reproduziu o art. 797 do CPC/1973, que permitia a concessão de tutela cautelar sem a oitiva das partes, em situações excepcionais. O art. 299 do CPC/2015 prevê a necessidade de requerimento, e disciplina de forma clara a competência para a concessão de tutela provisória, inclusive em sede recursal. Não se pede tutela provisória recursal ao juízo *a quo*, mas ao juízo *ad quem* (CPC/2015, art. 1.012, § 3º, e 1.029, § 5º), a não ser quando se trate de recurso especial ou extraordinário antes do juízo de admissibilidade, e, ainda, na hipótese de sobrestamento (CPC/2015, art. 1.029, § 5º, III).

O art. 300, § 1º, do CPC/2015 generalizou para todas as hipóteses de tutela de urgência as medidas de contracautela previstas no art. 799 do CPC/1973 para a tutela cautelar, em razão da responsabilidade prevista no art. 302. O poder geral de cautela está previsto no art. 301 do CPC/2015, que contempla medidas típicas e atípicas.

A concessão de tutela cautelar em caráter antecedente era prevista no CPC/1973 (art. 796), mas o mesmo não valia para a tutela satisfativa ("antecipada"), que somente podia ser pedida em caráter incidental. A possibilidade de requerer apenas tutela satisfativa de urgência em caráter antecedente agora é disciplinada pelos arts. 303 e 304 do CPC/2015. Concedida a tutela, deve haver aditamento à inicial (art. 303, § 1º, I), nos mesmos autos (art. 303, § 3º) – o que evita a duplicação de feitos que ocorria no CPC/1973 com a propositura de medidas cautelares antecedentes –, sob pena de extinção sem resolução de mérito (art. 303, § 2º). Tal sistemática depende de pedido expresso (art. 303, § 5º). Indeferida a tutela, a inicial deve ser aditada, sob pena de extinção (art. 303, § 6º). Já o art. 304 adota a técnica monitória, invertendo a provocação do contraditório, que fica a cargo da iniciativa do réu, sem a qual a tutela concedida se "estabiliza", mas pode ser revista numa ação de cognição ampla, a ser proposta em até dois anos (§§ 2º a 6º).

A disciplina da tutela cautelar antecedente consta dos arts. 305 a 310 do CPC/2015, de forma similar à prevista durante a vigência do CPC/1973. Entre as principais inovações nesta matéria, destaca-se que agora o pedido principal deve ser formulado nos mesmos autos (art. 308), o que previne a duplicação de feitos verificada no regime anterior. A fungibilidade entre os pedidos de tutela cautelar e antecipada (satisfativa) em caráter antecedente continua prevista, agora no art. 305, parágrafo único, do CPC/2015. A diferença entre ambos reside no procedimento e na possibilidade ou não de estabilização: no caso da tutela antecipada antecedente, o rito é o dos arts. 303 e 304, com possibilidade de estabilização; em se tratando de tutela cautelar antecedente, seguem-se os arts. 305 a 310, sem possibilidade de estabilização, tendo em conta essencialmente a referibilidade da tutela cautelar[18].

18 Nesse sentido: DIDIER JR., Fredie; BRAGA, Paula Sarno; OLIVEIRA, Rafael Alexandria de. Curso de direito processual civil, vol. 2. Salvador: Juspodivm, 2016, p. 576.

Já a tutela de evidência consiste em inovação terminológica e aprofundamento da disciplina que já era prevista, entre outros, no art. 273, II e § 6º, do CPC/1973, parágrafo este também acrescentado pela Lei 10.444/2002. É uma espécie de tutela provisória que não depende da demonstração de urgência ou perigo. Atualmente, a tutela de evidência pode ser concedida nas hipóteses previstas no art. 311 do CPC/2015: não apenas quando houver abuso do direito de defesa ou manifesto propósito protelatório do réu (inciso I), mas também quando houver prova documental suficiente que ampare a aplicação de tese firmada em julgamento de casos repetitivos ou súmula vinculante (inciso II), que instrua pedido reipersecutório fundado em contrato de depósito (inciso III), ou, ainda, a que o réu não oponha prova capaz de gerar dúvida razoável (inciso IV). A primeira e a última hipóteses pressupõem a resposta do réu, enquanto a segunda e a terceira podem ser deferidas sem a oitiva da parte contrária (art. 311, parágrafo único). A tutela de evidência é sempre satisfativa e incidental, nunca antecedente ou cautelar.

Ainda quanto à tutela de urgência, o CPC/2015 eliminou as expressões "prova inequívoca" e "verossimilhança da alegação", colocando em seu lugar "elementos que evidenciem a probabilidade do direito" (art. 300). Isso preveniu os debates ocasionados pela equivocidade da terminologia anterior e tornou dispensável a elegante solução proposta por Barbosa Moreira para interpretar o termo "prova inequívoca".

O requisito negativo da irreversibilidade continua previsto no art. 300, § 3º, do CPC/2015, razão pela qual continua pertinente a exegese sugerida pelo autor: caso a não concessão da tutela também gere efeitos irreversíveis, é preciso "balancear os dois males, para escolher o menor", como, aliás, vem fazendo a jurisprudência (*e.g.*: STJ, 4ª T., AgInt no REsp 1.802.278, Rel. para o acórdão Min. Maria Isabel Gallotti, j. 29/10/2019). Já as observações de Barbosa Moreira sobre a eficácia do provimento antecipatório no tempo, no âmbito de um processo bilateral, permanecem atuais. Cumpre notar, porém, que o art. 1º, *b*, da Lei 4.348/1964, citado pelo autor em nota de rodapé como dispositivo que exemplifica essa preocupação, foi revogado pela Lei 12.016/2009. A nova disciplina do mandado de segurança somente reproduziu o art. 2º da Lei 4.348/1964, sancionando o impetrante que, beneficiado por medida liminar, não se compromete com a celeridade do feito (art. 8º da Lei 12.016/2009).

Continuamos sem notícias de estatísticas que demonstrem o percentual de processos em que se requereu e em que se deferiu antecipação de tutela. Mais ainda: não temos dados que evidenciem quais tipos de direitos e litigantes mais têm se beneficiado desse tipo de medida. O campo para pesquisas é fértil e está aberto.

TUTELA DE URGÊNCIA E EFETIVIDADE DO DIREITO[1]

1. Numa época em que se torna cada vez mais célere, para não dizer vertiginoso, o ritmo das atividades humanas, assume particular gravidade o problema do tempo necessário à realização do processo. A esta altura, já ninguém alimenta a ilusória esperança de que se logre construir mecanismo de aplicabilidade geral, tão ágil que reduza em qualquer caso a poucos minutos, a poucas horas, ou mesmo a poucos dias, a duração de qualquer pleito judicial. Ainda que isso fosse possível, acrescente-se, o prodígio não tardaria a mostrar-se efêmero: conforme bem observou autor norteamericano, comparando a construção do sistema judicial à de uma estrada, é fora de dúvida que, quanto melhor for esta, maior será o tráfego[2] – e em breve se farão sentir os efeitos perniciosos do desgaste.

No entanto – passe o truísmo – não são raras as hipóteses em que a inevitável demora da prestação jurisdicional é capaz simplesmente de inviabilizar, pelo menos do ponto de vista prático, a proteção do direito postulado, por mais certo que se afigure. Seria obviamente muito difícil apresentar tipologia que abrangesse a totalidade das variadíssimas situações enquadráveis nessa moldura. Contudo, para amarrar o fio condutor de um tratamento sistemático da matéria, parece útil apontar três tipos básicos, de características bem definidas[3].

---

1 Texto de conferência pronunciada em 26-6-2003, em Campinas (com o acréscimo de notas). Publicado em *Rev. Síntese de Dir. Civ. e Proc. Civ.*, nº 27, *Rev. Genesis de Dir. Proc. Civ*, nº 28, *Rev. de Dir. da Proc.-Geral* (do Estado do RJ), v. 57.

2 A citação é de NEELY, *Why Courts Don't Work*, Nova Iorque, 1983, p. 58, e foi colhida em McCORMICK, *Canada's Courts*, Toronto, 1994, p. 44.

3 Dentre as tentativas de sistematização encontráveis na literatura processual, parece-nos especialmente interessante a de PROTO PISANI, *La tutela sommaria, in Appunti sulla giustizia civile*, Bari, 1982, p. 313 e s.; na doutrina nacional, *vide* sobretudo JOSÉ ROBERTO DOS SANTOS BEDAQUE, *Tutela cautelar e tutela antecipada: tutelas sumárias e de urgência*, 3ª ed., S. Paulo, 2003, p. 102 e S., e LUIZ GUILHERME MARINONI, *A antecipação da tutela*, 7ª ed., S. Paulo, 2002, p. 31 e s. De todos esses trabalhos recolhemos elementos úteis, embora sem nos atermos – inclusive pela necessidade, aqui, de uma abordagem muito mais sintética – às respectivas propostas.

Em primeiro lugar, a urgência pode ligar-se ao risco de que desapareçam, antes do momento em que normalmente se viria a lançar mão deles, elementos necessários à efetividade do processo, instaurado ou por instaurar, no qual se pleiteie a tutela do direito. Por exemplo: a demonstração do fato constitutivo talvez dependa do depoimento de terceiro, cujo estado de saúde justifica o receio de que não permaneça vivo na ocasião em que, noutras circunstâncias, seria ouvido como testemunha.

Os outros casos são de urgência relacionada com a própria natureza ou função essencial do direito invocado. Aqui, a noção primacial é a de que, se existente o direito, a respectiva satisfação não comporta dilação alguma, consoante ocorre acima de tudo na esfera das relações jurídicas não patrimoniais, em especial na dos direitos da personalidade, mas também noutras que, patrimoniais embora, têm função de peculiar relevância para a vida da pessoa (*v.g.*: alimentos, salário). Cabe, ao propósito uma distinção que justifica o desdobramento da categoria em dois tipos.

Num deles, o direito é daqueles cuja realização se protrai no tempo, de tal sorte que se concebe satisfação essencialmente provisória, suscetível de vir a cessar. Exemplo clássico é o da prestação de alimentos, que, concedidos agora, podem ser negados adiante. No segundo tipo, ao contrário, a satisfação do direito só é concebível à feição de algo definitivo que se perfaz de uma vez por todas. Permitam-me exemplificar com episódio ainda não muito remoto da história política brasileira: o chamado "Plano Collor", e em particular a providência capital nele consagrada, e bloqueio dos "ativos financeiros", apresentado como instrumento de combate à inflação. De acordo com tese notoriamente aceita pelos tribunais, deveria autorizar-se o levantamento imediato em benefício das pessoas carentes de numerário para despesas inadiáveis, como as destinadas a intervenção cirúrgica imprescindível à respectiva sobrevivência. Ora, em hipóteses assim, a liberação da importância necessária representava caminho sem volta. Não tanto por causa das dificuldades práticas na recuperação do dinheiro levantado e gasto, mas sobretudo por uma razão jurídica: a Medida Provisória nº 168, que disciplinava a matéria, previa unicamente a conversão dos cruzados novos bloqueados em cruzeiros, não a reconversão de cruzeiros eventualmente liberados em cruzados novos. Tal reconversão não era só problemática de jacto: era, antes de mais nada, impossível *de iure*. Sería pois totalmente anódino qualquer pronunciamento superveniente que porventura viesse a negar o direito ao levantamento do numerário[4].

2. Legisladores de todos os tempos e de todos os lugares têm-se preocupado em aviar receitas para atender a essas necessidades postas em xeque pela renitente propensão dos pleitos judiciais a durar bem mais que o desejável. Sem pretensão de exaustividade, pode-se traçar um quadro sintético das técnicas empregadas com maior frequência para enfrentar o problema. Elas comportam classificação em dois grupos: um formado por providências que se ordenam pura e simplesmente a imprimir maior rapidez ao processo, sem sacrifício da atividade cognitiva do juiz, a qual continua, tendencialmente pelo menos, plena e exauriente; outro, por medidas que visam a apressar a prestação jurisdicional mediante cortes naquela atividade, ou, para falar de modo diverso, exonerando o órgão judicial de proceder ao exame completo da matéria litigiosa.

Não se afigura errôneo usar a palavra "sumarização" a propósito de ambos esses gêneros de técnicas; para assinalar, no entanto, a diferença entre eles, diz-se que, no primeiro, se sumariza apenas o procedimento, ao passo que no segundo se sumariza a cognição. A distinção é relevante: visto que, lá, ficam preservadas todas as garantias fundamentais dos litigantes, notadamente com relação ao contraditório, o resultado do pleito merece receber sem dificuldade o selo da coisa julgada material, enquanto aqui, por força das compressões impostas a tais garantias, é natural que se tenda a conservar aberta, em medida variável, ao interessado a possibilidade de demandar o reexame da matéria, e ao órgão judicial a de proceder a ele.

A sumarização do procedimento pode decorrer: a) da criação de ritos especiais, com prazos menores, dispensa de certas formalidades e outras características havidas por idôneas para encurtar o itinerário processual; b) da abreviação eventual do próprio rito ordinário, sob circunstâncias capazes de tornar desnecessário o percurso total previsto qual paradigma. Exemplos bem conhecidos da primeira modalidade (a) são, no Brasil, o procedimento inicialmente designado por "sumaríssimo", depois por "sumário", de que cuidam os arts. 275 e s. do Código de

4 Se é lícita remissão a estudo anterior, que dedicamos especificamente ao assunto, *vide* BARBOSA MOREIRA, *A tutela de urgência num episódio recente da história política brasileira, in Temas de Direito Processual (Sétima Série)*, S. Paulo, 2001, p. 31 e s.

Processo Civil, e o procedimento próprio dos Juizados Especiais Cíveis, disciplinado nas Leis nº 9.099 e (quanto à Justiça Federal) nº 10.259. No âmbito da segunda modalidade (b) insere-se a modificação do procedimento ordinário comtemplada sob a rubrica "Do julgamento antecipado da lide", em que se profere a sentença logo após a fase postulatória e (se couberem) as chamadas "providências preliminares", dispensada a realização da audiência de instrução e julgamento (art. 330 do CPC).

A técnica da sumarização do procedimento é apta a produzir bons frutos em determinados casos, mas seu êxito pressupõe condições favoráveis, que não se dão facilmente, em particular a possibilidade concreta de rigorosa observância dos prazos abreviados. Ademais, ela está sujeita a perigo constante de que resultados iniciais positivos acarretem o aumento incontrolável da demanda e a consequente deterioração da "estrada". Por essas ou por outras razões, cuja análise não será factível nesta oportunidade, a sorte do antigo procedimento sumaríssimo de maneira alguma correspondeu às expectativas que o Código despertara no particular. Os próprios Juizados Especiais Cíveis amiúde se revelam incapazes de manter por muito tempo o nível de produtividade esperado. Situações de urgência máxima nem sempre encontram desafogo adequado nesse tipo de atendimento.

Também a sumarização da cognição pode operar de mais de um modo. Concebe- se, por exemplo, que o contraditório, em vez de necessário, se faça eventual: somente se instaurará se a iniciativa for tomada por aquele em face de quem se pede a prestação jurisdicional. Assim, na "ação monitória", apenas se discutirá o alegado crédito caso o réu ofereça embargos, na falta dos quais, desde que haja instruído a inicial com prova escrita, o autor obterá sem mais delonga o título executivo judicial (Código de Processo Civil, art. 1.102c, *caput*, 2ª parte). Outra modalidade de sumarização da cognição é a consistente em adiantar provisoriamente o resultado do pleito, à vista de elementos que, embora insuficientes para fundar convicção plena, permitam ao órgão judicial um juízo de probabilidade favorável ao autor. Inscrevem-se nessa área providências a que as leis e a doutrina atribuem natureza cautelar e/ou antecipatória – recorrendo-se aqui, intencionalmente, a uma formulação alternativa justificada pelas incertezas e hesitações classificatórias com que nos costumamos defrontar no ponto.

É evidente a impossibilidade de passar em revista, neste ensejo, todo o elenco de expedientes até agora anunciados em drástica síntese. Vamos, pois, concentrar nossa atenção precisamente na última categoria, em torno da qual, de algum tempo para cá, se vêm tecendo elaborações interessantes na literatura processual brasileira. Antes, porém, de enfrentar os principais itens da problemática à luz do direito pátrio, parece oportuno breve registro de dados relativos à experiência de outros ordenamentos, que com o nosso têm afinidade.

3. Referência obrigatória no assunto é a que se faz ao art. 700 do codice di procedura civile italiano. Ele integra seção intitulada *Dei provvedimenti d'urgenza,* que se insere no Capítulo III do Título I do Livro IV. Esse livro é dedicado aos procedimentos especiais; o Título I, aos procedimentos sumários; o Capítulo III, aos procedimentos cautelares. As seções precedentes cuidam do sequestro, em suas duas modalidades – o *sequestro giudiziario* (arts. 670 e s.), correspondente ao sequestro do direito brasileiro, e o sequestro conservativo (arts. 678 e s.), afim do nosso arresto –; da *denuncia di opera nuova e di danno temuto* (arts. 688 e s.); e dos procedimentos de instrução preventiva (arts. 692 e s.), disciplinados no Código pátrio sob a rubrica "Da produção antecipada de provas" (arts. 846 e s.). Pode-se traduzir com as seguintes palavras o teor do art. 700: "Fora dos casos regulados nas seções precedentes, quem tenha motivo fundado de temer que, durante o tempo necessário para fazer valer pela via ordinária seu direito, este fique ameaçado de prejuízo iminente e irreparável, pode requerer ao juiz as providências urgentes que, de acordo com as circunstâncias, pareçam mais idôneas para assegurar provisoriamente os efeitos da decisão sobre o mérito"[5].

A doutrina reafirma e até enfatiza a índole cautelar que se atribui à figura em foco[6]. Insiste-se no caráter instrumental da medida decreta-

5 No original: *"Fuori dei casi regolati nelle precedenti sezioni di questo capo, chi há fondato motivo di temere che durante il tempo occorrente per far valere il suo diritto in via ordinaria, questo sia minacciato da un pregiudizio imminente e irreparabile, può chiedere con ricorso al giudice i provvedimenti d'urgenza, che appaiono, secondo le circostanze, più idonei ad assicurare provvisoriamente gli effetti della decisione sul merito".*

6 Assim, entre outros, DINI, *I provvedimenti d'urgenza,* 4ª ed., Milão, 1973, p. 161/2; TOMMASEO, *I provvedimenti d'urgenza,* Pádua, 1983, p. 58; ARIETA, *I provvedimenti d'urgenza,* Pádua, 1985, p. 59 (o art. 700 constitui uma *"norma di chiusura del sistema cautelare");* PROTO PISANI, *I provvedimenti* d'urgenza *ex art. 700 C.p.c., in Appunti,* cit., p. 357 (cf. p. 332/3, onde o autor igualmente identifica no art. 700 uma *"tipica norma di chiusura");* MONTESANO, *Sulle misure provvisorie in Italia,* no

da com base no art. 700[7]. É sabido que, ao longo dos anos, a utilização do dispositivo, na prática forense, veio a passar por notável expansão, a ponto de asseverar-se, em sede doutrinária, que semelhante expediente acabou por abranger "todas as categorias de direitos substantivos"[8]. E mais, com óbvia extrapolação dos limites que o código de 1940 pretendera fixar, passou-se a recorrer ao art. 700 qual meio de proporcionar ao interessado uma espécie de sucedâneo da tutela que ele poderia pleitear na via ordinária. Tal fenômeno foi objeto de crítica em doutrina: houve quem denunciasse aí "*un vero e proprio stravolgimento della natura e funzione cautelare del mezzo*"[9].

O que escandalizou os críticos não foi, note-se, a mera possibilidade de que a providência cautelar fundada no art. 700 assumisse caráter antecipatório da tutela definitiva. Realmente, na Itália, desde cedo se admitira que pudessem coexistir pacificamente, no mesmo ato, feição antecipatória e feição cautelar. A primeira grande sistematização das providências cautelares, na literatura peninsular, definia justamente uma das espécies do gênero como "decisão antecipada e provisória do mérito": subsistiria uma relação de instrumentalidade entre essa decisão provisória e a sentença definitiva, se bem que "profundamente diversa" da existente nas outras espécies, mas em todo caso bastante para justificar a inserção do fenômeno na área da cautelaridade[10]. A providência desse tipo. com efeito, não poderia "aspirar a tomar-se ela mesma definitiva", mas seria em qualquer caso "preordenada à emissão de

volume coletivo *Les mesures provisoires en procédure civile*, Milão, 1985, p. 115; na literatura mais recente, LUISO, *Diritto processuale civile*, 3ª ed., Milão, 2000, v. III, p. 220; CARPI-TARUFFO, *Commentario breve al codice di procedura civile*, Pádua, 2002. p. 2.111.

7 *V.g.*, CARPI-TARUFFO, ob. e lug. cit.: *"I provvedimenti d 'urgenza hanno (... funzione strumentale rispetto a una futura decisione di merito "*.

8 CARPI-TARUFFO, ob. cit., p. 2.116. Já em 1985, no início de relatório para congresso realizado em Bari sobre o tema, registrava MANDRIOU: *"Che* i *provvedimento d'urgenza siano divenuti, nella prassi giurisprudenziale, uno strumento assai diverso daquello immaginato dal legislatore del 1940 e constatazione che si compie armai da tutti (vide* o v. dos *Atti*, sob o título *La tutela d'urgenza*, Rimini, 1986, p. 15).

9 ARIETA, ob. cit., p. 62.

10 CALAMANDREI, *Introduzione allo studio sistematico dei provvedimenti cautelari, in Opere* giuridiche, v. IX, Nápoles, s.d., p. 185. Exemplo ilustrativo era, segundo o autor, o dos alimentos provisórios.

uma providência principal": sobrevindo esta, os efeitos provisórios da medida cautelar seriam; pura e simplesmente "destinados a cessar, porque, conquanto a decisão principal substancialmente reproduza e faça suas as disposições da providência cautelar, ela funciona sempre como decisão ex novo da relação controvertida, e não como convalidação da providência cautelar"[11]. A aplicação do art. 700 a casos em que faltaria semelhante nota de instrumentalidade é que despertou a oposição de parte da doutrina; não a índole antecipatória, ou, em outras palavras, a eventual coincidência entre o conteúdo da medida de urgência e o da sentença a ser obtida por via ordinária. Que se concedesse, a título provisório, o mesmo *quid* suscetível de concessão definitiva na sentença, e não um aliud, isso não causou estranheza; o que se relutou em aceitar foi que a concessão provisória acabasse por substituir a definitiva, em vez de cingir-se a servir-lhe de instrumento.

Ficaria inescusavelmente incompleta esta breve resenha do direito italiano se não se aludisse à existência, nele, de providências antecipatórias de clara natureza não cautelar. Exemplo sugestivo é a do art. 186 *bis*, do *codice di procedura civile*, introduzido pela Lei nº 353, de 1990, de acordo com o qual, a requerimento da parte, o juiz instrutor pode ordenar, na pendência de ação condenatória, o pagamento, pelo réu, das quantias por este não contestadas[12]. Tal ordinanza de forma alguma exerce função meramente instrumental em relação à futura sentença presumivelmente condenatória; tanto assim, que conserva sua eficácia no caso de extinção do processo (ali. 186 *bis*, 2ª alínea)[13]. Por outro lado, ao contrário do que faz no art. 700, a lei aqui não subordina a concessão da medida a um específico pressuposto de urgência, posto que na realidade ela proporcione ao credor o benefício nada desprezível de obter a satisfação, ao menos parcial, do crédito antes do momento em que a obteria se tivesse de aguardar a sentença.

4. Menos divulgada entre nós que a italiana, mas igualmente interessante, é a experiência francesa das *ordonnances de référé*, instituto que teve

---

11 *Id., ibid.*, p. 187.

12 Especificamente sobre a distinção entre esse tipo de medidas e as cautelares, *vide* CARRATTA, *Profili sistematici della tutela anticipatoria*, Turim, s.d. (mas 1997), p. 120 e s. Na mesma obra, p. 136 e s., ampla casuística das providências antecipatórias na legislação peninsular.

13 Cf. CARRATTA, ob. cit., p. 56.

origem na praxe forense antes de ser agasalhado na legislação[14]. Dele tratou modestamente o antigo código napoleônico (arts. 806 a 811), no fim do Livro V da Primeira Parte, consagrado à execução; mas o desenvolvimento prático transbordou de muito os marcos legislativos e trouxe o référé ao primeiro plano do cenário judicial. O novo *code de procédure civile* de 1975 dedica-lhe vários dispositivos, espalhados ao longo do texto, sem grande preocupação sistemática; o campo de aplicação da figura, porém continua a dilatar-se a ponto de suscitar certa inquietação em alguns espíritos esse fenômeno de "imperialismo"[15].

Que é uma *ordonnance de référé*? O art. 484 do código vigente define-a como "uma decisão provisória, proferida a requerimento de uma parte presente ou convocada a outra, nos casos em que a lei confere a um juiz que não é o da causa principal o poder de ordenar imediatamente as medidas necessárias"[16]. A definição não prima pela clareza, e para traçar o perfil do instituto tem-se de recorrer a dados constantes de outros dispositivos: não só dos que se seguem ao art. 484, senão também de alguns situados em contextos diversos, notadamente os arts. 808 e s., relativos aos poderes do presidente do tribunal de grande instance – órgão que detém a competência comum para os processos civis em primeiro grau de jurisdição.

De acordo com a tradição, as notas essenciais do *référé* consistem no pressuposto da urgência, no caráter provisório e na ausência de efeito vinculativo para o juiz incumbido da causa principal. A alusão a este último traço remanesce expressa no art. 488: "*L'ordonnance de référé n'a pas, al'principal, l'autorité de la chose jugée*". Todavia, a importância real das características apontadas vem-se atenuando em mais de um aspecto, à medida que se expande o uso do instrumento. A urgência, por exemplo, que de início podia ser vista como o quid específico do *référé*, é

14 Criação da jurisprudência do Châtelet de Paris, regulamentou-o pela primeira vez um edito real de 1685. É o que informa a doutrina: CADIET, *Droit judiciaire privé*, 2ª ed., Paris, 1998, p. 548, nota 362; VINCENT-GHINCHARD, *Procédure civile*, 26ª ed., Paris, 2001, p. 264; CEZAR-BRU-HÉBRAUD-SEIGNOLLE, *La juridiction du Président du Tribunal*, t. I, *Des référés*, 5ª ed. (por ODOUL), Paris, s.d. (mas 1978), p. 12/3.

15 A expressão é de PERROT, *L'évolution du référé*, *in Mélanges offerts à Pierre Hébraud*, Toulouse, s.d. (mas 1981), p. 657 e 663.

16 No original: *"L'ordonnance de référé est une décision provisoire rendue à la demande d'une partie, l'autre présente ou appelée, dans les cas où la loi confère à un juge qui n 'est pas saisi du principal le pouvoir d'ordonner immédiatement les mesures nécessaires "*.

hoje presumida pela lei em certos casos, e noutros pura e simplesmente dispensada[17]. Assim é que o art. 809, 1ª alínea, confere ao presidente do tribunal de grande instance o poder de decretar medidas conservativas ou restitutórias, "seja para prevenir um dano iminente, seja para fazer cessar uma turbação manifestamente ilícita"[18]. E mais: nos termos da 2ª alínea, quando a obrigação afirmada pelo requerente não lhe parece "seriamente contestável", ele pode conceder ao credor uma "provision" ou ordenar o cumprimento da obrigação, mesmo que se trate de uma obrigação de fazer.

Essa figura do chamado *"référé-provision"* é a que mais nitidamente se destaca do quadro tradicional[19]. Para empregar a terminologia agora usual em nosso país, ela abandona sem rebuço o terreno das cautelares e fixa domicílio no das medidas antecipatórias. Com efeito, a decisão que concede a *"provision"* pode apresentar conteúdo igual ao da sentença que julgar procedente o pedido na causa principal, qualitativa e até quantitativamente: tem-se admitido que a *"provision"* corresponda à soma total pleiteada naquela causa[20]. Acentua a doutrina que o référé se vai despindo, em hipóteses assim, da feição provisória que lhe era inerente, para adquirir a fisionomia de julgamento definitivo, senão de direito, pelo menos de fato[21].

Embora não se use na França a expressão "cognição sumária", cumpre notar que mais de um texto do *code de procédure civile*, ao enumerar os pressupostos da *ordonnance de référé*, deixa certo que o juiz deve satisfazer- se com uma convicção formada prima facie, à luz de elementos que não são necessariamente completos. A fórmula utilizada pela lei é a

---

17 *Vide* a respeito VINCEN'T-GUINCHARD, ob. cit., p. 268 e s.: PERROT, trab. cit., p. 655.

18 No original: *"Le président peut toujours, même en présence d'une contestation sérieuse, prescrire en référé les mesures conservatoires ou de remise en état qui s'imposent, soit pour prévenir un dommage imminent, soit pour faire cesser un trouble manifestement illicite".*

19 No dizer de PERROT, trab. cit., p. 652, aqui se está diante de *"l'extension la plus spectaculaire"* do instituto.

20 Cf. CADIET, ob. cit., p. 553, com apoio na jurisprudência da *Cour de Cassation.*

21 Nesse sentido, *v.g.*, CEZAR-BRU-HÉBRAUD-SEIGNOLLE, ob. e t. cit., p. 135; HÉRON, *Droit judiciaire privé,* Paris, 1991, p. 234; CADIET, ob. cit., p. 557; PERROT, trab. cit., p. 652/3; *Les mesures provisoires en droit français,* no volume coletivo *Les mes provis em procéd. civ.,* cit., p. 169.

do descabimento de "contestação séria" ao pedido do requerente[22]. Ao menos em teoria, fica aberta a possibilidade de chegar-se a conclusão diferente no julgamento da causa principal, naturalmente à vista dos resultados de instrução mais profunda.

5. O confronto entre a experiência italiana e a francesa põe em evidência mais de um ponto de afinidade. Num caso e noutro, cuida-se de medidas que devem muito à elaboração jurisprudencial. No foro nasceu e cresceu o *référé*, e do foro receberam nutrição os *provvedimenti d'urgenza* peninsulares. Foi com arrimo em decisões judiciais, muito mais que na letra da lei, que estes e aquele se viram progressivamente alçados à posição dos últimos tempos, com certeza muito mais saliente do que a cogitada d: início pelo legislador. Aí não há o que estranhar: é em juízo que primeiro repercutem determinadas carências. Quem sente necessidade de proteção nem sempre renuncia a pleiteá-la por causa da mera inexistência ou insuficiência de textos legais; o juiz, por sua vez, nem sempre se deixa paralisar no impulso para fazer justiça pelo simples fato de não encontrar no receituário oficial o medicamento específico apropriado. Ambos procuram remédio no similar que estiver mais à mão.

Relaciona-se com isso outra característica comum a ambas as experiências: a atipicidade das medidas adotáveis. Nem na Itália nem na França se tomou a iniciativa de arrolar, em enumeração exaustiva, as providências de que se está tratando. Como se recordou, o art. 700 do *codice di procedura civile* alude, em termos genéricos, àquelas que, segundo as circunstâncias, pareçam mais idôneas para assegurar a eficácia da decisão definitiva. O art. 809, 1ª alínea, do *code de procédure civile*, por seu turno, fala, também genericamente, de medidas conservatórias ou restitutórias que se imponham para prevenir dano iminente ou fazer cessar turbação manifestamente ilícita. E cumpre reconhecer que não seria mesmo possível ao legislador prever de modo casuístico todas as situações concebíveis e prescrever para cada qual uma solução específi-

22 Art. 808: *"Dans taus les cas d'urgence, le président du tribunal de grande instance peut ordonner en référé toutes les mesures qui ne se heurtent à aucune contestation sérieuse ou que justifie l'existence d'un différend".* Art. 809, 2ª alínea: *"Dans les cas oú l'existence de l'obligation n' est pas sérieusement contestable, il peut accorder une provision au créancier; ou ordonner l'exécution de l'obligation, même s'il s'agit d'une obligation de faire".*

ca. Apenas in concreto, tomando em consideração as variáveis peculiaridades do caso, é que se poderá escolher o caminho adequado.

Outro aspecto que merece realce concerne à relação entre a decisão provisória e a definitiva. Também no particular, quer na Itália, quer na França, aquela tem assumido com frequência conteúdo igual ao que se entende provável que esta venha a ter – quando nada do ponto de vista qualitativo, mas, em certos casos, até do quantitativo. Vale dizer: como quer que se classifique doutrinariamente a decisão provisória, não se exclui a possibilidade de que ela antecipe, em proveito do requerente, a fruição do benefício que lhe atribuirá, espera-se, a definitiva. Em outras palavras: tutela de urgência acaba por identificar-se com tutela antecipada.

Há mais. Em ambos os países, a concessão da tutela de urgência vai tendendo a assegurar ao interessado, de direito ou ao menos de fato, o gozo definitivo do benefício pleiteado. Isto é: a solução em princípio simplesmente provisória do litígio adquire estabilidade equiparável àquela que teria a solução final. O fenômeno tem-se imposto na prática, não obstante as rugas de preocupação, quando não de franca desaprovação, que pode e costuma provocar num setor da doutrina. É hora de passar ao exame, sucinto embora, do ordenamento brasileiro, não sem antes consignar fato que interessa de forma precípua aos especialistas em direito do trabalho: tanto na Itália quanto na França, um dos tópicos comuns na casuística das medidas em foco é o de demissões supostamente ilegítimas de empregados, que se veem reintegrados amiúde por força de *provvedimenti d'urgenza ou de ordonnances de référé*[23].

6. A evolução do direito pátrio comporta divisão em duas fases nítidas, delimitadas pela Lei nº 8.952, de 13-12-1994, que deu nova redação ao art. 273 do Código de Processo Civil. Como se sabe, foi esse diploma legal que instituiu entre nós, com feição generalizada, a possibilidade de antecipar, no todo ou em parte, os efeitos da tutela jurisdicional pretendida pelo autor e a este dispensável, em regra, na sentença de mérito que a seu favor viesse a proferir-se. Não se tratava de novidade absoluta; mas

23 Cf., na doutrina italiana, ARIETA, ob. cit.. p. 196 e s.; na francesa, PERROT, *L'évol. du réf.*, cit., p. 651 (uma exposição minuciosa da progressiva expansão, legal e jurisprudencial, do campo de aplicação do *référé* na matéria, em CEZAR-BRU-HÉBRAUD-SEIGNOLLE; ob. e t. cit.. p. 188 e s., 352 e s.).

até então semelhante possibilidade estava prevista fragmentariamente, para hipóteses determinadas.

Na primeira fase, anterior à Lei nº 8.952, tínhamos:

a) a sumarização procedimental, em ambas as modalidades indicadas no começo desta palestra: ritos especiais simplificados, como o do procedimento originariamente batizado de "sumaríssimo"[24], e abreviações do procedimento ordinário, *v.g.*, nas hipóteses de "julgamento antecipado da lide" (CPC, art. 330).

b) casos específicos de sumarização da cognição, quer mediante a técnica de limitar a matéria suscetível de exame pelo juiz (por exemplo: Dec.-Lei nº 3.365, de 21-6-1941, art. 20, consoante o qual, na ação dê desapropriação, "a contestação só poderá versar sobre vício do processo judicial ou impugnação do preço"), quer pela exclusão da admissibilidade de certos meios de prova (por exemplo: no mandado de segurança, apenas se admite prova documental pré-constituída).

O arsenal legislativo revelou-se insuficiente para dar combate eficaz a vários problemas ligados à urgência da tutela jurisdicional. É verdade que nosso ordenamento de há muito conhece o expediente das liminares, atalho capaz de dar acesso rápido à proteção provisória (ao menos *de iure*) de direitos que não suportam delonga. Todavia, a utilização desse expediente ficava restrita, em princípio, aos casos contemplados expressis verbis em lei. Quanto à sumarização do procedimento, em particular, produziu resultados úteis na segunda modalidade acima recordada, a da abreviação do rito ordinário, ao passo que a outra, concretizada na criação do antigo procedimento sumaríssimo, teve modestíssimo êxito prático – razão da reforma levada a cabo pela Lei nº 9.245, de 26-12-1995, que até substituiu por "procedimento sumário" a antiga denominação, onde o superlativo denotava pretensão a cada passo desmentida pela realidade... A própria experiência dos Juizados Especiais nem sempre vem correspondendo às expectativas geradas por sua criação[25].

---

24 Pode parecer estranho que se inclua esse procedimento entre os "ritos especiais", à vista do que se lê no art. 272, *caput*, do Código de Processo Civil. Mas o enquadramento do antigo sumaríssimo, hoje sumário, como modalidade de procedimento "comum", ao lado do ordinário, sempre foi manifestamente artificial: a respeito, *vide* BARBOSA MOREIRA, O *novo processo civil brasileiro*, 22ª ed. Rio de Janeiro, 2002, p. 4.

25 Para valiosa tentativa de apreciação crítica, com base em dados colhidos em "pesquisa de campo", *vide* PAULO CEZAR PINHEIRO CARNEIRO, *Acesso à Justiça – Juizados Especiais Cíveis e Ação Civil Pública*, Rio de Janeiro, 1999, p. 127 e s.

7. Não é de surpreender que, diante da carência legislativa, os interessados em obter proteção urgente hajam procurado vias por assim dizer heterodoxas para alcançar o objetivo. A trilhada com maior frequência foi a da utilização da forma do processo cautelar para veicular pretensões que em substância manifestamente excediam os lindes da cautelaridade. E o expediente favorito consistiu em invocar o chamado "poder geral de cautela", consagrado no art. 798 do Código de Processo Civil. Essa tática encontrou receptividade nos tribunais, sensíveis à necessidade de acudir a situações merecedoras de tutela, para as quais se mostrava improfícua a consulta à farmacopeia clássica.

Acontece que não raro a concessão da providência requerida a título cautelar na verdade exauria toda a proteção que se podia dispensar ao requerente. Para grande consternação de parte da doutrina, que enxergava na expressão verdadeira contradição nos termos, difundiu-se na prática judicial o emprego das chamadas "cautelares satisfativas[26]). Já se lembrou, no começo desta palestra, o exemplo sugestivo das ordens de liberação dos ativos financeiros bloqueados pelo "Plano Collor". Sacada a importância de que precisava, o interessado havia obtido com isso tudo que pretendia, e só nominalmente a título provisório, dada a impossibilidade de reversão ao *status quo*.

Surgia, entretanto, um problema, resultante do disposto no art. 800, nº 1, do estatuto processual, a cuja luz cessa a eficácia da medida cautelar antecedente se a parte que dela se beneficiou não intenta a ação principal no prazo de 30 dias fixado no art. 806. Não se descobre que sentido tinha, na espécie, uma "ação principal"; mas, empenhados em conjurar hipotéticos riscos, os advogados propunham, após o desbloqueio, qualquer ação, inteiramente artificial, pedindo, por exemplo, que o juiz "confirmasse" a ordem emitida na "cautelar". Semelhante mascarada ocupou a atenção e o tempo de órgãos judiciais, que muito melhor utilização de uma e de outro deveriam estar em condições de fazer.

Vale a pena registrar, de passagem, que, na Itália, há quem propugne a atribuição de eficácia definitiva às medidas cautelares antecipatórias fundadas no art. 700, sempre que o beneficiário se abstenha de

---

26 Locução não menos formalmente contraditória, vale assinalar, chegou a usar-se, com acepção algo diversa, na França: *"mesures définitives provisoires"* (PERROT, *Les mes. provis. in dir. français*, cit., p. 157).

instaurar o processo de conhecimento que, até agora, deve seguir-se à concessão da providência[27].

8. Vamos à segunda fase, inaugurada, como foi dito, pelo advento da Lei nº 8.952. O art. 273, nº I, do Código de Processo Civil passou a autorizar, em termos genéricos, a antecipação total ou parcial dos "efeitos da tutela pretendida no pedido inicial", desde que, além de "prova inequívoca" bastante para tomar verossímil a alegação do autor, "haja fundado receio de dano irreparável ou de difícil reparação". Na verdade, a antecipação da tutela não fica restrita a essa área: o inciso II do art. 273 admite-a também nas hipóteses de "abuso do direito de defesa" ou de "manifesto propósito protelatório do réu". E o § 6º, acrescentado pela Lei nº 10.444, de 7-5-2002, estende a possibilidade da antecipação no caso de permanecer incontroverso "um ou mais dos pedidos cumulados, ou parcela dele, Tais disposições não se relacionam, ao menos diretamente, com o problema da urgência. A do § 6º tem óbvia afinidade com a do art. 186 *bis* do código italiano, introduzido, conforme se averbou, pela Lei nº 353, de 1990 – fonte em que talvez se haja inspirado o nosso legislador[28]. Tipicamente de urgência, ao contrário, é a tutela antecipada com fundamento no art. 273, nº I.

Sobre o instituto da antecipação da tutela já floresceu abundante literatura. Um ponto merece ressalto: a preocupação, intensa em setores doutrinários, de estabelecer critérios rigorosos de distinção entre as medidas cautelares e as antecipatórias[29]. Não será um tanto exagerada tal preocupação? A ela – já se observou – permanece praticamente indiferente a doutrina italiana, pouco propensa a reputar absurda a coexistência, na mesma medida, de traços de acautelamento e de traços de antecipação. O fato é que nem sempre se consegue riscar com facilidade e exatidão a linha divisória entre os dois terrenos. E, bem pesadas as coisas, talvez nem sequer valha a pena fazer grandes esforços nesse sentido, sobretudo depois que a Lei nº 10.444, no § 7º que aditou ao art.

---

27 Informação colhida em trabalho recente de FAZZALARI. *Il giusto processo e* i *"procedimenti specialli" civili*, in *Riv. trim. di dir. e proc. civ.*, v. LVII (2003), p. 4.

28 CÂNDIDO DINAMARCO, *A reforma da reforma*, 4ª ed., s. Paulo, 2002, p. 94 e s., propõe interpretação do novo parágrafo bem mais extensa que a sugerida pela literalidade do texto.

29 Discrepa dessa orientação JOSÉ ROBERTO DOS SANTOS BEDAQUE, ob. cit., p. 318 e s.

273, consagrou autêntica fungibilidade[30] entre providências cautelares e antecipatórias, autorizando o juiz a conceder àquele título providência requerida a este outro.

Seja como for, a tutela de urgência, no direito brasileiro contemporâneo, abre-se em leque diversificado. Existem, com efeito:

a) medidas a que, por assim dizer, podemos chamar "puramente cautelares", como as de produção antecipada de prova;

b) medidas incluídas no elenco legal das cautelares, mas produtoras de efeitos antecipados suscetíveis de cessação: *v.g.*, a concessão de alimentos a título provisório;

c) medidas também incluídas no elenco legal das cautelares, mas produtoras de efeitos antecipados definitivos; por exemplo: a demolição de prédio em ruína iminente, para resguardar a segurança pública (Código de Processo Civil, art. 888, nº VIII);

d) medidas antecipatórias fundadas no art. 273, ou em regra especial inserta em lei extravagante, e desprovidas de índole cautelar: *v.g.*, a imissão do expropriante na posse do bem objeto da desapropriação (Dec.-Lei nº 3.365, art. 15).

9. Acaso se perfez o sistema, de tal maneira que se possa haver por completo? Uma ou outra dúvida, quando nada, parece que se justifica. A primeira concerne ao requisito da reversibilidade, mencionado no § 2º do art. 273, *verbis*: "Não se concederá a antecipação da tutela quando houver perigo de irreversibilidade do provimento antecipado" (rectius: dos respectivos efeitos). Doutrina e jurisprudência acordam, em geral, na necessidade de temperar a proibição[31]. Seria de bom alvitre que o temperamento fosse consagrado em termos expressos por via legislativa.

Outra questão é a relativa às providências que exaurem a proteção jurisdicional pretendida pelo interessado. Isso tanto pode ocorrer no âmbito das medidas oficialmente arroladas como cautelares quanto no

---

30 A expressão, perfeitamente adequada, é de CÂNDIDO DINAMARCO, *A ref. da ref.*, p. 91 e s.

31 Consulte-se a respeito, inclusive para outras referências, ATHOS GUSMÃO CARNEIRO, *Da antecipação da tutela*, 3ª ed., Rio de Janeiro, 2002, p. 71 e s. Preconiza o autor, ao nosso ver com acerto, a aplicação do princípio da *proporcionalidade:* o juiz deve proceder a uma valoração comparativa dos interesses em jogo e decidir a favor daquele que lhe pareça mais relevante *(vide,* sobretudo, p. 75 e 78).

da antecipação do tipo da prevista no art. 273. No primeiro caso, deve cogitar- se de dispensar o beneficiário, pura e simplesmente, do ônus de propor "ação principal", que lhe impõe o art. 806, evitando-se com isso o jogo pouco sério de demandas ociosas, intentadas – se me permitem expressão menos protocolar – "para inglês ver", como sucedeu no caso do desbloqueio dos ativos financeiros ao tempo do Plano Collor[32]. Se o prejudicado pela providência a considerar ilegítima, e portanto injusto O prejuízo, deveria caber-lhe a iniciativa de promover a responsabilidade do requerente, à semelhança do que se prescreve no art. 811. No segundo caso – isto é, no da antecipação da tutela propriamente dita –, modificação concebível (e aconselhável) consistiria em estabelecer que, concedida aquela integralmente, a eventual omissão da parte contrária em impugná-la converteria de imediato em sentença a providência antecipatória, com o consequente encerramento do processo[33].

10. São oportunas duas observações finais. A primeira reitera algo a que já se acenou: não parece aconselhável entender com rigor absoluto a discriminação das várias modalidades de tutela de urgência, há pouco indicadas. Entre elas sem dúvida existem diferenças relevantes, mas também manifestas afinidades – sem as quais, de resto, não teria cabimento enquadrá-las todas dentro de um mesmo gênero, o da tutela de urgência. Não fica excluída a possibilidade de depararmos hipóteses situadas numa "zona cinzenta", ou faixa de fronteira, onde se toma difícil saber com precisão em que território se está pisando. A ciência processual - melhor dizendo: a ciência jurídica – precisa aceitar o fato de que, em alguns assuntos, não lhe é dado fixar marcos de perfeita nitidez entre áreas limítrofes. E, às vezes, não é útil sequer tentar fazê-lo.

A segunda é que a tutela de urgência, em qualquer de suas espécies, não há de ser vista como panaceia, aplicável com inteiro desembaraço e sem senso de medida a toda sorte de situações concretas. Que os advogados não gostem de peias no manejo do instrumento, compreende-

32 Assim tem decidido o Superior Tribunal de Justiça, por exemplo, relativamente à interdição de prédio *ex* art. 888, nº VIII: *vide* os acórdãos citados por THEOTONIO NEGRÃO, *Código de Processo Civil e legislação processual em vigor*, 35ª ed. (por JOSÉ ROBERTO FERREIRA GOUVÊA), S. Paulo, 2003, nota 5 ao art. 888. A mesma solução, *a fortiori*, deve aplicar-se à demolição.

33 A sugestão consta de proposta de alteração do art. 273, formulada por ADA PELLEGRINI GRINOVER e publicada na *Rev. de Proc.*, nº 86, p. 191 e s.

-se[34]; aos juízes, porém, compete respeitar certos lindes impostos pela consciência de que não entra em sua missão institucional pretender corrigir com golpes autoritários tudo quanto suponham contribuir para o desconcerto de mundo. A crônica judiciária registra casos em que, a título de antecipação de tutela, se ordenou a entrega imediata de medicamentos ao requerente. e até o arrombamento de armários dos hospitais públicos, com tal fim, e sob cominação de prisão do Secretário Estadual de Saúde, se se opusesse. Também já se chegou a determinar a inversão, em favor do requerente, da ordem de pacientes que aguardavam o transplante de órgãos, como se o juiz pudesse saber com certeza absoluta quem, na lista de espera, tem maior urgência na intervenção. Desse tipo de excessos seria bom que não tivéssemos de defender-nos, como seria igualmente bom que não precisássemos, por outro lado, lamentar uma exagerada timidez na decretação de providências urgentes. Nem tanto ao mar, nem tanto à terra: aqui, como em quase tudo, *in media est virtus.*

Junho de 2003.

COMENTÁRIOS DOS ATUALIZADORES

TUTELA DE URGÊNCIA E EFETIVIDADE DO DIREITO

Luís Roberto Barroso / Frederico Montedonio

Como já observado na atualização do texto anterior desta obra ("Antecipação de tutela: algumas questões controvertidas"), houve modificações importantes na disciplina da tutela de urgência levadas a efeito pelo CPC/2015, que contemplaram boa parte das preocupações externadas por Barbosa Moreira nesta conferência.

O atual Código não apostou na sumarização do procedimento, tanto que extinguiu o antigo procedimento sumário, mantido apenas para as ações já instauradas em ainda não sentenciadas quando da entrada em vigor do CPC/2015 (art. 1.046, § 1º). As menções da legislação

34 Aplica-se ao Brasil a observação de PERROT, *L'évol. du réf.*, p. 646. segundo a qual os advogados franceses tendem a enxergar no *référé* uma espécie de "abre-te sésamo" capaz de dar acesso a quanto se queira conseguir em juízo.

especial ao procedimento sumário – como no caso das ações discriminatórias (art. 20 da Lei 6.383/1976) e das ações de usucapião especial rural e urbana (art. 5º da Lei 6.969/1981 e art. 14 da Lei 10.257/2001) – passam a remeter ao procedimento comum (CPC/2015, art. 1.049, parágrafo único). Por outro lado, o rito dos Juizados Especiais agora também se aplica a demandas em face da Fazenda Pública fora do âmbito federal (Lei 12.153/2009), e o procedimento comum continua abreviado nos casos de julgamento antecipado do mérito, inclusive parcial (CPC/2015, arts. 355 e 356).

Quanto à sumarização da cognição, o Código vigente trouxe a técnica monitória para a tutela provisória, mais especificamente na tutela antecipada requerida em caráter antecedente, que se estabiliza em caso de inércia do réu (art. 304). Confirma-se, assim, a tendência identificada por Barbosa Moreira, segundo a qual "a solução em princípio simplesmente *provisória* do litígio adquire estabilidade equiparável àquela que teria a solução final". Mas não foi acolhida integralmente a proposta de Ada Pellegrini Grinover, referida pelo autor, pois tal decisão não faz coisa julgada (art. 304, § 6º, do CPC/2015).

A comparação entre os ordenamentos italiano, francês e brasileiro nessa matéria continua pertinente e foi atualizada em trabalhos mais recentes[35]. Na Itália, a estabilidade do *provvedimenti d'urgenza* decorre do § 6º do art. 669-octies do CPC, na redação dada pela *Legge* 69/2009, razão pela qual se diz que tal tutela provisória tem uma "instrumentalidade atenuada"[36]. Já na França, a estabilidade da *ordonnance de référé* encontra previsão no art. 488 do Código daquele País: embora não tenha autoridade de coisa julgada, só pode ser revista à luz de fatos novos.

O Código de Processo Civil francês passou por alterações nessa matéria. A figura do *tribunal de grande instance* foi substituída pelo *tribunal judiciaire*, e a disciplina das *ordonnances de référé* está prevista

35 BONATO, Giovanni. Tutela anticipatoria di urgenza e sua stabilizzazione: comparazione con il sistema francese e con quello italiano. *Revista de processo comparado*, v. 4. 2016. Disponível em: <http://revistadeprocessocomparado.com.br/wp-content/uploads/2016/12/v.-4-Giovanni-BONATO.doc>. Acesso em: 20 nov.2020.

36 BONATO, Giovanni. Tutela anticipatoria di urgenza e sua stabilizzazione: comparazione con il sistema francese e con quello italiano. *Revista de processo comparado*, v. 4. 2016. Disponível em: <http://revistadeprocessocomparado.com.br/wp-content/uploads/2016/12/v.-4-Giovanni-BONATO.doc>. Acesso em: 20 nov.2020.

nos arts. 834 a 838 do CPC francês, com redação dada pelo *Décret* nº 2019-1333, de 11/12/2019. A configuração essencial do instituto, entretanto, se mantém: a medida pode ser deferida em casos de urgência ou quando não haja contestação séria (art. 834), ou, mesmo na presença de uma tal contestação, o juiz pode decretar medidas conservativas ou restituitórias para prevenir dano iminente ou turbação manifestamente ilícita (art. 835, 1ª alínea). Nas hipóteses de obrigação "não seriamente contestável", a possibilidade de ordenar uma "*provision*" ou a execução da obrigação, ainda que de fazer, encontra previsão na 2ª alínea do art. 835. Tais poderes estendem-se a todos os casos em que não há procedimento de *référé* específico (art. 836).

Voltando ao Brasil, o CPC/2015 revogou o Livro III do CPC/1973, que tratava do processo cautelar, sendo algumas medidas cautelares extintas e outras redistribuídas pelo Código. A tutela de urgência, seja satisfativa ou cautelar, foi unificada e tem os mesmos requisitos: probabilidade do direito e perigo de dano ou risco ao resultado útil do processo (art. 300). Assim como na França e na Itália, a atipicidade de meios empregáveis para a tutela provisória também vale no Brasil (arts. 297 e 301 do CPC/2015). A fungibilidade entre os pedidos de tutela cautelar e antecipada (satisfativa) em caráter antecedente agora é prevista no art. 305, parágrafo único, confirmando a observação de Barbosa Moreira quanto à inutilidade de um critério rigoroso de distinção.

Do ponto de vista legal, a diferença entre ambos reside no procedimento e na possibilidade ou não de estabilização: no caso da tutela antecipada antecedente, o rito é o dos arts. 303 e 304, com possibilidade de estabilização; em se tratando de tutela cautelar antecedente, seguem-se os arts. 305 a 310, sem possibilidade de estabilização, tendo em conta essencialmente a referibilidade da tutela cautelar[37]. Destaca-se que agora o pedido principal deve ser formulado nos mesmos autos do pedido de tutela cautelar antecedente (art. 308), o que previne a duplicação de feitos verificada no regime anterior.

Já a tutela de evidência consiste em inovação terminológica e aprofundamento da disciplina que já era prevista, entre outros, no art. 273, II e § 6º, do CPC/1973. É uma espécie de tutela provisória que não

37 Nesse sentido: DIDIER JR., Fredie; BRAGA, Paula Sarno; OLIVEIRA, Rafael Alexandria de. *Curso de direito processual civil*, vol. 2. Salvador: Juspodivm, 2016, p. 576.

depende da demonstração de urgência ou perigo. Atualmente, a tutela de evidência pode ser concedida nas hipóteses previstas no art. 311 do CPC/2015: não apenas quando houver abuso do direito de defesa ou manifesto propósito protelatório do réu (inciso I), mas também quando houver prova documental suficiente que ampare a aplicação de tese firmada em julgamento de casos repetitivos ou súmula vinculante (inciso II), que instrua pedido reipersecutório fundado em contrato de depósito (inciso III), ou, ainda, a que o réu não oponha prova capaz de gerar dúvida razoável (inciso IV). A primeira e a última hipóteses pressupõem a resposta do réu, enquanto a segunda e a terceira podem ser deferidas sem a oitiva da parte contrária (art. 311, parágrafo único). A tutela de evidência é sempre satisfativa e incidental, nunca antecedente ou cautelar.

O requisito negativo da irreversibilidade continua previsto no art. 300, § 3º, do CPC/2015, razão pela qual continua pertinente a exegese sugerida pelo autor: caso a não concessão da tutela também gere efeitos irreversíveis, "o juiz deve proceder a uma valoração comparativa dos interesses em jogo e decidir a favor daquele que lhe pareça mais relevante", como, aliás, vem fazendo a jurisprudência (e.g.: STJ, 4ª T., AgInt no REsp 1.802.278, Rel. para o acórdão Min. Maria Isabel Gallotti, j. 29/10/2019).

Por fim, quanto ao alerta final de Barbosa Moreira contra o uso indiscriminado da tutela de urgência, cumpre observar que, assim como o art. 811 do CPC/1973, o art. 302 do CPC/2015 prevê a responsabilidade do litigante por danos processuais e prejuízos que a efetivação de tal tutela gerar à parte adversa. Basta que a sentença venha a ser desfavorável ao beneficiado inicialmente pela tutela (inciso I), que ele não forneça meios para citação do requerido (inciso II), que a eficácia da medida cesse em qualquer hipótese legal (inciso III), ou que o direito do autor tenha sido atingido pela decadência ou prescrição (inciso IV, que em rigor já se compreende no inciso I). Não por outra razão, o art. 300, § 1º, do CPC/2015 generalizou para todas as hipóteses de tutela de urgência as medidas de contracautela previstas no art. 799 do CPC/1973 para a tutela cautelar.

PRUEBA Y MOTIVACIÓN DE LA SENTENCIA[1*]

1. Consideraciones generales. **2.** El deber de motivar la sentencia. **3.** La disciplina de la materia en el Código de Processo Civil brasileño. **4.** Función práctica de la prueba. **5.** Análisis de las cuestiones de hecho. **6.** Juicio de relevancia de la prueba. **7.** Los hechos notorios. **8.** Las reglas de experiencia.

1. El pensamiento predominante siempre ha sostenido y continúa sosteniendo que la justicia del fallo depende en principio, entre otras cosas, de un conocimiento tan completo y exacto como posible, por parte del juzgador, de los hechos relevantes para la solución del litigio[2]. En un auténtico Estado de Derecho, conviene añadir, no basta que el órgano judicial esté convencido de que tal o cual proposición sea verdadera o falsa: es necesario, además, que él indique en la sentencia las razones de su convencimiento. La decisión judicial, en efecto, constituye un acto emanado de uno de los poderes públicos y destinado a influir en la vida de dos o más miembros de la colectividad. Ahora bien: el Estado de Derecho no está autorizado para interferir en nuestra esfera personal sin justificar su interferencia[3]. Cada una de las personas afectadas por la decisión tiene derecho a saber por qué se ha decidido dê una manera antes que de otra; en lo concerniente a los hechos, por qué el juez ha acogido esta versión y ha rechazado aquella.

---

1 Trabalho escrito para o livro *La prueba, homenaje al maestro Remando Devis Echandía,* Bogotá, 2002. Publicado também em *Rev. de Proc.* nº 113.

2 Para una reciente reconfirmación de la tesis, en la doctrina del *common law, vide* ZUCKERMAN. *Justice in Crisis: Comparative Dimensions of Civil Procedure, in Civil Justice in Crisis,* ed. Zuckerman. Oxford, 1999: *"In all systems of procedure doing justice means arriving at decisions which give the parties before the court what is legally due to them. In order to do justice, then, the court has to determine the true facts and then apply the law to them. In Bentham's terminology, the purpose of procedure is rectitude of decision, which requires the correct application of the law to the true facts"* (p. 3/4). Y también: *"Of course, the appearance of justice is also importam, but it does not alter the fact that at the foundation of procedure lies the objective of getting at the truth. This objective lies behind the entire procedural organization"* (p. 5).

3 Según BRÜGGEMANN, *Die richterliche Begründungspflicht.* Berlin, 1971, p. 161, el Estado de Derecho se caracteriza justamente como "Estado que se justifica" (en el original: *"rechtsfertigender Staat").*

Por cierto hay casos en que la ley misma predetermina la versión que de preferencia se debe tener en cuenta. Un ejemplo clásico es el de las llamadas presunciones *iuris tantum*, en las cuales se le impone al juez aceptar como verdadera una de las proposiciones contradictorias relativas a un hecho, salvo que resulte demostrada la veracidad de la proposición contraria. En otros supuestos el órgano judicial queda normalmente dispensado de examinar la veracidad o la falsedad de las alegaciones de hecho de las partes y está libre para utilizar una de las versiones como fundamento de su resolución, sin necesidad de uma justificación analítica: así, *v.g.*, de acuerdo con el art. 334, II y III, del Código de Processo Civil brasileño, cuando se trata de hechos afirmados por un litigante y confesados por el adversario, o de hechos que no hayan sido objeto de controversia en el proceso. Pero dichas excepciones no invalidan la regla según la cual el juez debe exponer las razones de su convencimiento personal acerca de cada uno de los hechos en que se basa la conclusión de la sentencia.

2. La mayoría de los ordenamientos procesales contemporáneos consagran en términos expresos el deber de motivar la sentencia[4]. Una excepción curiosa es el derecho norteamericano: en los Estados Unidos, hasta la Corte Suprema, en ciertos casos, emite decisiones no fundamentadas[5]. La regla general, sin embargo, es la opuesta, aunque varie de un país a otro, Li veces de modo muy notable, el modelo de fundamentación, o mejor dicho la amplitud de las exigencias que el órgano judicial debe satisfacer para que se estime cumplida su obligación.

Hay países en donde el deber de motivación se ha elevado al rango constitucional. Es lo que ocurre en Brasil. La Constitución de la República de 5-10-1988, en el art. 93, IX, 1ª parte, dispone que "todos os julgamentos dos órgãos do Poder Judiciário serão públicos, e fundamentadas todas as decisões, sob pena de nulidade". Como se ve, el texto no se ciñe a establecer un precepto, sino que va más lejos y conmina la sanción para su incumplimiento: la nulidad de Ia resolución.

En cuanto a las sentencias civiles, debe entenderse que el interesado necesita denunciar el vicio, mediante el recurso que corresponda;

---

4 Acerca de la relación entre este deber y el Estado de Derecho, *vide* BARBOSA MOREIRA, *A motivação das decisões judiciais como garantia inerente ao Estado de Direito, in Temas de Direito Processual (Segunda Série)*, 2ª ed., S. Paulo, 1988, p. 83 y ss.

5 Cf. TARUFFO, *La motivazione della sentença civile*, Padova. 1975, p. 368, nota 125.

si la decisión, a pesar del defecto, pasa en cosa juzgada, podrá todavía ser objeto de impugnación, pero solo a través de una acción especial, prevista en el art. 485 del Código de Processo Civil y denominada "ação rescisória", uno de cuyos supuestos es la violación de una disposición legal (numeral V). Tal consecuencia no dejaría de producirse aun con prescindencia del precepto constitucional, habida cuenta del hecho de que la legislación procesal, ella misma, hace obligatoria la motivación de la sentencia.

3. Examinemos los textos del Código de Processo Civil brasileño que se refieren a este asunto. Vale la pena trascribirlos:

> Art. 165. As sentenças e acórdãos serão proferidos com observância do disposto no art. 458; as demais decisões serão fundamentadas, ainda que de modo conciso.
>
> Art. 458. São requisitos essenciais da sentença:
>
> I – o relatório, que conterá os nomes das partes, a suma do pedido e da resposta do réu, bem como o registro das principais ocorrências havidas no andamento do processo;
>
> II – os fundamentos, em que o juiz analisará as questões de fato e de direito;
>
> III – o dispositivo em que o juiz resolverá as questões, que as partes lhe submeterem.
>
> Art. 459. O juiz proferirá a sentença, acolhendo ou rejeitando, no todo ou em parte, o pedido formulado pelo autor. Nos casos de extinção do processo sem julgamento do mérito, o juiz decidirá em forma concisa.

Queda claro que la exigencia de la motivación vale para todas las resoluciones judiciales, cualquiera que sea su naturaleza, y no solamente para las sentencias propiamente dichas. Cabe aquí una aclaración. En el sistema del Código, llámase sentencia el acto del juez que extingue el proceso, con resolución sobre el fondo o sin élla (art. 162, § I º). Los actos que resuelven incidentes del proceso reciben la denominación de "decisões interlocutórias". En este trabajo nos interesan principalmente las sentencias, pero es opoltuno recalcar que también las interlocutorias deben ser fundamentadas. La ley le permite al órgano judicial que en ellas se exprese de modo "conciso" (art. 165, *fine*) – o sea, sucinto, resumido –, y lo reitera en lo concerniente a las sentencias que no deciden sobre el meritum causae, *v.g.*, en el caso de desistimiento del actor. Sin embargo, concisión no significa omisión: en ninguna hipótesis se le faculta al juez la posibilidad de pasar en silencio total el fundamento de su resolución.

4. En adelante nos ocuparemos especialmente de la sentencia de fondo, es decir, de aquella que acoge o rechaza el pedido del demandante. A esta clase de sentencias se le aplica de manera precipua lo dispuesto en el art. 485. En conformidad con el numeral II, debe el juez "analisar" (en rigor, resolver) las cuestiones de hecho y de derecho. En las cuestiones de derecho no es menester que nos detengamos en este contexto, puesto que el órgano judicial sólo excepcionalmente tendrá que examinar pruebas para resolverlas. Nos limitaremos, más abajo, a la consideración de las cuestiones de hecho, advertido el lector de que nuestras observaciones son extensibles a los mencionados casos excepcionales (así, por ejemplo, cuando el juez deba aplicar una norma jurídica extranjera que no conoce).

La palabra "cuestión" ha asumido en la ciencia procesal de los países latinos, hace ya mucho tiempo, una acepción bien definida. Se llama cuestión a un punto dudoso, es decir, a un punto sobre el cual no hay (más exactamente: todavía no hay) certeza[6]. Se trata de optar entre las distintas versiones concebibles. Si la ley misma predetemina el criterio de la opción, *tollitur quaestio*: el hecho sobre el cual no se ha manifestado controversia, por ejemplo, será en principio admitido por el órgano judicial, independientemente de lo que él pueda pensar al respecto.

Las cosas no pasan así, con todo, en la mayor parte de los pleitos: al juez se le presentan casi siempre versiones divergentes de los hechos, y le incumbe elegir una de ellas para llegar a una conclusión. Al contrario de lo que ocurría en el antiguo derecho romano, no puede el juez

6 La definición se remonta a la doctrina italiana de la primera mitad del siglo pasado: *vide* CARNELUTTI, *Sistema di diritto processuale civile,* Padova, 1936, v. I, p. 353: *"La questione si può definire* un *punto dubio, di fatto o* di *diritto".* Cf., en la literatura brasileña, entre utros, ARAUJO CINTRA. *Comentários ao Código de Processo Civil,* v. IV. Rio de Janeiro, 2000, p. 275; MONIZ DE ARAGÃO, *Sentença e coisa julgada,* Rio de Janeiro, 1992, p. 48; CÂNDIDO DINAMARCO, O *conceito de mérito no processo civil, in Fundamentos do processo civil Moderno,* 3ª ed. S. Paulo, 2000, p. 240 (y, ahora, *Instituições de Direito Processual Civil,* S. Paulo, 200 I, v. III, p. 660).

abstenerse de fallar diciendo simplemente que no ha logrado formar convencimiento alguno ("*non liquet*"). Por evidentes motivos de política legislativa, queda también excluída la posibilidad de que él se valga de los conocimientos privados que casualmente posea[7], con salvedad de los hechos notorios (art. 334, I; cf. infra, nº 7). El instrumento de que le corresponde servirse, en tal situación, lo constituyen las pruebas.

Dejando a un lado, pues, las discusiones teóricas, a menudo infructíferas, a propósito del "fin" de la prueba, se puede considerar que su función práctica, en el proceso, consiste en suministrar al órgano judicial, por lo común, uno de los fundamentos sobre los cuales él asentará su conclusión. La mayoría de las veces, cabe subrayar, será ése, precisamente, el fundamento más importante, ya que son escasos los litígios cuya solución dependa de puras cuestiones de derecho – motivo de sobra para que el juez se esfuerze por dejar perfectamente explícitas en el fallo las razones de su convencimiento relativo a los hechos.

5. El art. 458, II, del Código de Processo Civil brasileño em*plea* el verbo "analisar" para designar la operación mental que el órgano judicial debe llevar a cabo con el objetivo de formar su convencimiento acerca de las cuestiones de hecho. Ahora bien: analizar una cuestión de hecho, al fin y al cabo, no es más que analizar las pruebas aportadas al proceso por iniciativa de las partes o – tanto como la ley lo permite – *ex officio*. Por otro lado, analizar una prueba significa, ante todo, examinarla en cada una de sus partes. Pero semejante "análisis" en realidad es solamente una vía para la valoración de la prueba, la cual debe resultar de la apreciación global de lo que el juez haya extraído de los varios aspectos parciales.

Por ejemplo: si se trata de un documento, el órgano judicial empezará por examinar sus características extrínsecas – tipo de papel, de tinta, de escritura etc. – incluso para cerciorarse de su autenticidad formal; luego pasará a averiguar su contenido, el sentido de las expresiones empleadas en el texto, la compatibilidad entre sus diversas partes, la coherencia de las declaraciones que se leen en él y así en adelante. A la luz de todos estos datas formará su convencimiento sobre el valor probatorio del documento, y en la motivación de la sentencia expondrá los

7 La monografía clásica al respecto es la de STEIN, *Das private Wissen des Richters*, traducida al español por Andrés de la Oliva Santos bajo el título *El conocimiento privado del juez*, Pamplona, 1973.

motivos que le han inducido a formarlo. Análogamente, en materia de testimonio, el juez tomará en consideración las cualídades personales del testigo (edad, acuidad visual y auditiva), el modo de expresarse, la existencia o inexistencia de contradicciones en lo que dice etc.; e indicará en la motivación de la sentencia, analíticamente, las impresiones recogidas en estas diferentes perspectivas: el conjunto de ellas debe justificar el valor que el órgano judicial le asignará al testimonio.

Demás está decir que de ningún modo satisfacen la imposición legal fórmulas estereotipadas que a veces se emplean en la motivación de la sentencia, tales como "la declaración dei testigo X no es convincente", o – peor aún – "la prueba no le resultó favorable al demandante". Nada se encuentra en estas fórmulas que se asemeje ni remotamente al "análisis" que la ley prescribe. En cambio, hay casos sencillos en que el juez no necesita detenerse en el examen minucioso de cada uno de los temas enumerados arriba y puede dar por cumplido su deber sin desperdicio de tiempo y de espacio.

6. Por otra parte, entre los elementos invocados por los litigantes para sustentar sus alegaciones, suele ocurrir que no todos le parezcan relevantes al juez. La realización de una diligencia probatoria acarrea normalmente gastos y muchas veces aumenta de modo sensible la duración del proceso. Por ende conviene que se ciña a las hipótesis de verdadera utilidad: se trata de un imperativo derivado del principio de economia procesal. En este orden de ideas, reza el art. 130 del Código de Processo Civil que: "Caberá ao juiz, *de officio* ou a requerimento das partes, determinar as provas necessárias à instrução do processo, indeferindo as diligências inúteis ou meramente protelatórias".

Al rechazar una iniciativa de la parte el juez tiene el deber de justificar la negativa, declarando el motivo por que la prueba requerida es, en su opinión, inútil. Eso implica un juicio de relevancia[8] obviamente distinto dei juicio sobre la fuerza persuasiva de la prueba y previ o a éste; es intuitivo que, si la diligencia no llega a realizarse, porque el órgano judicial no la estima relevante, queda ipsofacto excluída la cuestión de su valoración. En el juicio de relevancia, el juez tiene que raciocinar admitiendo, hipotéticamente, que sean veraces las alegaciones de la parte

8 Vale la pena, al respecto, leer la obra de TARUFFO, *Studi sulla rilevanza della prova*, Padova, 1970.

y, en tal supuesto, si la diligencia es capaz de producir un resultado útil para la respectiva demostración. El rechazo de la petición será obligatoriamente justificado.

Aquí se plantea a veces un problema delicado. En el momento en que se debe decidir sobre la petición del litigante, tal vez sea aún dudosa la configuración jurídica exacta del caso, y el juicio de relevancia puede depender de la opción final entre dos calificaciones diferentes de los hechos: de prevalecer la calificación *a*, la prueba sería relevante; de prevalecer la calificación *b*, no lo sería. Sin embargo, todavía no ha llegado para el juez la ocasión de optar; perfectamente se concibe que, a la luz de los elementos disponibles, su espíritu oscile entre ambas posibilidades.

En tal supuesto, no debe el órgano judicial, en principio, cerrar la puerta a la demostración del hecho que, admitida ex hypothesi una de las posibles configuraciones jurídicas, se muestre capaz de influir en su convencimiento. No obstante, aquí también hay lugar para una comparación entre las ventajas y los inconvenientes de cualquiera de las soluciones. Si una de las configuraciones jurídicas se presente al juez como mucho más probable que la otra, y la diligencia le parece excesivamente costosa, entonces es comprensible que él prefiera denegarla. La justificación es en todo caso imprescindible.

7. Algunas observaciones específicas son oportunas acerca del tema de los hechos notorios, que están, repítase, exentos de prueba (Código de Processo Civil, art. 334, I). El concepto de notoriedad no es totalmente pacífico. Constituye una clara exageración reconocer semejante cualidad solo a los hechos que sean efectivamente conocidos por todos[9]. El requisito esencial debe consistir, a nuestro juicio, en la posibilidad que cualquiera tenga de, utilizando los medios normales de información, llegar al conocimiento del hecho. No queda excluída la notoriedad, por ejemplo, si una persona transitoriamente ausente de su ciudad ignora, por esa razón, la ocurrencia de un grave accidente de circulación que perturbó la vida local, con tal que le sea posible enterarse del acaecimiento sin un esfuerzo particular, leyendo sen-

---

9 El Maestro a quien se dedica este trabajo criticaba con razón la exigencia de que un hecho, para merecer la calificación de notorio, "sea conocido y aceptado por todo el mundo" (DEVIS ECHANDÍA. *Compendio de Derecho Procesal,* t. II *Pruebas judiciales,* Bogotá, 1975. p. 65).

cillamente los periódicos o viendo un noticiario de la televisión. Hoy en día, dígase de paso, los extraordinarios progresos tecnológicos le permiten a uno saber inmediatamente lo que está sucediendo aun en sitios lejanos.

Sin embargo, en muchas situaciones todavía hay que reconocer un âmbito limitado a la notoriedad. No todo lo que pasa en un lugar determinado se difunde en los demás. De ahí la existencia de hechos que se pueden reputar notorios en el sitio de su ocurrencia, pero no fuera de ello. Si alguien los alega en otro lugar, debe someterse a Ia carga de la prueba. Así, *v.g.*, el hecho de que la producción de cereales ha aumentado enormemente en los últimos meses puede considerarse notoria en la región en donde el fenómeno se está manifestando, mientras que necesitará comprobación en el resto del país.

Por consiguiente, no siempre basta que el juez afirme, en la sentencia, que admite un hecho sin prueba porque lo tiene por notorio. Salvo en los casos más obvios, él está obligado a justificar la calificación.

8. Consideraciones análogas, en cierta medida, se pueden hacer – y con ellas terminaremos este estudio, que no aspira, ni podría razonablemente aspirar, al esgotamiento del tema – respecto a las regias (o máximas) de experiencia. A ellas se refiere el art. 335 del Código de Processo Civil brasileño, *verbis* "Em falta de normas jurídicas particulares, o juiz aplicará as regras de experiência comum subministradas pela observação do que ordinariamente acontece e ainda as regras de experiência técnica, ressalvado, quanto a estas, o exame pericial". Tal disposición se origina del art. 78 del codice di procedura civile dello Stato della Città del Vaticano, cuya redacción, sea dicho de paso, es bastante más clara y precisa[10].

10 Art. 78 del Código del Vaticano: *"Il giudice, nei casi in cui non siano statuité norme giuridiche particolari per la deduzione del fatto da provare dal fatto percepito, applica le regole di experienza comune, date dall'osservazione di quanto comunemente avviene, e le regole di esperienza tecnica, salva, in questo ultimo caso, la facoltà di cui all'art.* 121*". Vide al* respecto MONIZ DE ARAGÃO, *Exegese do Código de Processo Civil,* v. VI, t. I, Rio de Janeiro. s.f., p. 114/5; BARBOSA MOREIRA, *Il codice di procedura civile dello Stato della Città del Vaticano come fonte storica del diritto brasiliano, in Studi in Onore di Vittorio Denti,* Padova, 1994, v. I. p. 10, o *in Temas de Direito Processual (Quinta Série),* S. Paulo, 1994, p. 195.

El tema de las reglas de expeliencia ha dado causa, en la doctrina procesal, a muchas discusiones, que no es posible recapitular aquí[11]. Ello se explica en gran parte por la extremada heterogeneidad de las proposiciones que se suelen agrupar bajo semejante denominación. Algunas tienen fundamento científico: por ejemplo, el agua corre desde el nivel superior hacia el inferior – lo cual no representa sino una manifestación particular de la ley de gravedad. Otras expresan nociones difundidas en la cultura general, relativas al arte ("Las bóvedas de ojivas cruzadas son características del estilo gótico"), a la religión ("A los musulmanes les está prohibido ingerir bebidas alcohólicas"), a las costumbres ("En el carnaval brasileño numerosas mujeres se presentan en público semidesnudas") y así en adelante. Pero también las hay que pretenden apoyarse sencillamente en el llamado sentido común – concepto de muy escasa precisión, que puede abarcar en ciertos casos meros prejuicios o creencias populares sin base objetiva.

Fácilmente se nota la variación de exactitud entre estas distintas categorías. Las proposiciones científicamente fundadas alcanzan un grado de certeza inexistente en la mayoría de las expresiones del "sentido común". Tal diferencia no dejará de ser tomada en cuenta por el juez. No todo lo que las partes invocan como "reglas de experiencia" está exento de prueba. Y las razones que haya podido tener el órgano judicial para reclamada o no deben figurar claramente en la motivación de la sentencia.

Dezembro de 2001.

11 En la literatura reciente, el tema ha sido objeto de un agudo análisis de TARUFFO, *Senso comum, experiência e ciência no raciocínio do juiz., in Revista Forense,* v. 355, p. 101 y ss. (trad. de Cândido Dinamarco).

COMENTÁRIOS DOS ATUALIZADORES

PRUEBA Y MOTIVACIÓN DE LA SENTENCIA

Luís Roberto Barroso / Frederico Montedonio

As ideias defendidas por Barbosa Moreira neste trabalho em espanhol permanecem atualíssimas. O dever de fundamentação das decisões judiciais continua fundamental e foi inclusive reforçado pelo CPC/2015. E o objetivo de aplicar corretamente o direito sobre fatos verdadeiros é mais relevante do que nunca, num contexto em que narrativas falsas se multiplicam com cada vez mais facilidade.

Os §§ 1º e 2º do art. 489 do CPC/2015 – que esmiúçam o dever de fundamentação – estão entre os dispositivos mais rumorosos do atual Código. Apesar disso, em sua maior parte, tais preceitos legais não representam inovação em sentido jurídico, mas decorrência do art. 93, IX, da Constituição, mais detalhadamente concretizado como forma de coibir disfunções verificadas na prática[12]. O dispositivo é expressamente aplicável a decisões interlocutórias, sentenças e acórdãos, sendo revogadas as menções a uma fundamentação "concisa", como era previsto no art. 165 e no art. 459, 2ª parte, ambos do CPC/1973. Assim como Barbosa Moreira transcreveu os dispositivos do Código anterior, vale a pena reproduzir os do Código atual:

> *Art. 489. São elementos essenciais da sentença:*
>
> *I - o relatório, que conterá os nomes das partes, a identificação do caso, com a suma do pedido e da contestação, e o registro das principais ocorrências havidas no andamento do processo;*
>
> *II - os fundamentos, em que o juiz analisará as questões de fato e de direito;*
>
> *III - o dispositivo, em que o juiz resolverá as questões principais que as partes lhe submeterem.*

12 Nesse sentido: REGO, Frederico Montedonio. A dimensão democrática do dever de motivação das decisões judiciais: o novo Código de Processo Civil como concretização da Constituição de 1988. *Revista Opinião Jurídica*, Fortaleza, ano 14, n. 18, p. 177/206, jan./jun.2016.

§ 1º Não se considera fundamentada qualquer decisão judicial, seja ela interlocutória, sentença ou acórdão, que:

I - se limitar à indicação, à reprodução ou à paráfrase de ato normativo, sem explicar sua relação com a causa ou a questão decidida;

II - empregar conceitos jurídicos indeterminados, sem explicar o motivo concreto de sua incidência no caso;

III - invocar motivos que se prestariam a justificar qualquer outra decisão;

IV - não enfrentar todos os argumentos deduzidos no processo capazes de, em tese, infirmar a conclusão adotada pelo julgador;

V - se limitar a invocar precedente ou enunciado de súmula, sem identificar seus fundamentos determinantes nem demonstrar que o caso sob julgamento se ajusta àqueles fundamentos;

VI - deixar de seguir enunciado de súmula, jurisprudência ou precedente invocado pela parte, sem demonstrar a existência de distinção no caso em julgamento ou a superação do entendimento.

§ 2º No caso de colisão entre normas, o juiz deve justificar o objeto e os critérios gerais da ponderação efetuada, enunciando as razões que autorizam a interferência na norma afastada e as premissas fáticas que fundamentam a conclusão.

§ 3º A decisão judicial deve ser interpretada a partir da conjugação de todos os seus elementos e em conformidade com o princípio da boa-fé.

Art. 490. O juiz resolverá o mérito acolhendo ou rejeitando, no todo ou em parte, os pedidos formulados pelas partes.

Os §§ 1º e 2º do art. 489, em essência, procuram impedir motivações genéricas, descoladas das circunstâncias do caso e dos argumentos concretamente deduzidos, o que inclusive decorre do reforço da garantia do contraditório (CPC/2015, art. 10). Não se trata de problema novo, como exemplificam as "fórmulas estereotipadas" a que alude Barbosa Moreira em seu texto. Sobre o inciso III do § 1º acima, por exemplo, a jurisprudência há muito já ensinava que "a melhor prova da ausência de motivação válida de uma decisão judicial - que deve ser a demonstração da adequação do dispositivo a um caso concreto e singular - é que ela sirva a qualquer julgado, o que vale por dizer que não serve a nenhum" (STF, 1ª T., HC 78.013, Rel. Min. Sepúlveda Pertence, j. 24/11/1998).

Um dos preceitos que mais despertou resistência dos juízes foi o inciso IV do § 1°, acima transcrito, uma clara reação contra a jurisprudência segundo a qual "[o] art. 93, inciso IX, da Constituição Federal não determina que o órgão judicante se manifeste sobre todos os argumentos de defesa apresentados, mas sim que ele explicite as razões que entendeu suficientes à formação de seu convencimento" (ARE 1.171.362 AgR, Rel. Min. Dias Toffoli, j. 14/12/2018). A norma exige que sejam enfrentados "todos os argumentos deduzidos no processo capazes de, em tese, infirmar a conclusão adotada pelo julgador". Assim, o juiz deve fazer um exercício hipotético: caso determinado argumento fosse procedente, isso mudaria a conclusão da decisão? Em caso positivo, o argumento deve ser expressamente enfrentado e, se for o caso, refutado. Do contrário, o enfrentamento é desnecessário, mas *tal desnecessidade também deve ser justificada*, isto é, deve ficar expresso por que o juiz considera o argumento irrelevante para alterar as conclusões da decisão. Isto pode ocorrer, *e.g.*, porque tal argumento foi prejudicado por uma questão que lhe é logicamente anterior. O próprio Barbosa Moreira ensinava:

> *(...) incumbe ao órgão judicial pronunciar-se sobre 'as questões de fato e de direito' relevantes para o julgamento, sem que lhe seja lícito discriminar, manifestando-se a respeito de alguma(s) e silenciando acerca de outra(s). Não tem ele, por outro lado, o dever de expressar sua convicção acerca de todos os argumentos utilizados pelas partes, por mais impertinentes* e irrelevantes *que sejam; mas, salvo quando totalmente óbvia, há de declarar a razão pela qual assim os considerou".*[13]

Não se pode deixar de notar, ainda, a relação dos incisos V e VI do § 1°, acima transcritos, com o sistema de precedentes instituído pelo CPC/2015, de modo a reforçar seu caráter vinculante e prevenir o mau uso de citações jurisprudenciais, e nesse ponto a disciplina legal pode ser considerada inovadora. Note-se ainda que preceito semelhante ao

---

13 MOREIRA, José Carlos Barbosa. Comentários ao Código de Processo Civil, vol. V: arts. 476 a 565. Rio de Janeiro: Forense, 2010, p. 555.

§ 1º do art. 489 do CPC também foi adotado no processo penal (art. 315, § 2º, do CPP, incluído pela Lei 13.964/2019). Quanto ao § 2º do art. 489, cumpre observar que tal norma – sem paralelo no CPC/1973 – não torna obrigatória a chamada "ponderação de princípios", forma de solução de conflitos normativos que não goza de aceitação unânime na doutrina e que pode assumir métodos variados. Seja como for, o Código não impõe a ponderação, nem um de seus métodos: prevê apenas que eles devem ser revelados[14].

A decisão que viola tais preceitos é considerada "não fundamentada" e, portanto, nula (CF, art. 93, IX). O vício é atacável não apenas por embargos de declaração a título de omissão (CPC/2015, art. 1.022, parágrafo único, II), mas também pelos demais recursos e inclusive por ação rescisória (CPC/2015, art. 966, V e § 5º).

O texto de Barbosa Moreira é centrado na motivação das questões de fato, às quais o art. 489, § 1º, do CPC/2015 tem plena aplicação, até porque o inciso II do *caput* do dispositivo prevê que nos fundamentos o juiz deve "analisar" – ou "resolver", como preferiria o autor – não apenas as questões de direito, mas também as de fato. Nesse sentido, os Enunciados 515 e 516 do Fórum Permanente de Processualistas Civis consignam, respectivamente, que "[a]plica-se o disposto no art. 489, § 1º, também em relação às questões fáticas da demanda", e que "[p]ara que se considere fundamentada a decisão sobre os fatos, o juiz deverá analisar todas as provas capazes, em tese, de infirmar a conclusão adotada". Dessa forma, no exercício hipotético acima referido, deverá o juiz indagar se as conclusões seriam modificadas não apenas caso sejam procedentes os argumentos jurídicos, mas também se forem verdadeiros os fatos alegados: em caso positivo, tanto as alegações de fato quanto os argumentos deverão ser considerados na motivação. Assim é que o rol do art. 489, § 1º, vem sendo considerado exemplificativo[15].

---

14 Nesse sentido: VASCONCELLOS, Fernando Andreoni. Colisão entre normas, ponderação e o parágrafo segundo do artigo 489 do NCPC. In: ______; ALBERTO, Tiago Gagliano Pinto (Org.). *O dever de fundamentação no novo CPC*: análises em torno do artigo 489. Rio de Janeiro: Lumen Juris, 2015. p. 341-357. REGO, Frederico Montedonio. A dimensão democrática do dever de motivação das decisões judiciais: o novo Código de Processo Civil como concretização da Constituição de 1988. *Revista Opinião Jurídica*, Fortaleza, ano 14, n. 18, p. 197, jan./jun.2016.

15 Nesse sentido: DIDIER JR., Fredie; BRAGA, Paula Sarno; OLIVEIRA, Rafael Alexandria de. *Curso de direito processual civil*, vol. 2. Salvador: Juspodivm, 2016, p. 334.

A possibilidade de que o juiz – sempre por decisão motivada – determine *ex officio* a produção de provas, bem como de que indefira as diligências que considerar inúteis ou meramente protelatórias, foi mantida pelo atual Código (art. 370). O mesmo vale para os fatos que não dependem de prova (art. 374) e para a possibilidade de que o juiz se valha de "regras de experiência comum" (art. 375).

Por fim, em tema de provas e motivação, é digna de nota a alteração promovida pelo art. 371 do CPC/2015 em relação ao art. 131 do CPC/1973, antiga sede do "livre convencimento motivado do juiz". Ao suprimir a expressão "livremente", o atual Código promove uma mudança mais simbólica do que prática, mas, em todo caso, relevante para impedir um certo uso excessivo dessa "liberdade" na prática da apreciação da prova por parte de alguns juízes. A prova deve ser valorada não de forma "livre", mas racional e motivada. O dispositivo ainda prevê a regra da comunhão da prova ou aquisição processual: uma vez produzida, a prova pertence ao processo, não à parte que a requereu.

O QUE DEVE E O QUE NÃO DEVE FIGURAR NA SENTENÇA[1]

O problema sobre o qual lhes falarei preocupa-me desde o tempo em que exercia a judicatura no Tribunal de Justiça deste Estado. Frequentemente observava que as sentenças submetidas à apreciação do Tribunal ora pecavam por falta, ora por excesso. Daí o título da palestra, à qual pretendo imprimir feição eminentemente prática, e até peço desculpas aos colegas mais experimentados pela obviedade do muito que direi, a fim de ordenar o pensamento e dar a estas palavras um mínimo de sistematização.

Tomarei como ponto de partida a rápida análise do art. 458 do Código de Processo Civil, assim redigido: "São requisitos essenciais da sentença: I – o relatório, que conterá os nomes das partes, a suma do pedido e da resposta do réu, bem como o registro das principais ocorrências havidas no andamento do processo; II – os fundamentos, em que o juiz analisará as questões de fato e de direito; III – o dispositivo, em que o juiz resolverá as questões, que as partes lhe submeterem".

O texto não foi redigido com técnica muito louvável, a começar pelo uso do vocábulo "requisitos". Requisitos são qualidades, atributos, que se expressam mediante adjetivos. Na verdade, o art. 458 trata de elementos, de partes que devem integrar a estrutura da sentença, a saber: o relatório, os fundamentos ou motivação e o dispositivo ou conclusão.

Tampouco foi bem concebida a cláusula final do inciso III, onde se diz que no dispositivo o juiz resolverá as questões que as partes lhe submeterem. O juiz não resolve unicamente essas questões; há casos em que decide examinando *ex officio* algum ponto ou questão. Por exemplo: quando extingue o processo em razão da decadência, o juiz não está necessariamente resolvendo questão submetida pelas partes, já que a decadência é pronunciável de ofício.

A palavra "questões" está empregada de modo ambíguo, equívoco tem um sentido no inciso II e outro no inciso III. Enquanto o inciso II Sê

---

1 Texto revisto de palestra proferida em 19-7-1999, no Conselho de Vitaliciamento dos Juízes de Primeiro Grau do Estado do Rio de Janeiro. Procurou-se conservar, na medida cabível, o estilo oral. O texto originário foi publicado na *Revista da EMERJ*, nº 8.

refere aos fundamentos, para estabelecer que, nessa parte da sentença, c juiz analisará as questões de fato e de direito – isto é, os pontos duvidosos de fato e de direito –, a redação do inciso III induz em falsa pista c leitor desprevenido. Com efeito: na motivação, o juiz não se limita a analisar questões de fato e de direito, mas resolve-as, enuncia o convencimento que terá formado acerca de umas e de outras. No dispositivo, o juiz já não resolverá tais questões, senão que se pronunciará sobre o pedido. A conclusão não consiste na solução de questões, e sim na ilação final, a que se chegou à luz dessa solução.

Ao qualificar de essenciais os três requisitos (melhor: elementos), terá querido a lei pô-los em pé de igualdade? A falta de qualquer deles produzirá sempre a mesma consequência? Não parece. Todos percebemos que há algo que não pode deixar de existir numa sentença: o dispositivo. Sentença que não contenha dispositivo não será, a rigor, sentença; a falta desse elemento não torna a sentença apenas inválida, torna-a inexistente. Sentença sem dispositivo é uma "não sentença", nunca poderá aspirar a transitar em julgado, até porque o juiz não chegou a julgar.

Já a falta de outro dentre os elementos não gera consequência tão drástica. A ausência de motivação torna nula a sentença, hoje por força de disposição constitucional, a do art. 93, nº IX, da Carta de 1988. Mas a sentença nula difere da inexistente: visto que contém um julgamento, transita em julgado, embora possa vir a ser impugnada mediante ação rescisória, o que seria totalmente descabido com relação a uma sentença desprovida de dispositivo.

Quando se pode dizer que a sentença tem ou não tem motivação? Às vezes, ela contém palavras insuficientes para fundamentar verdadeiramente a conclusão. É muito interessante, e tem sido estudado em vários países como objeto de monografias, o problema da dosagem, da quantidade mínima de fundamentos que precisa ter uma sentença para poder considerar-se motivada. Entre nós o assunto ainda não foi explorado como merece. Obra recomendável para quem leia italiano é a do Professor MICHELE TARUFFO *La motivazione della sentenza civile*.

O art. 458 não alude a algo que é muito comum encontrarmos numa sentença: um cabeçalho que contém a expressão; "Vistos etc.". Confesso-lhes que ele me causa perplexidade. Quando se trata de decisão de colegiado, a expressão é a abreviatura de "vistos, examinados, relatados e discutidos estes autos": isso significa que o relator deseja assegurar que realmente viu, examinou os autos, relatou a causa ou o recurso e o discutiu com os colegas. No caso de decisão monocrática, porém, a expressão não tem sentido: presume-se que o juiz haja visto e examinado os autos, mas não houve relato, e muito menos discussão, a não ser que se pense numa discussão do juiz consigo mesmo. É claro que o juiz pode sentir-se perplexo, em dúvida, dividido entre os prós e os contras, antes de fixar-se numa das possibilidades e proferir a decisão. Esse é um acidente psicológico que não precisa refletir-se no teor da sentença; não se espera que o juiz narre todas as vicissitudes por que passou sua mente até formar o convencimento definitivo. A motivação não é a história da evolução mental do julgador com referência ao caso. Assim, em decisão monocrática, a expressão "Vistos etc." não se justifica e deve ser abandonada.

Enfrentarei agora alguns problemas atinentes a cada um dos elementos. O relatório é uma narração e, como tal, deve revestir-se, tanto quanto possível, de caráter objetivo. O juiz não deve dar aí nenhuma pista de como vai decidir, da opinião que formou a respeito das questões. É mister que demonstre discernimento para, de um lado, não omitir dados relevantes e, de outro, não se perder em digressões inúteis. O relatório há de conter todo o necessário e só o necessário.

A motivação suscita maior número de questões. A primeira afirmativa, que convém repetir, é a da indispensabilidade da motivação, em qualquer hipótese, inclusive quando o juiz, podendo fazê-lo, decide discricionariamente. É falsa a ideia de que o ato discricionário não precisa ser fundamentado. Deve-se repelir energicamente essa concepção. Quando o ato é discricionário, toma-se até mais necessária a motivação, sob pena de cair-se no domínio do arbítrio: *sic volo, sic jubeo*. Se a lei concede ao juiz a possibilidade de optar entre várias soluções, ele há de explicar por que uma lhe pareceu mais apropriada que as outras.

Isso nos leva a uma questão afim, a dos chamados "conceitos jurídicos indeterminados". A lei utiliza com frequência expressões de sentido não totalmente definido. Por exemplo: o art. 17 da Lei de Introdução ao Código Civil estatui que não poderá ter eficácia no Brasil a sentença estrangeira que ofender os "bons costumes"; o Código Civil, ao tratar das benfeitorias voluptuárias, emprega a locução "destinadas a mero deleite ou recreio". Também o Código Penal usa grande quantidade de conceitos indeterminados, *v.g.* "motivo torpe" no art. 121, § 2º, nº I

COMENTÁRIOS DOS ATUALIZADORES

O QUE DEVE E O QUE NÃO DEVE FIGURAR NA SENTENÇA

Luís Roberto Barroso / Frederico Montedonio

Este guia prático sobre a elaboração de sentenças deveria constar – como é provável que conste – de todos os cursos de formação de juízes recém-empossados, e também deveria ser sempre revisitado por magistrados mais experientes. As presentes notas decorrem apenas das mudanças legais que ocorreram desde a palestra de Barbosa Moreira, em 1999, as quais não comprometeram a atualidade das ideias do texto.

O art. 458 do CPC/1973 deu lugar ao art. 489 do CPC/2015, que substituiu no *caput* a expressão "requisitos" por "elementos", como queria Barbosa Moreira. O inciso III do *caput* da norma prescreve que deverão ser resolvidas no dispositivo as questões *principais* submetidas pelas partes. Sobre tal objeto recairá a coisa julgada, na forma do art. 503, *caput*, do CPC/2015, bem como sobre as questões prejudiciais decididas de forma incidental e expressa na motivação, obedecidas as condições do § 1° do mesmo artigo. De toda forma, não foi contemplada a observação do autor quanto à previsão das questões cuja solução o juiz enuncie no dispositivo de ofício, valendo notar que, também quanto a estas, o atual Código exige o contraditório prévio das partes (art. 10).

A ambiguidade da palavra "questões" se mantém nos incisos II e III do *caput* do art. 489 do CPC/2015, bem como a impropriedade dos termos "analisará", na motivação (inciso II), e "resolverá", no dispositivo (inciso III). Sentenças sem dispositivo continuam sendo inexistentes, enquanto as sem fundamentação permanecem nulas (CF, art. 93, IX), prescrição que recebeu o reforço do § 1° do art. 489 do CPC/2015. A obra de Taruffo sobre a motivação permanece um clássico, mas hoje também há expressiva produção da doutrina brasileira, inclusive com obras monográficas sobre o tema[2].

---

2 Confira-se, apenas exemplificativamente: PEREIRA, Carlos Frederico Bastos. *Fundamentação das decisões judiciais*: o controle da interpretação dos fatos e do direito no processo civil. São Paulo: Revista dos Tribunais, 2019. LUCCA, Rodrigo Ramina de. *O dever de motivação das decisões judiciais*: Estado de Direito, segurança jurídica e teoria dos precedentes. 3. ed. Salvador: Juspodivm, 2019.

Permanecem válidas as recomendações de Barbosa Moreira sobre o caráter objetivo do relatório. O que se pode acrescer a isso, a título de atualização, é a revigorada importância desta parte da decisão, nem sempre prestigiada, à luz do sistema de precedentes instituído pelo CPC/2015[3]. É pelo relatório que se pode aferir a identidade ou a dessemelhança entre um caso e um certo precedente judicial, e tais circunstâncias devem ser levadas em conta na fundamentação (CPC/2015, art. 489, § 1°, V e VI).

A propósito, as preocupações de Barbosa Moreira acerca da motivação foram larga e expressamente acolhidas pelo CPC/2015, a começar pela proibição do uso de conceitos jurídicos indeterminados sem demonstração concreta de sua incidência (art. 489, § 1°, II). Vedados estão ainda os exemplos de referências genéricas constantes do texto, que se prestariam a justificar qualquer outra decisão (art. 489, § 1°, III). Como já visto na atualização do texto anterior ("*Prueba y motivación de la sentencia*"), tais normas compreendem a motivação das questões de fato e de direito. Nesse sentido, os Enunciados 515 e 516 do Fórum Permanente de Processualistas Civis consignam, respectivamente, que "[a]plica-se o disposto no art. 489, § 1°, também em relação às questões fáticas da demanda", e que "[p]ara que se considere fundamentada a decisão sobre os fatos, o juiz deverá analisar todas as provas capazes, em tese, de infirmar a conclusão adotada".

Para motivar a solução das questões de fato e também de direito, o juiz deve adotar o critério proposto pelo autor ao final do texto: "a sentença deve conter *todo* o necessário e *só* o necessário; não lhe pode faltar inteireza lógica". Para orientar essa tarefa, o art. 489, § 1°, IV, do CPC/2015 impõe um exercício hipotético: caso verdadeiros ou fatos

---

JORGE NETO, Nagibe de Melo. *Uma teoria da decisão judicial*: fundamentação, legitimidade e justiça. 2. ed. Salvador: Juspodivm, 2019. GODOY, Daniel Polignano. *A fundamentação de decisões judiciais*. Rio de Janeiro: Lumen Juris, 2019. VASCONCELLOS, Fernando Andreoni; ALBERTO, Tiago Gagliano Pinto (orgs.). *O dever de fundamentação no novo CPC*: análises em torno do artigo 489. Rio de Janeiro: Lumen Juris, 2015; SCHMITZ, Leonard Ziesemer. *Fundamentação das decisões judiciais*: a crise na construção das respostas no processo civil. São Paulo: Revista dos Tribunais, 2015.

3 Nesse sentido: DIDIER JR., Fredie; BRAGA, Paula Sarno; OLIVEIRA, Rafael Alexandria de. *Curso de direito processual civil*, vol. 2. Salvador: Juspodivm, 2016, p. 320.

alegados ou procedentes os argumentos jurídicos, haveria modificação na conclusão da decisão? Em caso positivo, tais fatos e argumentos devem ser expressamente enfrentados e, se for o caso, refutados. Do contrário, o enfrentamento é desnecessário, mas *tal desnecessidade também deve ser justificada*, isto é, deve ficar expresso por que o juiz considera o fato ou o argumento irrelevante para alterar as conclusões da decisão. Isto pode ocorrer, *e.g.*, porque tal argumento foi prejudicado por uma questão que lhe é logicamente anterior, como no exemplo do réu que comprova ter pago a dívida, o que dispensa outros debates. Em outro trabalho, o próprio Barbosa Moreira ensinava:

> *(...) incumbe ao órgão judicial pronunciar-se sobre 'as questões de fato e de direito' relevantes para o julgamento, sem que lhe seja lícito discriminar, manifestando-se a respeito de alguma(s) e silenciando acerca de outra(s). Não tem ele, por outro lado, o dever de expressar sua convicção acerca de todos os argumentos utilizados pelas partes, por mais impertinentes e irrelevantes que sejam; mas, salvo quando totalmente óbvia, há de declarar a razão pela qual assim os considerou".*[4]

A motivação *per relationem* vem sendo aceita pela jurisprudência do Supremo Tribunal Federal, desde que a peça referida contenha todos os elementos exigidos em lei (STF, Pleno, ADI 416 AgR, Rel. Min. Celso de Mello, j. 16/10/2014). A Corte Suprema não exige que tal técnica seja usada apenas em caráter excepcional, como defendia Barbosa Moreira. De forma algo diversa, o Superior Tribunal de Justiça, embora também admita a fundamentação *per relationem*, impõe que o órgão julgador lance mão de argumentos próprios, não podendo se louvar exclusivamente em peças produzidas por terceiros (*e.g.*, 1ª T., AgInt no AREsp 1.534.888, Rel. Min. Gurgel de Faria, j. 5/10/2020).

Sobre a fundamentação baseada em jurisprudência, continua relevante a preocupação de Barbosa Moreira de que o juiz se convença do acerto ou do desacerto das orientações dominantes, não se limitando a reproduzi-las na motivação. Entretanto, o sistema de precedentes instituído pelo CPC/2015 torna, em princípio, suficiente a identificação da linha jurisprudencial adotada para decidir casos da mesma espécie

4 MOREIRA, José Carlos Barbosa. Comentários ao Código de Processo Civil, vol. V: arts. 476 a 565. Rio de Janeiro: Forense, 2010, p. 555.

(art. 927). Nada obstante, a reflexão crítica sobre a jurisprudência serve de base à identificação de pontos que amparem a distinção ou mesmo a superação do precedente. Daí porque o novo Código teve especial preocupação em fazer uma remissão do art. 927, § 1°, ao art. 489, § 1°: exatamente para obstaculizar a citação acrítica da jurisprudência.

Uma palavra final sobre o texto de Barbosa Moreira à luz do atual CPC: a identificação do que é de fato *necessário* para decidir o caso constitui tarefa fundamental para extrair de um precedente a *ratio decidendi*, diferenciando-a dos *obiter dicta*, ou considerações laterais, acessórias ao julgado, mas que podem desempenhar uma função relevante na teoria dos precedentes, tema que não cabe abordar aqui.

QUESTÕES VELHAS E NOVAS EM MATÉRIA DE CLASSIFICAÇÃO DAS SENTENÇAS[1]

1. INTRODUÇÃO. EVOLUÇÃO DO TRATAMENTO DA MATÉRIA NOUTROS PAÍSES

A classificação das sentenças de acordo com o respectivo conteúdo e/ou, correlatamente, com os respectivos efeitos, é obra da doutrina processual de fins do século XIX e começo do século XX. Na Alemanha, o *Handbuch* de WACH, publicado em 1885, já mencionava três modalidades de tutela sentencial: uma "declaração em sentido estrito", consistente no reconhecimento ou na negação de um direito (sentença declaratória); uma condenação, isto é, "imposição de realizar uma prestação ou ato", que seria o fundamento do direito à modificação coativa direta do estado de coisas (a saber, a execução); e, por fim, um pronunciamento capaz de estabelecer de imediato o resultado pretendido, sem necessidade de ato executivo algum, no momento mesmo em que transita em julgado. A terceira classe, a que WACH não aplicava denominação especial, corresponderia aos casos em que se cuidava de simples regulamentação jurídica, sem alteração fática: entre os exemplos, apontavam-se o divórcio, a anulação de uma decisão arbitral, a dissolução de uma cooperativa[2]; é evidente que se cogitava da classe de sentenças mais tarde designadas como constitutivas. O mesmo autor voltaria a ocupar-se do assunto, em aspecto particular, no ensaio sobre a pretensão à declaração (*Der Feststellungsanspruch*), de 1888, onde cuidou, entre outras coisas, de fixar a distinção entre a ação (e a sentença) declaratória, de um lado, e a ação (e a sentença) condenatória, de outro[3].

Volvidas pouco mais de duas décadas, refletia-se o *status quaestionis* no *System des deutschen Zivilprozessrechts* de HELLWIG, de 1912, em termos que se manteriam praticamente inalterados na posterior literatura alemã. HELLWIG expunha com toda a clareza a

---

1 Texto de conferência (com o acréscimo de notas) pronunciada em Foz do Iguaçu, nas V Jornadas Brasileiras de Direito Processual Civil, em 4-8-2003.

2 Cito a tradução espanhola, de Tomás A. Banzhaf, sob o título *Manual de Derecho Procesal Civil,* v. T. Buenos Aires, 1977, p. 32.

3 Aqui também, cito a tradução espanhola, de Juan M. Semon, sob o título *La pretensión de declaración,* Buenos Aires, s.d. (mas 1962), p. 72 e s.

classificação ternária das sentenças: a) a meramente declaratória (*reines Feststellungsurteil*), que nada mais fazia que pronunciar-se acerca da existência ou inexistência de uma concreta relação jurídica; b) a condenatória (*verurteilendes Urteil*, ou *Leistungsurteil*, ou ainda *Vollstreckungsurteil*), que se distinguiria da primeira por conter uma ordem, ou antes duas, uma dirigida ao réu, no sentido de realizar a prestação, outra endereçada ao órgão da execução, ao qual atribuía o dever de executar (*die Pflicht zur Zwangsvollstreckung*); c) a constitutiva (*konstitutives Urteil*, ou *Gestaltungsurteil*, ou *rechtsänderndes Urteil*, ou ainda *Bewirkungsurteil*), cuja característica essencial era a de realizar diretamente uma modificação da situação jurídica existente[4].

A doutrina subsequente, quase sem discrepância, trilhou esse caminho, e dele até hoje não se desviou[5]. Não quer dizer que não tenha havido "acidentes de percurso". Um deles consistiu na proposta de sistematização diferente feita por KISCH, em obra de 1903, *Beiträge zur Urteilslehre*, onde as sentenças se viam repartidas em dois grandes grupos, conforme tivessem objeto material ou processual, e o primeiro grupo se compunha de nada menos de seis classes; a proposta não vingou[6], sem embargo dos méritos do livro, entre os quais a demolidora crítica da caracterização, que entretanto se generalizaria, da sentença condenatória como portadora de ordem (*Befehlstheorie*)[7]. Para nós, o "acidente" mais interessante foi a tentativa de KUTTNER, em livro de 1914[8], de destacar uma figura nova, a da *Anordnungsurteil*, antepassada daquela que viria a ser batizada, no Brasil, como sentença mandamental. Voltarei oportunamente ao tópico; mas des· de já

4 HELLWIG, *System des deutschen Zivilprozessrechts*, v. I, Aalen, 1968 (reimpressão da edição de Leipzig, 1912), p. 38 e s. Na literatura posterior prevaleceram, para as duas últimas classes, as denominações *Leistungsurteil* e *Gestaltungsurteil*, respectivamente.

5 Na mais recente, para cingir-me a um único exemplo, *vide* MUSIELAK, *Grundkurs ZPO*, 6ª ed., Munique, 2002, p. 288.

6 O próprio autor viria a abandoná-la, aderindo, na exposição sistemática do processo civil alemão, ao esquema classificatório predominante: *Elementos de Derecho Procesal Civil*, trad. espanhola de L. Prieto Castro, Madri, 1932, p. 255.

7 KISCH, *Beiträge zur Urteilslehre*, Aalen, 1969 (reimpressão da edição de 1903, Leipzig), p. 25 e s.

8 *Urteilswirkungen ausserhalb des Zivilprozesses*, Munique, 1914 (minhas citações reportam-se à reimpressão de 1971, Aalen).

cabe assinalar que a proposta de KUTTNER, conquanto avalizada por GOLDSCHMIDT[9], teve escassa e efêmera repercussão: as obras mais modernas nem sequer se dão o trabalho de criticá-la ou refutá-la: simplesmente não se referem a ela.

Paralela foi a evolução do pensamento processual italiano. Na famosa *prolusione* bolonhesa de 1903, sob nítida, e até explícita, influência alemã, CHIOVENDA já aderia *expressis verbis* à tripartição: sentenças *"di condanna"*, *"d'accertamento"*, *"di costituzione"*[10]. Nos *Principii*, de 1906, as três classes vêm estudadas em sucessivos parágrafos, devendo notar-se que o autor acrescenta um quarto dedicado àquilo a que chamou *"accertamenti con prevalente funzione esecutiva"*, com o subtítulo *"cognizione sommaria"*[11] – tópico de que não tratarei nesta palestra.

Também na Itália ocorreram incidentes. Nem todos, por exemplo, aceitaram como classe autônoma a das sentenças constitutivas; alguns preferiram assimilá-la à das meramente declaratórias: a diferença estaria apenas no objeto da declaração [12]. Um vestígio dessa resistência ao reconhecimento da autonomia das sentenças constitutivas transparece na terminologia prestigiada, entre outros, por ninguém menos que CARNELUTTI: falou-se de *"accertamento costitutivo"*[13], como se, admitida embora a distinção entre a sentença constitutiva e a meramente declaratória, cumprisse deixar registrada a existência de uma espécie de cordão umbilical a ligar aquela a esta. O apego à função declaratória do processo refletiu-se na análise do conteúdo da sentença constitutiva: houve quem, com grande autoridade, propusesse dividi-lo em dois momentos, de naturezas diversas: um puramente declaratório, em que o juiz se limita a reconhecer o direito do autor a obter uma modificação jurídica, outro consistente em produzir tal modificação; desses dois

9 Para breve resenha histórica, *vide* BARBOSA MOREIRA, *A sentença mandamental da Alemanha ao Brasil, in Temas de Direito Processual (Sétima Série)*, S. Paulo, 2001, p. 55 e s.

10 CHIOVENDA, *L'azione nel sistema dei diritti, in Saggi di diritto processuale civile*, v. 1, Milão, 1993, p. 96/8, nota 118.

11 CHIOVENDA, *Principii di diritto processuale civile*, Nápoles, 1965 (reimpressão da edição de 1923), 2ª parte, §§ 6 a 8 *bis*, p. 157 e s.

12 Assim, *v.g.*, ALFREDO Roem, *La sentenza civile*, Milão, 1962 (reimpressão da 1ª ed., de 1906), p. 125 e s.

13 *Vide*, entre outros passos, *Sistema di diritto processuale civile*. v. I. Pádua, 1936, p. 147.

momentos, só ao primeiro se deveria atribuir caráter jurisdiciona:_ ao passo que o segundo teria índole administrativa[14].

De qualquer modo, acabou por firmar-se na península a classificação ternária. Ela continua a ser adotada na literatura mais recente[15]. Não quer isso dizer que inexistam divergências, por exemplo na fixação do critério discretivo entre a sentença meramente declaratória e a condenatória. Nesta oportunidade, contudo, não seria possível enfrentar semelhantes questões. Resta acrescentar que a classificação ternária predomina ainda hoje também noutros países da chamada família romano-germânica, como a Áustria[16], a Espanha[17], a Argentina[18].

2. EVOLUÇÃO NO DIREITO BRASILEIRO

O tema em foco demorou a atrair a atenção da doutrina pátria. São omissas ao propósito as obras publicadas no fim do século XIX e no começo do século XX. A partir de certa época, todavia, difundiu-se a classificação ternária, até hoje adotada em porção significativa da literatura[19].

É interessante registrar, de passagem, que tal classificação esteve a ponto de ser consagrada em nosso direito positivo. O Anteprojeto de Código de Processo Civil elaborado por ALFREDO BUZAID estatuía no

---

14 Assim, CALAMANDREI, *Limiti fra giurisdizione e amministrazione nella sentenza civile, in Opere giuridiche,* v. I, Nápoles, 1965, p. 65 e s., espec. 78 e s.

15 A título exemplificativo: COMOGLIO-FERRI-TARUFFO, *Lezioni sul processo* civil, Bolonha, 1995, p. 651 e s.; FAZZALARI, *Istituzioni di diritto processuale civile,* 8ª ed. Pádua, 1996, p. 119/20; LUÍSO, *Diritto processuale civile,* 3ª ed., v. I, Milão, 2000, p. 10 e ss.; PROTO PISANI, *Diritto processuale civile,* 4ª ed., Nápoles, 2002, p. 135 e ss.

16 *Vide,* por todos, FASCHING, *Zivilprozessrecht,* 2ª ed., Viena, 1990, p. 699.

17 Para limitar-me a obras editadas já na vigência da nova *Ley de Enjuiciamento Civil,* de 2000: GUASP-ARAGONESES, *Derecho Procesal Civil,* t. I, Madri, 2002, p. 590. ORTELLS RAMOS, *in* ORTELLS RAMOS e outros, *Derecho Procesal Civil,* 3ª ed., Cizur Menor, 2002, p. 55 e s.

18 Na mais recente doutrina, *vide* ARAZI, *Derecho Procesal Civil y Comercial,* t. II, Buenos Aires, s.d. (mas 1999), p. 9/10.

19 *V.g.:* ARRUDA ALVIM, *Manual de Direito Processual Civil,* v. 2, 7ª ed., S. Paulo, 2000, p. 638 e s.; CÂNDIDO DINAMARCO, *Instituições de Direito Processual Civil.* v. III, 2ª ed., S. Paulo, 2002, p. 197 e s.; HUMBERTO THEODORO JUNIOR, *Curso de Direito Processual Civil,* v. I, 39ª ed., Rio de Janeiro, 2003, p. 468 e s. Esses autores incluem numa das classes tradicionais as sentenças a que outros reconhecem autonomia conceptual notadamente as sentenças mandamentais e as denominadas executivas *lato sensu.* Voltarei ao ponto oportunamente.

art. 499: «A sentença, que julga procedente a ação, é: I – condenatória, se impõe ao réu uma prestação, cujo inadimplemento autoriza a execução forçada; II – constitutiva, se cria, modifica ou extingue relação ou situação jurídica; III – meramente declaratória, se se limita a afirmar a vontade da lei". Foi bom que esse texto, muito defeituoso, não se houvesse incorporado ao Código. Deixando de lado a impropriedade terminológica do *caput* (não se julga procedente ou improcedente a ação, mas o pedido), ressalta a heterogeneidade dos critérios de definição: a sentença meramente declaratória era definida apenas em função do conteúdo, enquanto, no tocante à condenatória, surgia referência ao efeito (autorizar a execução forçada). Ademais, a aceitar-se como própria a expressão "vontade da lei" – altamente discutível, apesar de usual –, a respectiva afirmação de forma alguma constituiria peculiaridade da sentença meramente declaratória: com ressalva da jurisdição de equidade, toda e qualquer sentença deve limitar-se a refletir, no caso *sub iudice*, o que determina a lei.

Em posição especial na doutrina situou-se, como é notório, PONTES DE MIRANDA. Para bem compreender-lhe o pensamento, importa ter em mente que na sua obra a classificação das sentenças toma por base o elemento preponderante na respectiva eficácia. Ao ver de PONTES DE MIRANDA, não haveria sentença "pura"[20]: todas conteriam pesos heterogêneos de eficácia, que ele indicava por série decrescente de 5 a 1. Fosse qual fosse a sentença, sempre se poderia descobrir nela alguma carga, ainda que mínima, de cada espécie: declarativa, constitutiva, condenatória, mandamental e executiva[21], variando apenas a ordem de importância. Daí falar-se em "teoria da constante quinze". O critério classificatório deveria fundar-se no peso que sobressai entre os cinco, no tipo predominante de eficácia – isto é, na "força da sentença", se se quiser respeitar a terminologia do autor[22].

Impregnava a construção boa dose de artificialismo. Por exemplo: para demonstrar a presença de eficácia condenatória na sentença declarativa, apontava PONTES DE MIRANDA a condenação ao pagamento das custas. Ora, tal condenação nem sempre tem cabimento: por exemplo, no processo perante os Juizados Especiais Cíveis, somente se condena

---

20 Assim, enfaticamente. *Tratado das ações,* v. I, S. Paulo. 1970, p. 124.

21 *Ibid.,* p. 142/4; cf. t. VI, S. Paulo, 1978, p. 6.

22 *Vide,* entre muitos passos, ob. cit., t. 1., p. 118.

o vencido em custas quando haja litigado de má-fé (Lei nº 9.099, de 26-9-1995, art. 55, *caput*, 1ª parte). Contudo, ainda que assim não fosse, o argumento incidia no pecado grave de fazer tábua rasa da distinção entre diversos capítulos da sentença, os quais nem todos têm necessariamente igual natureza, mas podem pertencer a classes diferentes, considerado cada um de per si: *quot capita tot sententiae*[23]. Tampouco soam convincentes as asserções de que, "em toda sentença, há, pelo menos, a constitutividade que resulta de ter sido proferida", assim como "em toda sentença há, pelo menos, a mandamentalidade do 'Publique-se, registre-se' ou semelhante mandamento"[24]. Não é com razões de tão óbvia fragilidade que se conseguirá pôr de pé a "teoria da constante quinze", a qual, verdade seja dita. contribui muito pouco para elucidar o assunto: que na mesma sentença se possam combinar várias "cargas de eficácia", e que uma delas sobreleva às outras, é ideia a que dificilmente se objetará, mas na qual, por outro lado, não menos dificilmente se verá novidade capaz de emocionar.

Particularizando o discurso, impende atentar no conceito proposto por PONTES DE MIRANDA para a sentença mandamental. Na construção de KUTTNER, o traço essencial da classe residiria na existência de ordem dirigida a órgão público estranho ao processo – por exemplo: o órgão do registro, na hipótese de sentença de dissolução de sociedade a ele sujeita[25]. O jurista brasileiro desprezou ambas as notas: o caráter público do destinatário da ordem e a sua estraneidade ao feito. Caracterizou a sentença mandamental como aquela na qual prepondera a carga de eficácia consistente em que alguém deva atender, imediatamente, ao que o juiz manda[26]. Imediatamente, insista-se: não entrariam na classe das mandamentais sentenças das quais decorra também ordem emitida pelo juiz, mas apenas como posterius, como resultado mediato[27]. Quanto

23 Em obra recentíssima, alude CÂNDIDO DINAMARCO ao caso de "dois capítulos de mérito", um representado "pelo julgamento do mérito principal", outro pelo "da pretensão relacionada com o custo financeiro do processo (custas, honorários *da sucumbência)": Capítulos de sentença,* S. Paulo, 2002, p. 63 (grifado no original). É evidente que o primeiro capítulo pode ter cunho meramente declaratório (por exemplo, se julgou improcedente pedido de condenação do réu).

24 PONTES DE MIRANDA, ob. e t. cit., p. 142 (grifos do autor).

25 *Vide* a definição constante da ob. cit. (nota 7, *supra),* p. 22; para o exemplo, p. 48/9.

26 Ob. cit., t. VI, p. 3.

27 Ob. cit., t. I, p. 134.

ao destinatário da ordem, poderia ser, indiferentemente, "outro órgão do Estado (...), algum sub-órgão da justiça, ou (...) alguma pessoa física ou jurídica"[28]. Bem se compreende que fosse extenso o rol das sentenças consideradas mandamentais por PONTES DE MIRANDA: nele figuravam a sentença concessiva de habeas corpus, a concessiva de mandado de segurança, a favorável ao autor na ação de manutenção de posse, no interdito proibitório, nos embargos de terceiro e outras tantas, inclusive não poucas de índole cautelar[29].

Menos explícita era, na obra do ilustre autor, a caracterização da chamada sentença executiva, talvez porque ele se haja preocupado mais com as ações executivas do que com as sentenças do mesmo nome. Quem lê o tomo I do Tratado das ações, após os parágrafos dedicados à sentença declarativa, à constitutiva, à condenatória e à mandamental, encontra um consagrado à sentença executiva; no entanto, em vão buscará nele definição clara. As indicações que aí aparecem são manifestamente insuficientes para satisfazer a curiosidade do leitor; por exemplo: "a sentença favorável nas ações executivas retira valor que está no patrimônio do demandado, ou dos demandados, e põe-no no patrimônio do demandante"; "as sentenças executivas ou restituem (...) ou extraem valor (...)"[30]. Para obter melhores esclarecimentos, tem-se de recorrer a outros passos, como os que cotejam a sentença executiva com a condenatória; assim, *v.g.*, quando, a propósito da sentença que acolhe o pedido de reintegração de posse, ensinava PONTES DE MIRANDA: "Não há *actio iudicati* de sentença favorável em ação possessória, para que se reintegre a posse; a sentença mesma já é sentença executiva, e não sentença de condenação"[31]. Desse e de outros lanços extrai-se que, no pensamento do autor, enquanto a sentença condenatória tem unicamente efeito executivo – isto é, autoriza o vencedor a instaurar processo de execução –, a sentença executiva dispensa tal processo, pois ela própria já executa, tem força executiva. A rigor, soa um tanto equívoca a afirmação. Por si e em si, a sentença de reintegração de posse de maneira alguma satisfaz o litigante vencedor: toma-se ainda necessário um plus, até o cumprimento do mandado. A diferença estaria mais na forma pela qual se dá

28 Ob. cit., t. VI, p. 9.

29 Ob. cit., t. VI, p. 15 e s.

30 Ob. cit., t. I, p. 212 (destaques do original).

31 *Comentários ao Código de Processo Civil* (de 1939), v. III, t. 2, Rio de Janeiro, 1949, p. 424.

efetividade prática ao julgamento. Prescinde-se de processo de execução individuado; não se prescinde, entretanto, de uma atividade complementar. Análoga observação cabe no que tange a outros exemplos de sentenças executivas dados por PONTES DE MIRANDA: assim, as que julgam procedente o pedido e na ação de reivindicação, de despejo, de depósito etc.[32]. Seja como for, aqui se faz necessário um registro: salvo engano, não aparece na obra do mestre a expressão, que se vem difundindo, "sentenças executivas *lato sensu*": falava PONTES DE MIRANDA, só e sempre, de sentenças executivas, sem (complemento que em nossos dias se lhe costuma agregar – e que, aliás, unicamente terá sentido caso se lhe contraponha uma classe de sentenças executivas *stricto sensu*.

3. O estado da questão e a problemática a ser enfrentada – A classificação quinária, em suas linhas gerais, obteve, na doutrina posterior, adesões valiosas mas em número relativamente pequeno. Viria a ressurgir em data recente o interesse pelo assunto, sobretudo em razão de inovações legislativas, entre as quais as disposições do art. 84, *caput*, e § 5º, do Código de Defesa do Consumidor (Lei nº 8.078, de 11-9-1990) e a modificação, nelas inspirada, do art. 461 do Código de Processo Civil, *ex vi* da Lei nº 8.952, de 13-12-1994, notadamente a atribuição, que se dá ao juiz, de determinar, "para a efetivação da tutela específica ou a obtenção do resultado prático equivalente", "as medidas necessárias, tais como a imposição de multa por tempo de atraso, busca e apreensão, remoção de pessoas e coisas, desfazimento de obras e impedimento de atividade nociva" (art. 461, § 5º, na redação da Lei nº 10.444, de 7-5-2002). Somam-se a isso, agora, outros aspectos da reforma, em curso, da execução.

As repercussões dessas mudanças na teoria da classificação das ações suscitam extensa e complexa problemática, que está longe de ver-se enfrentada em sua integral dimensão, e muito mais de ver-se exaurida, nas elaborações doutrinárias, várias delas sem dúvida meritórias, até aqui desenvolvidas. Não é, nem poderia ser, propósito meu oferecer neste ensejo soluções prontas e acabadas para todas as questões que reclamam exame. O que se pretende aqui é apenas fazer um levantamento

32 Essas e outras aparecem com carga 5 de executividade na tabela constante do t. VII do *Trat. das ações* cit., S. Paulo, 1978, p. 392 e s. O aspecto que ressalto no texto não escapou à argúcia de FLÁVIO LUIZ YARSHELL, *Reflexões em tomo da execução para entrega de coisa no direito brasileiro,* no volume coletivo *Processo civil* (coord. de José Rogério Cruz e Tucci), S. Paulo, 1995, p. 129/30.

das principais e apontar certas premissas metodológicas sem cuja observância não será fácil alcançar resultados positivos na matéria.

3.1. Convém começar por tema na verdade discutido há muito tempo, ao qual até se pode chamar clássico na doutrina processual, mas que se entrosa com outros de candente atualidade. Refiro-me à identificação do quid essencial da sentença condenatória, e em termos mais específicos daquilo que a distingue da sentença meramente declaratória. Diversas propostas, bem se sabe, foram apresentadas ao longo dos anos. Algumas delas buscam o elemento diferencial no conteúdo da sentença condenatória, ao passo que outras põem a tônica no respectivo efeito; nem faltam as que conjugam ambas as referências. Em brevíssima resenha das mais importantes, anote-se:

a) No que tange ao conteúdo, já se sustentou que a essência da condenação reside numa ordem[33], que ora se concebe como dirigida ao litigante vencido, ora ao órgão de execução, ora a ambos[34]; ou que reside no objeto da declaração (declaração de ato ilícito, ou declaração da responsabilidade[35]); ou, ainda, que reside na aplicação de uma sanção[36].

Da primeira proposta (condenação = ordem), resultaria de imediato a necessidade de apontar o critério que distinguiria a sentença condenatória da sentença mandamental, atenta a circunstância de que também a respeito desta se alude a uma ordem. Consistiria a única alternativa em negar autonomia a uma das duas classes, incluindo as sentenças mandamentais na classe das condenatórias, como sugerem vozes

---

33 Sintética, mas clara exposição ao propósito em LIEBMAN, *Embargos do executado*, trad. port. de J. Guimarães Menegale. S. Paulo, 1968, p. 98/9, a quem se remete inclusive para referências bibliográficas.

34 A dupla alusão – a uma ordem cujo destinatário é o réu vencido e a outra que se dirige ao órgão da execução – aparece na mais completa obra expositiva do direito processual civil alemão contemporâneo: ROSENRERG-SCHWAB-GOTTWALD. *Zivilprozessrecht*, 15ª ed. Munique, 1993, p. 510.

35 Ambas as modalidades estão representadas na obra de CARNEUITTI: nas *Lezioni di diritto processuale civile*, 1ª parte, v. II. Pádua, 1926, p. 30 e s., espec. 40/1, falava o autor de declaração de um ato ilícito; já no *Sistema* cit. (nota 12), V. I, p. 138 e s., de declaração da responsabilidade nele fundada.

36 É a proposta de LIEBMAN, ob. cit., p. 1.203 e s., e *Processo de execução*, 4ª ed. S. Paulo, 1980, p. 17/80. A ela aderem processualistas brasileiros, como CÂNDIDO DINAMARCO, *Instit.*, cit., v. III, p. 229.

autorizadíssimas na literatura brasileira contemporânea[37], ou as sentenças condenatórias na classe das mandamentais, conforme preferiu fazer GOLDSCHMIDT em certo momento de sua produção científica[38].

Por outro lado, a teoria da condenação como ordem jamais respondeu satisfatoriamente a certas objeções. Quando o juiz julga procedente pedido de indenização, estará realmente ordenando o réu a pagar o montante fixado? Se assim fosse, a omissão em cumprir espontaneamente a sentença configuraria crime de desobediência – coisa de que jamais se cogitou. Adite-se que a noção proposta de modo algum comportaria uma visão global da condenação, comum às diferentes espécies de processos. No campo penal, por exemplo, quando o juiz condena à morte o acusado, como ainda hoje pode ocorrer em vários ordenamentos jurídicos, porventura deverá entender-se que ele esteja ordenando ao condenado que morra? Por outro lado, se se disser que a ordem é endereçada ao órgão executivo, que pensar dos casos em que a condenação é imposta pelo próprio juiz ao qual compete a execução? Teríamos de conceber uma ordem de tipo "bumerangue", dirigida àquele mesmo órgão que a emite?

Quanto à tese da condenação como declaração de ato ilícito, ou da responsabilidade dele decorrente, pergunta-se: é razoável conceber como ato ilícito o mero fato de haver sucumbido no processo? Ou teremos de excluir do terreno da condenação o capítulo da sentença onde o juiz impõe à parte vencida o pagamento, à vencedora, das despesas e dos honorários de seu advogado (Código de Processo Civil, art. 20, *caput*)?[39]

Análogo reparo é cabível no tocante à teoria da condenação como aplicação de sanção[40]. Por maior elasticidade que se queira dar a este conceito, dificilmente se conseguirá fazê-lo abranger a imposição do pa-

37 *V.g.*, CÂNDIDO DINAMARCO, *Instit.* cit., v. III, p. 242/5.

38 *Der Prozess als Rechtslage*, Aalen, 1962 (reimpressão da ed. de 1925), p. 17. Frise-se que GOLDSCHMIDT enxergava a essência da condenação em ordem dirigida *ao órgão da execução:* assim, explicitamente, ob. cit., p. 116, nota 638a: *"das Leistungsurteil enthält nur eine Vollstreckungsbefehl an die Vollstreckungsorgane* (a sentença condenatória só contém uma ordem de execução aos órgãos executivos)".

39 Procedente, no particular, a objeção de LIEBMAN, ob. cit., p. 102; mas crítica análoga pode ser feita à concepção liebmaniana da condenação como aplicação de sanção: *vide* as linhas subsequentes de meu texto.

40 Para uma crítica *ex professo* da teoria de LIEBMAN, permito-me remeter o leitor ao ensaio *Reflexões críticas sobre uma teoria da condenação civil*, in *Temas de Dir. Proc. (Primeira Série)*, 2ª ed., S. Paulo, 1988, p. 72 e s.

gamento de custas e honorários, pelo menos em sistema jurídico como o nosso, em que tal imposição se funda no mero sucumbimento e não pressupõe conduta antijurídica ou abusiva da parte. De outra banda, acaso não haverá aplicação de sanções em sentenças tidas e havidas pacificamente como constitutivas? Que faz essencialmente, senão aplicar uma sanção, a sentença que decreta a separação do casal, com fundamento na prática de "ato que importe grave violação dos deveres do casamento e torne insuportável a vida em comum" (Código Civil, art. 1.572, *caput*)? Ou a que destitui do poder familiar o pai ou a mãe que castiga imoderadamente o filho, ou o deixa em abandono, ou pratica ato contrário à moral e aos bons costumes (Código Civil, art. 1.638, n. I a III)?

b) Não diminuem as perplexidades se substituímos o critério baseado no conteúdo pelo fundado no efeito típico que se atribui à sentença condenatória: servir de título executivo. Para começar, a caracterização que se apega exclusivamente ao efeito implica, de certo modo, renúncia à identificação do elemento contido na sentença, que a faz ser o que é. Realmente, em princípio, a diferença de efeito deve corresponder a uma diferença de conteúdo. Se a sentença condenatória, ao contrário da meramente declaratória, abre caminho para a execução, não será preciso, para explicar de modo cabal a diferença, indicar o plus presente naquela e ausente desta? Não teria razão, assim, CALAMANDREI, quando censurou o critério ora em foco por identificar a nota característica da condenação "não tanto naquilo que ela é, quanto naquilo que ela prepara", e por conseguinte basear a definição "num elemento situado fora da noção a definir"?[41]

Há mais. Se a essência da condenação, sua marca inconfundível, reside na aptidão para desencadear o processo de execução, onde achará espaço a sentença que impõe ao réu a perda de sinal pago? Teremos de expulsá-la do recinto reservado às condenatórias, só porque, já estando a quantia em poder do autor, não haverá o que executar? E a sentença que impõe a prestação de alimentos, nas hipóteses em que a prestação é integralmente descontada em folha de pagamento (Código de Processo

41 CALAMANDREI, *La condanna, in Op. giur.* cit., v. V, 1972, p. 491. Vale a pena transcrever os trechos principais: *"la caratteristica della sentenza di condanna è trovata non tanto in quello che essa è, quanto in quello che essa* prepara; (...) *nel considerarla soltanto come preparazione della esecuzione forzata, la definizione viene a basarsi su um elemento chesta* all'infuori della nozione da definire" (destaques do original).

Civil, art. 734)? Caso se responda que, nessas hipóteses, a sentença não é condenatória, senão mandamental, em razão da ordem emitida pelo juiz à repartição pública ou à empresa, nem por isso se evitará nova interrogação: *Quid iuris* se, perdido amanhã o cargo ou o emprego, mas subsistente o dever de alimentar, for mister recorrer, para a cobrança, ao processo de execução de corte tradicional? Tal circunstância acaso mudará a natureza da sentença, que – talvez muito tempo depois de proferida – se verá deslocada, sem mais aquela, de uma classe para outra? E as sentenças que acolhem pedido de um fazer com prestador infungível, como nas hipóteses clássicas do artista que se nega a pintar o quadro encomendado, ou do cientista que se recusa a cumprir o contrato em que se obrigara a pronunciar conferência sobre assunto de sua especialidade? Nesses casos, é notório, não há propriamente execução forçada, nem é dado ao órgão judicial assegurar ao credor, por meio das providências enumeradas no art. 461, § 5º, ou de outras análogas, "resultado prático equivalente ao do adimplemento", senão impondo multa de índole coercitiva, para induzir o devedor a prestar. A multa, sem dúvida, poderá ser executivamente cobrada, mas para a obrigação principal não se abre semelhante via. Deveremos inferir daí que tampouco essas sentenças merecem lugar entre as condenatórias?

3.2. Passemos às sentenças ditas mandamentais. Não há por que objetar, em princípio, a que se componha com determinadas sentenças classe assim intitulada e autônoma em relação à das condenatórias. Entretanto, para legitimar a atitude, põe-se uma condi tio sine qua mm: a indicação exata do traço distintivo. Essa indicação pressupõe, por sua vez, um conceito preciso de sentença mandamental[42]. As referências a esta, encontradiças em trabalhos recentes, nem sempre vêm tendo o cuidado de enunciá-lo.

Veja-se o caso das sentenças que julgam procedente o pedido relativo a obrigação de fazer ou não fazer. Parece um tanto arbitrário dizer, pura e simplesmente, que o art. 461, em sua nova redação, contempla sentenças mandamentais, porque o juiz, ao acolher o pedido, emite uma ou mais ordens. Para imprimir total solidez à proposta, é forçoso consi-

42 O texto subsequente reproduz, em termos sintéticos, considerações feitas no ensaio cit. na nota 8, *supra*, p. 62 e s.

derar, aqui, uma série de indagações[43], a começar pela seguinte: A presença desse elemento é obrigatória na sentença favorável ao autor? Ou ficará a critério do juiz, conforme as circunstâncias, emitir ou não alguma ordem – que, na espécie, talvez lhe pareça desnecessária ou inútil? No caso negativo, obviamente, desde logo se excluirá a hipótese da mandamentalidade.

Pressupondo-se, todavia, que o juiz realmente emita ordem, nem por isso estará tudo esclarecido. Para que a sentença mereça a qualificação de mandamental:

a) é indiferente ou não a espécie de ordem emitida?

b) é ou não preciso que a eficácia da ordem predomine, como queria PONTES DE MIRANDA, sobre todas as outras atribuíveis à sentença?

c) é ou não irrelevante que a ordem se dirija ao réu, a algum terceiro, ou a ambos?

d) deve a eficácia da ordem – consoante exigia também PONTES DE MIRANDA – ser imediata, ou basta que seja mediata?

Sem que tomemos posição nítida em relação a cada uma dessas questões, o debate sobre a sentença mandamental correrá o risco de assemelhar-se a um diálogo de surdos. Não se saberá a que realidade estará aludindo cada um dos debatedores ao usar a expressão. Permito-me duvidar de que por aí se chegue a qualquer resultado útil.

Impõe-se a esta altura uma observação. O adjetivo "mandamental", que já figurava, para qualificar o substantivo "ação", no art. 212, § 2º, do Estatuto da Criança e do Adolescente (Lei nº 8.069, de 13-7-1990), ingressou no Código de Processo Civil por obra da Lei nº 10.358, de 27-12-2001, que acrescentou ao *caput* do art. 14 um inciso V, a fim de incluir entre os deveres das partes e dos outros partícipes do processo o de "cumprir com exatidão os provimentos mandamentais e não criar embaraços à efetivação de provimentos judiciais, de natureza antecipatória ou final". À vista do contexto, parece que esses "provimentos", qualificados de "mandamentais", nada são senão decisões – sem que se explique a preterição de substantivo consagrado por outro inteiramente estranho, no sentido em que aqui se emprega, à tradição da nossa linguagem processual, na qual sempre se falou de "provimento" para designar o jul-

---

43 Aqui também, o trecho subsequente reitera, com formulação ligeiramente diversa, o que sobre o problema já se dissera no ensaio cit. na nota 8, *supra*, p. 62/3.

gamento favorável de recurso. Feito o registro crítico, importa ressaltar que maior se torna, agora, a necessidade de precisar o conceito de "mandamental", uma vez que a violação do disposto no inciso V "constitui ato atentatório ao exercício da jurisdição" e acarreta a aplicação de sanções diversas; ora, é princípio inconcusso que não se pune comportamento que não esteja claramente previsto como ilícito, e por conseguinte não podem ter acepção duvidosa ou controversa as palavras empregadas para descrever o tipo.

3.3. Chegamos, enfim, às chamadas sentenças executivas – sem o complemento "*lato sensu*", que, peço licença para reiterar, apenas se justificará se quem o use estiver disposto a explicar em que consiste uma sentença executiva *stricto sensu*. Apesar da insuficiente clareza na exposição de PONTES DE MIRANDA sobre o ponto, tem-se entendido que a classe se caracteriza pela desnecessidade de processo de execução diferenciado para tornar efetiva a tutela, nos casos de procedência do pedido. Aqui não é possível deixar de perguntar que é que se considera, exatamente, processo de execução diferenciado.

Ficará tal designação reservada para o processo executivo cuja instauração depende da iniciativa da parte? Excluir-se-á a execução passível de ser iniciada de ofício pelo órgão judicial? Se for assim, teremos de remover desde já da classe das sentenças condenatórias para a das executivas as que impõem prestação no processo trabalhista: segundo o art. 878, *caput*, da Consolidação das Leis do Trabalho, "a execução poderá ser promovida por qualquer interessado, ou *ex officio* pelo próprio Juiz ou Presidente ou Tribunal competente".

Examinemos outra possibilidade: a de que se deva negar a existência de processo executivo diferenciado sempre que, em vez de determinar a citação do litigante vencido, o juiz se limite a tomar outra providência para dar eficácia prática ao julgamento. Nesses casos, tudo se passará no mesmo processo, e isso bastará para retirar a sentença da classe das condenatórias e caracterizá-la como executiva. Ora bem; ainda assim, somos forçados a reconhecer que o julgado não se torna praticamente eficaz sem uma complementação da atividade jurisdicional. No despejo, por exemplo, acolhendo o pedido, o órgão judicial marca prazo para a desocupação voluntária do imóvel e, escoado o prazo *in albis*, expede o mandado *de evacuando* (Lei nº 8.245, de 18-10-1991, arts. 63 e 65). Na ação de depósito, julgado procedente o pedido, ordena o juiz a expedição de mandado para a entrega da coisa depositada ou do equivalente em dinheiro (Código de Processo Civil, art. 904, *caput*)[44]. E assim por diante.

Em semelhante perspectiva, haverá, pois, traço comum, de grande importância, entre a sentença condenatória e a executiva: numa e noutra. para afeiçoar ao julgamento de procedência a realidade fática – em linguagem carneluttiana, para fazer que aquilo que deve ser realmente seja – será necessária atividade jurisdicional complementar. Nisso, a sentença executiva e a condenatória, juntas, opõem-se à sentença meramente declaratória e à constitutiva, que esgotam em si e por si mesmas toda a tutela concebível. Não será essa, afinal de contas, a *summa divisio*? Se for, teremos de ver onde situar a sentença mandamental – o que obviamente pressupõe a fixação, ainda por fazer, do respectivo conceito.

Cumpre aludir, por último, a uma sentença de características particulares: a que acolhe o pedido de emissão, pelo réu, de declaração de vontade e, não cumprida voluntariamente, supre a declaração de vontade que aquele se recusa a emitir. O protótipo, no direito brasileiro, é a sentença do art. 641 do Código de Processo Civil, *verbis* "Condenado o devedor a emitir declaração de vontade, a sentença, uma vez transitada em julgado, produzirá todos os efeitos da declaração não emitida". (Tem a mesma feição, na legislação mais recente, a sentença que, resistindo um dos contratantes à instituição da arbitragem, a despeito da existência de cláusula compromissória, julga procedente o pedido da outra parte para compelir o recalcitrante ao cumprimento da convenção arbitral: ela "valerá como compromisso", nos termos do art. 7º, § 7º, da Lei nº 9.307, de 23-9-1996). No plano comparatístico, semelhante figura tem correspondente quase exato na do § 894, nº I, princípio, da *Zivilprozessordnung* alemã: "Se o devedor é condenado à emissão de uma declaração de vontade, a declaração vale como emitida, tão logo a sentença haja transitado em julgado"[45].

Empregam os textos, quer o brasileiro, quer o alemão, o verbo *condenar*. Na Alemanha, a doutrina hoje predominante classifica como

44 Recorde-se que tanto a ação de despejo quanto a de depósito se veem incluídas por PONTES DE MIRANDA na classe das executivas: *Trat. das ações* cit., t. I, p. 319 e 393.

45 No original: *"Ist der Schuldner zur Abgabe einer Wilfenserklärung verurteilt, so gilt die Erklärung als abgegeben, sobald das Urteil die Rechskraft erlangt hat".* A fórmula brasileira tem a vantagem de evitar a ficção jurídica, atendo-se realisticamente à equiparação de efeitos. Adite-se que os nossos arts. 639 e 640, que completam o quadro, foram mutuados do art. 2.932,1ª e 2ª alíneas, do *Codice di procedura civile* italiano.

condenatória a sentença do § 894[46]. Tal posição será naturalmente inaceitável para quem veja no efeito executivo traço essencial dessa classe. Realmente: apesar da colocação do art. 641 no Livro II do Código de Processo Civil, o dispositivo nada tem que ver com o processo de execução, que, por supérfluo, nem sequer chega a formar-se. O que aí se regula é questão pertinente à atividade cognitiva do órgão judicial. O lugar apropriado seria o capítulo referente aos efeitos da sentença[47]. A peculiaridade de não comportar execução, no sentido técnico, e de criar, por si só, nova situação jurídica para as partes militaria a favor da qualificação da sentença como constitutiva – e na verdade muitos, sobretudo na Itália, assim a têm rotulado[48]. Entretanto, não se cuida aí de direito potestativo – espécie com a qual se põe geralmente em correlação a classe das sentenças constitutivas[49] – mas de direito a uma prestação, consistente na emissão da declaração de vontade.

PONTES DE MIRANDA localizava a sentença do art. 641 na classe das executivas[50]- proposta que teve alguma repercussão na literatura subsequente[51]. E talvez ela mereça mais que qualquer outra essa qualificação. É, por assim dizer, autoexecutável: reconhece o direito do autor a determinada prestação e, uma vez passada em julgado, desde logo o satisfaz, proporcionando-lhe, independentemente de qualquer ato do réu vencido ou do órgão judicial (rectius: de qualquer formalidade superveniente), situação jurídica idêntica àquela em que ele se veria caso

46 *Vide,* por todos, ROSENBERG-SCHWAB-GOTTWALD, *Zivilprozessrecht* cit., p. 527. Nem sempre foi pacífico o ponto: houve quem, no passado, preferisse incluir a sentença entre as constitutivas (referências bibliográficas em SCHLOSSER, *Gestaltungsklagen und Gestaltungsurteile,* Bielefeld, 1966, p. 33, nota 19).

47 Como sustentei no ensaio *Aspectos da "execução" em matéria de obrigação de emitir declaração de vontade, in Estudos de Direito Processual em memória de Luiz Machado Guimarães,* Rio de Janeiro, 1999, p. 21 e s.

48 Para indicações, *vide* BARBOSA MOREIRA, trab. cit. na nota anterior. p. 216, nota 22. Sustenta a natureza constitutiva, na mais recente literatura pátria, CÂNDIDO DINAMARCO, *Instit.* cit., v. III, p. 248, 252 e s.

49 Como faz o próprio CÂNDIDO DINAMARCO, ob. e v. cit., p. 249/50.

50 *Comentários ao Código de Processo Civil* (de 1973), t. X, 2ª ed., Rio de Janeiro. 2002 (atualização legislativa de Sergio Bermudes), p. 105 e s.; ainda antes, *Trat. das ações* cit., t. I, p. 212 (cf. t. VII, p. 293).

51 Por exemplo: OVÍDIO A. BAPTISTA DA SILVA, *Curso de Processo Civil,* v. II, Porto Alegre, 1990, p. 96/7: ARAKEN DE ASSIS, *Manual do processo de execução,* 8ª ed., S. Paulo, 2002, p. 529/9.

o devedor cumprisse a obrigação. Parece-me, por isso, que a denominação de "executiva" quadra bem melhor a tal sentença do que a outras que ainda exigem, para a satisfação do vencedor, quando não cumpridas sponte propria pelo vencido, esta ou aquela forma de atuação do mecanismo judicial, diversa embora da execução nos moldes tradicionais[52].

4. Considerações finais – Os que tiveram a paciência de acompanhar esta exposição devem sentir-se um tanto frustrados ao verificar que ela contém muito maior número de perguntas que de respostas. À beira do crepúsculo, ouvindo cada vez mais próximo o toque de recolher, já não alimento a esperança de descobrir, por minhas próprias forças, o "abre-te, sésamo" que me dê acesso à decifração de certos enigmas – processuais e outros... Por isso avisei que me cingiria ao levantamento da problemática e à fixação de premissas metodológicas. Queixe-se de si mesmo quem, apesar da advertência, insistiu em permanecer na plateia.

Toda classificação é, antes de mais nada, uma operação lógica. Ora, em qualquer manual elementar de lógica encontram-se várias regras básicas, e uma delas impõe que o critério classificatório seja uniforme. Aplicado à matéria de que estamos cuidando, ele exclui que se possa legitimamente colocar a tônica, para uma classe, no conteúdo da sentença e, para outra, nos efeitos.

Decerto, o normal é que haja alguma correlação entre estes e aquele. Mas trata-se de ponto contingente, sujeito em boa medida à discrição do legislador. Dou-lhes um exemplo. Suponhamos que um dia se venha a reformar o art. 4º do Código de Processo Civil, para estatuir que, julgado procedente, antes de qualquer violação, pedido de declaração de um direito subjetivo, a sentença se converta pleno iure em título executivo, quiçá mediante liquidação, se e quando a violação ocorrer. No momento em que foi proferida, a sentença era, por seu conteúdo, inequivocamente declaratória; porventura se converterá em condenatória, na hipótese de consumar-se a violação? A natureza da sentença ficará dependente de acontecimento futuro, que talvez jamais ocorra? Teríamos de assimilar a declaração nela contida a uma espécie de condenação sujeita a

---

52 Não é nova a ideia: há mais de setenta anos apontava CALAMANDREI na decisão em foco um "ato de execução forçada" *(La sentenza come atto di esecuzione forzata,* ensaio publicado em 1931 e agora incluído no v. IX das *Op. giur.* cit., p. 344 e s.); acompanhou-o, no Brasil, BUENO VIDIGAL, *Da execução direta das obrigações de prestar declaração de vontade, in Direito Processual Civil,* S. Paulo, 1965, p. 176.

condição legal suspensiva? Ou o efeito executivo é que poderá, em consequência da violação, vir a ser produzido pela sentença, sem que seja preciso deslocá-la de uma para outra classe? Uma sentença declaratória com eventual efeito executivo é algo que a tradição repele, mas que à lei é dado consagrar, a menos que se prefira impor ao direito positivo, como uma camisa de força, nossos conceitos apriorísticos.

Em suma: podemos classificar as sentenças de acordo com o conteúdo, ou de acordo com os efeitos. O que decididamente não podemos é passar, no meio do caminho, de um critério a outro. Permitam-me temperar com uma pitada de humor a aridez desta palestra. Em interessante ensaio de processualista italiano[53] colhe-se a informação de que, numa velha enciclopédia chinesa, os animais se viam distribuídos nas seguintes quatorze classes: 1ª) pertencentes ao Imperador; 2ª) embalsamados; 3ª) amestrados; 4ª) bacorinhos; 5ª) sereias; 6ª) fabulosos; 7ª) cães vagabundos; 8ª) incluídos nesta classificação; 9ª) que se agitam como loucos; 10ª) inumeráveis; 11ª) desenhados com pincel finíssimo de pelo de camelo; 12ª) etc.; 13ª) que quebraram o vaso; 14ª) que de longe parecem moscas. O caso pode ser anedótico; nem por isso deixa de ser útil para alertar-nos, ao mesmo tempo, contra o perigo de misturar critérios e de exagerar na respectiva dosagem. Convém ter presente esse pitoresco exemplo todas as vezes que nos sentirmos tentados a dar rédea solta ao nosso *animus classificandi*, antes que ele tome o freio nos dentes e se transforme em cego e obsessivo *furor classificandi*.

Julho de 2003.

53 CAVALLONE, *Critica della teoria delle prove atipiche*, *in Studi in onore di Enrico Tullio Liebman*, Milão, 1979, p. 1.340, nota 23.

COMENTÁRIOS DOS ATUALIZADORES

QUESTÕES VELHAS E NOVAS EM MATÉRIA DE CLASSIFICAÇÃO DE SENTENÇAS

Luís Roberto Barroso / Frederico Montedonio

Nesta atualização, não se pretende dar respostas às indagações presentes no texto, mas apenas noticiar a evolução do ordenamento jurídico brasileiro em torno das perguntas formuladas pelo autor. O próprio Barbosa Moreira escreveu texto posterior ao ora atualizado[54], em que tratou das alterações promovidas pela Lei 11.232/2005 ao CPC/1973, que instituiu o chamado "processo sincrético", no qual atividade cognitiva e executiva se dão nos mesmos autos. Ao indagar se as modificações legais teriam produzido reflexos na classificação das sentenças, o autor concluiu que:

> "Ao nosso ver, decisiva é a linha limítrofe que separa, de um lado, as sentenças bastantes em si mesmas para proporcionar ao litigante vitorioso toda a tutela a que aspiram (sentenças meramente declaratórias e constitutivas), e de outro, as que necessitam de atividade complementar – variável por mais de um aspecto – tendente a adaptar o mundo fático ao *dictum* judicial. Nessa perspectiva, não vemos razão para atribuir consequências apocalípticas à circunstância de levar-se a cabo no mesmo processo ou em processo formalmente diferenciado essa atividade complementar – nem, adite-se *a latere*, para proscrever, em relação a tal ou qual caso, o *nomen juris* que tradicionalmente se lhe tem aplicado, no Brasil e alhures: *execução*"[55].

---

54 MOREIRA, José Carlos Barbosa. "Cumprimento" e "execução" de sentença: necessidade de esclarecimentos conceituais. *Revista Dialética de Direito Processual*, n. 42, set.2006, p. 56/68.

55 MOREIRA, José Carlos Barbosa. "Cumprimento" e "execução" de sentença: necessidade de esclarecimentos conceituais. *Revista Dialética de Direito Processual*, n. 42, set.2006, p. 68.

O CPC/2015 manteve a lógica do processo sincrético e foi além, ao conferir ao magistrado poderes gerais para "determinar todas as medidas indutivas, coercitivas, mandamentais ou sub-rogatórias necessárias para assegurar o cumprimento de ordem judicial, inclusive nas ações que tenham por objeto prestação pecuniária" (art. 139, IV). Como se vê, tais poderes não são mais restritos a obrigações de fazer, não fazer ou entrega de coisa que não seja dinheiro, como era previsto nos arts. 461, § 5º, e 461-A, § 3º, do CPC/1973, correspondentes ao art. 536, *caput* e § 1º, e ao art. 538, § 3º, do CPC/2015.

O CPC/2015 não fornece elementos para uma definição precisa do que seja uma "sentença mandamental", de modo que a matéria fica sujeita à elaboração doutrinária: por exemplo, há quem entenda que se cuida da decisão que se vale de medidas coercitivas indiretas, como a multa – em oposição às medidas coercitivas diretas, como o despejo, que caracterizariam as sentenças executivas[56] –, ao passo que outros defendem que o descumprimento de ordem mandamental é passível de crime de desobediência[57]. Quanto aos deveres das partes e de seus procuradores, particularmente no que diz respeito aos atos atentatórios à dignidade da justiça, a expressão "provimentos mandamentais" (CPC/1973, art. 14, V) foi substituída por "decisões jurisdicionais" (CPC/2015, art. 77, IV), como queria Barbosa Moreira. Fora isso, o Código qualifica como "mandamentais" algumas das "medidas" que podem ser determinadas para assegurar o cumprimento de ordens judiciais em geral (art. 139, IV), e, em particular, a prestação de informações ou exibição de coisas ou documentos (art. 380, parágrafo único; art. 400, parágrafo único; e art. 403, parágrafo único). Em todos esses casos, as "medidas mandamentais" vêm acompanhadas das "indutivas", "coercitivas" ou "sub-rogatórias", que lhes servem como alternativas a serem adotadas, a depender do caso concreto. As expressões traduzem técnicas de coerção mais ou menos agressivas com o fim de efetivar a decisão.

56 DIDIER JR., Fredie; BRAGA, Paula Sarno; OLIVEIRA, Rafael Alexandria de. *Curso de direito processual civil*, vol. 2. Salvador: Juspodivm, 2016, p. 429.

57 MEIRELES, Edilton. Medidas sub-rogatórias, coercitivas, mandamentais e indutivas no Código de Processo Civil de 2015. *Revista de Processo*, vol. 247, set. 2015. Disponível em: <http://www.mpsp.mp.br/portal/page/portal/documentacao_e_divulgacao/doc_biblioteca/bibli_servicos_produtos/bibli_boletim/bibli_bol_2006/RPro_n.247.09.PDF>. Acesso em: 30 nov.2020.

A decisão que supre a falta de declaração de vontade do réu deixou o livro do processo executivo ainda na vigência do CPC/1973: por obra da Lei 11.232/2005, o art. 641 do antigo Código foi revogado e em seu lugar foi acrescido o art. 466-A, que, no entanto, ainda usava a linguagem da condenação. Isso deixou de se verificar no art. 501 do CPC/2015, que passou a valer com o seguinte teor: "Na ação que tenha por objeto a emissão de declaração de vontade, a sentença que julgar procedente o pedido, uma vez transitada em julgado, produzirá todos os efeitos da declaração não emitida". Nem por isso, entretanto, tal sentença cai automaticamente na classe das constitutivas. Ao contrário do que sustentava Barbosa Moreira, o dispositivo não foi incluído entre as normas que tratam dos efeitos da sentença (seção II – arts. 489 a 495), mas sim entre as que disciplinam o julgamento das ações relativas às prestações de fazer, de não fazer e de entregar coisa (seção IV – arts. 497 a 501). As normas desta seção foram previstas de modo separado das que tratam do respectivo cumprimento de sentença (arts. 536 a 538), diversamente do que ocorria no CPC/1973, em que a sentença e as normas para seu cumprimento eram tratadas conjuntamente (arts. 461 e 461-A).

O exercício feito nas considerações finais da conferência de Barbosa Moreira, quanto à diferença entre conteúdo e efeitos da decisão, provou-se pertinente ainda na vigência do Código anterior: a Lei 11.232/2005 revogou o art. 584, I, do CPC/1973, que qualificava como título executivo judicial "a sentença *condenatória* proferida no processo civil" e deu efeito de título executivo à "sentença proferida no processo civil que *reconheça a existência* de obrigação de fazer, não fazer, entregar coisa ou pagar quantia" (art. 475-N, I, do CPC/1973). Conferiu-se, assim, eficácia executiva às sentenças com conteúdo declaratório de prestações já exercitáveis[58]. A mesma norma se mantém no CPC/2015, embora com ligeira mudança de redação, que agora alude às "decisões proferidas no processo civil que *reconheçam a exigibilidade de obrigação* de pagar quantia, de fazer, de não fazer ou de entregar coisa" (art. 515, I). O atual Código também criou um capítulo para tratar das "disposições gerais" atinentes ao cumprimento da sentença (arts. 513 a 519), o que não havia no CPC/1973.

58 Nesse sentido: DIDIER JR., Fredie; BRAGA, Paula Sarno; OLIVEIRA, Rafael Alexandria de. *Curso de direito processual civil*, vol. 1. Salvador: Juspodivm, 2016, p. 297.

REFORMAS DO CPC EM MATÉRIA DE RECURSOS[1]

1. Sempre que entre nós se critica o desempenho da Justiça, e em particular a lentidão processual, vem à balha o tema dos recursos. É generalizada a crença de que uma das causas principais, senão *a principal*, da excessiva duração dos pleitos reside em defeitos existentes na disciplina da matéria.

Assim se explica, provavelmente, a frequência das iniciativas que se vêm tomando no sentido de alterar essa disciplina. Das dezenas de inovações introduzidas nos anos recentes em nosso ordenamento processual civil, uma parte importante visou semelhante alvo. Tocou-se no recurso adesivo, no preparo, no efeito devolutivo da apelação, nos embargos de declaração, no recurso extraordinário, no especial, nos poderes do relator - sem falar da profunda modificação do procedimento do agravo. Continha o texto primitivo do Código mais de setenta artigos concernentes a recursos; só trinta deles - menos da metade, portanto - conservam a redação primitiva, e não poucos dos restantes já foram alterados mais de uma vez.

Na verdade, não dispomos de dados concretos capazes de revelar com precisão em que medida respondem aqueles defeitos, reais ou supostos, pelo funcionamento insatisfatório da máquina judiciária. Dir-se-á que é evidente, quando nada, a relação de causa e efeito entre a utilização de recursos e o prolongamento dos processos: se as decisões fossem todas irrecorríveis, eles sem dúvida terminariam mais depressa. Mas até agora a ninguém ocorreu sugerir que se adote um sistema desse feitio para a totalidade dos pleitos, e a razão é igualmente óbvia: a celeridade não constitui o único valor em jogo, e o legislador processual, aqui e alhures, dificilmente se animaria a sobrepô-la de modo tão radical a quaisquer outros. O que sugere o bom senso é tentar encontrar o justo ponto de equilíbrio entre as solicitações contrapostas que aí se manifestam; e, para isso, muito ajudaria que tivéssemos elementos objetivos, colhidos na realidade quotidiana do foro e dotados de confiabilidade su-

---

1 Publicado em *Rev. For.*, v. 354, Rev. Jur., v. 279, *Rev. Síntese de Dir. Civ. e Proc. Civ.*, v. 9, *Rev. de Dir. Renovar*, v. 19, *Rev. da EMERJ*, nº 13, e no volume coletivo *Doutrina*, nº 11.

perior à das nossas variáveis experiências pessoais – ou, *a fortiori*, das meras impressões pelas quais não raro nos deixamos guiar.

2. Da série extensa de leis reformadoras que se sucederam na última década, interessam diretamente à problemática dos recursos as de n. 8.950, de 13-12-1994, 9.139, de 30-11-1995, e 9.756, de 17-12-1998. As várias inovações trazidas pela primeira, e disseminadas ao longo do Título X do Livro I do Código de Processo Civil, sem suscitar grandes problemas hermenêuticos, foram com facilidade assimiladas pela prática.

Algumas dessas inovações devem considerar-se positivamente bem-vindas. É o caso, por exemplo, da inserção do parágrafo único do art. 518, que facultou ao juiz reexaminar os requisitos de admissibilidade da apelação, depois da resposta do apelado, capaz, muitas vezes, de solicitar a atenção do órgão judicial para alguma falha até então despercebida. Também só merece louvores a reestruturação da disciplina dos embargos de declaração, que corrigiu a injustificável bifurcação das disposições pertinentes, agravada por certa diferença de redação entre o antigo parágrafo único do art. 465 e o texto primitivo do art. 538, *caput*, além de suprimir, no rol dos possíveis fundamentos do recurso, a descabida referência à "dúvida".

3. A segunda lei mencionada (nº 9.139) teve mais amplo alcance: refundiu o procedimento do agravo, consagrando, como novidade central, a técnica da interposição direta perante o órgão *ad quem* (art. 524), com ressalva das hipóteses de retenção nos autos (art. 523), que por sinal passou a ser obrigatória quanto às decisões posteriores à sentença, exceto a que não admita a apelação (art. 523, § 3º). Sobre essa vistosa inovação dividiram-se as opiniões: houve quem lhe batesse palmas e, em menor número, quem a acolhesse de sobrancelhas franzidas[2]. Que padecia de sérias imperfeições a disciplina dada ao recurso pelo texto de 1973 é algo de que não se pode razoavelmente duvidar. Resta saber se o remédio escolhido foi o mais eficaz.

Algumas vozes denunciaram o aumento da carga de trabalho imposta aos tribunais de segundo grau, perante os quais passou a desenvolver-se todo o procedimento recursal. O relator, principalmente, teria

2 Assim, por exemplo, VICENTE GRECO FILHO, *Comentários ao procedimento sumário, ao agravo e à ação monitória*, S. Paulo, 1996, p. 21 e s.

visto crescer bastante suas atribuições, mercê do disposto nos incisos do atual art. 527. Tal efeito da reforma poderia encontrar compensação no declínio da quantidade de mandados de segurança impetrados contra decisões interlocutórias de primeiro grau. O legislador obviamente nutria a esperança de que, com a nova sistemática do agravo, desaparecessem, ou pelo menos diminuíssem muito, os motivos que induziam os litigantes a valer-se do mencionado remédio nesse contexto. Pesquisa levada a cabo há anos em alguns tribunais estaduais apontou no sentido de que a incidência do mandado de segurança declinara aí menos do que se tinha previsto[3]; mas é bem possível que, com o correr do tempo, se haja intensificado o decréscimo.

Seja como for, a interpretação da Lei nº 9.139 não deixou de dar ensejo a controvérsias. Sobressai entre elas a relativa à consequência do descumprimento, pelo agravante, da disposição do art. 526, a cuja luz lhe incumbe, no prazo de três dias, requerer a juntada, aos autos principais, de cópia da petição do agravo de instrumento e do comprovante da interposição, assim como da relação dos documentos que instruíram o recurso. Para alguns, a omissão do agravante toma inadmissível o agravo, do qual não deverá conhecer o órgão *ad quem*; outros rejeitam essa conclusão. Os argumentos capitais da primeira corrente podem ser assim resumidos: a norma é imperativa e cria dever a que não pode furtar-se o agravante; a comunicação ao juízo *a quo* tem por objetivo cientificar a parte contrária, a fim de que ela se prepare para responder; o descumprimento impossibilita o juiz de atender ao eventual pedido de informações do relator. A eles se replica dizendo que: a inadmissibilidade do recurso é corolário tão grave, que reclamaria cominação expressa, inexistente na lei; a forma legalmente prevista para a cientificação do agravado é a intimação de que trata o art. 527, nº III; o pedido de informações, que o relator dirija ao juízo de origem, mais comumente

3 A pesquisa, de iniciativa do autor deste trabalho, abrangeu os Tribunais de Justiça dos Estados do Rio de Janeiro, Minas Gerais, Paraná e Rio Grande do Sul – obtidos os dados dos três últimos graças à colaboração dos Professores HUMBERTO THEODORO JÚNIOR, MONIZ DE ARAGÃO e ADROALDO FURTADO FABRÍCIO, respectivamente. Comparados os percentuais de mandados de segurança contra ato judicial de primeiro grau, no universo global dos mandados de segurança impetrados perante esses tribunais, nos anos de 1995 (o último de vigência do antigo regime do agravo) e 1996 (o primeiro de vigência do novo), apurou-se um decréscimo, em números redondos, de 10% no Rio de Janeiro, 32% em Minas Gerais, 46% no Paraná e 31% no Rio Grande do Sul.

se referirá a outros pontos; a lei não determina que o agravante comunique ao relator o cumprimento do disposto no art. 526, e nem sempre aquele tomará a iniciativa de pedir ao juiz que o informe a tal respeito, logo é perfeitamente concebível que, no momento de julgar o recurso, o tribunal não disponha do dado que seria indispensável para permitir-lhe optar entre o conhecimento e o não conhecimento do recurso. Essas razões sempre nos pareceram mais fortes que as invocadas a favor da inadmissibilidade do agravo no caso em foco. Nem por isso se dirá que não produza consequência alguma a inobservância do art. 526. A falta da comunicação gera, para o juiz *a quo*, desinformado da interposição do agravo, a impossibilidade de exercer o juízo de retratação; e com isso cria obstáculo ao atendimento de um interesse do agravante, para o qual, portanto, não é indiferente cumprir ou descumprir o ônus.

Doutrina e jurisprudência continuam divididas acerca da questão[4]. Registre-se que um dos projetos destinados a ampliar os trabalhos de reforma do Código visa, entre outras coisas, a pôr termo ao debate, consagrando a tese do não conhecimento do recurso como resultado da omissão do agravante, *mas somente se o agravado vier a argui-la e prová-la*.

Ainda em matéria de agravo, faça-se aqui ligeira referência a um problema decorrente da abstenção do legislador em regular o procedimento do interponível, segundo o art. 544, contra decisão que não admite recurso extraordinário ou especial. Consoante se sabe, a lacuna veio a ser preenchida por duas resoluções, uma do presidente do Superior Tribunal de Justiça (nº 1, de 31-1-1996), outra do presidente do Supremo Tribunal Federal (nº 140, de 1º-2-1996). A sistemática aí estabelecida discrepa radicalmente da adotada para o agravo contra decisão de primeiro grau: basta ver que a interposição ocorre perante o órgão *a quo*. Ambas as resoluções cuidaram de disciplinar inclusive a tramitação do recurso no tribunal de origem, invadindo às escâncaras área da competência do Poder Legislativo[5]. Apesar da gritante inconsti-

---

4 Para copiosas indicações, consulte-se o levantamento exaustivo feito por FLÁVIO GALDINO, *Sobre o art. 526 do CPC – Da necessidade de uma súmula uniformizadora*, in *Rev. For.*, v. 347, p. 91 e s. A Corte Especial do Superior Tribunal de Justiça, em 1º-12-1999, REsp 182.820, optou pela tese a meu ver correta. Não consta, até a presente data, publicação desse acórdão, mas outras decisões posteriores, no mesmo sentido, a ele fazem menção: *v.g.*, 18-5-2000, REsp 195.729, *in DJ* de 21-8-2000, p. 140.

5 Extensa crítica em BARBOSA MOREIRA, *Comentários ao Código de Processo Civil*, v. V, 8ª ed., Rio de Janeiro, 1999, p. 593/4.

tucionalidade, essas resoluções, por motivos óbvios, têm sido aplicadas e devem ser levadas em conta pelos litigantes e seus advogados.

4. Problemas de maior vulto causou a Lei nº 9.756, redigida com técnica muito imperfeita. Em alguns pontos, os efeitos da imperícia do legislador podem inscrever-se em pauta puramente anedótica: é o que ocorre, por exemplo, com a curiosa introdução, no art. 557, de um parágrafo batizado de 1º-A mas colocado *antes* do § 1º... Outros defeitos são mais graves e suscitam dificuldades no plano doutrinário e no prático.

Comecemos pela mais ostensiva inovação: a figura do recurso extraordinário ou especial retido, prevista no § 3º que se acrescentou ao art. 542. De acordo com esse dispositivo, quando o recurso for interposto "contra decisão interlocutória em processo de conhecimento, cautelar, ou embargos a execução, ficará retido nos autos e somente será processado se o reiterar a parte, no prazo para a interposição do recurso contra a decisão final, ou para as contrarrazões". A premissa de que partiu o legislador é a de que, ao sobrevir o julgamento final da causa ou de outro recurso, pode acontecer que já não interesse a quem antes interpusera o extraordinário ou o especial que este ou aquele prossiga em sua marcha. Caso subsista o interesse, caberá ao recorrente o ônus de insistir; omitindo-se, não se processará o recurso. Com isso, evitam-se manobras dilatórias armadas sobre impugnações pouco sérias, e espera-se aliviar a carga de trabalho do Supremo Tribunal Federal e do Superior Tribunal de Justiça, na medida em que deixem de subir até eles os recursos retidos, não reiterados.

Terá lugar a retenção quando o extraordinário ou o especial impugne "decisão interlocutória", expressão que compreende não só a proferida por órgão colegiado em causa da competência originária de tribunal (*v.g.*, sobre incidente relativo ao valor de ação rescisória), senão também o julgamento de agravo contra pronunciamento pelo qual se haja resolvido em primeiro grau questão incidente, e até esse próprio pronunciamento, se for ele mesmo impugnável pela via extraordinária, como pode suceder, embora a título excepcional, em feitos que não comportam apelação (Lei nº 6.830, de 22-9-1980, art. 34 e seu § 3º; Lei nº 9.099, de 26-9-1995, arts. 41 e s.). É mister, por outro lado, que a decisão impugnada surja em processo de conhecimento, de qualquer rito (inclusive liquidação de sentença, que tem natureza cognitiva), ou em processo cautelar (na fase de cognição), ou ainda no curso de embargos a execução fundada quer em título judicial, quer em título extrajudicial, os quais igualmente constituem processo (incidente) de conhecimento, e decerto foram especificamente mencionados para prevenir controvérsias. Por igualdade de razão, incide o § 3º do art. 542 noutros processos cognitivos incidentes, *v.g.*, o da verificação e classificação dos créditos na execução por quantia certa contra devedor insolvente (arts. 768 e s.).

Ao contrário do que se dá no agravo retido, jamais tem relevância, aqui, a vontade do recorrente. Se é caso de reter-se o recurso, *ex vi legis*, nada importa que o recorrente preferisse vê-lo subir de imediato, e vice-versa.

Impõe-se neste passo uma observação. Pode haver situações em que a retenção do extraordinário e/ou do especial, nos termos do § 3º do art. 542, trará mais prejuízo que benefício. Certos pontos duvidosos precisam ser enfrentados e esclarecidos quanto antes, sob pena de, se os deixarmos para mais tarde, nascer o risco de dano irreparável, ou de inoportuno desperdício da atividade processual. Assim, por exemplo, suscitando-se dúvida sobre competência, o melhor é resolver desde logo a questão, para evitar a eventual invalidação de atos praticados por órgão que depois venha a ser declarado absolutamente incompetente. Em hipóteses tais, aconselha o bom senso que se julgue o recurso o mais depressa possível. A mera circunstância de tratar-se de decisão interlocutória não deveria bastar, aí, para justificar a retenção. É de estranhar que o legislador nem sequer haja roçado o problema; redigiu-se o dispositivo em termos que literalmente dão a impressão de excluir a abertura de exceções. A jurisprudência, porém, demonstrando elogiável flexibilidade, tem abrandado o rigor da norma[6].

Põe-se então a pergunta: como há de proceder o interessado quando se retém no órgão *a quo* recurso extraordinário ou especial que houvesse de subir incontinenti? Já se cogitou de várias possibilidades: impetração de segurança, reclamação ao tribunal superior, interposição de agravo de instrumento... Esta última solução não parece despropositada; embora não se cuide propriamente de decisão que não admita o extraordinário ou o especial, existe, quando menos, analogia, a legiti-

---

6 Parece ter encontrado ouvidos atentos a enérgica advertência de CÂNDIDO DINAMARCO, em artigo publicado logo depois do advento da malsinada lei: *O relator, a jurisprudência e os recursos*, no volume coletivo *Aspectos polêmicos e atuais dos recursos cíveis de acordo com a Lei 9.756/98*, coord. por Teresa Arruda Alvim Wambier e Nelson Nery Junior, S. Paulo, 1999, p. 141/2.

mar a invocação do art. 544. Surgem, contudo, inconvenientes do ponto de vista prático, em razão do tempo que se gastaria para fazer chegar a matéria ao tribunal superior, processado o agravo nos termos das resoluções que a ele concernem. Decerto por isso, vem-se preferindo um quarto alvitre, na verdade não muito ortodoxo: o de requerer diretamente ao órgão *ad quem* medida cautelar, destinada a ordenar a subida imediata do recurso retido. O Superior Tribunal de Justiça tem chancelado amiúde esse procedimento[7].

Complica-se o problema com referência ao Supremo Tribunal Federal, em virtude da orientação, ali firmemente adotada, de não admitir medida cautelar atinente a recurso extraordinário ainda não admitido no órgão *a quo*. Não prescreve a lei, com efeito, que o presidente (ou vice-presidente) desse órgão se pronuncie desde logo sobre a admissibilidade do extraordinário retido. Vê-se o recorrente, assim, num beco sem saída. Em acórdão de 16-11-1999, Petição nº 1.834, decidiu a 1ª Turma da Corte Suprema deferir "em parte" o pedido do requerente, apenas para o fim de determinar que o presidente do tribunal de origem emitisse o pronunciamento sobre a admissibilidade, a despeito da retenção. Entende-se que, caso positivo o juízo, se tornaria viável a apreciação do requerimento da parte que interpusera o extraordinário, já agora, por hipótese, admitido. Não se disse, no entanto, como haveria de proceder o interessado para alcançar tal objetivo: teria de formular novo requerimento de medida cautelar ao Supremo Tribunal Federal? Seria patente o excesso de burocracia, particularmente indesejável em situações de emergência. Note-se, por outro lado, que a decisão acerca da admissibilidade do recurso extraordinário, nos termos do art. 542 e seu § 1º, *pressupõe* a concessão de prazo ao recorrido para apresentar contrarrazões. Tudo isso evidencia a incúria do legislador que, consagrando tão relevante inovação, se absteve de enfrentar questões de importância mais que óbvia.

Cumpre identificar a "decisão final" a que alude o § 3º. Semelhante expressão deve ser lida como referente à decisão que ponha termo ao

7 Em alguns dos precedentes discutia-se justamente questão de competência: *v.g.*, 16-8-1999, Med. Caut. nº 1.883, in *DJ* de 14-9-2000, p. 149 (decisão do Min. Sálvio de Figueiredo Teixeira); 27-4-2000, Med. Caut. Nº 2.624, in *DJ* de 28-8-2000, p. 69 (ac. da 3ª Turma). Outro tema frequente é o da antecipação da tutela: *v.g.*, 7-10-1999, Med. Caut. nº 1.965, *DJ* de 17-12-1999, p. 369 (ac. Da 4ª Turma). Num dos julgados, tratava-se do afastamento de prefeito, cuja demora geraria o risco de extinção do prazo do mandato: 7-12-1999, Med. Caut. nº 1.730, *DJ* de 8-3-2000, p. 131 (ac. da 5ª Turma).

processo em cujo curso se proferiu a impugnada pelo extraordinário e/ou especial retido. Por exemplo: se o feito pendia em segundo grau de jurisdição, será "decisão final" o acórdão que julgar a apelação ou, eventualmente, os embargos infringentes; se a causa era da competência originária de tribunal, "decisão final" será o acórdão que lhe der solução já insuscetível de outro recurso, no mesmo grau de jurisdição.

No comum dos casos, a reiteração do recurso retido virá na petição de interposição do extraordinário e/ou do especial contra essa decisão, ou na resposta. Não é exatamente assim, vale notar, que se expressa a lei: o que ela diz é que a parte interessada tem o ônus de reiterar o recurso retido "no prazo para a interposição do recurso contra a decisão final, ou para as contrarrazões". A rigor, portanto, não é imprescindível, conquanto mais prático, que a reiteração seja inserida no bojo do recurso ou da resposta: basta que se formule *no mesmo prazo*, ainda que em peça separada.

Impende atentar em que, vencido afinal o litigante que interpusera o recurso retido, nem sempre concorrerão, em relação a esse julgamento final, os pressupostos constitucionais de admissibilidade do extraordinário e/ou do especial. Não se deve concluir que o recurso retido fique necessariamente sacrificado: é bem possível que, *a seu respeito*, tais pressupostos concorram, e seria injurídico barrar ao recorrente o acesso à via que ele tem o direito de trilhar. Nenhum sentido teria, por outro lado, forçá-lo a interpor um extraordinário e/ou especial *inadmissível*, exclusivamente para veicular a reiteração do anterior, que se retivera. A solução consiste em permitir que o recorrente expresse sua insistência em simples petição avulsa, apresentada, dentro de quinze dias (art. 508), à autoridade competente[8].

5. Merece atenção outro aspecto da Lei nº 9.756. No propósito de abreviar a tramitação de recursos nos tribunais, o legislador retomou e reforçou a orientação, já abraçada em diplomas anteriores, de habilitar o relator a decidir por si só, afastada a necessidade do julgamento colegiado. Desta vez, chegou-se ao extremo de permitir que o relator dê provimento ao recurso, caso a decisão impugnada esteja "em manifesto confronto com jurisprudência dominante do Supremo Tribunal Federal, ou de Tribunal Superior" (art. 557, § 1º-A, introduzido pela Lei nº 9.756).

8 Nesse sentido, ATHOS GUSMÃO CARNEIRO, *Requisitos especificas de admissibilidade do recurso especial*, no volume coletivo cit. na nota 5, *supra*, p. 125.

Ponha-se de lado, aqui, o uso impróprio da palavra "confronto", em vez de "conflito, contraste, contradição". O que já não se pode deixar de assinalar é a significação equívoca da expressão "jurisprudência dominante". O texto não exige que a tese haja sido incluída na Súmula do tribunal. Mas, fora dessa hipótese, não raro dependerá de apreciações subjetivas, em boa parte, a consideração desta ou daquela jurisprudência como "dominante". Mesmo nos mais altos tribunais, podem e costumam ocorrer oscilações, de modo que ora prevalecerá uma tese, ora a tese oposta. Não é inconcebível que, no curso de uma única sessão, julgamentos reiterados convertam em "dominante" jurisprudência que até ali não o era.

Há mais, porém, e pior. Na conformidade do § 1º do art. 557, a decisão do relator, que dê provimento ao recurso, é passível de impugnação, mediante agravo dirigido ao órgão colegiado – ao qual não se poderia, na verdade, subtrair em definitivo a competência para julgar o recurso. Sucede que o relator, caso não se retrate, deve pura e simplesmente apresentar o processo "em mesa", isto é, independentemente de intimação do agravado e de inclusão em pauta, regularmente publicada. Bem pode acontecer, portanto, que a parte vencedora nos termos da decisão do relator venha a ter sua vitória transformada em derrota, sem haver sido oficialmente avisada da interposição do agravo e do fato de que ele será julgado em determinada sessão. É uma sistemática que de maneira alguma se harmoniza com a garantia constitucional do contraditório e da ampla defesa (Carta da República, art. 5º, nº LV). Surpreende que não tenha reconhecido a inconstitucionalidade o Supremo Tribunal Federal, em acórdão de 15-5-1999, ao julgar o agravo regimental no Recurso Extraordinário nº 227.030[9].

Aqui se faz oportuna uma ponderação. Para quem se preocupe obsessivamente com o número de recursos, será arriscado supor que sirva de tranquilizante eficaz a multiplicação de casos em que se outorga ao relator a competência para decidir só por si. É que, conforme se regis-

---

9 Para mais minuciosa crítica, *vide* BARBOSA MOREIRA, Uma inconstitucionalidade flagrante e uma decisão infeliz, *in Temas de Direito Processual* (Sétima Série), S. Paulo, 2000, p. 83 e s. Há quem sustente a necessidade da publicação de pauta fazendo tábua rasa, por assim dizer, da cláusula relativa à apresentação do processo "em mesa": NELSON LUIZ PINTO, *Manual dos Recursos Cíveis*, 2ª ed., S. Paulo, 2000, p. 212, e, na sua esteira, ATHOS GUSMÃO CARNEIRO, *Poderes do relator e agravo interno – Artigos 557, 544 e 545 do CPC, in Rev. Síntese de Dir. Civ. e Proc. Civ.*, nº 6, p. 17.

trou, sua decisão poderá ser impugnada perante o colegiado, de sorte que se criarão outras tantas oportunidades de recorrer. Dificilmente passará despercebida aos olhos de qualquer observador, aliás, a quantidade de agravos, impropriamente ditos "regimentais", que costumam inchar *a quo*ta de trabalho dos tribunais brasileiros. Dir-se-á que grande parte das decisões de relatores permanece irrecorrida, e por conseguinte a sobrecarga ainda é menor do que seria se todos os feitos houvessem por força de chegar ao colegiado. É uma afirmação que, para ganhar inteira seriedade, precisaria vir acompanhada de dados estatísticos, colhidos no *dia a dia* forense. Esses dados, entretanto, ou não existem, ou não recebem a necessária divulgação. Fica de pé, assim, a dúvida: vem realmente causando abreviação considerável da duração dos pleitos a autorização dada aos relatores para decidir sozinhos?

6. Encarado o assunto por ângulo mais largo, cabe frisar que o legislador na verdade não se tem deixado impressionar muito pela ideia, tão difundida, de que o x do problema está no excessivo número de recursos. Nenhuma das leis que reformaram o Código de Processo Civil tratou de abolir qualquer recurso. Nem pretende fazê-lo projeto algum dos que visam a dar continuação à empresa reformadora.

Convenhamos, de resto, que não seria medida fácil de tomar. Basta examinar o rol dos recursos constante do art. 496. Três são de matriz constitucional – o recurso ordinário (inciso V), o especial (inciso VI) e o extraordinário (inciso VII) – e pois imunes à tesoura da lei. A apelação (inciso I) terá garantido seu lugar enquanto não se renuncie ao duplo grau de jurisdição; o agravo (inciso II), enquanto não se resolva tornar irrecorríveis em separado todas as interlocutórias – e nada disso se afigura provável neste momento. Quanto aos embargos de declaração (inciso IV), o máximo em que se pode pensar é dar-lhes feição diversa, retirando-os do campo recursal; mas algum remédio será imprescindível manter para as hipóteses de obscuridade, omissão ou contradição nas decisões.

Sobram os embargos infringentes (inciso III) e os embargos de divergência em recurso especial ou extraordinário (inciso VIII). Estes últimos comportarão talvez substituição por outro mecanismo que assegure a uniformidade interna da jurisprudência do Supremo Tribunal Federal e do Superior Tribunal de Justiça. De qualquer modo, a eventual eliminação da figura, de utilização pouco frequente, nada de espetacular prometeria em matéria de aceleração processual.

O caso mais digno de atenção, por tal prisma, é o dos embargos infringentes, um dos alvos prediletos dos críticos do sistema de recursos. Vale a pena registrar que, no anteprojeto da lavra do Professor ALFREDO BUZAID, semelhante figura só fora contemplada como sucedâneo da apelação em causas de pequeno valor (art. 561); não, porém, como meio de impugnar acórdãos. Mas o projeto encaminhado à Câmara dos Deputados (arts. 536 e s.) já restaurava o recurso em termos praticamente iguais aos que aparecem no Código. De início, externei opinião contrária à subsistência desses embargos infringentes[10]. A posterior experiência judicante levou-me a abrandar o juízo desfavorável: passei a preconizar apenas a redução do âmbito de cabimento do recurso.

O projeto relativo à matéria segue tal diretriz, embora não acolha *in totum* as sugestões que formulei em meu volume de comentários ao Código. Se aprovado o projeto, continuarão os embargos a caber, como hoje, contra acórdãos não unânimes em apelação ou em ação rescisória. Na primeira hipótese, contudo, será preciso, mais, que o tribunal haja reformado a sentença e que esta haja decidido o mérito da causa[11]; na segunda hipótese, que se tenha julgado procedente o pedido de rescisão.

Uma alternativa de que já se tem cogitado para a manutenção dos embargos infringentes consistiria em, verificada a falta de unanimidade no julgamento da apelação ou da ação rescisória, fazê-lo integrar por outros juízes. Assim, *v.g.*, se proferidos dois votos no sentido do provimento da apelação e um no do respectivo desprovimento, seriam chamados a votar mais dois membros do tribunal, e com isso se daria por encerrado o assunto, fosse qual fosse o resultado a que se chegasse. O projeto de reforma, no entanto, não quis trilhar esse caminho.

7. Ainda um tópico merece exame no presente contexto: o atinente aos efeitos dos recursos. De lege lata, a regra geral, no processo civil brasileiro, é a da suspensividade: ainda quando silente o texto legal, deve enten-

10 Assim nas três primeiras edições do cit. v. V dos *Coment. ao C.P.C.* (*vide* a 1ª ed., p. 400/1).

11 Tal pressuposto era exigido no sistema primitivo do Código de 1939, antes do Dec.-Lei nº 8.750, de 8-1-1946. Inclui-se entre minhas propostas, como igualmente a exclusão das hipóteses de extinção do processo em primeiro grau sem apreciação do mérito. Proponho ainda – mas essa sugestão não foi acolhida no projeto – que os embargos não caibam quando a divergência no julgamento da apelação ocorra só a respeito de preliminar.

der-se que o recurso produz efeito suspensivo, e portanto fica paralisada a eficácia da decisão. Para que ela se manifeste desde logo, apesar da interposição, é necessário que a lei negue o efeito suspensivo – o que ela às vezes faz de maneira indireta, e tecnicamente criticável, dizendo que o recurso será recebido "no efeito devolutivo", como se este fosse o oposto daquele[12].

Pois bem: um dos anteprojetos de reforma pretendia inverter a regra no que tange à apelação. Consoante a nova redação nele proposta para o art. 520, tal recurso passaria a ter "*somente* efeito devolutivo, salvo nas causas relativas ao estado e à capacidade das pessoas". O anteprojeto adotava a cautela de permitir que o apelante requeresse ao órgão *ad quem*, alegando a relevância dos fundamentos do recurso, a concessão do efeito suspensivo, caso o cumprimento imediato da sentença pudesse acarretar-lhe dano grave e de difícil reparação. Averbe-se que com a modificação da disciplina dos efeitos da apelação se conjugava inovação veiculada por outro anteprojeto, no sentido de atenuar as restrições hoje impostas à execução provisória. Esse conjunto de medidas naturalmente beneficiaria o litigante vencedor em primeira instância, facilitando a respectiva satisfação; em contrapartida, poderia prejudicar injustamente o vencido, submetendo-o a gravames nem sempre suscetíveis de compensação adequada, na eventualidade de reforma ou anulação da sentença pelo tribunal.

A consciência de tal risco é uma das razões capitais da tendência, ainda predominante nas legislações processuais, a atribuir efeito suspensivo, como regra, à apelação. Quase todos os países da Europa continental e da América Latina mantêm-se fiéis a semelhante diretriz. Dentre os europeus, repudiou-a a Itália, em reforma de 1990[13]. Não lhe seguiram o exemplo, todavia, nem Portugal nem a França, que também reformaram o processo civil em tempos recentes[14]. Entre nós, igual-

---

12 Serve de exemplo o art. 542, § 2º, na redação da Lei nº 8.950: "Os recursos extraordinário e especial serão recebidos no efeito devolutivo". Criticou-se esse modo de dizer na 8ª ed. da ob. e v. cit. na nota 4, *supra*, p. 580.

13 Sobre a modificação, entre muitos outros, PROTO PISANI, *La nuova disciplina dei processo civile*, Nápoles, 1991, p. 193 e S.; COMOGLIO-FERRI-TARUFFO, *Lezioni sul processo civile*, Bolonha, 1995, p. 682/3.

14 Em Portugal, o art. 692, na redação do Dec.-Lei nº 329-A, de 12-12-1995, mantém a relação regra-exceção nos termos tradicionais: a apelação suspende a exequibilidade da sentença, ressalvada ao apelante a possibilidade de requerer que se

mente, parece gorada, por enquanto, a tentativa de inversão: no projeto remetido ao Congresso Nacional, preferiu o Poder Executivo manter o duplo efeito da apelação, como regra, cingindo-se a aditar duas hipóteses à lista de exceções do art. 520: o recurso não será suspensivo quando a sentença apelada "confirmar a antecipação dos efeitos da tutela" ou "tiver como fundamento súmula do Supremo Tribunal Federal ou do tribunal competente".

A meu ver, a questão é das que reclamariam a análise de elementos concretos para ser resolvida com a tranquilidade própria de quem tem noção menos vaga das consequências da opção. A supressão do efeito suspensivo é uma faca de dois gumes, e seria mister que pudéssemos sopesar-lhe os prós e os contras à luz de dados objetivos. Realmente: se é remota a hipótese de reforma ou anulação da sentença, então não haverá muita dúvida sobre a conveniência da medida, desprezados os casos residuais de injusto prejuízo para o vencido; se, ao contrário, é elevado o número de decisões de provimento da apelação, deveremos pensar duas vezes antes de modificar o regime. Desconheço, porém, estatísticas relativas ao ponto, e confesso certo receio de dar um salto no escuro.

Seja como for, não há negar a tendência generalizada à maior valorização do julgamento de primeiro grau. A concessão de exequibilidade imediata à sentença, mesmo apelada, insere-se nessa linha de pensamento; e é bem possível que, mais dia, menos dia, acabe por impor-se. Em todo caso, a respectiva consagração jamais poderá deixar de ressalvar, conforme fazia o citado anteprojeto, a possibilidade de suspender-se o cumprimento da sentença, em hipóteses de risco manifesto e grave

atribua ao recurso efeito meramente devolutivo em casos previstos expressis verbis. Na França, o relatório encaminhado ao Ministro da Justiça pelo presidente do Tribunal de Nanterre JEAN-MARIE COULON havia sugerido a adoção do princípio geral da "execução imediata", suprimindo-se, com ressalvas, o efeito suspensivo da apelação (*vide* o v. *Réflexions et propositions sur la procédure civile*, Paris, 1997. p. 108 e s.): mas o alvitre suscitou vivazes controvérsias (*vide* a posição desfavorável de PERROT, na conferência de 27-9-1997 intitulada La procédure civile française à la veille du XXIème. siecle, no volume coletivo *Cinquanta anni di studi sul processo civile*, Milão, 1998, p. 36, ou, em tradução para o português, de minha autoria, O processo civil francês na véspera do século XXI, in *Rev. For.*, v. 342, p. 167), razão por que se preferiu não tocar no ponto quando da reforma de 1998, mantido o teor do art. 539 do *code de procédure civile ("Le délai de recours par une voie ordinaire suspend l'exécution du jugement. Le recours exercé dans le délai est également suspensif"*); em todo caso, há que levar em conta as hipóteses de exequibilidade provisória (arts. 514 e s.), que equivalem ao afastamento do efeito suspensivo do *appel*.

de dano irreparável. Por aí talvez se chegue a uma solução capaz de equilibrar os dois pratos da balança.

8. Encerro aqui as presentes reflexões, que não poderiam, bem se compreende, esgotar tema tão polimorfo e complexo. Não deixarei, contudo, de reiterar mais uma vez a advertência que costumo fazer sempre que falo ou escrevo sobre reformas legislativas. A partir da entrada em vigor das normas modificadoras, tendemos a cultivar o péssimo hábito de nos desinteressarmos de sua sorte, como se o problema em jogo estivesse resolvido com a pura mudança do texto legal. É uma ilusão perigosa, para não dizer funesta: cega-nos para a realidade, que talvez confirme, talvez desminta nossas expectativas. O resultado é ficarmos impossibilitados de avaliar corretamente os efeitos das reformas – pressuposto indispensável da opção, com que oportunamente nos teremos de defrontar, entre perseverar no caminho, enveredar por outro ou simplesmente dar marcha a ré.

Setembro de 2000.

COMENTÁRIOS DOS ATUALIZADORES

REFORMAS DO CPC EM MATÉRIA DE RECURSOS

Luís Roberto Barroso / Frederico Montedonio

Assim como há vinte anos, o sistema recursal brasileiro continua objeto de furor reformista. Alterações várias ocorreram depois da elaboração do texto ora atualizado, e ainda antes da entrada em vigor do CPC/2015: destacam-se aquelas promovidas pelas Leis 10.352/2001, 11.276/2006, 11.418/2006, 11.672/2008 e 12.232/2010. O pensamento do autor sobre o sistema recursal do CPC/1973 está documentado em uma de suas obras mais conhecidas: o volume V dos *Comentários ao Código de Processo Civil*, ao qual remetemos o leitor[15]. O Código atual promoveu uma nova série de alterações substanciais na matéria, sobre as quais se concentrará a presente nota de atualização. O texto

15 MOREIRA, José Carlos Barbosa. *Comentários ao Código de Processo Civil*, vol. V: arts. 476 a 565. Rio de Janeiro: Forense, 2010.

que segue orienta-se pelo roteiro do autor e traz ao final notícia de outras modificações nesse tema.

O CPC/2015 eliminou o juízo de admissibilidade dos recursos na origem, que agora é realizado apenas pela instância *ad quem*, seja na apelação (art. 1.010, § 3º), seja no recurso ordinário (arts. 1.027, § 2º, e 1.028, § 3º). Com isso, foi também suprimida a oportunidade de recurso contra a decisão de admissibilidade que não mais é proferida pela instância *a quo*. Restou prejudicada, portanto, a possibilidade de retratação pelo juízo de origem. Essa também era a regra para os recursos especiais e extraordinários, conforme a redação original do art. 1.030, parágrafo único, do CPC/2015. Mas a Lei 13.256/2016 abriu exceção e voltou ao regime anterior: os recursos especial e extraordinário continuam sujeitos a admissibilidade na origem (art. 1.030), em decisão agravável (art. 1.042).

O agravo de instrumento continua a ser interposto diretamente perante o órgão *ad quem* (art. 1.016), mas agora somente cabe em hipóteses típicas (art. 1.015 e parágrafo único). O Código pretendeu criar um regime em que, como regra, decisões interlocutórias devem ser questionadas apenas quando da apelação ou das respectivas contrarrazões (art. 1.009, §§ 1º a 3º). Entretanto, o Superior Tribunal de Justiça, em sede de recurso especial repetitivo, decidiu que "o rol do art. 1.015 do CPC é de taxatividade mitigada, por isso admite a interposição de agravo de instrumento quando verificada a urgência decorrente da inutilidade do julgamento da questão no recurso de apelação", entendimento que somente é "aplicável às decisões interlocutórias proferidas após a publicação do presente acórdão" (Corte Especial, REsp 1.704.520, Rel. Min. Nancy Andrighi, DJe 19/12/2018).

A comunicação sobre a interposição do agravo de instrumento ao juízo *a quo* só é obrigatória caso se trate de autos físicos (art. 1.018, § 2º), pois, na hipótese de processo eletrônico, a interposição do recurso normalmente é informada nos autos de origem de forma automática pelo sistema processual. Em todo caso, tal comunicação continua sendo um ônus que incumbe ao agravante caso pretenda a reforma da decisão recorrida pelo juízo de origem (art. 1.018, § 1º). Mas o descumprimento da medida somente importa inadmissibilidade do recurso se o fato for arguido e provado pelo agravado (CPC, art. 1.018, § 3º), em sistemática semelhante àquela noticiada pelo autor, que de fato veio a ser adotada pela Lei 10.352/2001 (art. 526, parágrafo único, do CPC/1973).

Depois do texto de Barbosa Moreira, a disciplina do agravo em recurso especial e extraordinário (art. 544 do CPC/1973) foi modificada pela Lei 10.352/2001 e pela Lei 12.322/2010, até ser substituída pelo art. 1.042 do CPC/2015, com as alterações da Lei 13.256/2016. Na disciplina atual, é expresso o descabimento do agravo aos Tribunais Superiores quando a decisão de inadmissibilidade for fundada "na aplicação de entendimento firmado em regime de repercussão geral ou em julgamento de recursos repetitivos" (art. 1.042, *caput*). Esse já era o entendimento adotado na vigência do CPC/1973, tanto pelo STF (Plenário, Rcl 7.569, Rel. Min. Ellen Gracie, j. 19/11/2009) quanto pelo STJ (Corte Especial, QO no AI 1.154.599, Rel. para o acórdão Min. Cesar Asfor Rocha, j. 16/2/2011). De tal decisão de inadmissibilidade só cabe agravo interno para o próprio tribunal *a quo* (CPC/2015, art. 1.030, § 2º). Os Tribunais Superiores vêm rechaçando o uso de outros instrumentos como sucedâneos recursais, como reclamações e mandados de segurança, ainda que para discutir a correta aplicação pelo tribunal *a quo* do entendimento firmado em repercussão geral ou recursos repetitivos.

Entretanto, interpretação *a contrario sensu* do art. 988, § 5º, II, do CPC/2015 torna cabível a reclamação quando aplicado erroneamente entendimento de caso com repercussão geral *reconhecida* ou em julgamento de recursos repetitivos, desde que esgotadas as instâncias ordinárias (STF, 1ª T., Rcl 43.709 AgR, Rel. Min. Rosa Weber). Além disso, a jurisprudência do STF ressalva o cabimento de reclamação em caso de "teratologia" da decisão impugnada (*e.g.*: STF, 2ª T., Rcl 41.030 ED-ED, Rel. Min. Gilmar Mendes; STJ, 1ª S., Rcl 38.817, Rel. Min. Herman Benjamin, j. 12/2/2020). O STJ, porém, não vem admitindo a reclamação para garantir a observância de orientação firmada em recursos repetitivos (Corte Especial, Rcl 36.476, Rel. Min. Nancy Andrighi, j. 5/2/2020). É possível a retratação da decisão recorrida antes do juízo de admissibilidade (art. 1.042, § 2º), bem como a retratação da decisão de (in)admissibilidade depois do prazo das contrarrazões (art. 1.042, § 4º), o que não era previsto no CPC/1973.

O CPC/2015 extinguiu o agravo retido (arts. 522 e 523 do CPC/1973), bem como os recursos especial e extraordinário retidos contra decisões interlocutórias (art. 542, § 3º, do CPC/1973). Como já visto, a recorribilidade das decisões interlocutórias agora se dá em apelação ou agravo de instrumento (nas hipóteses cabíveis), em cujos autos deverão ser interpostos os recursos especial e extraordinário subsequentes. Com a jurisprudência do STJ sobre a mitigação do rol de hipóteses de agravo de instrumento em casos de urgência, fica contemplada a preocupação de Barbosa Moreira quanto ao processamento de recursos contra decisões que tratem, por exemplo, de alegações de incompetência. Vale notar que, no precedente acima citado do STJ, que consagrou a tese da "taxatividade mitigada", o caso tratava exatamente de um problema de competência do juízo de origem.

Nas hipóteses de urgência em recursos especial e extraordinário, segundo o art. 1.029, § 5º, do CPC/2015, o pedido de concessão de efeito suspensivo deve ser formulado ao Presidente ou Vice-Presidente do tribunal recorrido enquanto não realizado o juízo de admissibilidade, inclusive na hipótese de sobrestamento; realizado juízo positivo de admissibilidade, o pedido deve ser dirigido ao Presidente do Tribunal Superior, caso o recurso ainda não tenha sido distribuído, ou ao relator, se já distribuído o recurso. Foi consagrada, assim, a lógica exposta nas Súmulas 634 e 635/STF.

Os poderes monocráticos do relator tiveram substancial incremento no art. 932 do CPC/2015. Merecem destaque aqueles para homologar autocomposição das partes (inciso I); apreciar pedido de tutela provisória em recursos e processos de competência originária (inciso II); negar provimento a recursos contrários a súmulas, acórdãos de recursos repetitivos, incidentes de resolução de demandas repetitivas e incidentes de assunção de competência (inciso IV); dar provimento a recursos, depois de facultada a apresentação de contrarrazões, se a decisão recorrida estiver de acordo com os mesmos parâmetros do inciso IV (inciso V); e decidir incidente de desconsideração de personalidade jurídica de competência originária (inciso VI). É elogiável a previsão para oportunidade de correção de vícios ou complementação de documentos (art. 932, parágrafo único), bem como de instauração de contraditório sobre fatos supervenientes ou questões cognoscíveis de ofício (art. 933 c/c art. 10).

Em linha com as observações de Barbosa Moreira, os arts. 934 e 935 do CPC/2015 determinam a publicação de pauta com antecedência de pelo menos cinco dias, e o art. 937 assegura o direito a sustentação oral nos recursos em geral. Note-se, porém, que não há esse direito quando se tratar de "agravo interno originário de recurso de apelação, de recurso ordinário, de recurso especial ou de recurso extraordinário", por força de veto presidencial ao inciso VII do art. 937. Esse agravo interno, cabível contra decisões monocráticas em geral (art. 1.021), pode eliminar a economia imaginada com a concentração de poderes no relator. Nada obstante, o Código atual parece apostar no mesmo mecanismo do anterior: a estimativa de que uma minoria de sucumbentes irá recorrer, aliada à imposição de multa quando o recurso for "manifestamente inadmissível ou improcedente" (§ 4º). A inovação na matéria está na exigência de votação unânime para que a penalidade seja aplicada, bem como a dispensa de depósito prévio pela Fazenda Pública e pelo beneficiário de gratuidade (§ 5º). A propósito, as estatísticas hoje disponíveis indicam que, em 2019, o STF proferiu 115.603 julgamentos, sendo apenas 17.695 colegiados (15,3%) e 97.908 colegiados (84,7%)[16]. No STJ as proporções são semelhantes, mas o volume é ainda mais avassalador: em 2019 foram 543.381 decisões terminativas, sendo 111.135 colegiadas (20,5%) e 432.246 monocráticas (79,5%)[17].

Permanece válida no CPC/2015 a arguta observação de Barbosa Moreira no que diz respeito às reformas no CPC/1973: a má fama das interposições como causa do problema da morosidade processual no Brasil não implicou significativas alterações no rol legal de recursos. No CPC/2015, exceção deve ser feita aos embargos infringentes, substituídos pela técnica de ampliação do colegiado em julgamentos não unânimes (art. 942), o que concretizou a alternativa noticiada no final do item 6 do texto do autor.

Quanto aos efeitos dos recursos, o art. 995 do CPC/2015 inverteu a regra anterior: agora o efeito suspensivo depende de norma ou decisão judicial expressa. Mas, ao contrário da proposta noticiada por Barbosa Moreira, a apelação no Brasil continua sendo um recurso em princípio dotado de efeito suspensivo, conforme o art. 1.012 do CPC/2015. O mesmo dispositivo prevê exceções e a possibilidade de o juiz inverter a regra em qualquer caso, atento aos pressupostos da tutela recursal de urgência. No direito comparado, o art. 315 do CPC suíço de 2008 adota regra semelhante à brasileira. Já Portugal mudou sua orientação e como regra não confere efeito suspensivo à apelação (art. 647 do CPC português de 2013), assim como na Itália e na França.

16 BRASIL, Supremo Tribunal Federal. *Estatísticas do STF*: movimento processual. Disponível em:<http://www.stf.jus.br/portal/cms/verTexto.asp?servico=estatistica&pagina=movimentoProcessual>. Acesso em: 14 out.2020.

17 BRASIL, Superior Tribunal de Justiça. *Relatório estatístico 2019*, p. 19. Disponível em: <http://www.stj.jus.br/webstj/Processo/Boletim/verpagina.asp?vPag=0&vSeq=343>. Acesso em: 14 out.2020.

A presente nota de atualização não poderia terminar sem notícia de algumas outras alterações relevantes na sistemática dos recursos prevista no CPC/2015, o que ora se faz sem pretensões de exaustividade.

Os prazos recursais para interpor e para responder foram unificados em quinze dias (úteis, cf. art. 219), segundo a regra geral do art. 1.003, § 5º, com exceção dos embargos de declaração, cujo prazo continua sendo de cinco dias (art. 1.023). Recursos interpostos antes do início do prazo são considerados tempestivos (art. 218, § 4º).

Para concretizar a primazia das decisões de mérito (art. 4º), o art. 1.007, § 2º, do CPC/2015 permite a regularização do preparo insuficiente dos recursos. Em caso de inexistência de preparo, o recolhimento será em dobro (§ 4º). A chance para regularização nesta última hipótese é única (§ 5º), mas o simples equívoco no preenchimento da guia não implica deserção, pois permite-se a correção (§ 7º). Mais do que isso: o art. 932, parágrafo único, determina que o relator conceda ao recorrente a oportunidade de sanar o vício ou complementar a documentação antes de considerar o recurso inadmissível. É evidente, porém, que nem todos os vícios são sanáveis: *e.g.*, a falta de apresentação de razões recursais não dá ensejo à correção, por preclusão consumativa (STJ, 1ª T., AgInt no AREsp 553.196, Rel. Min. Napoleão Nunes Maia Filho, j. 11/11/2020). E, ainda, o art. 938, § 1º, contempla para todos os recursos a possibilidade de sanar vícios, o que o CPC/1973 somente previa expressamente para o recurso de apelação (art. 560, p. único).

A exigência do pré-questionamento – criação jurisprudencial dos Tribunais Superiores – encontra previsão expressa no CPC/2015, mas em preceitos que combatem a jurisprudência defensiva. O art. 941, § 3º, considera o voto vencido parte integrante do acórdão para todos os fins, inclusive de pré-questionamento, o que torna superada a Súmula 320/STJ. Para os mesmos fins, consideram-se incluídos no acórdão os elementos suscitados em embargos de declaração, ainda que inadmitidos ou rejeitados, mas desde que o Tribunal Superior considere que eles devessem ter sido acolhidos (art. 1.025), o que tempera o rigor da Súmula 211 do Superior Tribunal de Justiça.

A figura do revisor (art. 551 do CPC/1973) foi extinta no processo civil com a entrada em vigor do CPC/2015, poupando tempo de tramitação num contexto em que boa parte dos processos tramita em meio eletrônico e pode ser acessada por todos os julgadores do colegiado. A propósito do impacto da tecnologia, o art. 937, § 4º, já previa a possibilidade de sustentação oral por videoconferência muito antes da pandemia do novo coronavírus (Sars-CoV-2). Na mesma linha, a redação original do art. 945 previa os julgamentos por meio eletrônico, mas foi revogado antes de sua entrada em vigor pela Lei 13.256/2016. A principal resistência ao dispositivo parece ter sido a possibilidade de oposição imotivada de qualquer das partes ao julgamento eletrônico, o que seria suficiente para determinar a realização de sessão presencial (art. 945, §§ 2º e 3º). Com a pandemia, entretanto, a realidade se impôs e os julgamentos em meio eletrônico hoje ocorrem com base em atos normativos de cada tribunal, sem que a mera oposição das partes seja suficiente para provocar uma sessão presencial: isso depende de um pedido de "destaque" feito por ao menos um dos julgadores (*e.g.*, art. 4º, I e II, da Resolução STF 642/2019).

Quanto aos recursos ordinários constitucionais, além do já noticiado fim do juízo de admissibilidade na origem (art. 1.028, § 3º), as novidades consistem na possibilidade de aplicação da teoria da causa madura (art. 1.027, § 2º, c/c art. 1.013, § 3º) e na inexistência de efeito suspensivo como regra (art. 1.027, § 2º, c/c art. 1.029, § 5º).

Os embargos de declaração sofreram várias alterações. Agora está claro que o recurso é cabível contra qualquer decisão (art. 1022, *caput*), que a omissão pode se dar a respeito de ponto sobre o qual o juiz deveria se pronunciar de ofício (art. 1.022, II), e que o recurso se presta a corrigir erros materiais (art. 1.022, III), mas não propriamente a solucionar dúvidas (art. 1.066, que corrigiu o art. 48 da Lei 9.099/1995). A propósito, mesmo nos Juizados, os embargos agora interrompem, e não apenas suspendem o prazo para outros recursos (art. 1.065 do CPC/2015). A concessão de efeito suspensivo da decisão embargada não é regra, mas pode ocorrer (art. 1.026, *caput* e § 1º). O parágrafo único do art. 1.022 reforça o sistema de precedentes – que podem ser superados ou objeto de distinção, mas jamais ignorados (inciso I) – e o dever de motivação das decisões judiciais (inciso II). Deixou-se expressa a necessidade de contrarrazões em embargos de declaração caso seu acolhimento modifique a decisão embargada (art. 1.023, § 2º). O art. 1.024, § 3º, prevê uma fungibilidade entre embargos de declaração e agravo interno, com possibilidade de complementação das razões recursais. Modificada a decisão embargada, recursos anteriores pendentes contra a decisão originária podem ser adequados; do contrário, não precisam ser ratificados (art. 1.024, §§ 4º e 5º), o que levou ao cancelamento da Súmula 418/STJ. Quando se tratar de embargos manifestamente protelatórios, pode ser imposta ao embargante multa de até 2% do valor atualizado da causa; em caso de reiteração, a multa pode ser elevada a 10% do mesmo valor e recursos subsequentes ficam condicionados ao depósito prévio da quantia, salvo para a Fazenda Pública e para o beneficiário de gratuidade, que a recolherão ao final (art. 1.026, §§ 2º e 3º). O art. 1.026, § 4º, inova ao prever que "[n]ão serão admitidos novos embargos de declaração se os 2 (dois) anteriores houverem sido considerados protelatórios".

Outra figura resultado de grandes alterações foi o agravo interno (art. 1.021), sucessor do antigo "agravo regimental", interponível de qualquer decisão monocrática proferida em tribunal no prazo de quinze dias, a despeito do que prevejam outras leis ou regimentos internos de tribunais (CPC/2015, art. 1.070). Deve haver impugnação especificada dos fundamentos da decisão agravada (§ 1º). Foram previstas contrarrazões em agravo interno, além da possibilidade de retratação e a necessidade de inclusão em pauta (§ 2º). O § 3º concretiza o dever de fundamentação previsto no art. 489, § 1º, vedando que a decisão seja mantida por seus próprios fundamentos. Se a votação do agravo for unânime e houver fundamentação que demonstre a manifesta inadmissibilidade ou improcedência, aplica-se multa de 1% a 5% do valor da causa. O § 5º prevê que o recolhimento dessa multa é pré-requisito para outros recursos, salvo para a Fazenda Pública e para o beneficiário de gratuidade de justiça, que pagarão ao final.

No que diz respeito aos recursos especial e extraordinário, houve grandes inovações desde o texto de Barbosa Moreira, a começar pela criação da repercussão geral do recurso extraordinário com a EC 45/2004, e sua disciplina no CPC/1973 pela Lei 11.418/2006 (arts. 543-A e 543-B), ao lado da figura dos recursos especiais repetitivos (art. 543-C, incluído pela Lei 11.672/2008). O CPC/2015 instituiu minuciosa regulação desses recursos em seus arts. 1.029 a 1.041. Hoje se discute a instituição do requisito atinente à "relevância da questão federal" para os recursos especiais, de competência do Superior Tribunal de Justiça (PEC 10/2017, atualmente em trâmite no Senado Federal, já tendo sido aprovada na Câmara sob o nº 209/2012). Sobre a repercussão geral, as principais alterações do CPC/2015 se deram a respeito das hipóteses de presunção do requisito (art. 1.035, § 3º) e sobre a previsão da possibilidade de o relator determinar suspensão de todos os processos pendentes no País sobre o tema (art. 1.035, § 5º), com possibilidade de demonstração de distinção (art. 1.035, §§ 6º e 7º). Recentemente, a Emenda 54/2020 alterou dispositivos no RI/STF para prever, entre outras normas, a possibilidade de negativa de repercussão geral com efeitos limitados ao caso concreto[18].

O trâmite junto ao Presidente ou Vice-Presidente do tribunal *a quo* ficou mais complexo. Se o recurso versar sobre um tema já decidido pelos Tribunais Superiores em sede de repercussão geral ou recursos repetitivos, e se a decisão recorrida estiver de acordo com o precedente, o recurso não deve ser admitido (art. 1.030, I), por decisão da qual só cabe agravo para o próprio tribunal local (art. 1.030, § 2º); por outro lado, se a decisão recorrida contrariar o precedente, o processo deve ser devolvido ao órgão prolator da decisão recorrida para retratação (art. 1.030, II). Somente se não houver retratação o recurso deve ser enviado à Corte Superior (art. 1.030, V, *c*).

Por outro lado, se não houver decisão dos Tribunais Superiores em sede de repercussão geral ou recursos repetitivos, o tribunal local deve verificar se se trata de questão repetitiva. Em caso positivo, deve selecionar dois ou mais recursos representativos da controvérsia e sobrestar os demais (art. 1.030, III e IV, e art. 1.036), em decisão da qual só cabe agravo interno (art. 1.030, § 2º). Em caso negativo, deve ser realizado o juízo de admissibilidade (art. 1.030, V), em decisão da qual cabe agravo em recurso especial ou extraordinário (art. 1.030, § 1º, e art. 1.042).

Sintonizado com a primazia da decisão de mérito (art. 4º), um dos dispositivos mais impressionantes é o art. 1.029, § 3º, do CPC/2015, que permitem ao STF e ao STJ "desconsiderar vício formal de recurso tempestivo ou determinar sua correção, desde que não o repute grave". Há regra semelhante para o recurso de revista no TST (CLT, art. 896, § 11, incluído pela Lei 13.015/2014). Antes mesmo da entrada em vigor do CPC/2015, o STF já havia desconsiderado a falta de preparo para admitir recurso extraordinário sobre a temática do *homeschooling*, à qual se deu repercussão geral (RE 888.815, Rel. Min. Luís Roberto Barroso, j. 4/6/2015). Na mesma linha, os arts. 1.032 e 1.033 criam uma fungibilidade recíproca

18 Sobre o tema da repercussão geral, os atualizadores escreveram artigo conjunto intitulado "Como salvar o sistema de repercussão geral: transparência, eficiência e realismo na escolha do que o Supremo Tribunal Federal vai julgar" (*Revista Brasileira de Políticas Públicas*, Brasília, v. 7, n. 3, 2017, p. 695/713). Para aprofundamento, remete-se à dissertação de mestrado do segundo atualizador, publicada comercialmente sob o título *Repercussão geral*: uma releitura do direito vigente. Belo Horizonte, Fórum, 2020 (2ª edição no prelo).

entre recursos especiais e extraordinários, impedindo a extinção do feito quando se entenda cabível um recurso em lugar do outro.

O art. 1.034 do CPC/2015 consagrou a Súmula 456 e tornou superada a Súmula 528, ambas do STF: admitido o recurso, o Tribunal deve aplicar o direito à espécie de forma íntegra, mas somente pode rever os capítulos da decisão impugnados pelo recurso.

Tanto o Supremo Tribunal Federal quanto o Superior Tribunal de Justiça podem aplicar a técnica dos recursos repetitivos "[s]empre que houver multiplicidade de recursos extraordinários ou especiais com fundamento em idêntica questão de direito" (art. 1.036, *caput*). Trata-se da técnica do "processo-piloto", em que uma amostra de casos é reconhecida como representativa de uma dada controvérsia, enquanto os demais casos semelhantes são suspensos para aguardar a decisão. Segundo o § 6º do art. 1.036, "[s]omente podem ser selecionados recursos admissíveis que contenham abrangente argumentação e discussão a respeito da questão a ser decidida". O recorrente afetado pelo sobrestamento dos demais processos pode demonstrar a distinção do caso concreto (art. 1.037, §§ 9º a 13). A decisão do recurso repetitivo afetado deve ser precedida de ampla publicidade, com possibilidade de intervenção de *amici curiae*, realização de audiências públicas e fundamentação correspondente (art. 1.038). Decidido o recurso repetitivo, os tribunais de origem deverão aplicar a tese firmada, retratando-se das decisões contrárias e julgando prejudicados os recursos divergentes. Somente se mantido acórdão divergente o recurso deve ser remetido aos Tribunais Superiores (arts. 1.039 e 1.041).

Para encerrar este voo de pássaro sobre os recursos no CPC/2015, faz-se breve menção às alterações ocorridas a propósito dos embargos de divergência, agora cabível de acórdão de qualquer órgão fracionário (art. 1.043, *caput*), e não apenas de turma (art. 546, *caput*, do CPC/1973). A redação original do atual Código pretendia abarcar por este recurso também as divergências sobre juízo de admissibilidade (não apenas sobre mérito) e as decisões em processos de competência originária, mas ambas as inovações foram revogadas pela Lei 13.256/2016 antes da entrada em vigor dos incisos II e IV do art. 1.043 do CPC/2015. Entretanto, os processos de competência originária podem ser usados como paradigma (§ 1º), e as divergências de mérito podem se dar sobre questões de direito material ou processual (§ 2º). Além disso, inovação digna de nota deve ser ressaltada quanto ao cabimento do recurso quando os acórdãos divergente e paradigma sejam do mesmo órgão, desde que tenha havido mudança em sua composição, pela qual mais da metade de seus membros tenham sido alterados (§ 3º). O art. 1.044 institui lógica semelhante à dos embargos de declaração: os embargos de divergência interrompem o prazo para recurso extraordinário (§ 1º), sendo desnecessária a ratificação do recurso extraordinário já interposto em caso de desprovimento dos embargos no STJ (§ 2º).

NOVAS VICISSITUDES DOS EMBARGOS INFRINGENTES[1]

1. Complexa e sinuosa tem sido, ao longo do tempo, a trajetória dos embargos infringentes. Estamos diante de figura peculiar ao direito luso-brasileiro, que em certa época tinha fisionomia bifronte: havia os embargos oponíveis à execução da sentença e os embargos destinados a impugnar sentenças ainda não transitadas em julgado. Somente desta segunda espécie, de natureza recursal, é que nos ocuparemos aqui. E, para não irmos muito longe, vamos limitar-nos ao período em que a União assumiu a competência exclusiva para legislar sobre direito processual, nos termos da Constituição da República de 1934[2].

Tal competência, diga-se logo, a União a exerceu de maneira fragmentária. Não editou um Código de Processo Civil para todo o país, o qual somente surgiria em 1939, já sob outra Constituição; cingiu-se a normas esparsas, relativas a assuntos específicos. Dessa legislação interessa-nos a Lei nº 319, de 25-11-1936, que disciplinou os recursos cabíveis contra as decisões finais das então denominadas Cortes de Apelação e suas Câmaras. Vale a pena transcrever o respectivo art. 5º: "Os acórdãos nos julgamentos de apelações cíveis e de agravos constituem decisões de última instância sempre que, proferidos por unanimidade de votos, confirmem as decisões recorridas, exceto nas causas de valor superior a 20 contos de réis. Parágrafo único. Quando não houver dupla conformidade, ou quando excedido o valor fixado neste artigo, caberão embargos de nulidade e infringentes do julgado, para julgamento pelo tribunal competente, nos termos da lei da organização judiciária".

A redação não era um primor de clareza. Chama a atenção o fato de que no parágrafo não se via referência ao tópico da unanimidade (ou não unanimidade) na votação. A doutrina mais autorizada, porem, mediante interpretação sistemática, firmou o entendimento de que, para caberem

---

1 Trabalho destinado ao volume em homenagem ao Ministro Sálvio de Figueiredo Teixeira. Publicado também em *Rev. de Proc.*, nº 109, *Rev. Genesis de Dir. Proc. Civ.*, v. 25, *Rev. da EMERJ*, nº 20.

2 Para dados relativos à época anterior, *vide* PONTES DE MIRANDA, *Embargos, prejulgado e revista*, Rio de Janeiro, 1937, p. 94 e S.; MONIZ DE ARAGÃO, *Embargos infringentes*, 2ª ed., S. Paulo, 1974, p. 37 e S.; MARCOS AFONSO BORGES, *Embargos infringentes*, 3ª ed., Goiânia, 1998, p. 23 e s.

os embargos, era necessário e suficiente que a decisão recorrida preenchesse um dos dois requisitos: não ser conforme a de grau inferior *ou* resultar de votação não unanime. Exceção a essa regra era a das decisões em causas de valor superior a 20 contos de reis, *sempre* embargáveis[3].

Seja como for, assumiam relevância, na aferição do cabimento dos embargos: *a)* tratar-se de acordão proferido no julgamento de apelação ou agravo; *b)* não ter ocorrido nesse julgamento unanimidade de votos; c) haver o acordão reformado a decisão recorrida; *d)* ainda quando ausentes os requisitos *b e c,* ter a causa valor superior a 20 contos de réis. Esses pontos permaneceriam relevantes no direito posterior: a história dos embargos girou, com efeito, em tomo de quatro eixos: a decisão impugnada, a ocorrência de dissídio no julgamento, a conformidade ou desconformidade dele com a decisão anterior e o valor da causa.

2. Quanto a posição assumida, no particular, pelo Código de Processo Civil de 1939, cabe, antes de mais nada, uma observação terminológica. No art. 808, que enumerava os recursos em tese admissíveis, falava o inciso II em "embargos de nulidade ou infringentes do julgado". O art. 833, que tratava do cabimento do recurso, preferia aludir a "embargos de nulidade e infringentes do julgado". Voltava a aparecer a conjunção "ou", em vez de "e", no art. 839, atinente a caso especial, o das "sentenças de primeira instância proferidas em ações de valor igual ou inferior a dois contos de réis": nelas, o recurso em foco substituía a apelação. As diferenças de redação provocaram dúvidas e controvérsias doutrinárias, que todavia não conduziram a resultado útil. Ao que parece, a preferencia ora por uma, ora por outra conjunção não refletia diferença substancial.

Vale a pena registrar que, no mesmo ano de 1939, a reforma do processo civil português aboliu o recurso. A partir daí, ele se tornou uma peculiaridade exclusiva do direito brasileiro, onde, por sinal, sua disciplina viria a sofrer sucessivas alterações, principalmente entre os anos 1940 e 1946. Por força do Dec. nº 8.570, de 8-1-1946, assim passou a soar o art. 833: "Além dos casos em que os permitem os arts. 783, § 2º, e 839,

3 Assim, PONTES DE MIRANDA, ob. cit., p. 123 e s. Consoante se lê na p. 123, "e de mister, para que embargos caibam, em se tratando de causas de valor ate vinte contos de reis, que o acórdão haja reformado a sentença final de primeira instância, *ou* que, se a confirmou, algum voto tenha divergido" (sem grifo no original). E na p. 125: "Tratando-se de causas de valor superior a vinte contos de reis, qualquer que seja o sentido do acórdão e a votação, cabem embargos".

admitir-se-ão embargos de nulidade e infringentes do julgado quando não for unânime a decisão proferida em grau de apelação, em ação rescisória e em mandado de segurança. Se o desacordo for parcial, os embargos serão restritos a materia objeto da divergencia". Não se aludia aí a dupla conformidade, diversamente do que ocorria na redação originária do dispositivo ("... quando não for unânime o acórdão que, em grau de apelação, houver reformado a sentença"), nem ao valor da causa, que viria a importar exclusivamente para o cabimento de embargos contra sentenças de primeira instância (art. 839).

Doravante só nos ocuparemos dos embargos interrompíveis contra acórdãos; mas, para complementar os dados essenciais relativos aos cabíveis em grau inferior de jurisdição, aqui ficam algumas observações. Os embargos do art. 839 subsistiram até a entrada em vigor do Código de Processo Civil de 1973; e, em substância, sobreviveriam à grande reforma daquele ano, caso houvesse vingado a proposta do anteprojeto do Professor ALFREDO BUZAID, que os contemplava no art. 561, como cabíveis em causas de valor igual ou inferior ao quíntuplo do salário mínimo vigente na sede do juízo[4]. Diplomas posteriores criaram remédios análogos: assim o art. 4º da Lei nº 6.825, de 22-9-1980 (revogada pela Lei nº 8.197, de 27-6-1991), e o art. 34 da Lei nº 6.839, daquela mesma data. Este último dispositivo continua em vigor, se bem que de escassíssima aplicação no foro, porque praticamente inexistentes as execuções fiscais de valor inferior ao fixado no respectivo texto. Podemos, pois, *commoditatis causa,* prescindir, no que se segue, desses casos especiais.

3. O Código de 1973 manteve o recurso em foco, sob a denominação (desacompanhada de complemento) "embargos infringentes". Essa manutenção foi de certo modo surpreendente. O anteprojeto BUZAID pusera de lado os embargos, salvo, ja se averbou, como recurso cabível, em vez da apelação, contra decisões proferidas nas causas de pequeno valor. Na Exposição de Motivos, dizia-se que "a existencia de um voto vencido não basta por si só para justificar a criação de recurso; porque pela mesma razão se deve admitir um segundo recurso de embargos sempre que no novo julgamento subsistir um voto vencido; por esse modo poderia arrastar-se a verificação do acerto da sentença por largo tempo, vindo

4 ALFREDO BUZAID, *Anteprojeto de Código de Processo Civil,* item 35 da Exposição de Motivos, p. 36.

o ideal de justiça a ser sacrificado pelo desejo de aperfeiçoar a decisão". A Comissão Revisora, por sua vez, nenhuma sugestão fizera no sentido de se restabelecerem os embargos na instância superior. No projeto definitivo, porém, reapareceu o recurso, com as mesmas características que ostentava no Código anterior, sem que a respectiva Exposição de Motivos trouxesse a explicação desse giro de 1800.

Note-se que doutrina de peso, antes e depois desse episódio, opinou contrariamente à solução adotada pelo estatuto de 1973[5]. Nas três primeiras edições de nossos Comentários ao Código de Processo Civil, enfileiramo-nos entre os que se opunham à subsistência dos embargos infringentes. A experiência judicante, no Tribunal de Justiça do Estado do Rio de Janeiro, de 1978 a 1992, levou-nos a atenuar o rigor de nossa posição. Passamos a preconizar que, mantido o recurso, apenas se lhe restringisse o cabimento. E sugerimos a exclusão de certos casos: o de manifestar-se divergência só no julgamento de preliminar, ou no de apelação interposta contra sentença meramente terminativa, e o de haver o tribunal confirmado (embora por maioria de votos) a sentença apelada, à semelhança do que se dava no sistema primitivo do estatuto de 1973, antes do Dec.-Lei nº 8.570. Nossas sugestões foram acolhidas pela Lei nº 10.352, de 26-12-2001, que modificou, entre outros dispositivos, o art. 530 do Código de Processo Civil.

4. Tratemos, então, de analisar o novo texto. A segunda parte ("Se o desacordo for parcial, os embargos serão restritos à matéria objeto da divergência") em nada se afasta da que vigia antes da reforma, razão pela qual nela não nos deteremos. A redação da primeira passou a ser a seguinte: "Cabem embargos infringentes quando o acórdão não unânime houver reformado, em grau de apelação, a sentença de mérito, ou houver julgado procedente ação rescisória". Conforme logo se vê, dois pontos remanescem do regime anterior: a) suscetíveis de impugnação por meio de embargos infringentes são, unicamente, acórdãos proferidos no jul-

5 Assim, MENDONÇA LIMA, *Os recursos no Anteprojeto do Código de Processo Civil, in Rev. dos Trib.*, v. 386; MONIZ DE ARAGÃO, ob. cit., p. 61. De resto, o próprio autor do Anteprojeto, em escrito anterior, se manifestara pela supressão dos embargos: *vide* ALFREDO BUZAID, *Ensaio para uma revisão do sistema de recursos do Código de Processo Civil, in Estudos de Direito*, v. I, S. Paulo, 1972, p. 108/111. Vale registrar que desse trabalho se mutuou, com ligeiríssimas alterações de redação, o passo da Exposição de Motivos transcrito na nota 3, *supra*.

gamento de apelação ou de ação rescisória; h) é mister que a decisão não haja sido unânime.

No tocante a *a*, parecem-nos bem fundadas as seguintes proposições: equiparam-se aos acórdãos em apelação ou em ação rescisória os que julguem agravos internos (ditos "regimentais") contra pronunciamento de relator, de teor equivalente ao do eventual julgamento da própria apelação ou da própria rescisória; não são embargáveis, como já não o eram, as decisões concernentes a agravo retido, que é recurso distinto, conquanto se julgue na mesma ocasião da apelação; podem ser embargáveis, ao contrário, as tomadas no reexame da causa em quaisquer hipóteses de duplo grau obrigatório de jurisdição; quanto ao julgamento de embargos de declaração (ponto a que voltaremos no item 8, *infra*), devem admitir-se os infringentes desde que neles se cuide de matéria pertinente à apelação ou à rescisória. No que tange a *b*, reiteramos o entendimento de que a divergência na votação se apura pela conclusão do pronunciamento, não pelas razões que invoque para fundamentá-lo; de que basta que algum membro do colegiado emita voto diferente (pelo prisma quantitativo ou qualitativo) dos outros, não sendo exigível que vote no sentido oposto; de que o desacordo pode verificar-se (com as restrições apontadas abaixo, no item 5) em qualquer dos pontos sobre que se haja de decidir no julgamento da apelação ou da ação rescisória –, atendido sempre, ocioso ressalvar, o disposto na segunda parte do art. 530 acerca da delimitação do âmbito dos embargos quando parcial a divergência[6].

Focalizemos agora mais de perto as principais características do instituto, sublinhando as inovações mais salientes trazidas pela Lei nº 10.352. Há que distinguir, aqui, entre a embargabilidade de acórdão proferido em grau de apelação e a embargabilidade de acórdão proferido no julgamento de ação rescisória. Cumpre tratar separadamente de cada uma dessas situações.

5. Principia o art. 530 por enunciar os pressupostos do cabimento de embargos (a par da existência de dissídio no julgamento) quando se cuidar de acórdão proferido em grau de apelação. Os pressupostos são os

---

6 Sobre todos esses tópicos, extensamente e com abonações de doutrina e jurisprudência, BARBOSA MOREIRA, *Comentários ao Código de Processo Civil*, v. V, 9ª ed., Rio de Janeiro, 200 I, p. 516 e s. Ressalve-se que, em mais de um lugar, o que então escrevemos teria hoje de ser revisto, à luz da Lei nº 10.352.

seguintes: a) que a sentença apelada haja sido de mérito; b) que o órgão de segundo grau a tenha reformado. A locução "sentença de mérito" aplica-se precipuamente ao ato pelo qual, no processo de conhecimento, se acolhe ou se rejeita o pedido – ou, o que é dizer o mesmo, se julga a lide, que justamente por meio do pedido se submeteu à cognição judicial. Registre-se que, em certos casos, a lide pode ser julgada paulatinamente, em mais de uma etapa: assim, por exemplo, na ação de prestação de contas ex art. 914, nº I, na qual se concebe que o juiz profira duas sentenças, ambas de mérito[7].

É certo que o art. 269 arrola cinco hipóteses de extinção do processo «com julgamento de mérito». A rigor, porém, a do inciso IV subsume-se na do inciso I, pois, quando o órgão judicial pronuncia a decadência ou a prescrição, sem dúvida rejeita o pedido, declara-o improcedente. Quanto às três restantes (incisos II, III e V), não existe nelas propriamente julgamento, e o denominador comum ao pronunciamento do juiz nesses casos e à decisão que na verdade acolhe ou rejeita o pedido consiste na aptidão de ambos para adquirir a autoridade da coisa julgada no sentido material.

No processo de execução, não há, em princípio, "mérito" que deva ser julgado; mas podem surgir sentenças de mérito em processos cognitivos incidentes, ou "embutidos" na execução: um exemplo é o da que julgue procedentes ou improcedentes os embargos do devedor. Já no que respeita ao processo cautelar, não parece impróprio falar de "mérito", por oposição às preliminares referentes a matéria puramente processual ou às condições do regular exercício da ação cautelar. É evidente que esse "mérito" não se confunde com o do processo principal, a que acede o cautelar; guardada a distinção, contudo, pode-se dizer que o juiz profere "sentença de mérito" sempre que defere ou indefere a providência acautelatória pleiteada, por entender satisfeitos ou não, respectivamente, os seus pressupostos[8].

Para reformar a sentença – quase supérfluo notar – é indispensável que o tribunal haja conhecido da apelação e não tenha encontrado na decisão vício que a invalide. Se não conheceu da apelação, por lhe faltar

7 Cf. ADROALDO FURTADO FABRÍCIO, *Comentários ao Código de Processo Civil*, v. VIII, t. III, 8ª ed., Rio de Janeiro, 2001, p. 335 e s., espec. 344/6, 351.

8 Para indicações de doutrina e jurisprudência, *vide* BARBOSA MOREIRA, ob. e v. cit., p. 113, nota 32.

algum requisito de admissibilidade, o órgão de segundo grau não chegou a apreciar-lhe o mérito, nem, por conseguinte, podia examinar se fora correta ou incorreta a sentença apelada. Se, conhecendo-se da apelação, se apurou que a sentença continha vício invalidante (por exemplo: incompetência absoluta do juízo *a quo*, julgamento extra petita), a única via aberta ao tribunal seria a de anular a decisão – o que de modo nenhum se identifica com reformá-la. Por outro lado, nada importa que no julgamento da apelação se haja rejeitado o pedido que o juiz acolhera, ou acolhido o que ele rejeitara. Caso a sentença haja sido reformada em parte, unicamente em relação a essa parte poderão caber embargos.

6. Seja-nos permitida, neste ponto, breve digressão. Atenta a aplicabilidade subsidiária das normas do Código aos procedimentos regidos por leis especiais, é fora de dúvida o cabimento dos embargos contra acórdão não unânime que reforme sentença proferida em qualquer desses feitos, salvo regra expressa em contrário ou incompatibilidade manifesta com o sistema da lei especial. Reafirmamos aqui nossa posição no tocante ao julgamento de apelação em processo de mandado de segurança, hipótese em que ao nosso ver os embargos são cabíveis, se bem que o Supremo Tribunal Federal e, na sua esteira, o Superior Tribunal de Justiça se hajam fixado na tese oposta[9].

Não convence o argumento que se pretende extrair, para negar o cabimento, do fato de silenciarem acerca dos embargos infringentes a Lei nº 1.533, de 31-12-1951, e as restantes atinentes à matéria: tampouco se vê aí referência aos embargos de declaração, que nem por isso podem deixar de admitir-se quando se queira fazer dissipar obscuridade, resolver contradição ou suprir omissão em decisão relativa a mandado de segurança. O art. 12 da Lei nº 1.533, que diz cabível, no *caput*, apelação contra a sentença que denegue ou conceda o *writ*, não indica particularidade alguma que se deva observar na disciplina desse recurso, a não ser a constante do parágrafo único, segundo o qual a sentença concessiva do mandado fica sujeita ao duplo grau obrigatório de jurisdição, embora possa desde logo ser provisoriamente executada. No mais, incidem as regras codificadas, *v.g.*, as relativas ao prazo e à forma de interposição. Ainda menos persuasiva é a invocação do art. 19 da Lei nº 1.533, onde se manda aplicar ao processo do mandado de segurança os artigos do

9 Súmula da Jurisprudência Predominante do STF, nº 597; do STJ, nº 169.

Código que regulam o litisconsórcio. É evidente que tal dispositivo visa apenas a deixar clara a solução de uma determinada questão processual, sem que seja lícito ao intérprete buscar apoio no princípio *inclusio unius, exclusio alterius*, para sustentar que nenhuma outra disposição do texto codificado seja aplicável a tal processo: a ser assim, como se regulariam nele os prazos, as nulidades e outras tantas matérias a que tampouco faz menção a Lei nº 1.533?

Conquanto não se identifique com a apelação, nem constitua tecnicamente recurso, no sistema do Código, a providência de que trata o art. 475, razões de ordem sistemática justificam a aplicabilidade do art. 530 quanto a acórdãos proferidos, por maioria de votos, no reexame necessário *ex vi legis*, sempre que o tribunal reforme a sentença. É ilustrativo o caso da sentença contrária à União, ao Estado, ao Distrito Federal ou ao Município: se a pessoa jurídica de direito público apela, e o julgamento de segundo grau vem a favorecê-la, sem unanimidade, o adversário dispõe sem dúvida alguma dos embargos; ora, não parece razoável negar-lhe esse recurso na hipótese de igual resultado em simples revisão obrigatória – o que, em certa medida, tornaria paradoxalmente mais vantajoso, para a União, o Estado, o Distrito Federal ou o Município, omitir-se do que apelar[10].

7. Passemos ao cabimento dos embargos contra acórdão proferido em ação rescisória. O julgamento desta, como se sabe, comporta desdobramento em duas ou em três etapas, conforme a hipótese. Primeiro, o tribunal deve examinar a admissibilidade da ação, verificando se estão presentes os pressupostos gerais – se a decisão rescindenda é de mérito e transitou em julgado (art. 485, *caput*) – e ao menos um dos pressupostos específicos, isto é, se o autor baseia seu pedido em algum dos fatos contemplados nos vários incisos do art. 485. Sendo admissível a ação, há que examinar-lhe o mérito, a começar pela averiguação da efetiva ocorrência do(s) pressuposto(s) específico(s) invocado(s): é o que se denomina *iudicium rescindens*. Não provada tal ocorrência, o tribunal declara improcedente o pedido de rescisão, e com isso encerra-se o julgamento. No caso contrário, apresenta-se uma de duas possibilidades: ou a rescisão é suficiente para exaurir a tutela a que faz jus o autor (*v.g.*, o

10 Aqui também remetemos o leitor para referências doutrinárias e jurisprudenciais ao nosso volume de *Comentários*, p. 520, nota 9.

fundamento apontado consistiu na ofensa à coisa julgada de decisão anterior – art. 485, nº IV); ou, com maior frequência, há lugar para o rejulgamento da matéria que fora objeto da decisão rescindida. Na primeira hipótese, não se ultrapassa o plano do *iudicium rescindens*; na segunda, chega-se ao chamado *iudicium rescissorium*, no qual, se ainda satisfeitos os requisitos, o tribunal se pronuncia sobre o mérito da causa antecedente, e sua decisão substitui a rescindida, ainda que não fique excluída *a priori* a eventualidade de que a nova decisão coincida, na substância, com a outra. O *iudicium rescindens* e o *iudicium rescissorium* situam-se ambos no terreno do mérito da ação rescisória.

Antes da Lei nº 10.352, a ausência de unanimidade em qualquer dessas etapas bastava para o cabimento de embargos infringentes. Podia acontecer que a decisão do tribunal fosse tomada por simples maioria quer no juízo de admissibilidade, quer no *iudicium rescindens*, quer – se a ele se chegava – no *iudicium rescissorium*. Concebia-se, portanto, que viessem a tornar-se cabíveis embargos atinentes a mais de uma dessas etapas, e que a parte habilitada a interpô-los nem sempre fosse a mesma.

Hoje, não é assim. Antes de mais nada, cumpre que o tribunal tenha julgado procedente a rescisória, o que obviamente só é possível caso se haja superado o juízo de admissibilidade. Divergência na votação sobre a admissibilidade jamais servirá de fundamento idôneo para embargos, seja na hipótese de julgar-se admissível a ação, seja na de julgar-se inadmissível. Mais do que nunca, faz-se relevante a distinção entre o juízo de admissibilidade e o julgamento do mérito da rescisória; e é imprescindível que, na colheita dos votos, se evite qualquer confusão entre ambos. Tenha-se em mente que, para ser admissível a ação, basta que o autor, ao pleitear a rescisão da sentença de mérito trânsita em julgado, invoque uma (ou mais) das causas de rescindibilidade arroladas nos incisos do art. 485; quando se trata de apurar se a causa invocada realmente se configurou, então se passa ao *iudicium rescindens*, que já diz respeito, insista-se, ao mérito da rescisória.

Se o tribunal decidir que a sentença rescindenda na verdade contém o vício alegado pelo autor, este será vitorioso no *iudicium rescindens*; a rescisória, nessa medida, terá sido julgada procedente. Unânime que seja a decisão, não haverá que cogitar de embargos; no caso contrário, o acórdão poderá ser embargado pelo réu. Na hipótese de passar-se ao *iudicium rescissorium*, se a causa for rejulgada em sentido favorável ao autor, mas sem unanimidade, também se abrirá ao réu a possibilidade de embargar. Concebem-se, pois, em tese, embargos do réu concernentes ao iudicium rescindens, relativos ao iudicium rescissorium e referentes a ambas essas etapas do julgamento do mérito da rescisória. O que não se concebe é que o autor possa embargar a decisão, já que constitui pressuposto do cabimento do recurso a procedência da rescisória.

8. Convém reiterar e esclarecer melhor o que já ficou dito acima sobre c caso de serem oferecidos e acolhidos embargos de declaração ao acórdão proferido na apelação ou na ação rescisória. Também aí é possível que se manifeste divergência na votação. Se isso acontecer em relação a alguma obscuridade, omissão ou contradição porventura existente no mencionado acórdão, o julgamento dos embargos de declaração incorpora-se ao da apelação ou ao da rescisória; portanto, satisfeitos os outros pressupostos, poderão caber embargos infringentes. Não é inconcebível, por exemplo, que justamente ao suprir omissão, o tribunal, por maioria de votos, reforme em parte a sentença apelada: quando se julgara a apelação, deixara-se de apreciar algo da pretensão do apelante, e agora se lhe dá razão nesse ponto, provendo-se aí o recurso. É inegável o cabimento dos embargos infringentes, ao menos no tocante àquilo que, no julgamento dos embargos de declaração, se decidiu em sentido contrário ao da sentença apelada.

Mudam as coisas de figura, é óbvio, caso a divergência se manifeste em questão estranha ao julgamento da apelação ou da rescisória. Se, *v.g.*, não se conhece dos embargos de declaração, por intempestivos, a existência de voto vencido, que deles conhecia, não abre margem a embargos infringentes. A matéria decidida é completamente distinta da que se apreciara no julgamento da apelação ou da rescisória; o novo acórdão nada pode haver reformado da sentença apelada, nem julgado procedente, mesmo em parte, o pedido de rescisão.

9. Até aqui nos ocupamos do novo regime dos embargos infringentes no que toca ao cabimento do recurso. A Lei nº 10.352 não se limitou, entretanto, a essa área: modificou igualmente, em mais de um ponto, a disciplina do respectivo procedimento. Ponto de que não cuidou é a competência para o julgamento dos embargos; de resto, também era omisso a respeito o texto originário do Código. Algumas disposições sobre o assunto foram inseridas na Lei Orgânica da Magistratura Nacional (Lei Complementar nº 35, de 14-3-1979). No sistema atual, é nos regimentos internos dos tribunais que encontra sede própria o tratamento da matéria (Constituição da República de 1988, art. 96, nº I, letra *a*). A regulamentação pode até variar de um tribunal para outro, em função da estrutura de cada qual.

Passemos brevemente em revista, então, as mais salientes alterações procedimentais. Antes da Lei nº 10.352, a vista ao embargado, para oferecer sua impugnação, não era aberta senão após a escolha do novo relator (art. 534, *caput*, na redação primitiva), ainda que independentemente de despacho deste. Hoje, para começar, não é sequer obrigatório que os embargos tenham relator diferente daquele que redigiu o acórdão embargado. A possibilidade de que se mantenha o mesmo ressalta com clareza do disposto na parte inicial do art. 534, com a redação atual ("Caso a norma regimental determine a escolha de novo relator..."). É o regimento, pois, que disciplina o assunto; mas, seja como for, a oportunidade para a resposta foi antecipada: "Interpostos os embargos, abrir-se-á vista ao recorrido para contrarrazões" (art. 531, 1ª parte, na redação nova). E, oferecida a resposta, ou decorrido *in albis* o prazo, é ao relator do acórdão embargado que vão os autos, para o exame da admissibilidade do recurso. A ele compete deferir ou indeferir liminarmente os embargos; nada importa, aí, que segundo o regimento se haja de escolher novo relator.

Ao nosso ver, justifica-se plenamente a inversão da ordem (primeiro, a resposta do embargado; depois, a decisão liminar sobre a admissibilidade). Com efeito, as contrarrazões do embargado podem suscitar preliminares que talvez hajam passado despercebidas ao relator. É bom que este tome conhecimento da resposta antes de deferir ou indeferir o recurso. Tal como antes, o indeferimento sujeita-se à impugnação do embargante, por meio de agravo (art. 532, cuja redação não foi modificada pela Lei nº 10.352).

O novo teor do art. 533 ("Admitidos os embargos, serão processados e julgados conforme dispuser o regimento do tribunal") pode dar a impressão de que toda a matéria relativa ao processamento e ao julgamento do recurso tenha agora por sede exclusiva o regimento. É certo que a reforma levada a cabo pela Lei nº 10.352 quis ampliar o espaço deixado à atuação das normas regimentais: exemplo significativo dessa orientação, a que já nos referimos, está no fato de haver-se confiado ao regimento a opção entre manter, como relator dos embargos, o mesmo do acórdão embargado, ou determinar que se escolha outro. No entanto, percebe-se com facilidade que seria despropositado excluir por completo a incidência das disposições codificadas. Nenhum sentido teria, *v.g.*, supor que norma regimental pudesse dispensar a inclusão do recurso em pauta a ser publicada no órgão oficial, com a devida antecedência, como prescreve o art. 552, ou afastar a regra segundo a qual as questões preliminares serão resolvidas antes do mérito (art. 560). Ao nosso ver, o regimento sobrepõe-se às disposições do capítulo que se refiram, de maneira específica, aos embargos infringentes. Assim, *v.g.*, norma regimental pode suprimir a revisão, excluindo a incidência do art. 551, ou a expedição de cópias prevista no art. 553. Adite-se que, no silêncio do regimento, e até que ele disponha sobre tais assuntos, permanecem aplicáveis as regras do Código. Nada impede, aliás, que aquele as incorpore expressis verbis, ou se contente em fazer remissão a elas.

10. Não é propósito deste trabalho expor toda a disciplina dos embargo› infringentes, nem examinar em profundidade as questões sugeridas pele respectivo texto, seja naquilo que remanesceu do anterior à Lei nº 10.352. seja nas inovações que ela trouxe. Quisemos apenas colocar em relevo os pontos que merecem maior atenção em mais um episódio da evolução do instituto, com tanta frequência submetido à cirurgia legislativa.

Pouco razoável seria, no entanto, pôr aqui o ponto final sem formular uma interrogação. Nesta matéria, como em quase tudo, prognóstico:- são sempre arriscados. Tendo em vista, porém, a quantidade ponderável de modificações que a fisionomia do instituto sofreu ao longo dos anos, justifica-se ao menos uma conjectura sobre o sentido em que aponta a evolução e sobre o futuro que parece aguardar os embargos infringentes.

É praticamente impossível extrair dos antecedentes históricos conclusão segura acerca da trajetória dos embargos infringentes. A linha tem sido bastante sinuosa: oscila entre duas tendências contrapostas, ora ampliando, ora restringindo o campo de atuação do recurso. Não deixa de ter alguma relevância o fato de que, contrariando abalizadas sugestões doutrinárias (*vide, supra*, a nota 3 ao item 3), jamais vingou a ideia de pura e simplesmente aboli-lo. Já se registrou que o anteprojeto redigido por ALFREDO BUZAID optava por esse alvitre; mas, a despeito da aquiescência da Comissão Revisora, afinal se mantiveram os embargos infringentes, e com admissibilidade ampla. Igualmente significativa é a sorte do recurso ao longo das sucessivas reformas que incidiram nos últimos anos sobre o Código de Processo Civil. O Título X do Livro I vem constituindo um dos alvos prediletos das iniciativas reformadoras. Em menos da metade dos dispositivos aí contidos subsiste a redação originária; e, dentre os outros, não são poucos os que já passaram por mais de uma alteração. Acrescente-se que, como no caso do agravo de instrumento, a mudança foi às vezes mais radical que a operada na disciplina dos embargos.

A Lei nº 10.352, bem se sabe, originou-se de anteprojeto (que veio a converter-se no projeto nº 3.474/2000), da lavra de comissão de juristas constituída em 1991 para sugerir modificações no Código, tendentes a mitigar o problema da morosidade processual. Observe-se de passagem que no Brasil, quando se alude a tal problema, quase sempre se aponta – com boa dose de exagero, seja dito de passagem – a abundância de recursos como um dos fatores mais importantes, senão o mais importante, ja duração excessiva dos pleitos. Pois bem: o relatório da comissão ao então Ministro da Justiça, incorporado à exposição de motivos do projeto nº 3.474/2000, revela que se receberam "sugestões as mais díspares, inclusive no sentido de sua extinção". Não obstante, à comissão pareceu mais conveniente manter esse "meio de impugnação amplamente acolhido na tradição brasileira, e com bons resultados no sentido do aperfeiçoamento da prestação jurisdicional"; apenas se reduziu o âmbito de cabimento dos embargos e se simplificou O respectivo procedimento.

Afigura-se pouco provável que, pelo menos a curto prazo, se volte a reformar a disciplina do recurso, e menos ainda que se chegue ao ponto de eliminá-lo. É evidente que diminuirá a frequência com que aparece no movimento forense. A diminuição atingirá sobremodo o terreno dos embargos adesivos. Já eram eles incomuns mesmo antes da Lei nº 10.352; agora, *a fortiori*. Com efeito: para que haja sucumbência recíproca a ensejar a adesão, é preciso que, no julgamento de apelação, sempre por maioria de votos, o tribunal tenha reformado a sentença numa parte em proveito do autor, noutra em proveito do réu. Por exemplo: cumulados dois pedidos, x e y, o juiz acolhera o pedido x e rejeitara o pedido y, mas o órgão de segundo grau reformara em ambos os pontos a sentença, rejeitando x e acolhendo y. Trata-se, como é intuitivo, de hipótese que raramente se configurará. Quanto à ação rescisória, ainda nos casos de sucumbência recíproca, não haverá em hipótese alguma lugar para a adesão, pois o acórdão só poderá ser embargável naquilo em que julgou procedente o pedido.

Se das várias limitações ao cabimento dos embargos infringentes vai resultar, conforme se espera, redução sensível na duração dos processos, é algo que apenas será possível apurar mediante a colheita de dados objetivos no *dia a dia* do foro. Não é fácil tarefa, até porque, para proceder a uma comparação entre o antigo e o novo regime, seria indispensável que se dispusesse de elementos concretos, a cuja luz se aferisse em que medida os embargos, na versão anterior à Lei nº 10.352, contribuíam para alongar os feitos em que eram interpostos. Esse, todavia, é um tipo de problema que, infelizmente, pouco se tem feito para enfrentar; mas de modo nenhum se limita à matéria objeto do presente trabalho, e não seria esta a sede própria para, ainda uma vez, discuti-lo.

Fevereiro de 2001.

COMENTÁRIOS DOS ATUALIZADORES

NOVAS VICISSITUDES DOS EMBARGOS INFRINGENTES

Luís Roberto Barroso / Frederico Montedonio

No texto anterior desta coletânea ("Reformas do CPC em matéria de recursos"), Barbosa Moreira já havia noticiado a alternativa de substituir os embargos infringentes por uma ampliação do colegiado, caminho que, no entanto, não foi seguido à época. O tempo da novidade, porém, chegou com o CPC/2015, como se verá mais abaixo.

Os embargos infringentes não sofreram modificações no CPC/1973 depois do texto de Barbosa Moreira. Fora do Código, o art. 25 da Lei 12.016/2009 excluiu expressamente tais embargos da disciplina do mandado de segurança, confirmando as Súmulas 597/STF e 169/STJ, ao contrário do que defendia o autor. E há uma espécie de embargos infringentes prevista no art. 333 do Regimento Interno do Supremo Tribunal Federal, que foi objeto de acalorados debates por ocasião do julgamento do caso conhecido como "Mensalão". Entendeu-se, por apertada maioria de 6x5, que os referidos embargos subsistem, embora não tenham sido previstos na Lei 8.038/1990 (AP 470 AgR-vigésimo sexto, Rel. p/ acórdão Min. Luís Roberto Barroso, j. 18/9/2013).

Nos termos do RI/STF, tais embargos são cabíveis de decisão não unânime do Plenário ou da Turma que: I – julgar procedente a ação penal; II – julgar improcedente a revisão criminal; III – julgar a ação rescisória; IV – julgar a representação de inconstitucionalidade; e V – em recurso criminal ordinário, for desfavorável ao acusado. Quando interpostos de decisão do Plenário, os embargos pressupõem ao menos quatro votos divergentes (RI/STF, art. 333, parágrafo único). Com a Emenda Regimental 47/2012, que modificou o art. 335 do RI/STF, as contrarrazões passaram a ter prazo de quinze dias, e não mais de dez dias. Além disso, a resposta do embargado passou a ser oferecida antes da decisão do relator sobre a admissibilidade, e não depois, como era defendido por Barbosa Moreira e previsto no art. 531 do CPC/1973. Mesmo depois do advento do atual Código de Processo Civil, o STF continua entendendo que "[c]abem embargos infringentes nas hipóteses previstas no art. 333 do RISTF" (Pleno, ARE 1.244.153 AgR-EI-AgR, Rel. Min. Ricardo Lewandowski, j. 22/6/2020).

Fora dessas hipóteses, os embargos infringentes contra decisões não unânimes, previstos nos arts. 530 a 534 do CPC/1973, foram substituídos pela técnica de ampliação do colegiado prevista no art. 942 do CPC/2015. Na exposição de motivos do Código, consignou-se que "[u]ma das grandes alterações no sistema recursal foi a supressão dos embargos infringentes. Há muito, doutrina da melhor qualidade vem propugnando pela necessidade de que sejam extintos. Em contrapartida a essa extinção, o relator terá o dever de declarar o voto vencido, sendo este considerado como parte integrante do acórdão, inclusive para fins de prequestionamento". Esta última regra é prevista no art. 941, § 3º.

Em síntese, não é mais cabível a interposição de embargos infringentes quando o resultado não seja unânime: o julgamento prossegue de ofício, com a convocação de julgadores em número suficiente para permitir a inversão do resultado inicial. Assim, por exemplo, se uma apelação for provida por maioria de 2x1, é necessária a convocação de mais dois julgadores, se possível na mesma sessão (CPC/2015, art. 942, § 1º), ampliando-se o colegiado para cinco membros, de modo que, em tese, o resultado possa ser revertido para 3x2. É assegurado o direito de sustentação oral perante os novos julgadores convocados (art. 942, *caput*), e os votos originais poderão ser revistos (art. 942, § 2º). A convocação deve observar os termos previamente definidos no regimento interno (art. 942, *caput*), o que é necessário para observância da garantia do juiz natural[11].

Além de se tratar de uma técnica de julgamento – como explicitado no art. 942, § 3º –, e não mais de um recurso autônomo, há outras particularidades relevantes em relação à disciplina do CPC/1973: (a) a técnica tem lugar no julgamento não unânime de apelação, qualquer que seja o resultado, sendo ou não de mérito a sentença recorrida, e não mais apenas quando houver reforma da sentença de mérito (CPC/1973, art. 530); e (b) o colegiado também deve ser ampliado quando houver julgamento não unânime de agravo de instrumento, mas apenas se houver reforma da decisão que julgar parcialmente o mérito (CPC/2015, art. 1.015, II). A decisão parcial do mérito do processo só pode consistir numa decisão interlocutória, pois a decisão total do mérito consubstancia sentença (CPC/2015, art. 203, §§ 1º e 2º). Na hipótese de agravo de instrumento, portanto, há dois requisitos para a ampliação do colegiado: (a) a decisão agravada deve ter julgado parcialmente o mérito; (b) o julgamento não unânime deve ser no sentido da reforma da decisão recorrida, diferentemente do que ocorre com a apelação, em que qualquer julgamento não unânime exige a ampliação do colegiado, como já visto.

Quanto ao julgamento não unânime de ação rescisória, a técnica de ampliação do colegiado só tem lugar quando rescindida a sentença (CPC/2015, art. 942, § 3º, I), de forma semelhante ao que ocorria no CPC/1973 (art. 530). Nesse caso, o julgamento deve prosseguir em órgão de maior composição previsto no regimento interno do tribunal.

O CPC/2015 também prevê não caber a técnica de ampliação do colegiado nos incidentes de assunção de competência e resolução de demandas repetitivas, na remessa necessária – diferentemente do que sustentava Barbosa Moreira – e nos julgamentos não unânimes proferidos pelo plenário ou pela corte especial dos tribunais (art. 942, § 4º).

11 Nesse sentido: DIDIER JR. Fredie; CUNHA, Leonardo Carneiro da. *Curso de direito processual civil*, vol. 3. 13. ed. Salvador: Juspodivm, 2016, p. 78.

EFECTOS DE LA DECLARACIÓN DE LA INCONSTITUCIONALIDAD DE UNA LEY POR EL SUPREMO TRIBUNAL FEDERAL BRASILEÑO[1]

1. De dos maneras distintas puede el Supremo Tribunal Federal brasileño declarar la inconstitucionalidad de una ley o de otro acto normativo de los Poderes Públicos. La primera posibilidad ocurre cuando el Tribunal tiene que resolver un pleito de su competencia originaria o un recurso. Por hipótesis, la decisión exigiría la aplicación de una determinada norma, pero el Tribunal entiende que la norma es incompatible con la Constitución. En tal supuesto, el Tribunal aplica la disposición constitucional en vez de aplicar la norma que la contraria. Para negar aplicación a la ley, conviene observar, es menester que en tal sentido se manifieste la mayoría absoluta del Tribunal, es decir, por lo menos seis Ministros (Constitución de la República, art. 97).

Se trata aquí de la llamada declaración incidental de inconstitucionalidad. La incompatibilidad entre la norma y la Constitución no constituye el objeto principal del fallo, sino que suministra únicamente una de las premisas de la decisión. Al declarar la inconstitucionalidad, el Tribunal no revoca, ni invalida la ley. Simplemente se abstiene de aplicarla, porque, ante el conflicto entre ella y la Constitución, su deber es hacer prevalecer la norma jerárquicamente superior. Sin embargo, la ley no aplicada subsiste en el ordenamiento. Los efectos de la declaración incidental de la inconstitucionalidad no exceden, por consiguiente, las fronteras del pleito en que aquélla fue emitida[2]. No se debe suponer que, si la resolución queda en fume, la cosa juzgada abarca la declaración de inconstitucionalidad, que constituye um fundamento de la decisión, no la decisión misma. El art. 469 del Código de Processo Civil, I y III, excluye

1 Comunicação apresentada ao XXI Congresso Argentino de Direito Processual. Publicada em Themis (Peru).

2 Cf. PINTO FERREIRA, *Comentários à Constituição brasileira*, 42 v., S. Paulo, 1992, p. 446; JOSÉ AFONSO DA SILVA, *Curso de direito constitucional positivo*, 9ª ed., S. Paulo, 1992, p. 54; ZENO VELOSO, *Controle jurisdicional de constitucionalidade*, Belém, 1999, p. 43; CLÈMERSON MERLIN CLÈVE, *A fiscalização abstrata da constitucionalidade no direito brasileiro*, 2ª ed., S. Paulo, 2000, p. 112-3.

en términos expresos la posibilidad de que los motivos invocados por el juez para justificar su convencimiento y la solución de cuestiones prejudiciales, resueltas *incidenter tantum*, adquieran la autoridad de cosa juzgada. Ello quiere decir que cualquier órgano judicial - inclusive el propio Supremo Tribunal Federal - podrá tranquilamente enfrentar de nuevo la cuestión de la inconstitucionalidad de la ley, en otro proceso, y decidiria de acuerdo con la convicción que forme en tal momento, igual o diferente de la anteriormente manifestada.

Hay que consignar una salvedad. El Supremo Tribunal Federal debe comunicar su decisión al Senado Federal, que tiene competencia para suspender la ejecución de la ley declarada inconstitucional (Constitución de la República, art. 52, nº X). Si el Senado ejerce semejante atribución, la ley es eliminada del ordenamiento[3], y ya ningún órgano judicial podrá aplicarla. Pera cabe señalar que, según la opinión más acertada, el Senado no está obligado a suspender la ejecución de la ley: se trata de un acto político, confiado a la discreción dei órgano legislativo[4].

2. Cambian las cosas si se pasa al llamado control *directo y abstracto* de constitucionalidad.

Este tipo de control compete de modo exclusivo al Supremo Tribunal Federal, eu lo que atane a las leyes de la Unión o de los Estados-miembros. tachadas de incompatibles con la Constitución de la República. Es un control concentrado, que difiere substancialmente del controI difuso, facultado, por vía incidental, a cualquier órgano de la Justicia brasileña. La diferencia consiste en que, ahora, la verificación de la compatibilidad (o incompatibilidad) entre la ley y la Constitución forma el objeto mismo del juzgamiento. Ningún pleito relativo a tal o cual conflicto individualizado de intereses está sometido a la apreciación del Tribunal[5]. Lo único que se le pide es que declare que una norma es (o no es) compatible con

---

3 GILMAR FERREIRA MENDES, *Controle de constitucionalidade*. S. Paulo, 1990, p. 214: "A suspensão constitui ato político que retira a lei do ordenamento jurídico".

4 GILMAR FERREIRA MENDES, ob. cit., p. 214-5: CLÈMERSON MERLIN CLÈVE, ob. cit., p. 121. En sentido contrario: PINTO FERREIRA, ob. y v. cit., p. 327; MANOEL GONÇALVES FERREIRA FILHO, *Curso de Direito Constitucional*, 17ª ed. S. Paulo, 1989, p. 35.

5 CLÈMERSON MERLIN CLÈVE, ob. cit., p. 143-4: "Cuidando-se de processo objetivo, na ação direta de inconstitucionalidade não há lide nem partes (salvo num sentido formal), posto inocorrerem interesses concretos em jogo".

la Constitución. Con tal declaración, emitida *principaliter*, no *incidenter tantum*, se agota la actividad cognitiva del Tribunal.

Tradicionalmente, la vía adecuada al control directo y abstracto venía siendo, en el derecho brasileño, la acción declarativa de inconstitucionalidad, prevista en sucesivas Constituciones, sin excepción de la actual (art. 102, nº I, *a*). En ella, obviamente, se requiere al Tribunal que declare inconstitucional una ley u otro acto normativo. La Enmienda Constitucional nº 3, de 1993, ha introducido una novedad: la acción declarativa de constitucionalidad, en la cual se pide todo lo contrario, es decir, que el Tribunal declare la norma compatible con la Constitución. Ambas acciones están regladas por la Ley nº 9.868, de 10-11-1999, y la disciplina del juzgamiento les es común en lo esencial.

Sea en la acción declarativa de inconstitucionalidad, sea en la acción declarativa de constitucionalidad, para que el Supremo Tribunal Federal pueda fallar, es necesario que estén presentes por lo menos ocho de los once Ministros (Ley nº 9.868, art. 22). Se declarará la inconstitucionalidad o la constitucionalidad de la ley si en aquel sentido o en éste, respectivamente, se hubieren manifestado seis o más Ministros (art. 23, *caput*); como ya se dijo, la exigencia del *quorum* especial reside en el art. 97 de la Constitución. Si se alcanza el *quorum* especial, es decir, si seis o más Ministros acogen la petición en la acción declarativa de inconstitucionalidad, o la rechazan en la acción declarativa de constitucionalidad, el resultado es rigurosamente idêntico: en ambos supuestos, la ley queda declarada inconstitucional.

3. Los efectos de la declaración de inconstitucionalidad, en el control directo y abstracto (es decir, en una acción declarativa de inconstitucionalidad o de constitucionalidad), se producen *pleno iure* y no dependen de la suspensión de la ley por el Senado Federal: el art. 52, X, de la Constitución se refiere exclusivamente a las resoluciones dictadas por el Supremo Tribunal Federal en el ejercicio del control difuso (declaración "incidental"[6]). Dichos efectos deben ser examinados en una doble perspectiva: desde el punto de vista subjetivo y desde el punto de vista temporal.

---

6 JOSÉ AFONSO DA SILVA, ob. cit., p. 55; GILMAR FERREIRA MENDES, ob. cit., p. 277; CLÉMERSON MERLIN CLÉVE. ob. cit., p. 231; ZENO VELOSO, ob. cit., p. 58-9; RONALDO POLETTI, *Controle da constitucionalidade das leis*, 2ª ed., Rio de Janeiro, 2000, p. 151-2.

Subjetivamente, la declaración tiene eficacia erga omnes, vincula a los órganos del Poder Judicial y a la Administración Pública en todos los niveles (Ley nº 9.868, art. 28, párrafo único). Ningún juez podrá aplicar la ley declarada inconstitucional, y los órganos administrativos están igualmente obligados a la abstención. El vínculo no se extiende, sin embargo. a los órganos legislativos, lo que significa, por ejemplo, que el Congreso Nacional no está impedido de resucitar la norma impugnada, mediante la aprobación de un proyecto de ley que la reproduzca[7].

En el plan temporal, la consecuencia normal de la declaración de inconstitucionalidad consiste no solo en que la ley fulminada ya no podrá ser aplicada en pleito alguno de ahí en adelante, sino en que se deben reputar inválidos los actos practicados en virtud de sua aplicación. Se suele explicar el primer aspecto diciendo que la ley declarada inconstitucional es eliminada del ordenamiento jurídico, aunque la doctrina, por su manera de expresarse, a veces sugiera más bien la idea de que la resolución se ciñe a tomar ineficaz (y por ende inaplicable) la ley[8].

La concepción clásica, recibida del derecho norteamericano, considera nula la ley inconstitucional, y nula *ab initio*, es decir, desde el momento de sua entrada (aparente) en vigencia. Por lo tanto, los efectos de la declaración se producirán *ex tunc*. El corolario lógico de semejante entendimiento es la invalidez de todos los actos basados en dicha ley, inclusive de los realizados antes del fallo del Supremo Tribunal Federal. La única excepción pacíficamente admitida a esa regla es la cosa juzgada: aunque la sentencia firme se haya basado en la ley incompatible con la Constitución, su autoridad de cosa juzgada subsiste a la declaración de inconstitucionalidad[9].

Un eminente jurista, autor del proyecto del vigente Código de Processo Civil brasileño, escribiendo bajo la Constitución de 1946, en la cual ya existia la figura de la acción declarativa de inconstitucionalidad, exponía la doctrina clásica en los siguientes términos: «Sempre se entendeu entre nós, de conformidade com a lição dos constitucionalistas norte-americanos, que toda lei, adversa à Constituição, é absolutamente nula; não simplesmente anulável. A eiva de inconstitucionalidade a

7 CLÈMERSON MERLIN CLÈVE, ob. cit., p. 307.

8 Así, *v.g.*, JOSÉ AFONSO DA SILVA, ob. cit., p. 55.

9 GILMAR FERREIRA MENDES, ob. cit., p. 280; CLÈMERSON MERLIN CLÈVE, ob. cit., p. 252.

atinge no berço, fere-a *ab initio*. Ela não chegou a viver. Nasceu morta. Não teve, pois, nenhum único momento de validade". Y más: "*Se toda a doutrina da inconstitucionalidade se funda na antinomia entre a lei e a Constituição, e se a solução adotada se baseia no princípio da supremacia da Constituição sobre a lei ordinária, atribuir a esta uma eficácia transitória, enquanto não fulminada pela sentença judicial, equivale a negar durante esse tempo a autoridade da Constituição*"[10].

No obstante, en varios casos la solución tradicional puede resultar muy poco satisfactoria en la práctica. Ya en el período anterior a la Ley nº 9.868, el Supremo Tribunal Federal atenuaba en algunos supuestos el rigor del sistema expuesto arriba, para dejar subsistir ciertos actos, como por ejemplo los practicados por un funcionario público investido en su cargo *ex vi* de una ley posteriormente declarada inconstitucional[11]. En efecto: dichos actos podían haber influído de manera relevante en la situación jurídica de muchas personas, y no sería razonable hacer tabla rasa de todas esas consecuencias. Piénsese, por otro lado, en la resolución que declare inconstitucional la ley creadora de un impuesto que ya haya sido cobrado a lo largo de anos, y en el descalabro que representaría para el Fisco la obligación de restituir las cuantías pagadas a los contribuyentes.

La Ley nº 9.868 ha tomado en consideración la conveniencia de abrir la posibilidad de un tratamiento variable para las distintas hipótesis. Según el art. 27, habida cuenta de razones de seguridad jurídica o de un excepcional interés público, puede el Tribunal, mediante el voto de dos tercios de sus miembros (ocho Ministros), restringir los efectos de la declaración de inconstitucionalidad o disponer que ella solo tenga eficacia *ad futurum* o a partir de un momento determinado.

4. En resumen:

a) los efectos de la declaración de inconstitucionalidad de una ley por el Supremo Tribunal Federal brasileño varían según se trate del ejercicio del control difuso (declaración incidental) o del control directo y abstracto (acción declarativa de inconstitucionalidad o de constitucionalidad);

---

10 ALFREDO BUZAID, *Da ação direta de declaração de inconstitucionalidade no direito brasileiro*, S. Paulo, 1958, p. 128/9 y 130/1.

11 13-11-1981, Recurso extraordinário nº 78.533, *in Revista Trimestral de Jurisprudência*, v. 100, p. 1.086.

b) en el control difuso, la declaración incidental produce efectos solamente en el pleito que constituye el objeto de la actividad cognitiva del Tribunal, y la ley declarada inconstitucional subsiste en el ordenamiento. a menos que el Senado suspenda su ejecución;

c) en el control directo y abstracto, el fallo en la acción declarativa de inconstitucionalidad (o de constitucionalidad) tiene pleno fure eficacia erga omnes y vincula todos los otros órganos judiciales y la Administración Pública;

d) tales efectos, por regla general, se producen ex tune, es decir, desde la entrada en vigencia de la ley declarada inconstitucional, pero el Tribunal puede, si así se manifiestan por lo menos ocho Ministros, restringir dichos efectos o disponer que se produzcan solo *ex nunc* o a partir de un determinado momento.

Maio de 2001.

COMENTÁRIOS DOS ATUALIZADORES

EFECTOS DE LA DECLARACIÓN DE LA INCONSTITUCIONALIDAD DE UMA LEY POR EL *SUPREMO TRIBUNAL FEDERAL* BRASILEÑO

Luís Roberto Barroso / Frederico Montedonio

Nesta breve comunicação em espanhol, Barbosa Moreira deu aos participantes do XXI Congresso Argentino de Direito Processual notícia dos aspectos elementares do controle de constitucionalidade judicial no Brasil: a possibilidade de controle incidental por todas as instâncias, inclusive o STF, com efeitos *inter partes*; a competência exclusiva do Supremo Tribunal Federal para realizar o controle direto e abstrato tendo como parâmetro a Constituição da República, com efeitos vinculantes e *erga omnes*; a possibilidade de o Senado suspender a execução de uma lei declarada inconstitucional pelo STF (CF, art. 52, X); a existência da ação declaratória de constitucionalidade (CF, art. 102, I, *a*); a cláusula de reserva de plenário (CF, art. 97); e a possibilidade de modulação dos efeitos da declaração de inconstitucionalidade (Lei 9.868/1999, art. 27).

Essa disciplina básica permanece, com poucas alterações. Os motivos – incluindo uma declaração incidental de inconstitucionalidade – continuam não fazendo parte da coisa julgada, ainda que importantes para determinar o alcance da parte dispositiva da sentença (CPC/2015, art. 504, I). É certo que o atual Código prevê a possibilidade de que a coisa julgada recaia sobre a resolução da questão prejudicial decidida expressa e incidentemente no processo, mas para isso, entre outros requisitos, é necessário que o juízo tenha competência em razão da matéria e da pessoa para resolvê-la como questão principal (art. 503, § 1°, III). Como cabe somente ao STF a competência originária para fazer o controle abstrato – em que as questões de constitucionalidade colocam-se como principais –, nenhuma questão incidental de inconstitucionalidade resolvida por outra instância terá, por força deste dispositivo, eficácia de coisa julgada.

A jurisprudência contemporânea discute se a atribuição do Senado de suspender a execução de lei declarada inconstitucional pelo STF é de fato uma possibilidade, como defende Barbosa Moreira, ou uma obrigação. Segundo esta leitura, o art. 52, X, da Constituição teria passado por uma mutação constitucional, e a função do Senado seria apenas dar publicidade à decisão do STF. Observe-se, a propósito, que o STF já imprimiu expressamente efeitos vinculantes e *erga omnes* a uma declaração incidental de inconstitucionalidade, em julgamento no qual o primeiro atualizador declarou-se impedido (ADIs 3.406 e 3.470, Rel. Min. Rosa Weber, j. 29/11/2017).

No que diz respeito ao controle abstrato, as principais mudanças desde a comunicação de Barbosa Moreira foram a equiparação do rol de legitimados para propor a ação direta de inconstitucionalidade e a ação declaratória de constitucionalidade (art. 103, *caput*, da Constituição, na redação dada pela EC 45/2004) – inclusive com a inclusão expressa do Governador do Distrito Federal e da Mesa da respectiva Câmara Legislativa (incisos IV e V); a possibilidade de edição de súmulas vinculantes (art. 103-A da Constituição, na redação dada pela EC 45/2004); e a disciplina infraconstitucional da ação direta de inconstitucionalidade por omissão (Lei 12.063/2009).

Quanto à possibilidade de modulação de efeitos da declaração de inconstitucionalidade, há um julgamento em curso sobre a constitucionalidade do art. 27 da Lei 9.868/1999 (ADIs 2.154 e 2.258, Rel.

Min. Dias Toffoli), com votos já proferidos em ambos os sentidos. O julgamento está suspenso por pedido de vista.

O tema do controle de constitucionalidade é vastíssimo. Na atualização de uma comunicação sumária como a de Barbosa Moreira, que tratou apenas das linhas gerais do modelo brasileiro, o melhor a fazer é remeter o leitor interessado em se aprofundar no assunto a outras obras monográficas sobre a matéria[12].

12 Para mais sobre o tema, v., *e.g.*: BARROSO, Luís Roberto. *O controle de constitucionalidade no direito brasileiro*. 8. ed. São Paulo: Saraiva, 2019. CUNHA JÚNIOR, Dirley da. *Controle de constitucionalidade*: teoria e prática. 10. ed. Salvador: Juspodivm, 2019. MENDES, Gilmar Ferreira. *Controle abstrato de constitucionalidade*: ADI, ADC e ADO – comentários à Lei n. 9.868/1999. São Paulo: Saraiva, 2012.

A AÇÃO CIVIL PÚBLICA E A LÍNGUA PORTUGUESA[1]

1. O Brasil pode orgulhar-se de ter uma das mais completas e avançadas legislações em matéria de proteção de interesses supraindividuais. E não é de hoje: a ação popular, contemplada em mais de uma das nossas sucessivas Constituições e regulamentada pela Lei nº 4,717, de 29-6-1965, já colocava à disposição dos cidadãos instrumento dotado de grandes potencialidades nesse terreno. Viria o sistema a ser enriquecido por subsequentes diplomas legais, dentre os quais sobressaem a Lei nº 7.347, de 24-7-1985, e o Código de Defesa do Consumidor (Lei nº 8.078, de 11-9-1990).

Não é a carência de meios processuais que responde pela subsistência, entre nós, de uma situação ainda largamente insatisfatória no que diz respeito à tutela daqueles interesses. Decerto não há esperar que leis e pleitos judiciais sejam capazes de encaminhar a solução cabal problemas tão vultosos e complexos. Muito depende de uma ação administrativa que precisa exercer-se espontânea e continuamente, sem aguardar provocações veiculadas através do Judiciário. Muito depende também do comportamento dos membros da comunidade: aos interesses supraindividuais correspondem, para todos nós, deveres omissivos e comissivos, que nem sempre nos dispomos a cumprir. Basta lembrar a frequência com que contribuímos para degradar o ambiente, por meio de condutas distribuídas num amplo espectro: desde atos aparentemente insignificantes como o de lançar detritos ao logradouro público, até enormidades como o desmatamento proposital de vastas áreas.

Em todo caso, alguma melhora vem-se fazendo notar, e sem dúvida tem crédito nisso a ação civil pública, ora em seu décimo quinto aniversário. Não pretendemos dar aqui exemplos da serventia que ela vem demonstrando em ocasiões diversas. Antes nos acode que seria útil olhar o panorama pelo ângulo oposto, para indicar aspecto que ainda não mereceu atenção, ao que nos consta, por parte dos legitimados à propositura: aspecto que – se assim se pode falar, tirando proveito da equivocidade

1 Trabalho escrito para o livro *Ação civil pública* (coord. Édis Milaré), S. Paulo, 1ª ed., 2000; 2ª ed., 2002. Publicado também em *Rev. Jur.*, v. 276, *Rev. do Min. Público*, v. 13, *Inf. ADV*, Boletim semanal nº 41 (out. de 2000), *Inf. Incijur*, n° 18.

da palavra final –, está, como os seis famosos personagens pirandellianos, "à procura de um autor".

2. Reza o art. 13, *caput*, da Constituição de 1988: "A língua portuguesa é o idioma oficial da República Federativa do Brasil". A disposição insere-se em contexto da mais alta significação política e, ousamos ajuntar, espiritual. Veja-se que o § 1º enumera os símbolos da República: a bandeira, as armas e o selo nacionais. Por seu turno, o art. 216, relativo ao "patrimônio cultural brasileiro", arrola como elementos constitutivos dele "os bens de natureza material e imaterial, tomados individualmente ou em conjunto, portadores de referência à identidade, à ação, à memória dos diferentes grupos formadores da sociedade brasileira", e em termos expressos inclui aí "as formas de expressão" (inciso I) – das quais a mais importante não pode deixar de ser a linguagem falada e escrita.

Disposições legais – e, por mais forte razão, disposições constitucionais – não se presumem supérfluas nem anódinas. Não é razoável enxergar na qualificação da língua portuguesa como idioma oficial do país e na sua inclusão como elemento do patrimônio cultural brasileiro meras declarações abstratas, sem repercussão alguma no mundo real. Desses textos defluem necessariamente consequências jurídicas. Uma, aliás, vem mencionada expressis verbis no § 1º do próprio art. 216, onde se cria para o Poder Público, "com a colaboração da comunidade", o dever de proteger o patrimônio cultural, "por meio de inventários, registros, vigilância, tombamento e desapropriação, e de outras formas de acautelamento e preservação".

3. Os comentários à Constituição de 1988 não têm extraído muito do texto do art. 13; mas vale a pena explorar-lhe as virtualidades. Designar um idioma como "oficial" ou nada significa – conclusão inaceitável – ou só pode significar que se lhe atribui condição jurídica especial, diferente da condição jurídica de quaisquer outros idiomas. Visto que a língua é essencialmente instrumento de comunicação, infere-se com facilidade que no território nacional, o português deve ser considerado o instrumento de comunicação por excelência; em outras palavras, a comunicação há de fazer-se prioritariamente nessa língua.

Dizemos "prioritariamente"; não dizemos "exclusivamente", e por motivos óbvios. Haverá no Brasil, inclusive entre povos autóctones, quem não conheça a língua portuguesa; sinal de que o legislador constituinte levou em conta o fato é o disposto no art. 210, § 2º, que assegura às comunidades indígenas a utilização de suas línguas maternas no ensino fundamental. Estrangeiros circulam pelo nosso território sem que se lhes exija, como condição de ingresso ou permanência, o conhecimento do português. Brasileiros utilizam amiúde outros idiomas, pelos motivos mais variados, muitos deles perfeitamente legítimos.

O que interessou à Constituição, bem se compreende, foi o curso regular dos acontecimentos, id quod plerumque accidit. No Brasil, e de forma particular entre brasileiros, o curso regular dos acontecimentos, em matéria de comunicação, é (e tem de ser) o emprego da língua portuguesa. Não é indiferente, aos olhos da Constituição, que se empregue esse ou qualquer outro idioma. Ao idioma "oficial" deve assegurar-se, em regra, prioridade sobre todos os outros. A qualificação de "oficial" implica por força posição de supremacia e por conseguinte de preferência. O emprego de idioma distinto há de fundar-se em razão especial; o do português dispensa tal justificação.

4. Deixaremos de lado, no presente trabalho, o caso da comunicação entre particulares, que, por exigir consideração matizada, reclamaria tempo e espaço de que ora não dispomos. Vamos referir-nos apenas à comunicação *entre órgãos públicos e a população em geral.*

A matéria, diga-se de passagem, é versada em termos mais amplos num projeto de lei (nº 1.676, de 1999), de autoria do deputado Aldo Rebelo, o qual, no momento em que escrevemos, tramita na Câmara dos Deputados, já tendo sido aprovado pela Comissão de Educação. Não nos ocuparemos agora dele, nem das inúmeras questões de que cuida, com maior ou menor acerto. Fique dito unicamente que nos parece sobremodo louvável a iniciativa de tentar dar ao assunto alguma disciplina, por mais criticável que possa afigurar-se esta ou aquela posição específica adotada no projeto. Seja como for, é nossa convicção que o problema, em certa medida, comporta solução em plano constitucional, e portanto pode e deve ser enfrentado com abstração da eventualidade de que se venham a editar normas legais ao propósito. Para os fins enunciados no início deste tópico, bastam, ao nosso ver, as disposições insertas na Carta da República e as da Lei nº 7.347.

5. Que os órgãos públicos, ao se comunicarem com a população em geral, estão obrigados a empregar o idioma oficial é ponto que prescinde de demonstração. Pode-se afirmar que essa é a consequência mínima do fato de existir uma língua a que a Constituição dá o *status* de oficial. Pensar de outra maneira importaria negar toda e qualquer relevância ao art. 13 – riscá-lo, pura e simplesmente, do texto constitucional.

Dê-se um exemplo, intencionalmente elementar. A legislação brasileira, em todos os níveis, tem de ser editada em português. Não se concebe lei, decreto, resolução, portaria, ordem de serviço, que se expresse noutra língua. A nenhuma autoridade, de qualquer dos Poderes públicos, lembraria violar essa regra. O Código de Processo Civil, anterior embora à Constituição, harmoniza-se com o art. 13 ao estatuir que em todos os atos e termos do processo seja obrigatório o uso do vernáculo (art. 156) e que documento em língua estrangeira só se possa juntar aos autos quando acompanhado de tradução para o nosso idioma oficial (art. 157).

Há, porém, o reverso da medalha. Nem todas as entidades administrativas ou vinculadas à Administração observam o dever de respeitar o preceito constitucional. A Caixa Econômica lança cartão a que chama *federal card*. O Banco do Brasil oferece a seus correntistas um pacote de serviços sob o título *BB Personal Banking*. No quadro do aeroporto internacional do Rio de Janeiro, anunciam-se voos destinados às cidades de *Lisbon, Rome, Milan*. E assim por diante. Serão tais práticas compatíveis com o art. 13? Não nos parece.

Convém precisar, a fim de evitar mal-entendidos: nada obsta, para ficarmos num exemplo, a que o quadro dos voos contenha *também* nomes de cidades em outra língua além do português. É medida que facilitará as coisas para viajantes estrangeiros. O que não se admite é que *deixem de figurar as denominações portuguesas* – com a ressalva, a rigor ociosa, de topônimos que por uso tradicional e consolidado não se traduzem: ninguém vai pretender que a capital da Argentina apareça no quadro como "Bons Ares"...

6. Se falamos de infrações constitucionais, cumpre saber qual o remédio adequado à correção do mal. A resposta encontra-se na Lei nº 7.347. Nos termos de seu art. 1º, nº IV, a ação civil pública é cabível para a proteção de qualquer interesse difuso ou coletivo. Ora, não há dificuldade em verificar que, no caso sob exame, está em causa um interesse difuso.

Com efeito. Segundo a definição constante do art. 81, nº I, do Código de Defesa do Consumidor, reputam-se difusos os interesses "transindividuais, de natureza indivisível, de que sejam titulares pessoas indeterminadas e ligadas por circunstâncias de fato". O interesse na observância do art. 13 da Constituição é obviamente transindividual. É, igualmente, indivisível: se o respectivo objeto consiste – para retomarmos ainda o mesmo exemplo – na inserção de palavra de língua portuguesa em quadro de aeroporto, uma de duas: ou se insere a palavra, e todos os membros da comunidade interessada estarão satisfeitos, ou não se insere, e todos estarão lesados. Os titulares, enfim, são indeterminados e ligados pela circunstância de fato de habitarem país que adota certo idioma oficial.

A ação civil pública pode ter por objeto o cumprimento de obrigação de fazer ou não fazer (Lei nº 7.347, art. 4º). É exercitável, por conseguinte, para pedir que se substitua denominação noutra língua por denominação em português, ou para que se acrescente esta àquela. Legitimam-se a propô-la as entidades arroladas no art. 52; e dentre as associações civis a que alude o inciso II naturalmente se distinguem as academias de letras – a brasileira e outras congêneres.

7. Começa a manifestar-se, em vários setores da sociedade, justificável preocupação ante o tratamento que se está dando à língua portuguesa. Em muitos casos, tem-se a impressão de que é outro o idioma oficial do país. Os próprios órgãos públicos, segundo se registrou, têm sua culpa no particular. Sintoma daquela preocupação é, entre outros, o projeto de lei a que acima nos referimos.

Como intuitivamente se compreende, o problema reveste aspectos multiformes, e nem todos podem ser enfrentados de modo eficaz por instrumentos jurídicos, os quais, no entanto, têm um papel – modesto que seja – a cumprir. Nosso propósito, neste despretensioso trabalho, é indicar uma das possíveis frentes de combate. A via judicial não será a mais promissora como caminho para uma solução global; mas vitórias parciais, em pontos específicos, já contribuirão para abrandar a feiura do panorama. E nesse campo a ação civil pública estará em condições, se encontrar autor que habilmente a maneje, de acrescentar outros títulos ao seu já imponente *curriculum vitae*.

Setembro de 2000.

COMENTÁRIOS DOS ATUALIZADORES

A AÇÃO CIVIL PÚBLICA E A LÍNGUA PORTUGUESA

Luís Roberto Barroso / Frederico Montedonio

O uso excessivo de estrangeirismos por órgãos oficiais é problema atualíssimo, além de particularmente grave no Judiciário. A propósito, o STF já deixou de conhecer um *habeas corpus* por estar redigido em língua espanhola, invocando para tanto a incidência do art. 13 da Constituição, mas a ementa do próprio julgado faz uso da expressão latina *indulgentia principis,* sem necessidade ou ganho de significado (Pleno, HC 72.391 QO, Rel. Min. Celso de Mello, j. 8/3/1995). Outros exemplos de abuso grassam na jurisprudência, como *due process of law* e *pas de nullité sans grief,*

Referido no texto de Barbosa Moreira, o Projeto de Lei nº 1.676/1999, da Câmara dos Deputados, foi emendado e aprovado na referida casa legislativa em 2001 e enviado ao Senado, onde foi aprovado um substitutivo em 2003, que fez o projeto voltar à casa de origem. A Comissão de Constituição e Justiça e de Cidadania da Câmara dos Deputados aprovou parecer favorável ao substitutivo vindo do Senado no final de 2007. Desde então, não houve mudanças na tramitação do projeto federal. No âmbito estadual, porém, há notícia da aprovação de um projeto de inspiração semelhante, que resultou na Lei nº 13.727/2011, do Estado do Rio Grande do Sul. A norma, segundo a ementa, "institui a obrigatoriedade da tradução de expressões ou palavras estrangeiras para a língua portuguesa, sempre que houver em nosso idioma palavra ou expressão equivalente, no âmbito do Estado do Rio Grande do Sul". No entanto, o art. 1º foi vetado e o art. 2º só prevê que os órgãos públicos "poderão priorizar a utilização da língua portuguesa".

A atualização cabível sobre a ação civil pública foi abordada no segundo texto desta coletânea ("Por um processo socialmente efetivo"). Quanto ao manejo do instrumento para resolver o problema apontado pelo autor, há registro de algumas iniciativas concretas. Sem a pretensão de fazer um levantamento exaustivo, identificou-se uma ação civil pública proposta em 2006 pelo MPF em Guarulhos/SP, em que chegou a ser deferida medida liminar para determinar à União que, entre outras providências, "fiscalize (...) o uso da língua portuguesa, exclusivamente ou mediante tradução, no mesmo destaque, das expressões em língua estrangeira que encontrem correspondente em nosso idioma, na oferta e apresentação de produtos e serviços por fornecedores, inclusive nas ofertas publicitárias em vitrinas, prateleiras, balcões ou anúncios que tenham suficiente precisão, quando se referirem às características, qualidades, quantidade, composição, preço (também condições de pagamento e descontos), garantia, prazos de validade, origem, riscos que apresentam à saúde e segurança dos consumidores, nos termos do artigo 31, c.c artigo 30, ambos do CDC (exemplos: 'sale', 'off', 'summer' etc.)", sob pena de multa diária de R$ 5.000,00 (cinco mil reais). A medida, entretanto, foi suspensa pelo TRF da 3ª Região no início de 2007. O pedido veio a ser julgado improcedente e a sentença foi tornada definitiva pelo TRF3, que invocou entre seus fundamentos a liberdade de expressão (CF, art. 5º, IX) (ACP 2006.61.19.006359-5)[2].

Outra ação teve melhor sorte. O TRF da 2ª Região reformou sentença de improcedência em ACP movida pelo MPF no Rio de Janeiro e determinou à ANVISA, com base no mesmo art. 31 do CDC, a edição de "norma no sentido da obrigatoriedade da utilização da língua portuguesa na descrição dos componentes dos produtos de higiene pessoal, cosméticos e perfumes" (apelação 0028713-35.2008.4.02.5101). Em cumprimento a tal decisão, a ANVISA editou a Resolução RDC 432, de 4/11/2020.

O problema, de natureza cultural, é complexo. Como reconhece o próprio Barbosa Moreira, o direito tem um papel modesto a cumprir nessa seara. Até que se avance, o ideal é combater os excessos com bom senso e, sobretudo, com bom humor e com a própria cultura. O "Samba do Approach", de Zeca Baleiro, é um bom exemplo.

2 O texto da decisão do agravo de instrumento 2007.03.00.010920-8, que suspendeu a decisão liminar, pode ser lido em: <http://www.mpsp.mp.br/portal/page/portal/cao_consumidor/acervo/jurisprudencia/juris_oferta_publicidade/Uso%20da%20l%C3%ADngua%20portuguesa_0.pdf>. Acesso em: 20 jan.2021.

ESTRUTURA DA SENTENÇA ARBITRAL[1]

1. À semelhança do que fizera o Código de Processo Civil, quanto à sentença judicial, no art. 458, houve por bem o legislador, ao elaborar a Lei nº 9.307, de 23-9-1996, traçar o esquema a ser observado na redação da sentença arbitral. Dispôs sobre o assunto no art. 26, cujo *caput*, em quatro incisos, enumera os "requisitos obrigatórios" dessa sentença: "I – o relatório, que conterá os nomes das partes e um resumo do litígio; II – os fundamentos da decisão, onde serão analisadas as questões de fato e de direito, mencionando-se, expressamente, se os árbitros julgaram por equidade; III – o dispositivo, em que os árbitros resolverão as questões que lhes forem submetidas e estabelecerão o prazo para o cumprimento da decisão, se for o caso; IV – a data e o lugar em que foi proferida". Acrescenta o parágrafo único: "A sentença arbitral será assinada pelo árbitro ou por todos os árbitros. Caberá ao presidente do tribunal arbitral, na hipótese de um ou alguns dos árbitros não poder ou não querer assinar a sentença, certificar tal fato".

O confronto entre o texto acima transcrito e o do art. 458 do Código mostra algumas diferenças. Fala o dispositivo codificado de "requisitos essenciais" da sentença, enquanto o da Lei nº 9.307 se refere a "requisitos obrigatórios". O conteúdo do relatório é expresso em termos parcialmente diversos, no art. 458 do texto codificado: "os nomes das partes, a suma do pedido e da resposta do réu, bem como o registro das principais ocorrências havidas no andamento do processo". No que tange aos fundamentos, a abstrair-se de irrelevante disparidade de redação na primeira oração subordinada, verifica-se a omissão, no referido artigo, da cláusula relativa ao julgamento por equidade. Acerca do dispositivo, a Lei nº 9.307 igualmente contém cláusula inexistente no Código: "e estabelecerão o prazo para o cumprimento da decisão, se for o caso". Tampouco se vê no art. 458 disposição equivalente à do inciso IV do art. 26 da Lei da Arbitragem, conquanto no art. 165, I ª parte, do Código se depare alusão à data e à assinatura.

---

1 Trabalho escrito para o livro *Reflexões sobre arbitragem (em memória do Desembargador Cláudio Vianna de Lima)*. Publicado também em *Rev. de Proc.*, nº 107, *Rev. Síntese de Dir. Civ. e Proc. Civ.*, nº 16, *Rev. da Acad. Bras. de Letras Jur.*, v. 21.

2. Merecem as discrepâncias alguns comentários. Antes de mais nada, vale notar que a Lei nº 9.307 reincidiu na impropriedade terminológica do Código, ao usar a expressão "requisitos". Na verdade, o que ambos os textos arrolam são os elementos que hão de figurar na sentença judicial ou arbitral): um e outro dispositivo descrevem a estrutura do ato, indicando as partes de que ele deve compor-se. A semelhante conceito a palavra que melhor corresponde é "elemento", definida pelos dicionários como "cada parte de um todo"[2]. "Requisito" significa outra coisa: exigência que precisa ser satisfeita para que algo atinja determinado objetivo, ou produza determinado efeito. Por exemplo: quando o art. 82 do Código Civil estatui que "a validade do ato jurídico requer agente capaz (...), objeto lícito e forma prescrita ou não defesa em lei (...)", está enunciando os requisitos necessários no ato jurídico para que seja válido; não é por acaso que se emprega aí o verbo cognato "requerer".

Não parece difícil, na prática, distinguir elemento de requisito. Os elementos são sempre designados por substantivos ("relatório", "fundamentos", "dispositivo", "agente", "objeto", "forma"); os requisitos, por adjetivos ou pelos substantivos abstratos a eles correspondentes. Assim, o objeto do ato jurídico é um de seus elementos; o ser lícito o objeto (ou a licitude dele) é requisito da validade do ato.

3. Alude o Código a "requisitos essenciais"; a Lei nº 9.307, a "requisitos obrigatórios". A ideia é sempre a mesma: trata-se de elementos que não podem faltar na sentença. O Código abstém-se de explicitar a consequência da falta; a Lei nº 9.307, no art. 32, nº III, averba de "nula" a sentença que "não contiver os requisitos do art. 26".

Aqui também parece oportuno um reparo de índole terminológica. As leis nem sempre são muito cuidadosas na linguagem, quando versam as consequências dos defeitos que os atos jurídicos podem apresentar. Ponto em que o legislador costuma escorregar é o referente ao grau de invalidade acarretado pelo defeito: com frequência, misturam-se ou empregam-se de maneira promíscua expressões pertinentes à *nulidade* e à *anulabilidade*. O próprio Código Civil não deixa de incorrer no ví-

---

2 *Vide*, por exemplo, *Novo Aurélio, Dicionário da Língua Portuguesa – Século XXI*. 3ª ed., Rio de Janeiro, 1999, verbete elemento, nº 4. Procedente a crítica de TERESA ARRUDA ALVIM WAMBIER, *Nulidades do processo e da sentença*, 4ª ed., S. Paulo, 1997, p. 86.

cio, quando, após declarar "anulável" o ato jurídico, em certas hipóteses, previstas no art. 147, estabelece no art. 152, principio, que "as nulidades do art. 147 não têm efeito antes de julgadas por sentença, nem se pronunciam de ofício".

No rigor da técnica, diz-se nulo o ato eivado de defeito que, segundo a lei, lhe tolhe desde logo a validade, independentemente de qualquer outro ato – o qual, caso sobrevenha, terá natureza meramente declaratória. Por isso mesmo, se é de verdadeira nulidade que se cuida, o juiz pode (rectius: deve) levá-la em conta, de ofício, "quando conhecer do ato ou dos seus efeitos", conforme se lê na parte inicial do art. 146, parágrafo único, do Código Civil. Afigura-se impróprio cogitar de providência destinada a "anular" ato "nulo"; anular é "tomar nulo", e não se torna nulo algo que nulo já é. De outro modo passam-se as coisas se o caso é de simples anulabilidade: o ato anulável precisa ser anulado; e, enquanto não o for, deve ser tratado como se válido fosse. O ato anulatório terá natureza constitutiva.

4. A observação terminológica não se faz aqui por puro amor à boa técnica. Ela se relaciona com um problema exegético de certa delicadeza. A Lei nº 9.307 adota mecanismo de controle judicial da validade (não da justiça) da sentença arbitral Enumera no art. 32 oito hipóteses em que, nos termos do *caput*, a sentença "é nula"; e inclui entre elas, repita-se, a da sentença que "não contiver os requisitos do art. 26". Todavia, o art. 33 e seus parágrafos regulam uma ação a ser proposta "pela parte interessada", perante o "órgão do Poder Judiciário competente", para a "decretação da nulidade"; o § 1º fixa para a propositura o prazo de 90 dias, seguintes ao recebimento da sentença ou de seu aditamento. Embora o texto não o diga, tudo faz crer que se está diante de prazo de decadência[3], após o qual já não será lícito ao interessado pleitear em juízo a "decretação da nulidade".

Isso aponta no sentido da mera anulabilidade da sentença. Aliás, se tivermos em mente o fato de que esta gera situação equiparável à da

3 Assim, ALEXANDRE FREITAS CÂMARA, *Arbitragem*, Rio de Janeiro, 1997, p. 119; JOEL DIAS FIGUEIRA JUNIOR, *Manual da arbitragem*, S. Paulo, 1997, p. 193; CARLOS ALBERTO CARMONA, *Arbitragem e processo*, S. Paulo, 1998, p. 261; PEDRO A. BATISTA MARTINS, *Anotações sobre a sentença proferida em sede arbitral*, no volume coletivo *Aspectos fundamentais da lei de arbitragem*, Rio de Janeiro, 1999, p. 415.

coisa julgada material, ressaltará a analogia entre a ação do alto 33 e a rescisória; ora, a sentença transitada em julgado, rescindível que seja, não é nula: até que se rescinda, valerá e surtirá efeitos, como se nenhum defeito contivesse[4]. Em semelhante perspectiva, a "decretação da nulidade", no texto da Lei nº 9.307, melhor se traduzirá por "anulação". Constitutiva, e não meramente declaratória, será a sentença que acolha o pedido do autor[5].

É verdade que, consoante o § 3º do art. 33, «a decretação da nulidade da sentença arbitral também poderá ser arguida mediante ação de embargos do devedor (arts. 741 e seguintes do Código de Processo Civil), se houver execução judicial". Pressupõe-se, é claro, sentença arbitral de teor condenatório, apta a constituir título executivo (art. 31, *fine*), equiparado aos títulos judiciais (cf. a nova redação dada ao art. 584, nº III, do Código, de Processo Civil pela Lei nº 9.307). A possibilidade de demandar a "decretação da nulidade" por via dos embargos de devedor, entretanto, não exclui necessariamente a consideração do caso como de anulabilidade, desde que se veja nos embargos uma ação constitutiva, destinada justamente à invalidação do título.

O tema comporta desdobramentos que não é este o lugar adequado para examinar. Aditaremos somente uma observação no plano comparatístico: a Lei portuguesa nº 31/86, de 29-8-1986, que regula a impugnação da "decisão arbitral" em termos não muito distantes dos adotados entre nós, fala repetidamente de "anulação"; no art. 27, nº 1, lê-se que "a sentença arbitral só pode ser anulada (...) por algum dos seguintes fundamentos ", e no mesmo artigo, nº 3, emprega-se a locução "anulabilidade".

5. De acordo com o art. 26, nº I, da Lei nº 9.307, o relatório da sentença, arbitral "conterá os nomes das partes e um resumo do litígio". Já se anotou a diferença entre o teor desse dispositivo e o do art. 458, nº I, de

4 "A eficácia da sentença rescindível é completa, como se não fosse rescindível" dizia expressivamente PONTES DE MIRANDA. *Tratado da ação rescisória*, 5ª ed., Rio de Janeiro, 1976, p. 171.

5 É a posição de PAULO CEZAR PINIIEIRO CARNEIRO, *Aspectos processuais da nova lei de arbitragem*, no volume coletivo *Arbitragem*, coord. por Paulo Borba Casella, S. Paulo 1997, p. 153/4. *Aliter*, falando de "nulidade absoluta" e, com plena coerência (a propósito do art. 33), de ação meramente declaratória, JOEL DIAS FIGUEIRA JUNIOR, ob. cit., p. 186, ALEXANDRE FREITAS CÂMARA, ob. cit., p. 116.

estatuto processual. Compreende-se que a Lei nº 9.307 não se refira à "suma do pedido" nem à "resposta do réu", expressões que podem não corresponder às características do procedimento da arbitragem. Resta a dessemelhança da parte final: enquanto o Código alude ao "registro das principais ocorrências havidas no andamento do processo", a Lei nº 9.307 exige "um resumo do litígio". No sistema do Código, tal "resumo" estará na "suma do pedido e da resposta do réu". *Quid iuris* quanto ao "registro das principais ocorrências", de que nada diz a Lei nº 9.307? Apesar do silêncio, ao nosso ver deve contê-lo, por óbvia utilidade, a sentença arbitral.

No que tange aos "fundamentos", a redação do art. 26, nº II, da Lei nº 9.307 avizinha-se, em certa medida, da adotada no art. 458, nº II, do Código: uma e outra reclamam a análise "das questões de fato e de direito". Presumem os textos, bem se vê, que haja questões de ambas as espécies a ser analisadas, o que nem sempre ocorrerá: perfeitamente se concebe que as partes divirjam só nas versões que apresentam dos fatos, concordando no que toca ao direito aplicável, ou vice-versa.

Na parte final do art. 26, nº II, preceitua a Lei nº 9.307 que se mencione "expressamente se os árbitros julgaram por equidade". A cláusula é útil, antes de mais nada, para deixar certo que a circunstância de julgar-se por equidade não dispensa a exposição dos motivos que sustentam a conclusão da sentença. O direito espanhol limita a obrigatoriedade da motivação aos casos em que "los árbitros decidan la cuestión litigiosa con sujeción a Derecho" (Lei nº 36/1988, de 5-12-1988, art. 32, nº 2). O legislador brasileiro optou, corretamente, por estendê-la às hipóteses de julgamento por equidade. Recorde-se que o juiz estatal, nos casos, previstos em lei, em que decida por equidade (Código de Processo Civil, art. 127), nem por isso ficará dispensado de motivar sua decisão, hoje até por imposição constitucional (Carta da República, art. 93, nº IX).

6. Convém abrir item específico para tratar do dispositivo, em que o julgador enuncia a conclusão a que chegou. Aí reside o coração da sentença. A ele se prendem os efeitos que a decisão vai projetar no mundo exterior. É à sua luz que se determinam os limites de incidência da coisa julgada.

A Lei nº 9.307 versa a matéria em termos até celta altura semelhantes aos do texto codificado. Naquela, reza o art. 26, nº III, que no dispositivo "os árbitros resolverão as questões que lhes forem submetidas"; no

Código, o art. 458, nº III, diz que aí "o juiz resolverá as questões, que as partes lhe submeterem".

Cumpre desde logo pôr em evidência que a palavra "questões", nesses textos, não designa a mesma realidade a que se refere no inciso II de ambos. As "questões de fato e de direito", que o juiz ou o árbitro deve "analisar" ao expor os fundamentos da decisão não se confundem com as questões que um ou outro "resolve" no dispositivo. Segundo conceito que se tomou clássico, "questão", no processo, é todo ponto duvidoso[6]. Ao julgador compete eliminar a dúvida; para tanto, não se limita a "analisar" a questão, mas, por meio da análise, na verdade a soluciona.

É a solução das questões, assim entendidas, que ministra ao julgador os fundamentos da decisão[7]. Por exemplo: para decidir, precisa ele saber se os acontecimentos se passaram tais como os narrou uma das partes, ou a outra (questão de fato); também precisa saber se está em vigor a disposição legal invocada (questão de direito). Uma vez formado seu convencimento acerca daquela e desta, o julgador estará em condições de concluir, aplicando o direito ao fato. A conclusão formará o dispositivo; o convencimento, porém, já terá sido manifestado e justificado na motivação. Nesse sentido, é nela que o julgador resolve (não "analisa" apenas) as "questões de fato e de direito".

Outras são as "questões" que devem ser resolvidas no dispositivo. Aí se trata de dar ao litígio solução coerente com os fundamentos. Suponhamos que uma das partes demande a condenação da outra ao pagamento de certa importância, a título de ressarcimento de danos. Pode haver, de início, uma pluralidade de pontos duvidosos, de fato e de direito: ocorreu dano? Foi ele causado pelo comportamento da parte? Agiu esta com negligência ou imprudência? Que disposição legal rege a matéria? Como deve ser interpretada? – e assim por diante. A solução de todas essas questões há de ser enunciada e justificada na motivação. Tal

---

6 CARNELLUTTI, *Sistema di diritto processuale civile*, v. I, Pádua, 1936, p. 353: "*la questione si può definire un punto dubbio, di fatto o di diritto*" (destaque do autor). Essa terminologia penetrou na doutrina brasileira: *vide*, entre outros, ARAUJO CINTRA, *Comentários ao Código de Processo Civil*, v. IV, Rio de Janeiro, 2000, p. 275; CÂNDIDO DINAMARCO, *O conceito de mérito no processo civil*, in *Fundamentos do processo civil moderno*, 3ª ed., S. Paulo, 2000, p. 240.

7 Cf. CARNELUTTI, ob. e lug. cit.: "*Poichè la decisione della lite, o meglio la decisione sulla pretesa e sulla contestazione si ottiene risolvendo le questioni (...), le questioni risolte ritornano ragioni della decisione*" (destaque nosso).

solução é instrumental, mantém com a conclusão final do julgador uma relação de meio a fim, ou, em termos talvez mais exatos, de antecedente a consequente. À luz dela, no dispositivo, o julgador resolverá outras questões: deve uma das partes ser condenada ao pagamento que a outra pleiteia? No caso afirmativo, em que montante?

Vê-se que o julgador resolve questões tanto na motivação quanto no dispositivo; mas obviamente não as mesmas. A distinção é de capital importância, *v.g.*, para a delimitação do âmbito objetivo da coisa julgada: nele só se compreenderá a solução das questões finais, não a das questões instrumentais. A afirmação, *mutatis mutandis*, não é menos válida para arbitragem do que para o processo judicial.

7. Não tem correspondente no art. 458, nº UI, do Código a parte final do art. 26, nº III, da Lei nº 9.307, *verbis*: "e estabelecerão o prazo para o cumprimento da decisão, se for o caso". Nenhuma falta faz, como tampouco fazia no texto da lei especial. É evidente que, "se for o caso", a sentença arbitral ou judicial) deve fixar o prazo em que se cumprirá a decisão.

Por outro lado, contém o Código, no art. 458, nº III, referência explícita às partes ("o juiz resolverá as questões, que as partes lhe submeterem"). Dispensou-se de fazê-la, no art. 26, nº III, a Lei nº 9.307, embora o agente, na oração passiva "que lhes forem submetidas", não possa ser outro senão as partes.

O ponto precisa ser bem compreendido. É fora de dúvida que o julgador (seja juiz estatal, seja árbitro) está impedido de dilatar por iniciativa própria os lindes do litígio. No plano do mérito, seu poder decisório só se exercerá legitimamente dentro desses lindes. Mas a lei, em certas hipóteses, permite-lhe resolver a própria "questão final" em função de matéria que não haja sido forçosamente suscitada pelas partes. Caso típico é o da decadência, que, conforme se sabe, é sempre suscetível de conhecimento *ex officio*, quer pelo juiz estatal, quer – acrescente-se – pelo árbitro: não fosse ele, nos limites do litígio submetido à arbitragem, "juiz de fato e de direito" (Lei nº 9.307, art. 18).

O dispositivo da sentença arbitral, por conseguinte, pode cingir-se à declaração de que a parte decaiu do direito invocado, sem que haja de aditar o que quer que seja sobre se esse direito existia ou não. Encerra-se a arbitragem com decisão de mérito, de acordo com a regra codificada (art. 269, nº IV), subsidiariamente aplicável àquela.

8. Pouco provável, mas concebível, é a hipótese de sentença arbitral a que falte o dispositivo. *Quid iuris*? Tomando-se ao pé da letra os dizeres do art. 32, nº III, da Lei nº 9.307, tal sentença seria "nula" (ou anulável). Caberia ao interessado pleitear a "decretação" por meio da ação do art. 3º.

A ilação não satisfaz. Na verdade, nada se decidiu. Ainda que da motivação se possa deduzir o sentido em que o árbitro concluiria, ele não cumpriu o dever de compor o litígio. O bom senso leva a considerar que o defeito, aqui, é mais grave que o consistente na ausência de relatório, ou até de fundamentação. E isso vale também, diga-se de passagem, para a sentença judicial. Conquanto o art. 26 da Lei nº 9.307 e o art. 458 do Código dêem a impressão de pôr em pé de igualdade todos os "requisitos" enumerados nos incisos, a interpretação mais razoável estabelece uma gradação: o dispositivo prima sobre os outros. Sua falta, portanto, acarreta consequência mais drástica: a sentença sem dispositivo deve reputar-se inexistente[8].

Quer isso dizer que, independentemente de qualquer providência, o defeito será reconhecido onde quer que alguém pretenda porventura atribuir efeito ao ato. Não é necessário propor ação alguma. Nem sequer haverá, a rigor, interesse de agir.

9. O art. 26, nº m, da Lei nº 9.307 inclui entre os "requisitos" da sentença arbitral "a data e o lugar em que foi proferida". É relevante a data para que se verifique o cumprimento, pelo árbitro, do disposto no art. 23, acerca do prazo em que deve ser proferida a sentença. A indicação do lugar faz certo que se está diante de sentença arbitral nacional (cf. o art. 34, parágrafo único).

Estatui ainda o parágrafo único, initio, que a sentença "será assinada pelo árbitro ou por todos os árbitros". No Código, a matéria não está disciplinada no art. 458, mas no art. 164, 1ª parte: "Os despachos, decisões, sentenças e acórdãos serão redigidos, datados e assinados pelos juízes". Apesar de não existir referência expressa, entende-se que, ao datar e assinar a sentença, o signatário indicará também o lugar da prolação.

---

8 Nesse sentido, quanto à sentença judicial, na mais recente literatura pátria, ARAÚJO CINTRA, ob. e v. cit., p. 277; ARAÚJO CINTRA- ADA PELEGRINI GRINOVER-CÂNDIDO DINAMARCO, *Teoria geral do processo*, 16ª ed., S. Paulo. 2000, p. 344: no tocante à sentença arbitral, ALEXANDRE FREITAS CÂMARA ob. cit., p. 100.

A assinatura do juiz é o selo de autenticidade do documento em que se corporifica a sentença. Sem ela, o escrito não tem significação alguma como ato decisório, porque não há como saber com certeza se emanou de quem tinha o poder de decidir. Daí qualificar-se também de inexistente a sentença sem assinatura[9].

Vale o asserto, em princípio, para a decisão arbitral. Nenhuma dúvida comporta o caso de árbitro único: faltando sua assinatura, a sentença *não existe*. Se há, no entanto, pluralidade de árbitros, incide a regra do art. 26, parágrafo único, 2ª parte: "Caberá ao presidente do tribunal arbitral, na hipótese de um ou alguns dos árbitros não poder ou não querer assinar a sentença, certificar tal fato". Observada a norma, a sentença existirá e, na ausência de outro defeito, será válida.

Ainda uma observação. De acordo com o art. 27, "a sentença arbitral decidirá sobre a responsabilidade das partes acerca das custas e despesas com a arbitragem, bem como sobre verba decorrente de litigância de má-fé, se for o caso, respeitadas as disposições da convenção de arbitragem, se houver". No silêncio da convenção, aplicar-se-ão subsidiariamente as regras do Código de Processo Civil.

10. Perceberá o leitor que as linhas acima foram redigidas tendo-se em vista, precipuamente, a sentença arbitral *que decida* o *mérito da causa*. É O que se espera que ocorra, e normalmente ocorrerá.

Não fica excluída, contudo, a possibilidade de que o processo arbitral se extinga sem exame do mérito. São várias as hipóteses. Por exemplo: verifica o árbitro que o compromisso é nulo; não teria sentido que, a despeito disso, ele julgasse o litígio, pois sua própria sentença seria "nula" (art. 32, nº I). Ou então, apura-se que o litígio *já fora julgado em juízo*. E assim por diante.

---

9 Assim, em obra recentíssima, ANTONIO DALL'AGNOL, *Comentários ao Código de Processo Civil*, v. 2, S. Paulo, p. 266: '"A assinatura é elemento existencial do ato. Sua ausência torna coisa alguma, nada, o ato judicial". Cf., na jurisprudência, os acórdãos cit. por THEOTONIO NEGRÃO, *Código de Processo Civil e legislação processual em vigor*, 32ª ed. S, Paulo, 200 I. nota 5 ao art. 458, p. 465. Na literatura italiana, especificamente a propósito da sentença arbitral, LA CHINA, *L'arbitrato*. Milão. 1995, p. 136-7, para quem a subscrição não é "*semplice formalità*" do lodo, "*ma sigillo e completamento necessario del suo iter formativo, senza del quale esso non viene nemmeno ad esistenza, è soltanto un fragmento di scrittura anonima e senza significato giuridico*".

Reza a 2ª parte do art. 459, *caput,* do Código de Processo Civil: "Nos casos de extinção do processo sem julgamento do mérito, o juiz decidirá em forma concisa". A disposição é aplicável à arbitragem. Convém sublinhar que, aqui também, *concisão* não se confunde com omissão de elemento essencial.

11. Criticou-se no momento oportuno *(supra,* nº 2) a terminologia da Lei nº 9.307 (e do Código de Processo Civil), que usam a expressão "requisitos" para designar os *elementos* da sentença. Não quer isso dizer que ela não precise satisfazer *requisitos* na acepção própria da palavra.

Alguns desses requisitos emergem com absoluta nitidez do próprio texto da Lei nº 9.307. Assim, por exemplo, visto que a sentença arbitral é "nula" caso seja proferida fora dos limites da convenção de arbitragem (art. 32, nº IV) e caso, por outro lado, não decida "todo o litígio submetido à arbitragem" (art. 32, nº V), deduz-se que ela deve ser congruente com os pedidos das partes, isto é, deve julgar todo o litígio e somente o litígio – desde que, é claro, se pronuncie sobre o *meritum causae* –, evitando os vícios contrapostos do julgamento ultra petita ou extra petita e do julgamento citra petita. Em todas essas hipóteses, frise-se, à eventual "declaração da nulidade", se tiver êxito a ação do art. 33, há de seguir-se a determinação do órgão judicial no sentido de que "o árbitro ou o tribunal arbitral profira novo laudo" (art. 33, § 22, nº II).

Outros requisitos da sentença arbitral (rectius: de qualquer sentença) são a clareza e a coerência. A Lei nº 9.307 enuncia-os em forma negativa, embora inequívoca, ao prever a solicitação do interessado para que o árbitro (ou o tribunal arbitral) "esclareça alguma obscuridade, dúvida ou contradição da sentença arbitral" (art. 30, II, 1ª parte). O remédio equipara-se aos "embargos de declaração" regulados no Código de Processo Civil, se bem que o legislador aqui haja preferido não usar a nomenclatura consagrada. De qualquer sorte, fica certo que a sentença arbitral deve ser clara e coerente. Foi pena que se mantivesse a inútil e contraproducente alusão à "dúvida", já expurgada do 535, nº I, do estatuto processual, ex vi da Lei nº 8.950, de 13-12-1994.

A 2ª parte do art. 30, nº II, da Lei nº 9.307 figura a hipótese de omissão do árbitro (ou do tribunal arbitral) sobre algum ponto "a respeito do qual devia manifestar-se a decisão". Pelo menos à primeira vista, parece haver parcial superposição entre semelhante hipótese e a de não se decidir "todo o litígio submetido à arbitragem" (art. 32, nº V). Talvez se possam conciliar as duas disposições considerando que a última, de mais graves consequências, ficará reservada para os casos em que o árbitro (ou o tribunal arbitral) se omita acerca de item essencial do pedido da parte (e pois do "litígio"), ao passo que a primeira incidirá quando a omissão ocorra em ponto acessório, como a condenação nas custas e despesas da arbitragem[10].

Aplica-se à arbitragem o disposto no art. 460, parágrafo único, do art. 460 do Código de Processo Civil: "A sentença deve ser certa, ainda quando decida relação jurídica condicional". Um derradeiro reparo: não significa isso que a sentença arbitral condenatória (tal como a judicial) não possa ter sua execução dependente do advento de termo ou da realização de condição[11].

Agosto de 2001.

COMENTÁRIOS DOS ATUALIZADORES

ESTRUTURA DA SENTENÇA ARBITRAL

Luís Roberto Barroso / Frederico Montedonio

Este trabalho de Barbosa Moreira é centrado no art. 26 da Lei 9.307/1996, dispositivo que não sofreu alterações até hoje. Houve, entretanto, mudanças no seu entorno normativo. Algumas delas foram tratadas na atualização de outro texto desta coletânea ("O que deve e o que não deve figurar na sentença").

O art. 458 do CPC/1973 deu lugar ao art. 489 do CPC/2015, que substituiu no *caput* a expressão "requisitos" por "elementos", como

10 A opinião de CARLOS ALBERTO CARMONA, ob. cit., p. 268, coincide com a nossa no entender que a hipótese do art. 32, nº V, "diz respeito apenas e tão somente à demanda (de qualquer das partes, ou seja, os pedidos formulados pelos litigantes)", mas dela se afasta ao considerar que os "embargos de declaração" (art. 30, nº II) cabem quando o árbitro "deixa de examinar defesa alegada pela parte".

11 Tal como a sentença judicial: *vide* BARBOSA MORE/RA, *Execução sujeita a condição ou a termo no processo civil brasileiro, in Temas de Direito Processual* (Sétima Série), S. Paulo, 2001, p. III e s.

queria Barbosa Moreira. O inciso III do *caput* da norma prescreve que deverão ser resolvidas no dispositivo as questões *principais* submetidas pelas partes. Sobre tal objeto recairá a coisa julgada, na forma do art. 503, *caput*, do CPC/2015, bem como sobre as questões prejudiciais decididas de forma incidental e expressa na motivação, obedecidas as condições do § 1º do mesmo artigo. A previsão de data e assinatura da sentença consta no art. 205 do CPC/2015.

A ambiguidade da palavra "questões" se mantém nos incisos II e III do *caput* do art. 489 do CPC/2015, bem como a impropriedade dos termos "analisará", na motivação (inciso II), e "resolverá", no dispositivo (inciso III). Embora a decadência continue sendo questão suscetível de conhecimento *ex officio* (CPC/2015, art. 487, II), isso não dispensa o juiz – e também o árbitro – de abrir às partes o contraditório (CPC/2015, art. 10).

O art. 33 da Lei 9.307/1996 foi alterado pela Lei 13.129/2015 para substituir a expressão "*decretação*" por "*declaração* de nulidade", fortalecendo a compreensão de que a sentença judicial é meramente *declaratória* do vício da arbitragem, e que, portanto, o defeito não seria de mera *anulabilidade*, mas verdadeira *nulidade*. Isso se reforça com a leitura dos §§ 1º, 2º e 3º do mesmo dispositivo, também alterados pela Lei 13.129/2015. O § 3º, porém, foi novamente modificado pelo atual CPC (Lei 13.105/2015), que, embora anterior à Lei 13.129/2015, entrou em vigor apenas posteriormente, em razão da *vacatio legis* de um ano. E a redação vigente do § 3º usa o termo "*decretação* da nulidade". A atual lei portuguesa de arbitragem (Lei 63/2011) ainda fala em "anulação" (art. 46º). No mais, quanto ao uso pouco técnico dos conceitos de nulidade e anulabilidade, o atual Código Civil brasileiro foi mais rigoroso que o seu antecessor: o art. 152 do CC/1916 foi substituído pelo art. 177 do CC/2002, que fala em "anulabilidade".

A Lei 13.129/2015 alterou o inciso I do art. 32 da Lei 9.307/1996, para prever que a nulidade da sentença arbitral ocorre quando nula a convenção de arbitragem (gênero, cf. art. 3º), e não propriamente o compromisso arbitral (espécie), como previa a redação anterior. Além disso, a mesma Lei 13.129/2015 revogou o art. 32, V, da Lei 9.307/1996 – que previa a nulidade da sentença que "não decidir todo o litígio submetido à arbitragem" –, porque instituiu a possibilidade de prolação de "sentenças parciais" (art. 23, § 1º), isto é, que decidem apenas parcela do pedido. Isto, obviamente, não exonera o(s) árbitro(s) de decidir a parcela restante no prazo fixado, que poderá ser prorrogado de comum acordo com as partes (art. 23, § 2º). Tanto é que, havendo sentença arbitral *citra petita*, a Lei 13.129/2015 deixou expressa a possibilidade de demandar em juízo a prolação de sentença arbitral complementar, conforme o § 4º acrescido ao art. 33 da Lei 9.307/1996. Com isso, foi eliminada a aparente superposição identificada por Barbosa Moreira entre o dispositivo revogado e o art. 30, II, da mesma lei. Na lógica do CPC/2015, se houver julgamento apenas parcial do mérito, o ato decisório não é classificado como sentença, mas como decisão interlocutória, sujeita a agravo de instrumento (arts. 203, § 2º; 354, parágrafo único; 356; 1.015, II).

O § 1º do art. 33 da Lei 9.307/1996 previu a possibilidade de ação para declarar a nulidade de sentença arbitral parcial, bem como incluiu a decisão do pedido de esclarecimentos (art. 30) como possível termo inicial do prazo de 90 (noventa) dias para a propositura de ação de declaração de nulidade. Embora o § 1º do art. 33 também tenha sido alterado pela Lei 13.129/2015 – posterior ao atual CPC (Lei 13.105/2015) –, a norma remete ao procedimento comum do CPC/1973, valendo notar que o CPC/2015 ainda estava em *vacatio legis* quando da entrada em vigor da Lei 13.129/2015 (v. art. 43). Não se vislumbram, porém, maiores problemas, em razão do art. 1.046, § 4º do CPC/2015, *verbis*: "As remissões a disposições do Código de Processo Civil revogado, existentes em outras leis, passam a referir-se às que lhes são correspondentes neste Código". No mesmo problema incidiu o § 3º do art. 33 da Lei 9.307/1996, ao remeter a dispositivos do CPC/1973. Seja como for, é cabível impugnação ao cumprimento de sentença arbitral, que continua a ter eficácia de título executivo judicial (CPC/2015, art. 515, VII).

Quanto à decisão por equidade, continua a haver previsão no CPC/2015 (art. 140, parágrafo único), o que, na visão de Barbosa Moreira, não dispensa o julgador do dever de motivação. No direito espanhol atual, a obrigação de fundamentar uma sentença arbitral só é dispensada se houver convenção das partes (Ley 60/2003, art. 37, 4). Por fim, não foi reproduzida no CPC/2015 a menção à fundamentação "concisa" das sentenças de extinção sem resolução de mérito (CPC/1973, art. 459, 2ª parte).

ASSUNÇÃO DE DÍVIDA: A PRIMAZIA DO CÓDIGO DE PROCESSO CIVIL[1]

O novo Código Civil disciplina nos arts. 299 a 303 a figura jurídica da assunção de dívida. Uma vez que dela não se ocupava o diploma de 19 I 6, haverá quem suponha que se trata de novidade em nosso direito positivo. Tal possibilidade aumenta na medida em que a literatura civilística, mesmo nas últimas décadas do século XX, e ainda quando opinasse favoravelmente à admissão, em nosso ordenamento, dessa modalidade de transferência de obrigações, costumava assentar a premissa da inexistência de previsão legal expressa a respeito[2].

Desde 1974, todavia, estava em vigor o atual Código de Processo Civil, cujo art. 568, ao enumerar os "sujeitos passivos da execução", entre eles inclui, no inciso III, "o novo devedor, que assumiu, com o consentimento do credor, a obrigação resultante do título executivo". Curiosamente, entre os próprios processualistas, nem todos se advertiram da relevância desse dispositivo. Pouca atenção lhe deram vários comentadores do Código e expositores do (então) novo ordenamento. Não é de admirar, à vista disso, que ele passasse quase despercebido aos civilistas[3].

Em mais de uma obra, a hipótese do art. 568, nº III, foi caracterizada como de novação subjetiva passiva[4]. O texto, porém, não aponta nessa direção. Como se sabe, a diferença fundamental entre a aludida figura e a assunção de dívida consiste em que, na novação, "a obrigação anterior

---

1 Publicado em *Rev. For.*, v. 367, *Inf. Incijur*, nº 44, *Inf. ADV*, Boletim semanal nº 3/03.

2 *Vide*, por todos, CAIO MÁRIO DA SILVA PEREIRA. *Instituições de Direito Civil,* v. II, 15ª ed., Rio de Janeiro, 1997, p. 265 e s.

3 Abra-se exceção para LUIZ ROLDÃO DE FREITAS GOMES: em monografia publicada oito anos depois da entrada em vigor do Código de Processo Civil, mencionou esse autor, entre as disposições esparsas relacionadas com a matéria, o respectivo art. 568, nº III, dele dizendo que "abriga outro caso expresso de assunção de dívida em nosso direito legislado" (*Da assunção de dívida e sua estrutura negocial*, Rio de Janeiro, 1982, p. 435).

4 Por exemplo: AMÍLCAR DE CASTRO, *Comentários ao Código de Processo Civil*, v. VIII, S. Paulo, 1974, p. 15; ERNANE FIDÉLIS DOS SANTOS, *Manual de Direito Processual Civil*, v. 2, 8ª ed., S. Paulo, 2002, p. 79; NELSON NERY JUNIOR-ROSA MARIA DE ANDRADE NERY, Código de Processo Civil comentado, 6ª ed., S. Paulo, 2002, p. 943; com certa ambiguidade, ANTONIO CARLOS COSTA E SILVA, *Tratado do processo de execução*, 12 v., 2ª ed., Rio de Janeiro, 1986, p. 650/1.

se extingue, com a constituição de outra em seu lugar", ao passo que "na assunção de dívida ela passa (transfere-se) íntegra para o novo devedor, operando a transmissão singular do débito"[5]. Ora, no caso do art. 568, nº III, do estatuto processual, é novo, sim, o devedor; não, contudo, a obrigação: o teor do dispositivo claramente indica que se cuida sempre da mesma obrigação, a identificada como "resultante do título executivo". O próprio emprego do verbo "assumir" não deixa de ser significativo. O entendimento correto é, pois, o de que o Código se referiu, na verdade, à assunção de dívida[6], embora não haja querido - nem se lhe poderia exigir tanto - traçar disciplina completa da matéria.

Em todo caso, alguns pontos são dignos de consideração mais atenta do que a que em regra se lhes tem dispensado. Alude o texto, expressis verbis, ao "consentimento do credor". É elemento que a doutrina civilística, de modo unânime, e por motivos óbvios, sempre reputou essencial à eficácia da assunção de dívida[7]. O art. 299, *caput*, do novo Código Civil reclama "o consentimento expresso do credor". Afasta-se assim a possibilidade, que opinião autorizada admitia, de consentimento tácito[8]. Cumpre levar em conta esse dado, na interpretação do art. 568, nº III, do estatuto processual.

Duas palavras acerca do objeto da assunção de dívida a que faz menção o dispositivo. Fala o texto em "obrigação resultante do título executivo"; não parece feliz, todavia, a redação. Se se trata de título executivo judicial (art. 584), a obrigação evidentemente não resulta dele, no sentido de nele se fundar, senão que apenas é nele reconhecida, ou mais exatamente dita exigível (cf. o art. 586, *caput*). Se é de título executivo extrajudicial que se cogita, pareceria mais adequado dizer que a obrigação dele consta, ou nele é mencionada.

---

5 LUIZ ROLDÃO DE FREITAS GOMES, ob. cit., p. 178.

6 Assim, *v.g.*, PONTES DE MIRANDA, *Comentários ao Código de Processo Civil*, t. IX, 2ª ed. (atualização legislativa de Sergio Bermudes), Rio de Janeiro, 2001, p. 75: HUMBERTO THEODORO JÚNIOR, *Curso de Direito Processual Civil*, v. II, 3ª ed., Rio de Janeiro, 2000, p. 46; ALEXANDRE FREITAS CÂMARA, *Lições de Direito Processual Civil*, v. II, 3ª ed., Rio de Janeiro, 2000, p. 139.

7 *Vide*, por todos, LUIZ ROLDÃO DE FREITAS GOMES, ob. cit., p. 241, com muitas outras citações na nota 435.

8 PONTES DE MIRANDA, *Tratado de Direito Privado*, t. 23, 2ª ed., Rio de Janeiro. 1958, p. 383/4.

A alusão ao título executivo sugere, à primeira vista, que a transferência da obrigação por assunção da dívida se haja realizado após a formação daquele. Isso é intuitivo para os casos de título extrajudicial, nos quais a obrigação não preexiste ao título, mas nasce no momento em que ele se constitui. Entretanto, nas hipóteses de título judicial, pode suceder que a assunção da dívida tenha ocorrido na pendência do processo de conhecimento, encerrado com a sentença condenatória. Nos termos do art. 42, *caput*, aplicável por analogia, o negócio não repercute na legitimação das partes: com a ressalva do § 1º, o feito continua a correr entre o credor e o devedor primitivo. A partir do momento em que a sentença se tomar exequível, ficará livre ao credor promover a execução em face do novo devedor, provando naturalmente a assunção.

Janeiro de 2003.

COMENTÁRIOS DOS ATUALIZADORES

ASSUNÇÃO DE DÍVIDA: A PRIMAZIA DO CÓDIGO DE PROCESSO CIVIL

Luís Roberto Barroso / Frederico Montedonio

O art. 568, III, do CPC/1973 deu lugar ao art. 779, III, do CPC/2015, com a mesma redação. Assim, todas as observações de Barbosa Moreira permanecem atuais. De igual forma, o art. 42, *caput* e § 1°, do CPC/1973, que trata da substituição das partes, foi reproduzido com praticamente idêntico teor (art. 109, *caput* e § 1°, do CPC/2015). Não houve, tampouco, alterações nos arts. 299 a 303 do Código Civil.

BREVE NOTÍCIA SOBRE A REFORMA DO PROCESSO CIVIL ALEMÃO[1]

1. O Código de Processo Civil alemão (*Zivilprozessordnung*, abreviadamente ZPO) é tido com justiça, em seu terreno, como um dos grandes monumentos legislativos dos tempos modernos. Fruto de intenso labor levado a cabo desde a unificação da Alemanha, através de projeto que sofreu modificações sucessivas, foi ele aprovado pelo Reichstag em 1876 e publicado no ano seguinte, para entrar em vigor em 1º-10-1879, junto com outros diplomas relativos à Justiça: a Lei de Organização Judiciária (*Gerichtsverfassungsgesetz*), o Código de Processo Penal (*Strafprozessordnung*) e a Lei de Falências (*Konkursordnung*)[2]. Todos lhe reconhecem alta qualidade técnica, o que de modo algum surpreenderá quem quer que tenha em mente o nível já atingido pela ciência jurídica alemã na época de seu advento. Foi grande a influência que exerceu em mais de uma reforma processual fora do país de origem; bastará citar como exemplos o Código austríaco de 1895[3] e, mesmo antes, o Código japonês de 1890, marco importante dos trabalhos de modernização do ordenamento nipônico empreendidos sob o governo do imperador Meiji[4].

Não deixa de causar admiração a subsistência da ZPO por mais de um século, abstraindo-se de inúmeras alterações parciais, que todavia lhe preservaram a estrutura básica. Essa continuidade fundamental

---

1 Trabalho escrito para o livro *Estudos em homenagem a Carlos Alberto Menezes Direito*. Publicado também em *Rev. de Proc.*, nº 111, *Rev. Síntese de Dir. Civ. e Proc. Civ.*, nº 26, *Rev. Bras. de Dir. Comp.*, v. 23.

2 Sobre as origens e as vicissitudes históricas da ZPO, *vide* por todos ROSENRERG-SCHWAB-GOTTWALD, *Zivilprozessrecht*, 15ª ed., Munique, 1993, p. 24 e s.

3 Apesar da sensível diversidade dos princípios inspiradores, o legislador austríaco, em dúvida se deixou guiar pelo modelo alemão no tocante à sistemática e aos institutos, a ponto de reproduzir literalmente certos textos: *vide* ao propósito FASCHING, *Lehrbuch des österreichischen Zivilprozessrechts, 2ª ed., Viena, p. 35; STÜRNER, Das deutsche Zivilprozessrecht und seine Ausstrahlung auf andere Rechtsordnungen – von Deutschland, aus gesehen*, no volume coletivo *Das deutsche Zivilprozess und seine Ausstrahlung auf andere Rechtsordnungen*, ed. Habscheid, Bielefeld, 1991, p. 18/9.

4 Acerca da recepção do direito processual alemão no país oriental, STORNER, trab. cit. na nota anterior, p. 25; NAKAMURA, *Japan und das deutsche Zivilprozessrecht*, no mesmo v., p. 420.

afigura-se particularmente notável quando se pensa nas mudanças radicais por que passou a Alemanha, do ponto de vista político, econômico e social, de 1879 até os nossos dias. Nascida sob o antigo Reich, a ZPO atravessou o breve período da democracia de Weimar, o regime nazista e o segundo pós-guerra; continuou a viger por largo tempo, depois da divisão do país, na Alemanha Oriental (que só em 1975 a substituiria por outro código); e sobreviveu à reunificação alemã.

Dentre as leis modificativas das últimas décadas, cumpre ressaltar a de 1976, conhecida como *Vereinfachungsnovelle*[5], que, entre outras coisas, reformou o procedimento de primeiro grau perante o *Landgericht*, a disciplina da revelia, da apelação e da execução provisória. Igualmente importante foi a reforma operada pela *Rechtspflege-Vereinfachungsgesetz* de 1990, que consagrou novas medidas destinadas a simplificar o procedimento, reduziu a admissibilidade dos recursos e regulou de maneira mais minuciosa a prova testemunhal e a pericial.

2. A evolução posterior, contudo, veio a tornar patente que a situação da Justiça civil alemã, não obstante sua boa reputação, estava ainda a exigir aperfeiçoamentos. Nisso não se descobre, aliás, singularidade desse ou de qualquer outro país: em vários pontos do globo tem-se visto o legislador convocado a intervir para atender à necessidade de modernizar o sistema processual e de tomar-lhe mais eficiente o funcionamento. Para não falar de nosso próprio caso: o Japão adotou novo Código de Processo Civil em 1996; a Inglaterra, que nem sequer tinha um, veio a criá-lo em 1998 (sob a denominação oficial de *Civil Procedure Rules*); a Espanha substituiu a velha *Ley de Enjuiciamiento Civil* em 2000; outros países - como a Itália e Portugal - reformaram seus ordenamentos processuais nos anos 90; acha-se em curso na França movimento semelhante... Dificilmente se conceberia que a Alemanha fizesse exceção à regra. E, com efeito, ali também se veio a retomar o processo reformador, que culminou recentemente com a edição de diversas leis.

O mais relevante desses diplomas foi a lei de 27-7-2001, que entrou em vigor, com exceção de alguns poucos dispositivos, em 1º-1-2002.

5 A *Vereinfachungsnovelle* teve como antecedente, na prática judicial, o chamado "Modelo de Stuttgart", o qual, por sua vez, se inspirara em sugestões expostas por BAUR na obra *Wege zu einer Konzentration der mündlichen Verhandlung im Prozess*, Berlim, 1966.

De Interesse para o processo é também uma lei de 13-7-2001, que renovou a disciplina das prescrições sobre forma dos atos jurídicos, adaptando-as à realidade engendrada pelo progresso tecnológico em matéria de meios de informação e comunicação (por exemplo: documentos eletrônicos). No mesmo sentido orientou-se a lei de reforma das intimações (*Zustellungsreformgesetz*), de 25-6-2001. Bem se compreende que não poderia ser nossa intenção, aqui, analisar detidamente todos os aspectos de tal conjunto de medidas legislativas. Visamos tão só a ministrar ao leitor informações sucintas a respeito de alguns tópicos de evidente importância[6].

3. Os dois principais vetores da reforma podem ser resumidos nestes lemas: fortalecimento do primeiro grau de jurisdição (alargado agora o campo em que aí atua órgão monocrático, em vez de um colegiado) e revisão do sistema de recursos. Pôr na primeira instância o centro de gravidade do processo é diretriz de política legislativa muito prestigiada nos tempos modernos, e numerosas iniciativas reformadoras levam-na em conta. A rigor, o ideal seria que os litígios fossem resolvidos em termos finais mediante um único julgamento. Razões conhecidas induzem as leis processuais a abrir a porta a reexames. A multiplicação desmedida dos meios tendentes a propiciá-los, entretanto, acarreta o prolongamento indesejável do feito, aumenta-lhe o custo, favorece a chicana e, em muitos casos, gera para os tribunais superiores excessiva carga de trabalho. Convém, pois, envidar esforços para que as partes se dêem por satisfeitas com a sentença e se abstenham de impugná-la.

Ao ver do legislador alemão, uma das circunstâncias capazes de concorrer para que se alcance esse fim consiste na clareza com que, ao longo do processo, possam os litigantes formar ideia sobre o provável desfecho. Para tanto, é mister que saibam quais as questões de fato e de direito consideradas relevantes pelo órgão julgador e tenham oportunidade de trazer ao propósito sua contribuição. O § 139 da ZPO já consagrava, em semelhante perspectiva, o chamado *Hinweispflicht*, isto é, o dever do

6 A fonte em que nos abeberamos é OBERHEIM, Die Reform des Zivilprozesses, Neuwied, 2001, que contém, após substanciosa introdução, uma sinopse dos textos atingidos pelas reformas, cotejando lado a lado a redação anterior e a atual. Até o momento em que escrevemos, ainda não tivemos acesso a trabalhos doutrinários de maior fôlego. Adverte-se o leitor de que, salvo indicação em contrário, os dispositivos citados o são na redação nova.

órgão judicial de providenciar para que as partes elucidassem de modo completo todos os fatos relevantes e indicassem as provas respectivas, incumbindo-lhe, na medida da necessidade, discutir com os litigantes os aspectos fáticos e jurídicos do pleito e formular-lhes perguntas[7].

A reforma trata de reforçar esse dever. De acordo com a nova redação do § 139, em princípio é vedado ao tribunal colocar-se, para fundamentar sua decisão, em ponto de vista estranho ao das partes, por elas considerado irrelevante ou por ambas valorado de maneira diferente da que parece correta ao órgão judicial, a menos que este lhes faça a respectiva indicação e lhes dê ensejo de manifestar-se (2ª alínea). Semelhantes observações devem fazer-se o mais cedo possível, não apenas em audiência (o que se pretende que contribua para a aceleração processual), e ser consignadas nos autos (4ª alínea).

4. O princípio clássico, segundo o qual só se podia tomar em consideração na sentença o material objeto de discussão na audiência, já encontrava restrições no direito anterior à reforma. Eram elas previstas em disposições específicas, agora substituídas por uma cláusula geral (§ 128, 4ª alínea), menos interessante para o leitor brasileiro por concernir à forma que terá de revestir a decisão. Aqui, porém, surge inovação digna de registro: a audiência no sentido tradicional pode ser substituída por uma videoconferência, na qual, em vez do comparecimento pessoal das partes, procuradores, testemunhas e peritos, ante o órgão judicial, se contempla a possibilidade de, com a concordância dos litigantes, realizar-se o debate por meio da transmissão de imagem e de som a partir do lugar onde se achem os participantes (§ 128 a)[8].

Empenhou-se o legislador em assegurar que seja o mais completo possível o material probatório necessário para a formação do convencimento do julgador. Este, antes mesmo da reforma, podia ordenar à parte a apresentação de documentos em seu poder, aos quais ela fizesse referência. Agora, tal possibilidade vê-se ampliada em duplo sentido. De um lado, o dever de apresentação estende-se aos documentos a que a

---

7 Sobre o assunto, além das exposições sistemáticas, vale a pena consultar a monografia de STÜRNER, Die richterliche Aufklärung? im Zivilprozess, Tübingen, 1982.

8 Cf. a autorização dada ao juiz inglês pela *rule* 32.3 para colher prova testemunhal "*through a video link or by other means*". São repercussões de um progresso tecnológico ao qual, em vários pontos, precisam ceder ideias tradicionais que já não se coadunam com a realidade.

parte contrária se refira; de outro, a ordem de apresentar pode dirigir-se igualmente a terceiros, desde que isso lhes seja exigível e não ocorra qualquer dos casos de recusa legítima a depor como testemunha (§ 142, 1ª e 2ª alíneas).

5. Outra preocupação que transparece da reforma é a de facilitar e estimular a composição consensual do litígio. Já anteriormente, por força de uma lei de 1999, os órgãos legislativos dos Länder tinham sido autorizados, sob determinadas circunstâncias, a exigir, como requisito de admissibilidade da ação, que se realizasse prévia tentativa de conciliação extrajudicial. Doravante, nos termos do § 278, deve o tribunal, em princípio, levar a efeito a tentativa, ordenando o comparecimento pessoal de ambas as partes. O órgão judicial discutirá com elas a situação, poderá formular-lhes perguntas e fazer-lhes observações. Os litigantes serão ouvidos pessoalmente e terá cada qual a oportunidade de expor sua versão io litígio. Se ao tribunal parecer adequado, caber-lhe-á propor às partes que se submetam a uma mediação extrajudicial, com suspensão do processo. Caso a tentativa de conciliação tenha êxito, o feito se extinguirá por transação. Registre-se que esta pode igualmente resultar de proposta escrita do órgão judicial às partes, que elas aceitem também por escrito.

Procurou ainda o legislador tomar mais fácil e simples a extinção do processo em virtude de ato da parte. Com relação, por exemplo, à desistência da ação, continua a ser necessário, em regra, o consentimento do réu, se este já atuou no feito; mas a falta do consentimento fica suprida[9], caso o réu não formule oposição no prazo de duas semanas (§ 269, 2ª alínea, *fine*). Simplificada foi também, na esteira de opinião que já predominava na doutrina, a terminação do feito em consequência do reconhecimento do pedido: a nova redação do § 307 deixa claro que, se o réu assim se manifesta, não é preciso, para que se profira sentença condenatória, um especial requerimento do autor.

6. Mas a providência mais importante para o fortalecimento do primeiro grau de jurisdição talvez consista nas modificações introduzidas na disciplina da apelação (*Berufung*). Com elas o direito alemão prossegue

9 "*... so gilt seine Einwilligung als erteilt*", reza o texto (literalmente: "seu consentimento vale como manifestado"). OBERHEIM, ob. cit., p. 9, enxerga aí ficção: "*die Zustimunung des Beklagten zur Klagerücknahme fingiert wird*".

em evolução já anteriormente perceptível, sobretudo nas restrições que a *Vereinfachungnovelle* estabelecera ao chamado *ius novorum*, ou seja, à possibilidade de alegarem as partes, perante o órgão de segundo grau, fatos que não haviam alegado perante o *iudex a quo*. Afastava-se assim a ZPO, em certa medida, do modelo que faz da segunda instância um *novum iudicium*, e não mero instrumento de controle e eventual correção de erros porventura cometidos na primeira (*revisio prioris instantiae*).

A reforma não muda o objeto da cognição do tribunal superior, que continua a ser o mesmo da exercida pelo órgão judicial inferior, naturalmente com as limitações que o próprio apelante entenda de adotar no recurso. O tribunal, no entanto, já não examinará esse objeto em todas as suas dimensões; antes, em linha de princípio, não poderá levar em conta senão os fatos declarados pelo iudex *a quo* (§ 529). Restringe-se coerentemente, para as partes, a possibilidade de utilizar novos meios de ataque e defesa. Eles só serão admissíveis em hipóteses determinadas: quando se refiram a um ponto de vista desprezado ou havido por irrelevante pelo órgão de primeiro grau; quando não tiverem sido alegados na instância inferior em razão de erro no procedimento; quando a falta de alegação não tiver resultado de negligência da parte (§ 531). Exemplo da terceira hipótese seria o de fato de que o litigante apenas haja tido conhecimento depois de encerrada a última audiência[10].

7. Introduziu o legislador várias mudanças no sistema de impugnação de decisões, cuja disciplina se afigurava complexa a ponto de tomar-se quase impenetrável à visão de quem não fosse especialista. Ademais, a repetição, em segundo grau, de atividade levada a cabo no órgão inferior desvalorizava a primeira instância e alongava sem necessidade o pleito. A reforma tende a eliminar inúteis complicações, a estabelecer diferenças nítidas entre os diversos planos recursais e a tomar mais simples a decisão sobre recursos sem perspectiva de êxito[11]. Têm menor interesse para o leitor brasileiro disposições relativas à competência recursal e aos limites de valor para a admissibilidade dos recursos; nelas não nos demoraremos.

São três as figuras recursais previstas na ZPO alemã: a Berufung, cabível contra as sentenças (Urteile) e correspondente, em linhas gerais, à nossa apelação; a *Beschwerde*, com que se podem impugnar outras

10 OBERHEIM, ob. cit., p. 17.

11 OBERHEIM, ob. cit., p. 13.

decisões; e a *Revision*, cuja característica primacial é a de servir exclusiva mente à suscitação de questões de direito; em regra, interpõe-se contra acórdão proferido no julgamento de uma *Berufung*, e por exceção, per saltum, contra decisões de primeiro grau, em vez da Berufung (*Sprungrevision*: § 566). Com a reforma, passam a existir duas modalidades de *Beschwerde*: a *sofortige Beschwerde* e a *Rechtsbeschwerde*, esta reservada, como a *Revision*, para questões de direito, de modo que não apenas sentenças, mas decisões de outro tipo, ficam sujeitas a reexame in iure. Advirta-se que, mesmo nos casos expressos de cabimento da *Rechtsbeswerde*, é mister que a matéria jurídica tenha significação fundamental (*grundsätzliche Bedeutung*) ou que se imponha novo e superior pronunciamento para o desenvolvimento do direito ou a garantia de uma jurisprudência uniforme (§ 574, 2ª alínea).

8. No tocante à disciplina da *Berufung*, já se assinalou no item 6, *supra*, uma das principais modificações introduzidas pela reforma, graças à qual o recurso deixa de constituir mecanismo amplo de reexame do litígio (*novum iudicium*) e passa a funcionar essencialmente como instrumento de controle e correção de feitos porventura cometidos na instância inferior (*revisio prioris instantiae*). A *Berufung*, convém acrescentar desde logo, além dos casos em que o valor ultrapasse seiscentos euros, torna-se admissível quando o juiz, na sentença, a declare tal – o que lhe cumpre fazer sempre que a questão de direito tenha significação fundamental ou uma decisão do tribunal superior se afigure necessária para o desenvolvimento do direito ou a segurança de jurisprudência uniforme (§ 511). A nova sistemática aumenta as oportunidades de interposição do recurso.

Continua a existir, para o recorrido, a possibilidade de aderir à Berufung do adversário, mas desaparece a antiga distinção entre duas modalidades de adesão: a autônoma (*selbständig*) e a dependente (*unselbständig*). A diferença consistia em que a primeira se manifestava dentro do prazo normal de interposição e, por isso, o recurso adesivo não ficava subordinado à sorte do principal, ao contrário do que ocorria na outra modalidade (antigo § 522). Com razão julgou-se desnecessário manter a adesão autônoma, já que a parte, no prazo normal de interposição, tem sempre a possibilidade de interpor independentemente sua própria Berufung. Nos termos da 4ª alínea do atual § 524, a *Berufung* adesiva subordina-se em qualquer caso ao destino do recurso a que aderiu.

Outras alterações concernem à renúncia e à desistência da Berufung, as quais se veem ambas facilitadas. O antigo § 514 apenas se referia expressamente à renúncia posterior à prolação da sentença, conquanto em doutrina já se admitisse a validade do ato, anteriormente praticado, mediante convenção das partes[12]. O novo § 515 cinge-se a estatuir que a renúncia independe da aceitação do adversário, sem aludir ao momento em que ocorra, donde se infere que fica certa a possibilidade de renunciar ao recurso ainda antes da sentença[13]. Quanto à desistência, na conformidade do antigo § 515, 1ª alínea, só independia da concordância do recorrido se manifestada antes que este começasse a atuar na audiência de julgamento; agora, é lícito ao recorrente desistir sem aquela concordância a qualquer tempo, até a proclamação do resultado do julgamento (§ 515, na redação atual). Como anteriormente, fica o desistente obrigado a pagar as custas relacionadas com o recurso; o órgão julgador, porém, passa a pronunciar-se *ex officio* a tal respeito, afastada a necessidade de requerimento da parte contrária (§ 516, 3ª alínea).

A reforma amplia a possibilidade de que um dos membros do tribunal julgue a *Berufung,* em vez do colegiado, por decisão deste. Pode isso acontecer em determinadas hipóteses, previstas no § 526, 1ª alínea; por exemplo, quando a matéria não apresentar especiais dificuldades no concernente aos fatos ou ao direito, ou quando a questão jurídica não tiver significação fundamental. Entretanto, o membro designado restituirá o caso à apreciação do colegiado, se a situação do processo sofrer essencial modificação, de tal sorte que apareçam dificuldades daquele tipo ou a questão adquira significação fundamental; assim também quando as partes, de comum acordo, o requeiram (§ 526, 2ª alínea).

Procura-se, por outro lado, afastar quanto possível a eventualidade da devolução dos autos pelo tribunal ao juízo *a quo*. A diretriz básica é a de que, salvo hipóteses especiais, o órgão superior deve julgar o mérito (§ 538, 1 ª alínea). As exceções acham-se taxativamente indicadas na 2ª alínea; entre elas figura a existência de vício no procedimento de primeira instância, em virtude do qual se faça necessária extensa ou dispendiosa colheita de provas. Ademais, em regra é preciso que uma das partes requeira a devolução.

---

12 *Vide*, inclusive para indicações bibliográficas, BARBOSA MOREIRA, *Comentários ao Código de Processo Civil,* v. V, 10ª ed., Rio de Janeiro, 2002, p. 341 e, aí, a nota 117.

13 OBERHEIM, ob. cit., p. 15.

9. A admissibilidade da *Revision* passa a independer de qualquer requisito atinente ao valor. Cabe ela, em regra (com ressalva da *Sprungrevision*: *supra*, item 7), contra decisões proferidas pelo órgão de segundo grau no julgamento da *Berufung* (§ 542). A possibilidade de interpor a *Revision*, todavia, tica subordinada à permissão desse órgão, a qual deve ser concedida sempre que a questão jurídica tenha significação fundamental ou se torne necessário pronunciamento superior para o desenvolvimento do direito ou a garantia de uma jurisprudência uniforme (§ 543). A parte interessada pode recorrer, para o tribunal a que compete julgar a *Revision*, contra a respectiva inadmissão pelo órgão julgador da *Berufung*; dispõe, para tanto, de uma modalidade especial de *Beschwerde* (a *Nichtzulassungsbeschwerde*). Sobre este recurso decide, como bem se compreende, o tribunal da *Revision*, depois de abrir ao litigante adversário a oportunidade de falar (§ 544, 3ª alínea). Se provida a *Nichtzulassungsbeschwerde*, o procedimento recursal prosseguirá na forma adequada à *Revision*, valendo a respectiva interposição pela da própria *Revision* (§ 544, 6ª alínea).

A sistemática, logo se nota, é bastante parecida com a vigente no Brasil acerca da impugnação do pronunciamento que não admite o recurso especial ou extraordinário: vejam-se o art. 544 e seus parágrafos do Código de Processo Civil, na redação atual. Há, no entanto, uma diferença relevante, em ponto que de resto a reforma não atingiu: caso o órgão julgador da Berufung admita a *Revision*, semelhante pronunciamento vincula o tribunal superior (§ 543, parte final; cf. antigo § 546, 1ª alínea, nº 2, *fine*).

Assim como para a *Berufung*, também para a *Revision* existe a possibilidade de adesão pela parte contrária. Aqui, igualmente, em termos análogos, a reforma faz desaparecer a antiga divisão do recurso adesivo em duas modalidades, a dependente e a independente[14].

Consoante já se registrou, a *Revision* é recurso substancialmente limitado ao reexame in iure da decisão impugnada: o tribunal recebe os fatos tais como os declarou o órgão *a quo*. Há casos especiais, contudo e nisso tampouco se tocou –, em que o órgão *ad quem* examina fatos: por exemplo, quando seja indispensável para apurar a ocorrência de um vício processual. Quanto ao mais, a reforma não trouxe inovação de relevo à disciplina do julgamento da *Revision*. Continua a ser exato, em particu-

14 OBERHEIM, ob. cit., p. 19.

lar, que o provimento do recurso normalmente acarreta a cassação da decisão contra a qual se recorreu e a devolução do feito ao órgão *a quo*: só excepcionalmente caberá ao tribunal superior proferir, ele próprio, decisão substitutiva da impugnada (§ 563). Por esse aspecto diferencia-se nitidamente a *Revision* – como já se diferenciava antes da reforma – dos nossos recursos especial e extraordinário.

10. A focalização dos pontos mais salientes da reforma, tal como se buscou fazer, em apertada síntese, nos itens anteriores, não parece capaz de causar impressão muito forte ao leitor brasileiro. Aqui e ali, ele verificará que o que constitui inovação, na Alemanha, está longe de o ser entre nós; assim, não é de hoje que o juiz brasileiro tem extenso poder de ordenar, não apenas às partes, senão também a terceiros[15], a exibição de documentos: para nos cingirmos ao direito vigente, vejam-se os arts. 355 e s. do atual Código de Processo Civil.

Favorecer e fomentar a solução consensual do litígio é diretriz que vem sendo adotada com intensidade crescente em nosso país. Basta mencionar a introdução, no procedimento ordinário, da audiência originariamente denominada "de conciliação" pela Lei nº 8.952, de 13-12-1994, que deu nova redação ao art. 331 do Código, e depois rebatizada de "audiência preliminar" pela Lei nº 10.444, de 7-5-2002. A primeira dessas leis também acrescentou ao art. 125 um inciso IV, à luz do qual incumbe ao juiz "tentar, a qualquer tempo, conciliar as partes". A preferência pela solução consensual é particularmente sensível no sistema dos Juizados Especiais Cíveis (Lei nº 9.099, de 26-9-1995, arts. 21 e s.), onde, pelo menos em teoria, o julgamento da causa pelo órgão judicial deveria constituir exceção.

Tampouco tem, para nós, sabor de novidade a tendência a restringir cada vez mais a atendibilidade de fatos novos na segunda instância: o ordenamento brasileiro de há muito se filia à corrente que concebe a apelação menos como um *novum iudicium* do que como uma *revisio prioris instantiae*[16]. Quanto à ampliação dos casos em que o recurso pode ser

15 Parte da doutrina, registre-se, sustenta que em relação a terceiros não é dado ao órgão judicial ordenar de ofício, mas unicamente a pedido de parte, a exibição do documento: nesse sentido, *v.g.*, MONIZ DE ARAGÃO, *Exegese do Código de Processo Civil*, v. IV-I, Rio de Janeiro, s.d., p. 203/4; ARAÚJO CINTRA, *Comentários ao Código de Processo Civil*, v. IV, Rio de Janeiro, 2000, p. 84.

16 Cf. BARBOSA MOREIRA, ob. e v. cit., p. 452.

julgado por um membro do colegiado, em vez de o ser por este, tem sido uma constante nas últimas reformas de nosso processo civil; vejam-se os arts. 544, § 3º, 545, 557 e § 1º-A, na redação atual[17].

Coincide igualmente com uma posição tomada pelo direito pátrio, em data recente[18], a diretriz que busca reduzir as hipóteses de devolução do feito pelo órgão julgador da apelação ao iudex *a quo*. Nesse sentido aponta o § 3º, acrescentado ao art. 515 pela Lei nº 10.352, de 26-12-2001, por força do qual, "nos casos de extinção do processo sem julgamento do mérito (art. 267), o tribunal pode julgar desde logo a lide, se a causa versar questão exclusivamente de direito e estiver em condições de imediato julgamento". Ainda que diferentes as prescrições, a ratio assemelha-se à que inspirou ao legislador alemão a nova disciplina constante do § 538.

A reiterada alusão, em matéria de admissibilidade de recursos, à "significação fundamental (*grundsätzliche Bedeutung*)" da questão de direito suscitada (alusão que já se via no antigo § 546 da ZPO, com referência à *Revision*) traz à lembrança do jurista brasileiro o requisito da "relevância da questão federal", que em certa época adotou o Supremo Tribunal Federal para restringir o cabimento do recurso extraordinário em determinadas hipóteses, com base na autorização que lhe dava o art. 119, parágrafo único, da Emenda Constitucional nº 1, de 17-10-1969[19]. Na doutrina alemã, o conceito de "significação fundamental" foi traduzido, sinteticamente, dizendo-se que a questão discutida, na aplicação concreta, devia ser suscetível de generalização a um número indeterminado de casos, e a decisão a seu respeito servir à unidade e ao desenvol-

17 Para uma recapitulação dos passos sucessivos dados nesse caminho, *vide* CÂNDIDO DINAMARCO, *O relator, a jurisprudência e os recursos, in Aspectos polêmicos e atuais dos recursos cíveis de acordo com a Lei 9. 756/98* (coord. Teresa Arruda Alvim Wambier e Nelson Nery Jr.), S. Paulo, 1999, p. 129 e s.

18 Mas com antecedente remoto: *vide Ordenações Filipinas*, L. III, Tít. LXVIII, princípio.

19 Versão atenuada desse expediente é a que se pretende consagrar no projeto de Emenda Constitucional nº 29, de 2000, em tramitação - ao ser redigido este trabalho - no Senado Federal: de acordo com a proposta de inserção de um § 42 ao art. 102, "no recurso extraordinário, o recorrente deverá demonstrar a repercussão geral das questões constitucionais discutidas no caso, nos termos da lei, a fim de que o Tribunal examine a admissão do recurso, somente podendo recusá-lo pela manifestação de dois terços de seus membros".

vimento do direito[20]. Abstraindo-se de discrepâncias de formulação, a nota essencial consiste em que a matéria precisa revestir interesse que transcenda nitidamente os lindes do caso concreto.

11. Ocioso advertir que incorreria em óbvia precipitação quem exagerasse a importância dos pontos de convergência acima referidos, e mais ainda quem concluísse que o ordenamento processual serve melhor à Justiça civil brasileira que à alemã. Antes de mais nada, a autêntica significação de qualquer reforma não se deixa captar pelo simples confronto de normas pinçadas aqui e ali. Para uma apreciação menos superficial, seria imprescindível averiguar como repercutem no ordenamento como um todo (e, claro, como funcionarão na prática) as modificações introduzidas na ZPO – as supramencionadas e outras que, em visão abrangente, talvez se revistam de igualou maior importância.

Ademais, tem o sabor do óbvio a observação de que é absolutamente descabida a pretensão de avaliar um sistema à exclusiva luz da disciplina normativa contida em códigos processuais. Muitos e conhecidos fatores exercem aí influência decisiva: a organização judiciária, o número e a capacitação dos juízes, a infraestrutura administrativa, os recursos materiais, as condições de trabalho, a medida em que se utilizam os meios tecnológicos, a qualidade do serviço que prestam as entidades chamadas a colaborar com o Poder Judiciário (imprensa, correios, polícia etc.) – enfim, uma extensa gama de elementos cujo nível de atuação sem dúvida varia em grau considerável segundo o nível de desenvolvimento do país.

Eis por que encerraremos as presentes considerações reiterando a modéstia do propósito que as inspirou. Elas nada mais pretendem constituir, como ressalta do título, que uma breve notícia. Análise mais acurada, de resto, terá de contar com os subsídios que a própria doutrina alemã com certeza não deixará de ministrar oportunamente.

Setembro de 2002.

---

20 Assim, ROSENBERG-SCHWAB-GOTTWALD, ob. cit., p. 858. JAUERNIG, *Zivilprozessrecht*, 24ª ed., Munique, 1993, p. 270, reconhecendo a dificuldade de concretizar o conceito, afirma ser de esperar que a parte essencial da decisão sobre a Revision possa resumir-se num princípio geral de direito, capaz de favorecer a segurança jurídica, para além da espécie examinada.

COMENTÁRIOS DOS ATUALIZADORES

BREVE NOTÍCIA SOBRE A REFORMA DO PROCESSO CIVIL ALEMÃO

Luís Roberto Barroso / Frederico Montedonio

Ao contrário de Barbosa Moreira, os autores deste texto não dominam o idioma alemão, e por isso não lhes foi possível pesquisar diretamente na fonte sobre os últimos desenvolvimentos do processo civil na Alemanha[21]. Assim, a presente nota procurará contrastar as notícias de Barbosa Moreira com o processo civil brasileiro vigente, bem como informar, a partir de outras fontes, sobre atualizações do processo civil alemão, a título mera e modestamente exemplificativo, como não poderia deixar de ser.

Movimentos legislativos de aperfeiçoamento do processo civil continuam ativos em todo o mundo. Como já tratado na atualização de texto anterior desta coletânea ("Reformas processuais e poderes do juiz"), há, por exemplo, notícias de reformas processuais que passaram a valer no Japão (2004), Itália (2009) e França (2016), e novos Códigos de Processo Civil que entraram em vigor na Suíça (2011), Portugal (2013), Romênia (2013), Bulgária (2015) e, claro, no Brasil (2016). Naturalmente, como reconhece o autor, a Alemanha não está imune à necessidade de aperfeiçoamentos legais, de fato implementados numerosas vezes, inclusive depois do trabalho de Barbosa Moreira[22]. Em 2009, *e.g.*, foi reestruturado o procedimento civil em matéria de família[23]. Outro exemplo é a vedação de desistir de uma *Revision* depois do início da sessão de julgamento (ZPO, § 565, parte final, em vigor a partir de 2014), expediente que era usado por bancos e seguradoras para prevenir a formação de precedentes contrários a seus in-

21 Uma tradução da ZPO para o inglês, atualizada até 2013, do Ministério da Justiça alemão, está em: <https://www.gesetze-im-internet.de/englisch_zpo/index.html>. Acesso em: 24 jan.2021.

22 Uma relação de todas as alterações no Código de Processo Civil alemão (ZPO) desde 2006 pode ser vista no endereço: <https://www.buzer.de/gesetz/7030/l.htm>. Acesso em: 24 jan.2021.

23 GOTTWALD, Peter. The new german procedure in family matters. *In: Revista de Processo*, v. 198, p. 165-190, ago.2011.

teresses, quando ficava claro que não teriam seus recursos providos[24]. Mais recentemente, em 2018, foi criada a "ação declaratória modelo" (*Musterfeststellungsklage*), um mecanismo de tutela coletiva de direito do consumidor[25].

A influência alemã no processo civil brasileiro se manifesta, por exemplo, no incidente de resolução de demandas repetitivas, declaradamente inspirado no *Musterverfahren*, segundo a exposição de motivos do CPC/2015. Tal instituto foi introduzido no direito alemão por lei processual civil extravagante em 2005[26]. Ainda a propósito dessa influência, a nota 16 da exposição de motivos do CPC/2015 cita expressamente trecho do texto ora atualizado, segundo o qual "[p]ôr na primeira instância o centro de gravidade do processo é diretriz política muito prestigiada em tempos modernos". Entretanto, no Brasil, o recurso de apelação continua, como regra, a dispor de efeito suspensivo (CPC/2015, art. 1.012), o que não ocorre na Alemanha[27]. Nada obstante, o atual Código confirma que a apelação brasileira continua alinhada ao modelo *revisio prioris instantiae* e afastada do modelo *ius novorum* (art. 1.014 do CPC/2015, que reproduz o art. 517 do CPC/1973). Os poderes do relator para decidir monocraticamente foram ampliados (CPC/2015, art. 932), assim como as hipóteses de julgamento da apelação sem devolução ao juízo *a quo* (CPC/2015, art. 1.013, §§ 3º e 4º).

Quanto ao § 139 da ZPO, referido por Barbosa Moreira, é possível traçar paralelo no Brasil com as normas que determinam não ape-

---

24 BERT, Peter. Update: preventing precedent made more difficult. *In: Dispute resolution Germany,* 18 jun.2013. Disponível em: <https://www.disputeresolutiongermany.com/2013/06/update-preventing-precedent/>. Acesso em: 24 jan.2021.

25 LEAL, Adisson. *Dieselgate* e o despertar alemão para a tutela coletiva dos direitos do consumidor. *In: Conjur,* 12 nov.2018. Disponível em: <https://www.conjur.com.br/2018-nov-12/dieselgate-despertar-alemao-tutela-coletiva-consumidor>. Acesso em: 24 jan.2021.

26 CABRAL, Antonio do Passo. O novo procedimento-modelo (*Musterverfahren*) alemão: uma alternativa às ações coletivas. *In: Revista de Processo,* v. 32, n; 147, p. 123-146, mai.2007.

27 Como base desse entendimento, invoca-se o § 704 da ZPO (RIBEIRO, Isabela Lessa de Azevedo Pinto; AZEVEDO NETO, João Luiz Lessa de. Apelação sem efeito suspensivo: execução provisória como regra. *In: Revista Eletrônica de Direito Processual – REDP. Vol. V,* 2010, p. 752, nota 46. Disponível em: <https://www.e-publicacoes.uerj.br/index.php/redp/article/download/23107/16460>. Acesso em: 24 jan.2021.

nas o contraditório – inclusive sobre matérias cognoscíveis de ofício (CPC/2015, art. 10) –, mas também com as que preveem a oportunidade de emenda da inicial (art. 321) e, notadamente, o saneamento do processo, inclusive de forma cooperativa e com audiência (art. 357, especialmente o § 3º). A propósito, foi introduzida a prática de audiências e atos processuais em geral por videoconferência (CPC/2015, art. 236, § 3º), o que se generalizou com a pandemia.

A possibilidade de que o juiz determine a apresentação de documentos pelas partes ou mesmo por terceiros continua vigente no Brasil (CPC/2015, art. 396 e 401), assim como as normas de estimulam ou facilitam a composição consensual do litígio (art. 3º, §§ 2º e 3º; art. 139, V; arts. 165 a 175), inclusive com a realização obrigatória de audiência de conciliação ou mediação (art. 334). De outro lado, não há previsão de consentimento tácito do réu para a desistência da ação pelo autor (art. 485, § 4º).

Barbosa Moreira fez um paralelo da significação fundamental (*grundsätzliche Bedeutung*) com a antiga arguição de relevância, tendo escrito antes da EC 45/2004, que instituiu o requisito da repercussão geral no recurso extraordinário (CF, art. 102, § 3º). Como consta no texto ora atualizado, a significação fundamental é requisito aplicável na Alemanha não apenas a recursos excepcionais (*Revision*), mas também ordinários (*Berufung*). No que diz respeito a incidentes de natureza constitucional, cabe referir a *Verfassungsbeschwerde*, também conhecida como queixa ou reclamação constitucional – de competência do Tribunal Constitucional Federal (*Bundesverfassungsgericht*, ou BVerfGE) –, um mecanismo ora semelhante a um sucedâneo recursal, ora a um mandado de segurança *per saltum*[28], ajuizável por qualquer pessoa sob a alegação de violação a direitos fundamentais. O instituto é regulado pela Lei do Tribunal Constitucional Federal (*Bundesverfassungsgerichtsgesetz* – BVerfGG), cujo §93a exige, como condição de admissibilidade, a "significação constitucional fundamental" (*grundsätzliche verfassungsrechtliche Bedeutung*) e a adequação do instrumento para proteger direitos fundamentais, requisito que se considera atendido caso o requerente demonstre estar sujeito a um prejuízo grave em caso de inadmissão. Como regra, a queixa consti-

28 CABRAL, Antonio do Passo. Requisitos de relevância no sistema recursal alemão. In: FUX, Luiz; FREIRE, Alexandre; DANTAS, Bruno (coords.). *Repercussão geral da questão constitucional*. Rio de Janeiro: Forense, 2014. p. 74.

tucional pressupõe o esgotamento de todas as outras instâncias, mas é possível excepcionar essa regra se a hipótese for de "significação geral" ("*allgemeine Bedeutung*") e se esse prévio esgotamento ocasionar grave prejuízo ao requerente (BVerfGG, §90, (2))[29].

Assim, guardadas as particularidades de cada instituto, é cabível o paralelo entre a "significação constitucional fundamental" da reclamação constitucional alemã e a repercussão geral do recurso extraordinário brasileiro[30], bem como entre a "significação fundamental" da *Revision* – de competência do *Bundesgerichtshof* (BGH), a Corte Federal de Justiça alemã – com a relevância da questão federal que se pretende exigir nos recursos especiais ao STJ (PEC 10/2017, atualmente em trâmite no Senado, já tendo sido aprovada na Câmara sob o nº 209/2012). Porém, de forma diversa do que normalmente ocorre na *Revision* provida – cassação do julgado (ZPO, § 563) –, a admissão do RE ou REsp continua a ter efeito substitutivo da decisão recorrida (CPC/2015, art. 1.034).

Continua sendo possível o recurso adesivo na apelação, no recurso extraordinário e no especial (CPC/2015, art. 997, § 2º, II), bem como recurso contra as decisões de *inadmissão* de recursos excepcionais proferidas pela instância *a quo* (CPC/2015, art. 1.042). A admissibilidade da apelação no Brasil agora somente é feita pela instância *ad quem* (art. 1.010, § 3º). Uma notável diferença que persiste entre os dois modelos é a vinculação da instância superior à decisão de *admissão* do recurso pela instância inferior, que está presente na Alemanha (ZPO, § 543, *in fine*), mas não no Brasil.

---

29 As observações são feitas com base em tradução oficial da BVerfGG para o inglês, feita pelo próprio Tribunal Federal Constitucional e disponível em: <https://www.bundesverfassungsgericht.de/SharedDocs/Downloads/EN/Gesetze/BVerfGG.pdf?__blob=publicationFile&v=10>. Acesso em: 24 jan.2021.

30 Para aprofundamento desse paralelo, v. REGO, Frederico Montedonio. Filtros de relevância no direito comparado: como as cortes supremas evitam a banalização de precedentes. *In: Revista da EMERJ*, v. 21, n. 3, t. 1, p. 205-235, set.-dez.2019

DUELO E PROCESSO[1]

1. Quem gosta do teatro lírico já terá assistido à ópera Lohengrim, de Wagner, ou pelo menos lido ou ouvido algo sobre o enredo. Recordo aqui o episódio central do primeiro ato, em que Elsa de Brabante, acusada de haver assassinado o irmão, precisa de quem a represente no duelo com o acusador, Frederico Telramund, de cujo resultado dependerá o reconhecimento de sua inocência ou de sua culpa. Elsa invoca, para defendê-la, um cavaleiro visto em sonhos, o qual realmente aparece, transportado rio abaixo por um cisne, e sai vitorioso no duelo, inocentando a acusada.

A cena ilustra costume que se difundiu na Europa em certa fase da Idade Média, embora provavelmente de origem mais remota: o duelo judiciário[2]. Era um dos expedientes de que se lançava mão para resolver litígios – a princípio, não só de natureza penal, mas também civil. A ideia subjacente, característica de mentalidade que misturava religião e superstição, era a de que a providência divina havia de prestigiar quem tinha razão, e portanto, no caso do duelo, guiaria a mão do inocente ou de seu paladino. Num tempo em que a atividade probatória não se dirigia necessariamente à razão dos julgadores, ao contrário do que na velha Roma e em nossos dias se tinha e se tem por assente, o combate fazia as vezes de prova – e de prova irrefutável e incontrastável, já que não comportaria dúvida nem impugnação o "juízo de Deus" supostamente manifestado no desfecho do combate. Mais: além de prova, constituía sentença e execução.

O duelo judiciário, que durou séculos, revestia-se de formalismo ritualístico. Os nobres combatiam com espadas, os servos com bastões. Quem não podia lutar pessoalmente, como em geral as mulheres, era representado por um campeão, à maneira da heroína wagneriana. Apesar

---

1 Texto de palestra proferida em 8-4-2003, no Rio de Janeiro (com o acréscimo de notas). Publicado em *Rev. de Proc.*, nº 112, *Rev. Bras. de Dir. Comp.*, v. 24, Rev. da Acad. Bras. de Letras Jur., v. 23. Carta Mensal do Conselho Técnico da CNC, nº 579.

2 Os dados históricos da exposição que se segue foram colhidos, principalmente, em SALVIOLI, *Storia del diritto italiano*, v. III, Primeira Parte. Milão. 1925, p. 292/3, 296; ENGELMANN *et alii*, *A History of Continental Civil Procedure*, trad. de Robert Wyness Millar, Nova Iorque, 1969, p. 651/3, 664; AMARAL SANTOS. *Prova judiciária no cível e comercial*. v. I. 5ª ed. S. Paulo, 1983, p. 21/3, 28/9; VAN CAENEGEM. *El nacimiento del common law inglês*, trad. de J. L. Moreno-Torres Sánchez, *in Interpretatio – Revista de Historia del Derecho*, nº IV (1998), p. 104. 108.

dos olhos desfavoráveis com que a hierarquia eclesiástica via o costume. as armas eram habitualmente abençoadas por sacerdotes, antes da pugna, para que se neutralizasse eventual força demoníaca ou artimanha de feitiçaria, de que qualquer delas houvesse sido impregnada.

Deveu-se o declínio da prática, em grande parte, à condenação pela Igreja, que após hesitações e incoerências iniciais tomou posição abertamente contrária, pela voz de papas e concílios, sobretudo a partir do século XIII. Na França, o rei Luís IX, que viria a ser canonizado, proibiu o duelo em seus territórios. Pouco a pouco, ele foi sendo substituído por outras instituições, como por exemplo, na Inglaterra, o julgamento por um júri, e alhures pela prova testemunhal.

2. Será exato afirmar que o duelo desapareceu por completo do mapa judicial? Há instituições jurídicas que morrem sem deixar herança; outras se transfiguram, adaptam-se a novas circunstâncias, assumem formas diferentes, ou ao contrário conservam formas antigas desvinculadas do espírito que em época anterior as animava. Quando estudam institutos contemporâneos, os juristas amam interrogar-se acerca de possíveis antecedentes; às vezes forçam linhas e cometem anacronismos, no afã de atribuir linhagem ilustre ao objeto do estudo. Dá-se ênfase a vagas semelhanças de estrutura que dizem pouco se confrontadas com óbvias diferenças funcionais. Mas pode também suceder o inverso: que não se atribua o valor devido a afinidades reais, subsistentes por sob revestimentos formais distintos.

A reflexão atinente ao duelo judiciário deve levar em conta, antes de mais nada, a mudança cultural ocorrida desde os tempos medievais. Em primeiro lugar, a sociedade ocidental laicizou-se. É certo que grande número de pessoas continua a atribuir cada pequeno acontecimento da vida quotidiana a uma intervenção direta da providência divina, como se Deus governasse o mundo a golpes de milagres, dispensando a atuação das causas segundas. O resultado de um processo, com frequência, tem grande importância para os litigantes, e não serão excepcionais preces e até promessas que cada um deles faça na esperança de mover em proveito de sua causa poderes sobrenaturais. O entendimento comum, todavia, dificilmente se inclinará a enxergar na vitória de uma ou de outra parte sinal seguro de aprovação do Alto.

Por outro lado, e em manifesta conexão com esse fenômeno, acostumamo-nos, há bastante tempo, à ideia de que o sucesso de um pleito deve relacionar-se com a eficácia dos argumentos que sustentam as pretensões dos litigantes. Há de vencer quem tiver razão, ou quem puder persuadir o julgador de que tem razão. E o julgador, na decisão, precisará expor, em termos racionais, os motivos que o terão levado a formar um convencimento de preferência a outro. Embora só um céptico total rejeite em termos categóricos a possibilidade de que o juiz haja recebido na mente, por inspiração divina, a imagem clara dos fatos controvertidos, tais quais sucederam, nenhum ordenamento processual moderno o autorizaria a fundamentar sua sentença nessa particular revelação.

3. A semelhante luz, parece não haver, hoje em dia, lugar para qualquer tipo de procedimento que relembre o duelo judiciário, abandonadas como estão as premissas culturais que o legitimavam. Merece atenção, entretanto, o fato de que às vezes os estudiosos se reportam a ele, como paradigma de modos de atuar vivos na arena forense. A explicação óbvia prende-se a que, num e noutro fenômeno, se identifica o aspecto comum de luta travada para solucionar litígio; mas essas considerações, por si sós, são demasiado simples. Há que ajuntar-lhes a consciência de que, em qualquer luta, muito importa o uso que se permite aos combatentes fazer das armas, e os limites, mais largos ou mais estreitos, que se lhes impõem. Ainda que se trate de um confronto entre teses, a ser definido pelo critério da razão, as características da disciplina legal adotada influirão poderosamente no desfecho. Pode ser que se criem condições mais propícias a que saia vencedor quem sustente melhor tese; também pode ser, no entanto, que antes se favoreça quem lute com maior vigor ou maior habilidade – para não dizer com menores escrúpulos.

Façamos, pois, pequeno esforço de imaginação e pensemos num duelo despido de seu antigo significado religioso, ou pseudorreligioso; num duelo em que os combatentes não usam espadas, nem bastões, senão palavras; mas no qual, em todo caso, hoje como outrora, se cuida, no fundo, de resolver uma lide. E tratemos de inserir essa imagem num contexto que deixe basicamente à vontade os paladinos dos litigantes – autor e réu, no campo civil; acusador e acusado, no penal- para utilizar as armas próprias do jeito que lhes pareça mais eficaz, sem muito controle por parte do julgador, a quem se confia tão-somente a função de fiscalizar a pugna, para evitar ou reprimir golpes desleais, e afinal proclamar o vencedor. Estaremos diante de um "modelo" de processo – de um dos modelos concebíveis, apresso-me a acrescentar –; e de modelo a cujo respeito não se afigura despropositado o reconhecimento de uma analogia.

4. Existirá, no mundo contemporâneo, sistema processual que se ajuste a esse modelo? Não seria adequado responder à pergunta sem primeiro advertir que modelos não costumam ver-se reproduzidos na realidade como substâncias "quimicamente puras". A caracterização e a inclusão dos ordenamentos em categorias inspira-se em critério de predominância, não de exclusividade. Descrever um tipo é, forçosamente, pôr entre parênteses uma série de marcas e notas que imprimem a cada espécime sua inconfundível singularidade. Cumpre ter em mente essa importantíssima ressalva ao ouvir ou ao ler qualquer exposição sobre o assunto.

Dito isso, estamos em condições de pedir o testemunho dos especialistas. E não tardamos a descobrir, em escrito de prestigioso jurista norteamericano, a declaração de que o sistema dominante nos países do chamado *common law*, de acordo com opinião difundida, tem como antecedente o processo normando, "conduzido por meio de embate físico, no qual as questões controvertidas se resolviam pelo resultado de um duelo"[3].

A informação não deixa de causar certa surpresa. Falar de *common law* é falar da Inglaterra e das regiões que, por ela colonizadas, lhe recolheram as tradições, inclusive as jurídicas. Ora, a Inglaterra foi dos últimos rincões europeus a receber o duelo judiciário. Não há notícia dessa prática na ilha antes da invasão normanda, e até se afirma que Guilherme, o Conquistador, proibiu expressamente o respectivo uso pelos antigos habitantes anglo-saxões[4]. O duelo judiciário, com grande probabilidade, terá lançado raízes menos fundas no território insular do que em várias regiões do continente europeu. Naturalmente, há explicações para o prestígio que alcançou no universo do *common law* o modelo processual a que se deu a sugestiva denominação *adversary* (ou *adversa-*

---

3 HAZARD, *Il sistema "adversary"*, trad. de Fabio Rota, no volume coletivo *Avvocatura e giustizia negli Stati Uniti* (ed. Angelo Dondi), Bolonha. 1993, p. 43. Cf. MAYERS, *L'ordinamento processuale negli Stati Uniti d'America*, trad. de Maria Grazia Curletti, Milão, 1967, p. 114: "(...) o debate assume as vestes de um duelo forense, mais do que as de uma investigação desinteressada" (grifamos). (Os textos foram traduzidos da versão italiana para o português pelo autor do presente escrito.)

4 *Vide* VAN CAENEGEM, trab. cit., p. 104; SHAPIRO, *Courts – A Comparative and Political Analysis*. Chicago-Londres. s.d. (mas 1992), p. 84.

rial) *system*. As mais dignas de crédito valem-se de elementos culturais: esse tipo de processo melhor se harmoniza com os valores fundamentais que moldaram a sociedade nas partes do mundo onde floresceu. É oportuno, porém, continuar a ouvir depoimentos colhidos na literatura do *common law*.

5. Vejamos como caracterizam a essência do *adversary system* duas obras norte-americanas recentes, uma dedicada ao processo civil, outra ao processo penal.

Lê-se na primeira: "O traço principal do *adversary system*, que influi no desenvolvimento dos processos específicos, é que as partes (ou seus advogados) controlam e configuram o modo de litigar. A visão tradicional é a de que o juiz atua exclusivamente para decidir questões discutidas, as mais das vezes questões de direito e de procedimento"[5]. Expõe a segunda: "O *adversary system* presume que a verdade triunfará no fim porque tanto os acusadores quanto os advogados de defesa apresentarão seus argumentos nos mais fortes termos possíveis. A confiança na exatidão definitiva do *adversary system* nasce da crença profunda no valor do espírito competitivo – da 'teoria desportiva da justiça' (...)"[6]. É extremamente significativa a última expressão: as competições desportivas também são óbvios sucedâneos de encontros mais belicosos[7].

O advogado forense, nessa atmosfera, recebe treinamento profissional precipuamente destinado a prepará-lo para os embates do *trial*. É

---

5 No original: "*The main feature of the adversary system that influences the development of particular procedures is that the parties (or their lawyers) control and shape the litigation. The traditional view is that the judge sits solely to decide disputed questions, most commonly questions of law and procedure*" (FRIEDENTHAL-KANE-MILLER, *Civil Procedure*, St. Paul, 3ª ed., 1ª reimpressão, 2001, p. 2).

6 No original: "*The adversary system assumes that the truth will triumph in the end because both prosecutors and defense attorneys will present their cases in the strongest possible terms. Confidence in the ultimate accuracy of the adversary system stems from a deep belief in the value of the competitive spirit – the 'sporting theory of Justice'* (...)" (SAMAHA, *Criminal Procedure*, Belmont, 1998, p. 7).

7 Cf., na Inglaterra, ainda recentemente – e a despeito do que se exporá no item 7, *infra* –, MOORHEAD, *Access or Aggravation? Litigants in Person, McKenzie Friends and Law Representation, in Civil Justice Quarterly*, v. 22 (abril de 2003), p. 134: "*The adversarial process of common law litigation has a gladiatorial dimension. It emerged as a substitute for violent methods of dispute settlement and is a process occasionally typified as tinged with retribution and interpersonal aggravation*".

esse o momento por excelência de exercício de qualidades como a combatividade e a astúcia. Todos já assistimos, quando nada em películas cinematográficas, ao desenrolar de sequências de julgamento, em que os advogados tudo fazem no afã de conquistar para sua causa a simpatia do juiz, ou a dos jurados, conforme o caso. Um dos pontos culminantes do episódio é a denominada *cross examination*, isto é, a reinquirição de testemunhas apresentadas pela outra parte. Com grande frequência, o objetivo central, aí, consiste em desacreditar a testemunha hostil aos olhos do julgador, ou dos julgadores. Ardis de toda sorte são utilizados para fazê-la cair em contradição, ou para pôr a nu reais ou pretensas deficiências pessoais que a tornem pouco digna de confiança[8].

Cumpre ressalvar que são bem poucos os processos cujo itinerário se prolonga até o *trial*[9]. Isso, todavia, não apaga a característica essencial de um jeito de litigar a que, nos próprios Estados Unidos, já houve quem chamasse "Rambo litigation", em expressiva alusão ao truculento personagem de mais de um filme de Sylvester Stallone[10]. Até onde pode chegar a truculência no foro é algo de que nos pode dar uma ideia a clara insinuação, feita pelo mesmo autor, de que às vezes se chega ao ponto de derramar café, de propósito, nos papéis do advogado da parte contrária...[11]

6. Em modelo que favorece a esse ponto o uso livre e desembaraçado das armas permitidas, é natural que, se de um lado avulta o papel dos

---

8 Para extensa e interessante discussão dos problemas éticos que o *cross examination* suscita, *vide* CORBOY, *L'interrogatorio incrociato: limiti imposti dali' etica professionale*, trad. de Andrea Giussani, no volume coletivo cit. na nota 2, *supra*, p. 293 e s.

9 De acordo com dados grosso modo coincidentes, encontradiços em toda a doutrina inglesa e norte-americana, quer na área civil, quer na penal, o número não costuma ultrapassar os 10%. A grande maioria dos processos civis termina por acordo (settlement), entre outras razões pelo alto custo que o prosseguimento até o *trial* normalmente impõe (FRIEDENTHAL-KANF:-MILLER, ob. cit., p. 474); no terreno penal, poucos casos sobrevivem ao *plea bargaining*. Para abundantes indicações de literatura acerca dos percentuais, vide BARBOSA MOREIRA, Notas sobre alguns aspectos do processo (civil e penal) nos países anglo-saxônicos, *in Temas de Direito Processual* (Sétima Série), S. Paulo, 2001, p. 164, notas 16 e 17; adite-se, quanto à esfera penal, SHAPIRO, ob. cit., p. 53.

10 MARCUS, *Déjà vu all over again? An American Reaction to the Woolf Report*, no volume *Reform of Civil Procedure* (ed. Zuckerman e Cranston), Oxford, 1995, p. 222.

11 *Id., ibid.*

advogados, do outro, correlatamente, se acanhe o do juiz. Vejamos como expõe a situação uma obra clássica:

Não se sabe bastante da dinâmica dos litígios para fundar a afirmação de que a atividade do julgador decresce em proporção igual à da expansão do controle das partes, mas, se o caso não é de soma-zero, há decerto uma relação inversa entre a atividade das partes e a dos agentes públicos encarregados do processo judicial. Coerentemente, onde os litigantes se apropriam da ação em tamanha medida – do trabalho de investigação à produção da prova e à pesquisa do direito –, é relativamente pouco o que sobra para o julgador fazer. Que lhe resta como área reservada? Ele se restringe a resolver conflitos incidentais entre as partes na preparação para o *trial* (...), a fiscalizar a observância de regras básicas do comportamento das partes no tribunal e, certamente, proferir sua decisão sobre o mérito da causa"[12].

O juiz norte-americano, ressalve-se, dispõe de largo poder disciplinar; exerce-o, principalmente, pelo instrumento do *contempt power*, que o autoriza a impor sanções até de ordem criminal às partes e mesmo aos advogados que se recusam a cumprir as ordens judiciais ou se conduzem de forma inconveniente. Mas, no que tange à direção do feito e sobretudo à colheita de provas, seu papel é quase sempre passivo. O ritmo do procedimento fica em grande parte entregue aos litigantes, ou mais exatamente aos advogados. A estes incumbem, quase exclusivamente, as tarefas da instrução probatória: encontrar e reunir as provas que possam aproveitar aos respectivos clientes, apresentá-las em juízo, convocar testemunhas incluídos nesse conceito os peritos (*expert witnesses*) –, enfim, tomar todas as providências destinadas a influir no convencimento do julgador (ou dos julgadores, no caso de julgamento por júri). Ainda que ao órgão judicial se abra, teoricamente, a possibilidade de iniciativas probatórias *ex officio*, na prática é raríssimo que dela se faça uso[13]. Até

---

12 DAMASKA, *The Faces of Justice and State Authority*, New Haven-Londres, 1986, p. 135 (tradução do autor deste escrito).

13 *Vide*, por todos, DAMASKA. ob, cit., p. 124 ("*Judicial powers of interrogation ad especially those of evidentiary iniciative are used only as means of last resort when party-propelled presentation of evidence fails; even then, these powers are used gingerly and within narrow limits*"), 125 ("*All told, it is no coincidence that judges in common law systems only sparringly employ their powers of intervention to lhe partisan presentation of evidence, and that they will disrupt a strongly competitive exercise of proof taking only in exceptional cases*"). Cf., recentissimamente, CHASE, American *"Exceptionalism" and Comparative Procedure, in The American Journal*

perguntas à testemunha não é comum formulá-las o juiz motu proprio; e, ajunte-se, não repercute bem que ele as formule.

Narra-se, ao propósito, curioso episódio ocorrido anos atrás na Inglaterra. Certo juiz, durante o julgamento, formulou muitas perguntas às testemunhas. Ambos os litigantes, recorrendo, queixaram-se de que ele com isso ferira a garantia do Jair *trial*. O tribunal deu-lhes razão e anulou o julgamento. Mas a consequência não parou aí: o magistrado foi – nada menos! – convencido a demitir-se. O autor que faz a narrativa arremata-a com o seguinte comentário: "*It was a poignant case; for he was able and intelligent – but he asked toa many questions*"...[14].

No caso específico dos Estados Unidos, e muito particularmente no dos Estados onde os juízes são eleitos pelo voto popular, há um fator a mais que provavelmente os estimula à autocontenção. É que a posição dos advogados – mais precisamente, do bar local – costuma influir no resultado da eleição. Os candidatos à magistratura têm interesse em obter seu apoio. Ora, aos advogados decididamente não agradam os juízes propensos a interferir na cena de que, a seu ver, são e devem ser eles mesmos os protagonistas. Juiz muito "ativo" é juiz que dificilmente poderá contar com o apoio da classe dos causídicos se vier a candidatar-se à reeleição. Contraprova disso é o fato de que os juízes federais, nomeados segundo outro procedimento, em geral tendem mais a tomar iniciativas probatórias.

7. O que se acaba de descrever, em rápidas pinceladas, é a imagem tradicional do processo no mundo do *common law*. Ela não perdeu o valor como imagem tendencialmente representativa de um sistema. É indispensável, contudo, introduzir-lhe certos retoques, esbater-lhe um pouco as cores, suavizar-lhe as arestas, para fazer justiça a transformações operadas nos últimos tempos e não apresentar como fiel reflexo da realidade algo que hoje corre o risco de assemelhar-se mais a uma caricatura.

---

of Comparative Law, v. L (2002), nº 2, p. 296: "(...) *the American [judge] remaining largely passive during the trial except when called upon by lhe parties to make a ruling*"; "*At the American trial it is the attorneys, not the judge who decides what evidence is needed, and it is the attorneys who present lhe evidence through the examination of witnesses and presentation of documents*".

---

14 Lord DENNING, no escrito *Into the conduct of judges*, sob o subtítulo *The judge who talked too much*, no v. *The Due Process of Law*, Londres, 1980, p. 58 e s.

As mudanças são mais sensíveis na Inglaterra. Quebrando vetusta tradição, o país adotou em 1998, e pôs em vigor no ano seguinte, um código de processo civil, sob o título de Civil Procedure Rules[15]. O fato, por si só, assinalou giro de 180º no itinerário histórico do direito inglês, durante séculos avesso a codificações. Entretanto, o mais importante é que o conteúdo das novas Rules afasta a disciplina processual de posições que até algum tempo atrás não seria fácil prever que viessem a ser abandonadas. Um dos pontos em que mais evidente se faz o desvio é justamente o das relações entre o papel das partes (ou dos advogados) e o do juiz. A tônica vê-se deslocada, em vários aspectos, daquele para este. O juiz passa a dispor de amplos poderes na condução do feito, e mesmo em matéria probatória abrem-se-lhe possibilidades inéditas. O caráter adversarial da atividade processual sofre considerável atenuação[16].

No *Foreword* do *Lord Chancellor* diz-se que o advento das *Rules* abre um programa da mais profunda mudança da Justiça civil desde as reformas de 1870. Seja como for, vale advertir que o acontecimento foi precedido de passos legislativos que gradualmente já vinham modificando os rumos do processo inglês[17]. Já se haviam proporcionado ao juiz, por exemplo, oportunidades de familiarizar-se, ao longo do *iter* processual, com aspectos do litígio, desprezando-se a regra tradicional de que o julgador devia chegar ao *trial* sem conhecimento prévio daquilo que lhe caberia julgar – procedimento em cujo favor se invocava o suposto perigo de que a mente do juiz formasse opinião precoce a respeito da causa e não se mantivesse inteiramente aberta às impressões colhidas no curso da própria sessão de julgamento.

Menos vistosa é a evolução nos Estados Unidos. Registre-se, no entanto, que nas últimas décadas do século passado emergiu ali a figura do *managerial judge* (juiz-gerente), investido de maiores poderes de di-

---

15 Para uma resenha dos antecedentes e dos traços principais do novo código, *vide* BARBOSA MOREIRA, *Uma novidade: o Código de Processo Civil inglês*, *in Temas* (Sétima Série), cit., p. 179 e s.

16 Atente-se no sugestivo título do artigo de ANDREWS, *A New Civil Procedural Code for England: Party-Control "Going, Going, Gone "*, *in Civil justice Quarterly*, v. 19 (2000).

17 *Vide* ao propósito JOLOWICZ, *A reforma do processo civil inglês:* uma derrogação ao *"adversary system?"*, trad. do autor do presente trabalho, *in Revista Forense*, v. 328, espec. p. 65/6.

reção do feito. A tendência suscitou reações críticas na doutrina[18]; não obstante, continuaram a surgir manifestações do fenômeno. O papel do juiz veio a tomar-se bem menos passivo, sobretudo, em setores especiais como o das class actions relativas a discriminação, a fraudes securitárias e a danos ao meio ambiente[19]. Algumas modificações foram introduzidas nas *Federal Rules of Civil Procedure*, em 1983 e em 1993, no sentido de propiciar mais ativa participação do juiz na fase preparatória do julgamento. De qualquer maneira, a situação do direito norte-americano ainda está distante de uma transformação radical, aliás pouco provável, se admitimos que os rasgos básicos do seu ordenamento processual refletem valores fundamentais da sociedade americana, como o individualismo competitivo e a generalizada antipatia pela ingerência de órgãos estatais na vida dos cidadãos[20].

8. É estranha ao plano deste trabalho uma tentativa de valoração do sistema descrito em termos sucintos. Grande parte da vasta literatura sobre o assunto padece de sério defeito: mais se preocupa em exaltar ou denegrir do que em informar com a possível objetividade. Aqui não se quis demonstrar que o modelo focalizado é bom, ou que é ruim. Apenas se quis fazer ver que, no panorama da Justiça contemporânea, ele é o que de mais parecido existe, na substância se não na forma, com o velho duelo judiciário.

Em todo caso, há uma pergunta que não se pode deixar de enfrentar: é a que concerne às tantas vezes apregoadas vantagens do funcionamento dos órgãos judiciais na área do *common law* sobre a do resto do mundo, e em particular dos países latinos. A predisposição a crer em tal superioridade faz parte da imagem global que enxerga na civilização anglo-saxônica padrão incontestável de onímoda eficiência. No particular, porém, não parece que haja muitas razões para prestigiar esse lugar-comum.

O processo nos países de *common law* é caro e bem menos rápido do que supõe o entusiasmo mal informado de alguns. O supramencionado *Foreword* do *Lord Chancellor* às *Rules* inglesas aludia à "*widespread public dissatisfaction with lhe delay, expense, complexity and uncertainty of pursuing cases through lhe civil courts*". E não há duvida de que, no

18 *V.g., RESNIK, Managerial Judges, in Harvard Law Review*, v. 96 (1982), p. 374 e s.

19 FRIEDENTHAL-KANE-MILLER, ob. cit., p. 3.

20 Vide a respeito o artigo de CHASE cit. na nota 11, *supra*.

diagnóstico das mazelas, tornou lugar de relevo aquilo que se considerou a índole excessivamente adversarial do sistema. Ela responderia, em boa parte, pelo desperdício de tempo e recursos[21]. O alto custo do processo de há muito vinha sendo denunciado nas publicações científicas[22]. Quanto à duração, estatística ao que parece confiável, relativa ao ano de 1990, apontava distância média de 145,3 semanas (quase três anos) entre o início do pleito e a respectiva extinção, com *trial* ou sem ele[23]. Ainda não se dispõe de elementos para avaliar o impacto da reforma nesses tópicos.

No que tange aos Estados Unidos, segundo informações fidedignas e coincidentes, em muitos lugares um feito civil de itinerário completo (isto é, que se estenda até o *trial*) dura comumente, na primeira instância, nada menos de três a cinco anos[24]. Em obra mais recente, fala-se de longa espera pelo julgamento, após a inclusão do processo no calendário do tribunal - espera que pode chegar a quatro ou cinco anos[25].

Sem dúvida alguma, em matéria de rapidez, e provavelmente também de custo, o duelo judiciário propriamente dito levava a palma a seu sucedâneo. Com toda a prolixidade wagneriana, o combate entre o Cavaleiro do Cisne e Frederico Telramund não dura mais que alguns minutos; e só sai caro demais se o teatro estiver pagando cachês muito altos ao tenor e ao barítono... Resta verificar - e nisso a experiência inglesa vai revestir-se de interesse particular - se atenuar algumas semelhanças será bom caminho para recuperar as vantagens perdidas.

Dezembro de 2002.

---

21 LIGHTMAN, *Civil Litigation in the 21st. Century, in Civil Justice Quarterly*, v. 17. p. 389. No mesmo sentido poderiam citar-se muitos outros pronunciamentos, inclusive os importantes relatórios de *Lord Woolf* que serviram de base à reforma.

22 Por exemplo: Lord DEVLIN, *The Judge*, Oxford, 1981, p. 69 (são pouco frequentes os processos entre "*ordinary citizens of limited means*", mormente "*because the cost would be prohibitive*"); JACOB, *The Fabric of English Civil Justice*, Londres, 1987, p. 45 (a incidência das custas é "*the most baneful feature of English civil justice*"), 47 (o vulto das despesas necessárias à resolução judicial dos litígios é "*excessive and prohibitive*").

23 Dado colhido em ZUCKERMAN, *Comparative Analysis of the Reform of Civil Procedure - Civil Procedure in England* (relatório para o simpósio de Tóquio, de 1992), no v. *The International Symposium on Civil Justice in the Era of Globalization*, Tóquio, 1993, p. 168.

24 CARP-STIDHAM, *Judicial Process in America*, Washington, 1993, p. 207; HAZARD-TARUFFO, *La giustizia civile negli Stati Uniti*, Bolonha, 1993, p. 259.

25 FRIEDENTHAL-KANE-MILLER, ob. cit., p. 472.

COMENTÁRIOS DOS ATUALIZADORES

DUELO E PROCESSO

Luís Roberto Barroso / Frederico Montedonio

Como já tratado em texto desta coletânea ("O processo civil brasileiro entre dois mundos"), o processo anglo-saxão – que tem como uma de suas marcas o *adversary system* – continua a ter impacto em países da tradição romano-germânica. Em verdade, há uma influência recíproca e dinâmica entre as duas famílias. A propósito, mesmo no berço do *common law*, há registro de que o processo penal tem se afastado do paradigma adversarial, "não por um desejo de rumar a um novo modelo processual como o processo inquisitorial (que de fato é rejeitado explicitamente), mas simplesmente por eficiência e gerenciamento, de modo a manter casos fora da corte"[26]. Por sua vez, no processo civil, o *managerial judge* continua a ser objeto de controvérsia[27]. Seja como for, o impacto do modelo adversarial tem sido diferente ao se comparar o processo civil e o penal no Brasil.

É certo que a *cross-examination* mencionada por Barbosa Moreira veio a ser expressamente adotada no direito brasileiro, primeiramente no processo penal (CPP, art. 212 e 473, nas redações conferidas pelas Leis 11.689 e 11.690/2008), e depois no processo civil (CPC/2015, art. 459). Mas, ao contrário da tradição jurídica anglo-saxã, no processo civil brasileiro o juiz continua dotado de amplos poderes instrutórios exercitáveis de ofício, como se extrai dos arts. 370, 385, 396, 459, § 1º,

---

26 "The change is driven not by a desire to move to a new procedural model such as the inquisitorial process (indeed this is explicitly rejected), but simply by efficiency and managerialism in the form of keeping cases out of court" (HODGSON, Jacqueline S. The future of adversarial criminal justice in 21st century Britain. *In: North Carolina Journal of International Law and Commercial Regulation*, v. 35, n. 2, 2010, p. 361. Disponível em: <https://scholarship.law.unc.edu/cgi/viewcontent.cgi?referer=https://www.google.com/&httpsredir=1&article=1905&context=ncilj>. Acesso em: 26 jan.2021.

27 WOLFF, Tobias Barrington. Managerial judge and substantive law. *In: Washington University Law Review*, v. 90, n. 3, 2013, p. 1027-1069. Disponível em: <https://openscholarship.wustl.edu/cgi/viewcontent.cgi?referer=https://www.google.com/&httpsredir=1&article=6010&context=law_lawreview>. Acesso em: 26 jan.2021.

470, II, 480 e 481, todos do CPC/2015. Por outro lado, abriu-se mais espaço à atuação das partes com a ampliação do campo dos negócios jurídicos processuais (CPC/2015, arts. 190 e 191).

Já a atualidade do processo penal brasileiro revela tendência mais alinhada ao paradigma do *adversary system*. A Lei 13.964/2019 incluiu o art. 3º-A do CPP, com a seguinte redação: "O processo penal terá estrutura acusatória, *vedadas a iniciativa do juiz na fase de investigação e a substituição da atuação probatória do órgão de acusação*", embora ainda subsistam normas que contemplam a atuação judicial de ofício em matéria probatória criminal (*e.g.*, arts. 209 e 242 do CPP). Há quem defenda que a produção de provas de ofício pelo juiz no processo penal se justificaria ainda mais que no processo civil, dado que a seara criminal quase sempre envolveria direitos indisponíveis, enquanto no âmbito civil a regra seria a da disponibilidade[28]. Nada obstante, o legislador parece ter consagrado a visão de que no processo penal a lógica é distinta, pois para a absolvição basta a dúvida (CPP, art. 386, II, V, VI e VII). Assim, como qualquer prova reduz o espaço de dúvida, o resultado da atividade instrutória é tendente à condenação, e por isso não deve haver atuação probatória do juiz de ofício no processo penal, sob pena de quebra da imparcialidade[29]. A ideia não é pacífica e o dispositivo acima transcrito está com a eficácia suspensa por decisão monocrática do Min. Luiz Fux (ADI 6.298, j. 22/1/2020).

Outro exemplo de influência do *adversary system* no processo penal é o aumento dos espaços de negociação entre as partes, como ocorre com o acordo de colaboração premiada (Lei 12.850/2013) e o acordo de não persecução penal (CPP, art. 28-A, inserido pela Lei 13.964/2019). Enquanto o primeiro constitui meio de obtenção de prova previsto na lei de organizações criminosas[30], o segundo aposta

---

28 QUEIROZ, Pedro Gomes de. O poder do juiz de produzir prova de ofício. *In*: *Revista Jurídica Luso-Brasileira*, ano 5 (2019), nº 6, p. 1709. Disponível em: <https://www.cidp.pt/revistas/rjlb/2019/6/2019_06_1707_1736.pdf>. Acesso em: 4 out.2020.

29 Sobre o ponto, v., entre outros: LIMA, Renato Brasileiro de. *Manual de processo penal*. 8. ed. Salvador: Juspodivm, 2020, p. 105/113. SANTOS, Marcos Paulo Dutra. *Comentários ao Pacote Anticrime*. Rio de Janeiro: Forense, 2020, p. 93/97.

30 Ressalte-se que, antes da Lei 12.850/2013, já havia no direito brasileiro antecedentes da colaboração premiada, como se vê no art. 8º, parágrafo único, da Lei 8.072/1990, entre outros.

num mecanismo negocial como forma de aliviar a carga de trabalho da Justiça criminal. Ambos os institutos suscitam numerosas questões que não podem ser abordadas nesta sede. Ressalte-se que, nos dois casos, exige-se o atendimento de vários requisitos e a homologação judicial do acordo.

O *contempt power* no Brasil continua mais restrito que nos EUA. Embora o CPC/2015 tenha conferido ao juiz um poder genérico para "determinar todas as medidas indutivas, coercitivas, mandamentais ou sub-rogatórias necessárias para assegurar o cumprimento de ordem judicial, inclusive nas ações que tenham por objeto prestação pecuniária" (art. 139, IV), as multas por atos atentatórios à dignidade da justiça continuam aplicáveis apenas às partes, e não aos seus representantes (art. 77, §§ 6º e 8º). Apenas no processo penal há possibilidade de aplicar multa a advogados por abandono da causa (CPP, art. 265), regra cuja constitucionalidade foi reconhecida no STF por apertada maioria de 6 a 5 (ADI 4.398, Rel. Min. Cármen Lúcia, j. 5/8/2020). Já os poderes do juiz quanto ao *criminal contempt* nos EUA continuam sem paralelo no direito brasileiro.

Quanto à propalada eficiência do processo anglo-saxão, parecem não subsistir razões para entusiasmo excessivo. Como já referido na atualização de texto anterior desta coletânea ("O futuro da Justiça: alguns mitos"), na Justiça Federal dos EUA, em 30/9/2020, havia 53.600 casos pendentes há mais de três anos na primeira instância (*District Courts*), o que correspondia a pouco mais de 11% do total. A duração mediana do procedimento completo na primeira instância registrada na mesma data foi de 27,1 meses (isto é, cerca de dois anos e quatro meses)[31]. Já na segunda instância (*Courts of Appeals*) havia 38.731 casos pendentes, e a duração média era de 9,1 meses[32]. Na Inglaterra, por sua vez, os dados mais atualizados disponíveis (referentes ao terceiro trimestre de 2020), negativamente impactados pela pandemia, revelam que o tempo médio de espera desde o protocolo da inicial até a realização da audiência (*trial*) dos casos efetivamente levados a julgamento

31 ESTADOS UNIDOS DA AMÉRICA. *United States District Courts — National Judicial Caseload Profile*. Disponível em: <https://www.uscourts.gov/sites/default/files/data_tables/fcms_na_distprofile0930.2020.pdf>. Acesso em: 17 jan.2021.

32 ESTADOS UNIDOS DA AMÉRICA. *U.S. Court of Appeals - Judicial Caseload Profile*. Disponível em: <https://www.uscourts.gov/sites/default/files/data_tables/fcms_na_appprofile0930.2020.pdf>. Acesso em: 17 jan.2021.

foi de 48,8 semanas (pouco mais de 11 meses) para as pequenas causas (*small claims*, de valor até 10 mil libras), e de 62 semanas (pouco mais de 1 ano e 2 meses) para as demais causas (*fast track* ou *multi track*, com valor acima de 10 mil e 25 mil libras, respectivamente). O número de decisões caiu 59%, de 342.000 para 138.000, em comparação com o mesmo período do ano anterior[33]. De toda forma, os dados britânicos parecem mais positivos que os do ano de 1990, referidos pelo autor.

A tradição anglo-saxã ficou ainda mais próxima do processo brasileiro com o sistema de precedentes. Convém filtrar as influências proveitosas ao contexto do Brasil e, sobretudo, não copiar defeitos já identificados em outras partes, como o alto custo para o acesso à Justiça ou o grande número de inocentes que se declara culpado nos EUA[34].

33 INGLATERRA. Ministry of Justice. *Civil Justice statistics quarterly*: July to September 2020. Disponível em: <https://www.gov.uk/government/publications/civil-justice-statistics-quarterly-july-to-september-2020/civil-justice-statistics-quarterly-july-to-september-2020>. Acesso em: 17 jan.2021.

34 Sobre o assunto, entre outros, v. RAKOFF, Jed S. Why innocent people plead guilty. *In: The New York Review*. Disponível em: <https://www.nybooks.com/articles/2014/11/20/why-innocent-people-plead-guilty/>. Acesso em: 26 jan.2021.

O PROCESSO PENAL NORTE-AMERICANO E SUA INFLUÊNCIA[1]

I. Parte Geral. **II.** Parte especial. **III.** Influência do processo penal norte-americano.

I - PARTE GERAL

1. Tal como hoje o conhecemos, o processo penal norte-americano é produto menos da lei que da jurisprudência da Suprema Corte. Exercendo amplamente o papel de intérprete da Constituição (e de suas emendas), elaborou esse tribunal vistoso tecido normativo, com os escassos e tênues fios que extraiu de um punhado de cláusulas constitucionais. O trabalho construtivo, realizado sobretudo a partir dos anos 50, quando se formou a chamada *Warren Court*, engendrou imponente corpo jurisprudencial, tão inovador, em certos pontos, que a seu respeito se chegou a falar de uma "revolução do processo penal"[2].

São grandes, com efeito, a extensão e a variedade dos tópicos atacados, não raro com notável desenvoltura - para não dizer ousadia - hermenêutica, a justificar a afirmação de que a Suprema Corte ultrapassou mais de uma vez os limites da interpretação e do controle de constitucionalidade das leis e se engajou em obra indisfarçavelmente legislativa. Para tanto muito contribuíram fatores como a feição sintética e a linguagem vaga do texto constitucional, com largo uso de conceitos jurídicos indeterminados; a inexistência de disposições capazes de regular diretamente questões características de tempos mais recentes; e o recurso à noção do *substantive due process*, que abriu à Corte o exame da própria razoabilidade das leis, franqueando-lhe o acesso a terreno bem menos delimitado do ponto de vista técnico, e correlatamente mais exposto ao influxo de opções políticas e ideológicas.

---

1 Texto de conferência pronunciada em 23-8-2000, em Brasília, publicado na *Rev. de Proc.* 103, *Rev. Síntese de Dir. Pen. e Proc. Pen.*, nº 4, *Rev. de Dir. Renovar*, v. 18, *Rev. Bras. de Dir. Comp.*, V. 19, *Rev. do Min. Público*, v. 12, e no volume coletivo *Doutrina*, nº 10.

2 A propósito, ISRAEL-LAFAVE, *Criminal Procedure - Constitutional Limitations*, St. Paul, 1993, p. 1 e s. Cf. o título da obra, eminentemente crítica, de BRADLEY, *The Failure of the Criminal procedure Revolution*, Filadélfia, 1993.

2. No resultado dessa elaboração, a característica predominante pode resumir-se na palavra garantismo – alguns diriam hipergarantismo, com a conotação crítica, às vezes ácida, que não tem faltado aqui e ali. Note-se, a tal propósito, o empenho com que a literatura processual penal norte-americana dos últimos tempos, ao lado de exposições sistemáticas do ordenamento, oferece manuais cujo objetivo essencial parece consistir em aconselhar os advogados criminais sobre o modo mais conveniente de invocar a jurisprudência a fim de evitar ou dificultar a condenação dos clientes.

Mas convém desde logo registrar um paradoxo. Na prática, em mais de um caso, afigura-se menos importante, até certo ponto, a aplicação das normas garantísticas à atividade desenvolvida em juízo. O momento em que várias delas assumem especial relevo é o da investigação policial, mormente no que concerne a medidas de coerção sobre pessoas ou coisas. Sirva de exemplo o dever do agente policial, ao efetuar a prisão de um suspeito, de adverti-lo formalmente dos direitos que lhe assegura a doutrina consagrada pela Suprema Corte no célebre caso Miranda *v.* Arizona: o direito de permanecer calado, o de fazer-se defender por advogado, o de ter defensor pago pelo Estado na hipótese de carência de meios para contratar os serviços de profissional liberal[3].

Estranho como pareça, não é difícil entender por que, no curso do processo propriamente dito, costuma sobrar menor espaço para a incidência de regras de garantia. O motivo está em que a trajetória do feito penal raramente percorre todas as etapas em tese previstas, até o julgamento (*trial*): estima-se em menos de 10% do total o número dos casos em que isso acontece[4]. A imensa maioria dos pleitos, como se explicará pouco adiante, extingue-se no nascedouro, graças ao mecanismo do plea, na primeira oportunidade em que o indiciado comparece ante o juiz. A bem dizer, só nos filmes policiais é que o processo penal norte-americano encontra seu ponto culminante na sessão de julgamento, com a carga de dramaticidade que tanto emociona as plateias[5]: a realidade quotidiana parece bem menos espetacular.

---

3 *Vide* a especificação dos "*Miranda warnings*" em ISRAEL-LAFAVE, ob. cit., p. 200 e s.

4 De acordo com CARP-STIDHAM, Judicial Process in America, 2ª ed., Washington, 1993, p. 165, no mínimo 90% de todos os processos penais nunca chegam ao *trial*. Dado mais recente, colhido em SAMAHA, Criminal Procedure, 4ª ed., Belmont, 1998, p. 37: somente cerca de 2% a ele chegam.

5 Nos termos irônicos de VAN KESSEL, *Adversary Excesses in the American Criminal Trial, in Notre Dame Law Review*, v. 67 (1992), p. 405, os julgamentos por júri "*often*

II - PARTE ESPECIAL

1. É intuitiva a impossibilidade de discorrer aqui extensamente sobre os múltiplos e complexos tópicos em que se desdobra o nosso tema. Decidido a concentrar minha atenção nos mais interessantes pelo ângulo comparativo, escolhi alguns a meu ver sobremodo característicos e praticamente relevantes. Um deles consiste na função do plea, outro, na peculiaridade de certas regras probatórias, o terceiro, no direito do acusado de abster-se de produzir prova contra si mesmo - o denominado privilege against *self-incrimination*. Acrescentarei duas ou três palavras sobre os papéis representados pelo juiz e pelas palies no julgamento, notadamente com relação às provas.

No exame desses itens deixarei de lado possíveis diferenças entre os vários sistemas processuais coexistentes num país onde o funcionamento da Justiça federal e o das Justiças estaduais não seguem regras idênticas. Aqui não há mal maior em fazer abstração de semelhante aspecto: a problemática de maior importância coloca-se em plano eminentemente constitucional, e neste, superadas antigas controvérsias pela jurisprudência da Suprema Corte, é hoje pacífico que quase todas as garantias outorgadas pela Constituição aos litigantes vinculam os Estados não menos que a União[6].

Denomina-se *plea* a declaração que faz o indiciado, no seu comparecimento inicial em juízo, acerca da acusação que se lhe move. Diversas são aí as possibilidades: ou ele se declara inocente ("*not guilty plea*"), ou culpado ("*guilty plea*"), ou ainda, se isso lhe é permitido, afirma não querer impugnar a acusação, embora sem reconhecer-se culpado ("n% contendere *plea*")[7]. Nas duas últimas hipóteses, que para tal fim se equiparam, o processo extingue-se de imediato, com a imposição de pena; e, como os réus, em sua maioria, optam por declarar-se culpados, esse

provide more entertainment than justice". Cf. o trecho da p. 548: "Yet the American *trial* does serve one purpose - it is terrific entertainment. Its dinamic, combative style is perfect for the visual media of television and the movies".

6 Sobre o processo evolutivo da "incorporação" do *Bill of Rights* ao direito estadual, vide ISRAEL-LAFAVE, ob. cit., p. 10 e s. Uma notícia resumida do *status quaestionis* em DEL CARMEN, *Criminal Procedure*, 3ª ed., Belmont, 1995, p. 19.

7 Para uma exposição sintética, de clareza didática, *vide* DEL CARMEN, ob. cit., p. 38 e s. Ressalte-se que o *nolo contendere plea* é admissível perante a Justiça Federal e as de vários Estados (não de todos).

truncamento precoce do *iter processual*, repita-se, constitui o desenlace mais comum.

O predomínio do *guilty plea* deve-se, em máxima parte, ao êxito muito frequente de uma negociação entre acusação e defesa, na qual o prosecutor, em troca da concordância do réu em reconhecer-se culpado, lhe oferece vantagens corno a promessa de não denunciá-lo por outra infração, ou de pleitear a aplicação de pena mais branda[8]. Semelhante procedimento, conhecido corno *plea* bargaining, tem sido alvo de duras críticas no mundo acadêmico e no político, por abrir ensejo a manobras escusas e a pressões odiosas sobre o acusado. Já houve quem lhe chamasse "um sórdido processo"[9]. Contra ele se argumenta, além do mais, que sacrifica o direito do réu de ser julgado por um júri e de não ser condenado senão quando se prove sua culpa, na expressão consagrada, "*beyond any reasonable doubt*". Não há sinais, porém, de que o *plea bargaining* venha a ser abandonado.

Vários fatores concorrem para explicar-lhe a vitalidade. Entra pelos olhos que ele atende a interesses poderosos. De um lado, o prosecutor, em geral provido no cargo mediante eleição popular, não raro faz do respectivo exercício trampolim para novas conquistas políticas, e precisa convencer o eleitorado de que desempenhou eficazmente sua função; excelente credencial nesse sentido será o alto número de condenações obtidas, o que a via consensual lhe proporciona com maior facilidade e segurança, sem os riscos e as delongas do julgamento por júri[10]. Por ou-

---

8 Sobre as diferentes modalidades de acordo, CARP-STIDHAM, ob. cit., p. 166 e s.

9 FRANKEL, Partisan Justice, Nova Iorque, 1980, p. 90. No dizer de ROSCOE POUND, a prática do plea bargaining constituiria "a license to violate the law" (cit. por BODENHAMER. Fair Trial - Rights of lhe Accused in American History, Nova Iorque-Oxford, 1992, p. 87). É tema recorrente na doutrina a discussão das supostas virtudes e defeitos do instituto, bem como a dos fatores que lhe estimulam a utilização: vide, entre tantos outros, BODENHAMER, ob. cit., p. 85 e s.; CARP-STIDHAM, ob. cit., p. 165 e s.; HALL, Criminal Procedure and the Constitution, Albany, 1997, p. 200/1; INCIARDI, Criminal Justice, 6ª ed. Fort Worth, 1999, p. 296 e s.; VAN KESSEL, art. cit., p. 477/8. Para a evolução histórica do instituto, ALSCHULER, Plea Bargaining and its History, in Columbia Law Review, v. 79 (1979), p. 1 e s.

10 "*Elected prosecutors often face bitter contests in which their win-loss record becomes a campaign issue*" (VAN KESSEL, art. cit., p. 442, nota 164). Cf. o que diz a esse respeito um atento observador italiano, FANCHIOTTI, Spunti per um dibattito sul *plea bargaining*, no volume coletivo *Il processo penale negli Stati Uniti d'América*, ed. Amodio e Bassiouni, Milão, 1998, p. 284: "... *L'interesse del prosecutor ad otte-*

tro lado, os juízes criminais não podem deixar de ver com bons olhos um expediente que lhes reduz a carga de trabalho. O mesmo se dirá de advogados que se sentem mal preparados para enfrentar os ásperos embates do *trial* e preferem induzir os clientes a aceitar solução em seu entender menos perigosa. Há quem pense que, se todos os processos penais tivessem de chegar até o *trial*, a máquina judiciária norte-americana sofreria verdadeiro colapso. À vista de tudo isso, por mais chocante que possa soar, chega a ser compreensível a afirmação, contida em acórdão da Suprema Corte[11], de que o *plea bargaining* é instrumento essencial ao funcionamento da Justiça Penal nos Estados Unidos.

2. Passemos ao exame sumário de alguns problemas relevantes em matéria probatória. Característica perceptível desde logo por quem quer que observe, ainda que superficialmente, o ordenamento norte-americano é o papel nele desempenhado pelas regras que excluem a admissibilidade de certas provas (*exclusionary rules*). Elas assumem nos Estados Unidos importância bem maior do que em qualquer outro país do próprio mundo anglo-saxônico, para não falar de famílias jurídicas diferentes.

A matriz fundamental das *exclusionary rules* é a 4ª Emenda à Constituição norte-americana, que confere proteção contra buscas e apreensões arbitrárias ("*unreasonable searches and seizures*")[12]. Reflete-se nessa norma o propósito de coibir eventuais abusos de agentes policiais ("*deterrence*"). Por isso mesmo, salvo casos especiais[13], as regras de exclusão só valem no terreno penal, não em outras espécies de processos, e não se aplicam a atos realizados por particulares.

nere la condanna dell'imputato, anche se ad una pena minore di quella adeguata ai reato commesso, è molto elevato: poiché molto spesso l'esercizio della funzione d'accusa è considerato un gradino per la scalata a più prestigiose cariche politiche, il poter esibere dari statistici relativi ad alte percentuali di condanna costituisce un buon biglietto da visita agli occhi del elettorato".

11 *Santobello v. New York*, 1971 (404 U.S. 257, 261).

12 Sobre a origem e a evolução histórica da jurisprudência da Suprema Corte na matéria, *vide* SALTZBURG-CAPRA-HANCOCK, *Basic Criminal Procedure*, St. Paul, 1994, p. 343 e s.

13 Algumas indicações em ISRAEL-LAFAVE, ob. cit., p. 281 e s.

Prova colhida com violação de tais regras (*illegally obtained evidence*) em princípio não pode ser levada em conta no julgamento do réu[14]. Normalmente, o próprio juiz encarrega-se de afastá-la antes do *trial*, mediante requerimento da defesa (*motion to suppress*). Não se trata, no entanto, de proibição absoluta: a jurisprudência da Suprema Corte registra hipóteses em que se admitiu prova ilegalmente obtida, com base na relação custo/benefício, isto é, por entender-se que o dano causado pela violação era sensivelmente menor que o ganho trazido pela prova[15]. Desdobramento interessante da questão é o atinente a elementos probatórios cuja obtenção, em si mesma, nenhuma regra infringiu, mas que apenas puderam ser descobertos em virtude de ato anterior (por exemplo, interceptação telefônica) ilegalmente praticado. Aqui, o fim dissuasório transparece com toda a nitidez. O que se quer, essencialmente, é evitar que a atividade de investigação ultrapasse os limites constitucionais; em outras palavras, que a polícia cometa excessos. Daí a preocupação de não premiá-los: os agentes incumbidos das diligências sabem que será inútil violar a lei, ainda que de maneira oblíqua, porque os resultados não terão valor em juízo. Para melhor justificar o expediente, talhou-se-lhe uma roupagem teórica, a doutrina dos chamados "frutos da árvore venenosa (*fruits of the poisonous tree*)": se as raízes estão viciadas, contaminado fica tudo que delas provém.

Todavia, a consideração atenta dos inconvenientes práticos de uma aplicação inflexível da tese vem levando a jurisprudência a atenuar-lhe o rigor. Assim é que se têm admitido diversas exceções à regra[16], permitindo que a prova seja tomada em conta: quando o agente policial procedeu de boa-fé, ignorando a circunstância que lhe tomava ilegítima a atuação; quando o tribunal se convence de que o elemento probatório seria inevitavelmente descoberto por meios legais (*v.g.*, com o prosseguimento das buscas a polícia fatalmente localizaria o corpo da vítima, já indicado pelo réu em confissão inválida porque coacta); quando o vício de origem é "purgado" por subsequente ato voluntário do réu, que, por exemplo,

---

14 Para uma crítica severa à tese, *vide* AMAR, *The Constitution and Criminal Procedure*, New Haven-Londres, 1997, p. 150 e s., espec. 154/6.

15 Assim, *v.g.*, em *Stone v. Powell*, 1971 (*apud* SALTZBURG-CAPRA-HANCOCK, ob. cit., p. 350). Cf. SAMAHA, ob. cit., p. 440.

16 Acerca do tema, *vide*, entre outros, ISRAEL- LAFAVE, ob. cit., p. 274 e s., 288 e s.; DEL CARMEN, ob. cit., p. 65 e s.; SALTZBURG-CAPRA-HANCOCK, ob. cit., p. 363 e S.; SAMAHA, ob. cit., p. 440 e s.

reitera sponte sua declaração constante de confissão ilicitamente obtida (*purged taint*); quando se tem acesso à prova por meio legal, independente do viciado (*independent source*). Em semelhantes hipóteses, não prevalece a *exclusionary rule*.

3. A 5ª Emenda à Constituição norte-americana confere ao réu o chamado *privilege against self-incrimination*, exonerando-o do fornecimento de material probatório que lhe seja desfavorável. Não se entende a franquia, contudo, em termos irrestritos. Muito ao contrário: cinge-se ela, em essência, ao interrogatório do suspeito pela polícia e ao do acusado em Juízo, nos casos em que vem a prestar depoimento oral.

É oportuno lembrar que, no direito norte-americano, o réu depoente assume a condição de testemunha e fica obrigado, como qualquer outra, ao juramento de veracidade («*to tell the truth, the whole truth and nothing but the truth*"). Considera-se que seria desumano impor ao réu porventura culpado a escolha entre confessar sua culpa, violentando o instinto de autopreservação, cometer perjúrio ou incorrer em *contempt of court*, por negar-se a responder. Tal a explicação que se dá, aí, para o privilege against *self-incrimination*[17].

Nessa ordem de ideias, tem-se reputado inaplicável a garantia às provas materiais ou "físicas". Consoante os dizeres do texto constitucional, não é possível compelir o acusado a ser testemunha contra si mesmo ("*a witness against himself*"). Ora, raciocina-se, por "testemunha" só há que entender a pessoa do réu, enquanto deponha; logo, o que não faz parte do depoimento fica fora do âmbito da garantia. Assim é que, em linha de princípio, se admitem como provas, entre outras: armas em poder do acusado, produtos do furto, padrões de caligrafia, fragmentos de cabelos, amostras de voz, impressões digitais, fotografias, balas removidas do corpo, livros, papéis e documentos, reconhecimento por testemunhas convocadas a identificar o réu numa fila, testes destinados a medir o nível de álcool no sangue...[18]. Em vários casos, intuitivamente, toma-se

17 SALTZBURG-CAPRA-HANCOCK, ob. cit., p. 420, onde se alude a críticas segundo as quais, assim, só no julgamento é que se justificaria o *privilege*.

18 *Vide* em SAMAHA, ob. cit., p. 344, a lista de provas incriminadoras não protegidas pela 5ª Emenda; e ainda DEL CARMEN, ob. cit., p. 376: "*The privilege against self--incrimination extends only to testimonial (or communicative) self-incrimination; it does not prohibit physical self-incrimination*" (destaques do original). Em acórdão de 1988, no caso *Doe v. U.S.*, assentou a Suprema Corte que o privilege unicamente

necessária a colaboração do acusado: e, se ele a nega, sujeita-se a ver essa atitude interpretada em seu desfavor. Tem-se até decidido que a recusa justifica punição por desacato ao tribunal (*contempt of court*)[19].

4. O julgamento por júri é direito consagrado desde época remota no mundo anglo-saxônico. Na Inglaterra, em nossos dias, tal sistema está praticamente abandonado no campo civil[20]; já nos Estados Unidos, ele subsiste tanto nesse terreno quanto no penal[21], embora num e noutro seja pouco expressivo, na prática, o número de pleitos que chegam até a derradeira etapa do itinerário.

De qualquer modo, o *trial* by jury conserva importância por assim dizer simbólica, como emblema de um modelo de litigação bem característico, marcado pelo nítido predomínio da atividade das partes sobre a do juiz, especialmente no que diz respeito à instrução probatória[22]. Convém frisar que todas as pessoas chamadas a concorrer com algum subsídio para a formação do convencimento do órgão julgador são tratadas como testemunhas. Isso se aplica, já foi dito, ao acusado, quando presta depoimento; e também, sendo o caso, a peritos, que não são designados pelo juiz, mas pela acusação e pela defesa, e aos quais se dá a denominação de *expert witnesses*. Nenhuma dessas pessoas, normalmente, é inquirida pelo juiz. Disso se incumbem o prosecutor e o advogado do réu; e o momento culminante consiste em regra na chamada *cross-examination*, em que o acusador ou o defensor reinquire a testemunha apresentada pelo adversário[23].

---

impede que se force o acusado a expressar "*the contents of his mind*" (*apud* ISRAEL-LAFAVE, ob. cit., p. 236).

---

19 ISRAEL-LAFAVE, ob. cit., p. 239; SALTZBURG-CAPRA-HANCOCK, ob. cit., p. 432.

20 Ocioso documentar o asserto, notório como é o fato; em todo caso, para mencionar obra recentíssima, *vide* JOLOWICZ, *On Civil Procedure*, Cambridge, 2000, p. 29: "*Today (...) the number of civil cases tried by jury is an extremely small proportion of lhe whole*".

21 Conquanto a 6ª Emenda se refira a "all criminal persecutions", tem-se entendido que o direito ao julgamento por júri não compreende as "*petty offenses*" - conceito a ser determinado em função da pena máxima cominada na espécie: *vide* ISRAEL-LAFAVE, ob. cit., p. 433.

22 Nota típica do chamado *adversary system*, a cujo respeito é vasta a literatura. Entre os escritos mais recentes, mencionem-se por exemplo SAMAHA, ob. cit., p. 8/9, e INCIARDI, ob. cit., p. 99.

23 *Vide* em SAMAHA, ob. cit., p. 596, a suma do roteiro geralmente observado no *trial*.

Semelhante procedimento, louvado por alguns como método eficaz para a revelação da verdade, tem sido alvo de críticas candentes por parte de muitos, no próprio universo anglo- saxônico[24]. Alega-se que a maneira de conduzir a inquirição, de ambos os lados, é menos apta a lançar luz sobre os fatos do que a submeter a constrangimentos e humilhações os depoentes hostis, no afã de desacreditá-los aos olhos do júri. O que mais importa aqui, entretanto, é ressaltar a atitude em que geralmente se mantém o juiz. Desinformado até esse instante - sublinhe-se - de quaisquer elementos relativos à matéria litigiosa, ele quase sempre se limita a fiscalizar o andamento do ato e intervém na medida estritamente necessária para assegurar-lhe a regularidade: por exemplo, acolhendo ou rejeitando objeções que alguma das partes porventura formule a perguntas do adversário. Só não seria exato qualificar de inteiramente passivo o comportamento do juiz por causa do poder, que se lhe atribui, de impor as sanções cabíveis para o *contempt of court* a quem lhe desobedeça às determinações. Na busca da verdade, porém, ínfima é sua contribuição.

III - INFLUÊNCIA DO PROCESSO PENAL NORTE-AMERICANO

1. Conforme bem se compreende, a incontrastada hegemonia político-econômica dos Estados Unidos no mundo contemporâneo tem exercido *urbi et orbe* considerável força de atração. Raro é o povo - se algum existe - que permanece imune à influência dos padrões norte-americanos. Atua esse movimento em todos os setores da vida social, e o direito não faz exceção. Até ordenamentos secularmente filiados a tradições diversas sucumbem, de modo espontâneo ou sob a pressão de realidades concretas, à correnteza assimiladora.

Não é esta a ocasião mais propícia à valoração do fenômeno - a qual, para resistir à tentação do simplismo, exigiria reflexão mais demorada e cuidadosa. Vou cingir-me aqui ao registro de alguns dados relevantes no campo específico do processo penal, nomeadamente com referência aos tópicos até agora ventilados.

2. A Itália reformou em 1988 seu ordenamento processual penal; e um dos traços que distinguem do anterior o novo código decerto consiste

24 Para FRANK, *Courts on Trial*, Princeton, 1973, p. 85, o método norte-americano do *trial* equivale a "jogar pimenta nos olhos de um cirurgião enquanto está operando".

no espaço aberto à consensualidade na solução de litígios penais. Discute-se no plano doutrinário a medida em que a reforma buscou inspiração nos Estados Unidos, e houve quem protestasse, no curso dos trabalhos, contra a suposição de que se estava a moldar um «*processo all'americana*"[25]; mas é inegável que alguma influência dessa fonte se descobre na disciplina da "*applicazione della pena su richiesta*", prevista nos arts. 444 e s. do estatuto em vigor e conhecida pela denominação de *patteggiamento*[26].

Sob formas variadas, a tendência à adoção de soluções consensuais também se manifesta hoje em outros países do continente europeu[27] e na América Latina[28]. Acolheu-a o Brasil na Constituição de 1988, cujo art. 98, nº I, bem se sabe, consagrou a possibilidade, nos termos a serem definidos em lei, da transação nos pleitos concernentes a "infrações penais de menor potencial ofensivo". Deixando de lado a suspensão condicional do processo, para cingir-me à figura a meu ver mais interessante neste contexto, reporto-me ao art. 76 da Lei nº 9.099, de 26-9-1995, que regulou a imposição da pena, desde que concorram certos pressupostos, mediante o consenso das partes – alvitre cujo âmbito se viu expandido por diplomas subsequentes, como o Código de Trânsito baixado pela Lei nº 9.503, de 23-9-1997, e a chamada Lei dos Crimes Ambientais (nº 605, de 12-2- 1998). De acordo com estudo criterioso, a que se procedeu em São Paulo, o sistema está produzindo bons resultados na esfera dos Juizados Criminais Especiais[29].

---

25 AMODIO, *Il modello accusatorio statunitense e il nuovo processo penale italiano: miti e realtá della giustizia americana*, no volume coletivo cit. na nota 9, *supra*, p. VII. Esse mesmo autor, porém, admite em mais de um passo a influência norte-americana na elaboração do novo código: *vide*, por exemplo, p. IX, XLIV, XLV/VI, XLVIII, LIII.

26 PISAPIA, *Lineamenti del nuovo processo penale*, 2ª ed., Pádua, 1989, p. 61, reconhece que o *patteggiamento italiano "si ricollega"* ao *plea bargaining*, apesar das diferenças que os separam.

27 Alguns dados no v. (ed. por MIREILLE DELMAS-MARTY) *Procédures pénales d'Europe*, Paris, 1995, p. 565 e s.

28 *Vide* a esse respeito o relatório de DANIEL GONZALEZ ÁLVAREZ. *La conciliación penal en Ibero-América* (*La justicia penal consensual*), para as XVI Jornadas Ibero-Americanas de Direito Processual (Brasília, 1998), publicado no v. *Temas atuais de Direito Processual Ibero-Americano*, Rio de Janeiro, 1998, p. 405 e s., espec. 419 e s.

29 ANTONIO SCARANCE FERNANDES-JACQUES DE CAMARGO PENTEADO-MARCO ANTONIO DE BARROS, *Reflexos da Lei dos Juizados Especiais na justiça criminal paulista*, *in Rev. For.*, v. 347, p. 11 e s.

Vale a pena salientar que nem na Itália nem no Brasil se chegou ao ponto de imitar o sistema norte-americano do *plea* bargaining. No que concerne à legislação brasileira, se quisermos buscar um símile mais adequado no ordenamento dos Estados Unidos, devemos identificá-lo no *nolo contendere*: com efeito, o acusado, ao concordar com a pena proposta pelo Ministério Público, nem por isso se reconhece culpado[30], e sua apenação não produz qualquer dos efeitos que teriam a culpa como pressuposto lógico: não serve de título, por exemplo, à execução civil da sentença penal, destinada a ressarcir a vítima do dano causado pelo delito (Lei nº 9.099, art. 76, § 6º).

De elogiável prudência usou o legislador pátrio ao fixar o alcance da solução consensual. Menos comedido, ao que parece, mostrou-se o espanhol, que em reforma ainda recente alargou os lindes do instituto além da medida razoável. Permitam-me contar aqui, até para amenizar a aridez desta exposição, episódio curioso, ocorrido em Barcelona e relacionado justamente com a dilatação exagerada da área suscetível de ser coberta pelo consenso[31]. Em determinado processo, denunciado o réu por homicídio e pedida de início a imposição de pena de 30 anos, na sessão de julgamento, surpreendentemente, o órgão da acusação retratou-

30 Nesse sentido, *v.g.*, ADA PELLEGRINI GRINOVER-ANTONIO MAGALHÃES GOMES FILHO-ANTONIO SCARANCE FERNANDES-LUIZ FLAVIO GOMES, Juizados Especiais Criminais, S. Paulo, 1995, p. 16, 190 e s. (com referência direta à suspensão condicional do processo, mas em termos aplicáveis à transação do art. 76); ANTONIO SCARANCE FERNANDES, O consenso na justiça penal brasileira, relatório para as XVI Jornadas Ibero-Americanas de Direito Processual, no volume coletivo cit. na nota 27, *supra*, p. 461 ; *id.*, *Processo penal constitucional*, S. Paulo, 1999, p. 206; BARBOSA MOREIRA, La transacción penal brasileña y el derecho norteamericano, comunicação às X Jornadas Uruguaias de Direito Processual (Colonia, 1999), no respectivo volume de memórias, Montevidéu, 1999, p. 148, e *in Ciencias penales* (revista da Asociación de Ciencias Penales de Costa Rica), nº 17, p. 53. Note-se que o quarto coautor do primeiro livro citado adota posição diferente em *Suspensão condicional do processo penal*, 2ª ed., S. Paulo, 1997, p. 199.

31 Devo ao querido amigo JOSÉ LUÍS VAZQUEZ SOTELO, ilustre professor da Universidade de Barcelona, a informação sobre o caso, com documentação ilustrativa de sua repercussão na imprensa. *Vide*, sobre a evolução do ordenamento espanhol na matéria, RODRÍGUES GARCIA, *El consenso en el proceso penal español*, Barcelona, 1997, p. 77 e s. A propósito do crescente prestígio da "*solución negociada dei conflicto*", fala HINOJOSA SEGOVIA, *Un siglo de Derecho Procesal*, in *Icade – Revista de las Facultades de Derecho y Ciencias Económicas y Empresariales*, nº 46, jan./abr. 1999, p. 161, em "*privatização do processo penal*", a seu ver uma das linhas-mestras da influência do sistema jurídico norteamericano na Espanha e noutros países.

-se e passou a pleitear a condenação do réu, com a óbvia concordância deste, a nada mais de 6 anos. O tribunal negou-se a placitar o que se lhe afigurou fruto de conchavo imoral. Mas o que marcou o episódio com mais força foi a reação dos parentes da vítima, presentes na assistência: indignados, levantaram-se de seus assentos e partiram na direção do acusador suspeito de ter-se vendido, o qual só a custo logrou escapar do desforço físico, fugindo do prédio pela porta dos fundos...

Alerta-nos o caso para o perigo da importação de práticas incompatíveis com o espírito do ordenamento receptor e com o sentimento geral da comunidade em cujo seio se destinam a vigorar. Cumpre ter em mente a lição, porque já há entre nós quem preconize a adoção do *plea bargaining*, corno expediente a merecer introdução na prática de tribunal que se aconselha seja criado para conhecer de infrações relativas a drogas[32].

3. O tema das provas ilicitamente obtidas ganhou entre nós candente atualidade com o advento da Constituição de 1988, cujo art. 52, nº LVI, resolveu o problema em termos ao menos aparentemente categóricos, *verbis:* "São inadmissíveis, no processo, as provas obtidas por meios ilícitos". A reputar-se absoluta a proibição, segundo entendimento rigoroso do dispositivo[33], teríamos lançado a barra mais longe que o paradigma norte-americano, já que nos Estados Unidos, corno oportunamente se registrou, a jurisprudência submete a certas atenuações a *exclusionary rule* (*supra*, II, 3). Não haveria sequer lugar para a aplicação do chamado princípio da proporcionalidade, que sugere um balanceamento dos valores em jogo na espécie a ser decidida[34].

Na verdade, a posição mais radical não chega a dominar sem contraste. Alguma flexibilidade acaba por ser admitida, quando nada para afastar a exclusão da prova ilícita onde porventura se pretenda utilizá-la

32 É o que noticia o *Jornal do Brasil*, seção Informe JB, de 18-6-2000, com relação ao juiz Walter Maierovich, antigo titular da Secretaria Nacional Antidrogas.

33 Para o qual parece inclinar-se, por exemplo, ANTONIO MAGALHÃES GOMES FILHO, *Direito à prova no processo penal*, S. Paulo. 1997, p. 105/6.

34 *Vide* ao propósito BARBOSA MOREIRA, *A Constituição e as provas ilicitamente obtidas, in Temas de Direito Processual* (Sexta Série), S. Paulo, 1997, p. 107 e s., espec. 112 e s. Adere em termos explícitos ao critério da proporcionalidade ANTONIO SCARANCE FERNANDES, *Proc. pen. const.*, cit., p. 82.

em benefício do réu: aí deverá prevalecer a garantia constitucional da "ampla defesa" (art. 5º, nº LV)[35].

O texto da Constituição não estende a *exclusionary rule* às chamadas provas ilícitas "por derivação". Na doutrina e na jurisprudência, contudo, tem repercutido a tese norte-americana dos "*fruits of the poisonous tree*". Avalizou-a o Supremo Tribunal Federal em algumas decisões, invariavelmente por votação não unânime[36]); mas nem sempre se ateve a ela: repeliu-a, por exemplo, também por maioria de votos, no julgamento da Ação Penal nº 307, proposta contra o ex-Presidente Fernando Collor de Mello e outros[37].

Seja como for, é inegável a penetração, no ambiente jurídico nacional, de ideias norte-americanas acerca do tema. Dá testemunho disso o anteprojeto concernente a provas, elaborado pela Comissão de Reforma do Código de Processo Penal: na modificação proposta para o art. 157, o § 1º declara também inadmissíveis "as provas derivadas das ilícitas, quando evidenciado o nexo de causalidade entre umas e outras, e quando as derivadas não pudessem ser obtidas senão por meio das primeiras". Pretende-se consagrar assim, no plano da legislação ordinária, a tese dos "frutos da árvore venenosa", com restrições cuja origem não é difícil rastrear.

4. Ao *privilege against self-incrimination* corresponde, em nosso ordenamento constitucional, a garantia insculpida no art. 52, nº LXIII, *verbis*: "O preso será informado de seus direitos, entre os quais o de permanecer calado, sendo-lhe assegurada a assistência da família e de advogado". A disposição está a pique de repercutir no art. 186 do Código de Processo Penal, tal como soará se vingar o anteprojeto da Comissão de Reforma: passará o *caput*, com efeito, a determinar que o réu seja informado pelo juiz, antes de iniciar-se o interrogatório, do direito de permanecer ca-

35 Consoante reconhece o próprio ANTONIO MAGALHÃES GOMES FILHO, ob. cit., p. 106/7. Cf., no mesmo sentido, LUIZ FLÁVIO GOMES, *in* LUIZ FLÁVIO GOMES-RAÚL CERVINI, Interceptação telefônica, S. Paulo, 1997, p. 147/8 (com outras indicações bibliográficas).

36 Por exemplo: 16-11-1993, *Habeas Corpus* nº 69.912, *in Rev. For.*, v. 332, p. 381. Indica outros precedentes LUIZ FLÁVIO GOMES, ob. cit., p. 145/6.

37 O acórdão está publicado, na íntegra, na *Rev. For.*, v. 335, p. 183 e s. *Vide*, sobre o ponto, as p. 185 e 367 (voto do Ministro CELSO DE MELLO, que expressamente aplicava a tese).

lado e de não responder a perguntas que lhe sejam formuladas; e o parágrafo único acrescenta: "O silêncio, que não importará em confissão, não poderá ser interpretado em prejuízo da defesa e tampouco poderá influir no convencimento do juiz". Inverter-se-á desse modo a disciplina da matéria, em ponto capital, já que, segundo o texto de 1941, deveria o juiz, ao contrário, advertir o acusado de que, "embora não esteja obrigado a responder às perguntas que lhe forem formuladas, o seu silêncio poderá ser interpretado em prejuízo da própria defesa".

Importa notar que entre nós se vem dando à garantia extensão maior que no seu próprio berço. É o que sucede quando se extrai do direito ao silêncio, constitucionalmente consagrado, a inadmissibilidade de provas que não se relacionam com aquilo que o indiciado ou o acusado diz. Sirvam de exemplo as impugnações que se têm levantado à utilização de aparelhos destinados a medir o teor da intoxicação por álcool, à exigência do fornecimento de padrões gráficos, e assim por diante[38]. Como antes se mostrou (*supra*, II, 3), tal entendimento não acha apoio no direito norte-americano, nem pode portanto ser atribuído, sic et simpliciter, à sua influência.

5. Resta dizer algumas palavras sobre a posição do juiz e das partes na atividade processual e particularmente na instrutória. Ao propósito é comum discorrer em termos de uma contraposição entre "processo inquisitório" e "processo acusatório". Mas o uso dessas expressões não raro se envolve em densa névoa conceptual, que se estende a muitas das menções habitualmente feitas à relação entre "processo acusatório" e *adversary system*. Assim, *v.g.*, há quem, nos Estados Unidos, enxergue no *accusatory system*, entendido como aquele que põe o ônus da prova no órgão governamental, uma "parte básica" do *adversary system*, o qual, por sua vez, se inspira na ideia de que a competição entre as partes, ambas empenhadas em vencer, conduz ao triunfo da verdade ("*sporting theory of Justice* ")[39]. Da exaltação do papel das partes à depreciação do reservado ao juiz o passo é curto. Em semelhante perspectiva, não surpreende que às vezes se invoque entre nós o princípio acusatório para

38 Um exemplo: o Supremo Tribunal Federal, em acórdão de 8-9-1998, *Habeas Corpus* nº 77.135, assentou que não se pode constranger o acusado, sob cominação de pena de desobediência, a fornecer padrões gráficos do próprio punho.

39 Assim SAMAHA, ob. cit., p. 7/8.

negar que entre os poderes do magistrado haja de figurar o consistente em tomar iniciativas probatórias[40]. Já outra opinião, de superlativa autoridade, estabelece distinção nítida entre "processo acusatório" e *adversary system*, à luz da qual se torna perfeitamente possível compatibilizar com o sistema acusatório a atribuição de poderes instrutórios ao órgão judicial, no curso do processo[41].

É preferível que nos abstenhamos de confiar em terminologia tão vacilante, cujo emprego, não poucas vezes, antes confunde que esclarece. Registre-se, de passagem, a observação de autor italiano, para quem a palavra «acusatório», nesse contexto, já se acha «estragada»[42] pela equivocidade. Mais vale, pois, deixar de lado os rótulos e cuidar dos conteúdos.

Que se tem propagado a outros ordenamentos a tendência, de marca norte-americana, a depreciar o papel do juiz, em confronto com o das partes, pelo ângulo aqui focalizado, é fato que se impõe à atenção de qualquer observador. No Código de Processo Penal italiano de 1988, ilustram o asserto dois pontos característicos: a compressão em numerus clausus das iniciativas instrutórias do órgão judicial, que só está habilitado a tomá-las nas hipóteses indicadas na lei (art. 190.2), e a adoção do interrogatório cruzado das testemunhas, no dibattimento, por uma e por outra parte (art. 498). De resto, são bem claras as palavras com que eminente jurista peninsular apontou a diretriz fundamental da reforma de 1988, qual a de instaurar um modelo processual que reservasse papel menos ativo ao juiz e, correlatamente, maior espaço às partes[43].

Estará a influência norte-americana por alcançar, aí também, o nosso país? Sem embargo de uma ou outra manifestação doutrinária, não se veem sinais concretos de que nos preparemos para coarctar os poderes do juiz na instrução probatória, aliás em regra insuficientemente exercitados na prática. Talvez se depare no anteprojeto da Comissão sobre prova testemunhal ligeiro eco da disciplina da inquirição qual vigora nos Estados Unidos e atualmente, por imitação, na Itália. Refiro-me ao art.

40 É o que, *v.g.*, sustenta GERALDO PRADO, *Sistema acusatório*, Rio de Janeiro, 1999, p. 129.

41 Nesse sentido, ADA PELLEGRINI GRINOVER, *A iniciativa instrutória do juiz no processo penal acusatório*, comunicação ao XVI Congresso Mexicano de Direito Processual, agora *in A marcha do processo*, Rio de Janeiro, 2000, p. 77 e s.

42 No original, *logora*: FERRUA, *Studi sul processo penale*, v. II, Turim, 1992, p. 187. Note-se que a crítica à denominação não impede o autor de ser entusiasta do modelo.

43 Assim, AMODIO, no volume coletivo cit. na nota 9, *supra*, p. XXV

212 do Código de Processo Penal: enquanto hoje em dia as perguntas das partes são formuladas por intermédio do órgão judicial, estabelece o texto proposto que elas o sejam "diretamente à testemunha". Afigura-se oportuno, a meu ver, um acréscimo, tendente a deixar explícito que se faculta ao juiz, em seguida, formular ele próprio as perguntas que ainda entenda necessárias para o cabal esclarecimento dos fatos. Reconheço que semelhante ressalva não consta *expressis verbis* do vigente art. 212, mas trata-se de possibilidade tradicionalmente admitida, e é de todo aconselhável que continue a admitir-se – à semelhança, aliás, do que na Itália dispõe o art. 506, 2ª alínea, do vigente *codice di procedura penale.* O acréscimo aqui sugerido eliminaria qualquer suspeita de que se tenha a intenção de reduzir o juiz, nesse momento importante da atividade instrutória, a um "convidado de pedra".

Agosto de 2000.

COMENTÁRIOS DOS ATUALIZADORES

O PROCESSO PENAL NORTE-AMERICANO E SUA INFLUÊNCIA

Luís Roberto Barroso / Frederico Montedonio

A Suprema Corte dos Estados Unidos continua a desempenhar papel crucial no desenvolvimento do processo penal naquele país. Nos anos seguintes ao pronunciamento desta conferência por Barbosa Moreira, aquela Corte invalidou uma busca domiciliar sem mandado, feita com objeção de um morador e concordância de outro (*Georgia v. Randolph*, 2006), proibiu a suspensão da garantia do *habeas corpus* aos presos na Baía de Guantánamo (*Boumediene v. Bush*, 2008) e não permitiu o agravamento de pena em recurso exclusivo da defesa (*Greenlaw v. United States*, 2010) – algo que no Brasil é assente pela proibição da *reformatio in peius* (CPP art. 617) –, entre outras decisões.

O debate sobre o chamado "garantismo" está aceso como nunca no Brasil, polarizando não apenas a comunidade jurídica, mas a sociedade em geral. Há inclusive uma disputa sobre a apropriação do termo: enquanto alguns têm como referência a obra de Luigi Ferrajoli[44], alinhada à noção tradicional de que as garantias penais têm como objetivo precípuo a limitação do poder punitivo do Estado, outros desenvolvem a ideia de um "garantismo integral", que não se voltaria apenas à proteção do réu, mas também à tutela da vítima e de bens jurídicos socialmente relevantes. Segundo esta visão, haveria um "garantismo hiperbólico monocular", isto é, um garantismo que de maneira descomedida enxergaria só um dos lados, isto é, a proteção dos direitos dos investigados e réus[45]. Tendo como pano de fundo escândalos de corrupção e as tenebrosas condições das prisões brasileiras, a disputa entre as duas visões não dá sinais de arrefecimento.

No Brasil, embora muito mais processos percorram o itinerário completo que nos EUA, nem por isso aqui são menos relevantes as garantias da fase pré-processual, e delas têm se ocupado o Supremo Tribunal Federal. Em recentes julgamentos ocorridos sob o regime da repercussão geral, o STF decidiu que "[a] entrada forçada em domicílio sem mandado judicial só é lícita, mesmo em período noturno, quando amparada em fundadas razões, devidamente justificadas *a posteriori*, que indiquem que dentro da casa ocorre situação de flagrante delito, sob pena de responsabilidade disciplinar, civil e penal do agente ou da autoridade, e de nulidade dos atos praticados" (RE 603.616, Rel. Min. Gilmar Mendes, j. 5/11/2015). Em outra decisão, a Corte assentou que "[s]em autorização judicial ou fora das hipóteses legais, é ilícita a prova obtida mediante abertura de carta, telegrama, pacote ou meio análogo" (RE 1.116.949, Rel. Min. Edson Fachin, j. 18/8/2020). Também a 6ª Turma do Superior Tribunal de Justiça proferiu acórdão relevante em matéria de reconhecimento de pessoas, assentando, entre outras coisas, que eventual inobservância do art. 226 do CPP "torna inválido o reconhecimento da pessoa suspeita e não poderá servir de lastro a eventual condenação, mesmo se confirmado o reconhecimento em juízo" (HC 598.886, Rel. Min. Rogério Schietti Cruz, j. 27/10/2020).

44 FERRAJOLI, Luigi. *Direito e razão*: teoria do garantismo penal. 4.ed. São Paulo: Revista dos Tribunais, 2013.

45 FISCHER, Douglas. Garantismo penal integral (e não o garantismo hiperbólico monocular) e o princípio da proporcionalidade: breves anotações de compreensão e aproximação dos seus ideais. *In: Revista de Doutrina da 4ª Região*. Porto Alegre, n. 28, mar.2009. Disponível em: <https://www.revistadoutrina.trf4.jus.br/artigos/edicao028/douglas_fischer.html>. Acesso em: 29 jan. 2021.

Adentrando a "parte especial" do texto de Barbosa Moreira, não se pode deixar de observar a influência do modelo estadunidense baseado em acordos nas reformas mais recentes do processo penal brasileiro. Nesse sentido, a Lei 13.964/2019 instituiu o acordo de não persecução penal (CPP, art. 28-A)[46], cabível, em tese, para todos os crimes sem violência ou grave ameaça com pena *mínima inferior a 4 (quatro) anos*, o que ampliou consideravelmente o campo desse tipo de negociação no processo penal, antes restrito a crimes com pena *máxima não superior a dois anos* (no caso de transação penal), ou a delitos com pena *mínima de até um ano* (na hipótese de suspensão condicional do processo), conforme arts. 61, 76 e 89 da Lei 9.099/1995. Não se trata, porém, de instituto equivalente ao *plea bargain*, em que a negociação pressupõe denúncia oferecida e resulta numa sentença condenatória, com imposição pelo juiz de uma pena reduzida: tal instituto chegou a ser previsto na versão original do projeto que resultou na Lei 13.964/2019, que incluiria o instituto no art. 395-A do CPP, mas, nesta parte, o projeto não foi aprovado.

O *plea bargain*, aliás, vem sendo objeto de severa crítica nos EUA – embora seja utilizado em cerca de 97% dos casos –, pois com frequência produz uma odiosa confissão de culpa por pessoas inocentes, em troca de penas mais brandas. Nesse sentido, estima-se que ao menos 10% das pessoas inocentadas pelo *Innocence Project* – organização destinada ao combate de erros judiciários – declararam-se culpadas. Isto se dá devido a uma combinação de fatores, como a eleição popular de juízes "duros com o crime" (*tough on crime*), penas mínimas muito elevadas, assimetria de informação entre promotoria e defesa, manipulação da acusação pelo Ministério Público etc., tudo a favorecer o raciocínio de aceitação do acordo para evitar o risco de penas mais altas. Esta é apontada como uma das razões pelas quais os EUA têm a maior população carcerária do mundo[47].

---

46 O instituto foi inicialmente previsto no art. 18 da Resolução CNMP 181/2017, posteriormente alterado pela Resolução CNMP 183/2018. A controvérsia sobre a constitucionalidade da previsão do instituto em resolução foi eliminada com a edição da Lei 13.964/2019.

47 Sobre as informações deste parágrafo, v. RAKOFF, Jed S. Why innocent people plead guilty. *In: The New York Review*. Disponível em: <https://www.nybooks.com/articles/2014/11/20/why-innocent-people-plead-guilty/>. Acesso em: 30 jan.2021.

Já o acordo de não persecução penal brasileiro não pressupõe denúncia oferecida e não resulta em sentença condenatória, mas exige confissão – o que tem suscitado críticas[48] –, bem como aceitação de condições assemelhadas a penas e homologação judicial, ordinariamente pelo juiz de garantias (CPP, art. 3º-B, XVII, atualmente suspenso por decisão monocrática do Min. Luiz Fux nos autos da ADI 6.298, j. 22/1/2020). Nisto também o instituto brasileiro se diferencia de figuras vigentes nos EUA, como o *non prosecution agreement* (NPA) e o *deferred prosecution agreement* (DPA), que independem de homologação judicial[49], e mais se assemelha ao *pattegiamento* italiano, no qual há controle judicial efetivo[50]. Com o cumprimento do acordo, a punibilidade é extinta e não há registro em folha de antecedentes, a não ser para impedir que o mesmo benefício volte a ser fruído no prazo de cinco anos (CPP, art. 28-A, §§ 12 e 13).

No que diz respeito às *exclusionary rules*, a Suprema Corte americana teve oportunidade de validar provas obtidas em buscas "sem ba-

48 V. *e.g.*: FRANCO, José Henrique Caster. O papel do juiz no acordo de não persecução penal. *In:* BEM, Leonardo Schmitt de; MARTINELLI, João Paulo (orgs.). *Acordo de não persecução penal.* Belo Horizonte, São Paulo: D'Plácido, 2020, p. 287/301 (esp. 290/292). CASTRO, Carolina Soares Castelliano Lucena de; NETTO, Fábio Prudente. Comentários sobre a exigência da confissão no acordo de não persecução penal. *CONJUR*, 15 fev.2020. Disponível em: <https://www.conjur.com.br/2020-fev-15/opiniao-exigencia-confissao-acordo-nao-persecucao-penal>. Acesso em: 30 jan.2021. Em sentido contrário, considerando válida a exigência da confissão, *e.g.*: CABRAL, Rodrigo Leite Ferreira. A confissão circunstanciada dos fatos como condição para a celebração do acordo de não persecução penal. *In:* BEM, Leonardo Schmitt de; MARTINELLI, João Paulo (orgs.). *Acordo de não persecução penal.* Belo Horizonte, São Paulo: D'Plácido, 2020, p. 207-222. GUARAGNI, Fábio André. Acordo de não persecução penal: os contornos da confissão exigida pelo art. 28-A do CPP. *In:* BEM, Leonardo Schmitt de; MARTINELLI, João Paulo (orgs.). *Acordo de não persecução penal.* Belo Horizonte, São Paulo: D'Plácido, 2020, p. 223-243

49 CHEKER, Monique. A Lei nº 13.964/2019 e os acordos de não persecução penal. *JOTA*, 6 jan.2020. Disponível em: <https://www.jota.info/opiniao-e-analise/artigos/a-lei-no-13-964-2019-e-os-acordos-de-nao-persecucao-penal-2-06012020>. Acesso em: 30 jan.2021.

50 Para uma análise do instituto, incluindo reformas posteriores ao texto de Barbosa Moreira, v. VASCONCELLOS, Vinicius Gomes de; CAPPARELLI, Bruna. Barganha no processo penal italiano: análise crítica do *pattegiamento* e das alternativas procedimentais na Justiça criminal. *In: Revista Eletrônica de Direito Processual*, v. 15, jan.-jun.2015. Disponível em: <https://www.e-publicacoes.uerj.br/index.php/redp/article/view/16880/12525>. Aceso em: 30 jan.2021.

ter" (*no knock searches*), isto é, feitas por policiais que, embora portando mandado judicial, deixam de se anunciar, bater na porta e esperar por 20-30 segundos antes da entrada forçada, sem prejuízo das sanções aplicáveis aos agentes (*Hudson v. Michigan*, 2006). No Brasil, como antecipado por Barbosa Moreira, a legislação veio a prever de forma expressa a teoria dos "frutos da árvore venenosa", bem como exceções construídas pela jurisprudência da Suprema Corte americana, como a da fonte independente (*independent source*) e a da descoberta inevitável (*inevitable discovery*), como se lê do art. 157 e parágrafos do CPP, com redação determinada pela Lei 11.690/2008. A impossibilidade de prolação da sentença pelo juiz que conhecer do conteúdo da prova ilícita (CPP, art. 157, § 5º, com redação determinada pela Lei 13.964/2019) foi suspensa pelo Min. Luiz Fux (ADI 6.298, j. 22/1/2020).

Quanto ao direito à não autoincriminação, a Suprema Corte dos EUA não acolheu o argumento de que tal garantia eximiria um suspeito de se identificar quando questionado pela polícia (*Hiibel v. Sixth Judicial District of Nevada*, 2004). De forma semelhante, em regime de repercussão geral, o STF entendeu que o direito em questão não permite ao investigado atribuir-se falsa identidade – o que, aliás, configura o crime disposto no art. 307 do CP (RE 640.139 RG, Rel. Min. Dias Toffoli, j. 22/9/2011) –, nem é incompatível com a tipificação do delito de fuga do local de acidente de trânsito, previsto no art. 305 do CTB (RE 971.959, Rel. Min. Luiz Fux, j. 14/11/2018). Entretanto, tal garantia continua sendo aplicada no Brasil em termos mais amplos que nos Estados Unidos, como autêntico direito do réu a não produzir qualquer tipo de prova contra si mesmo, não apenas oral, mas também material, como padrões gráficos para perícia (STF, 2ª T., HC 99.289, Rel. Min. Celso de Mello, j. 23/6/2009). O direito à não autoincriminação, a propósito, serviu de base à proibição das conduções coercitivas (STF, Pleno, ADPF 444, Rel. Min. Gilmar Mendes, j. 14/6/2018). E, como também anunciado pelo autor, a legislação veio a acolher expressamente o direito do réu ao silêncio no interrogatório (CPP, art. 186, com redação dada pela Lei 10.792/2003).

A *cross-examination* veio a ser expressamente adotada no direito brasileiro, primeiramente no processo penal (CPP, art. 212 e 473, nas redações conferidas pelas Leis 11.689 e 11.690/2008), e depois no processo civil (CPC/2015, art. 459). Foi acolhida a sugestão de Barbosa Moreira de que o juiz poderá complementar a inquirição sobre os pontos não esclarecidos (CPP, art. 212, parágrafo único). Entretanto, contrariando a tendência defendida pelo autor, a Lei 13.964/2019 incluiu o art. 3º-A do CPP, com a seguinte redação: "O processo penal terá estrutura acusatória, *vedadas a iniciativa do juiz na fase de investigação e a substituição da atuação probatória do órgão de acusação*", embora ainda subsistam normas que contemplam a atuação judicial de ofício em matéria probatória criminal (*e.g.*, arts. 209 e 242 do CPP). Há quem defenda que a produção de provas de ofício pelo juiz no processo penal se justificaria ainda mais que no processo civil, dado que a seara criminal quase sempre envolveria direitos indisponíveis, enquanto no âmbito civil a regra seria a da disponibilidade[51]. Nada obstante, o legislador parece ter consagrado a visão de que no processo penal a lógica é distinta, pois para a absolvição basta a dúvida (CPP, art. 386, II, V, VI e VII). Assim, como qualquer prova reduz o espaço de dúvida, o resultado da atividade instrutória é tendente à condenação, e por isso não deve haver atuação probatória do juiz de ofício no processo penal, sob pena de quebra da imparcialidade[52]. A ideia não é pacífica e o dispositivo acima transcrito está com a eficácia suspensa por decisão monocrática do Min. Luiz Fux (ADI 6.298, j. 22/1/2020).

O *contempt power* no Brasil continua mais restrito que nos EUA. Embora o CPC/2015 tenha conferido ao juiz um poder genérico para "determinar todas as medidas indutivas, coercitivas, mandamentais ou sub-rogatórias necessárias para assegurar o cumprimento de ordem judicial, inclusive nas ações que tenham por objeto prestação pecuniária" (art. 139, IV), as multas por atos atentatórios à dignidade da justiça continuam aplicáveis apenas às partes, e não aos seus representantes (art. 77, §§ 6º e 8º). Apenas no processo penal há possibilidade de aplicar multa a advogados por abandono da causa (CPP, art. 265), regra cuja constitucionalidade foi reconhecida no STF por apertada maioria de 6 a 5 (ADI 4.398, Rel. Min. Cármen Lúcia, j. 5/8/2020). Já os poderes do juiz quanto ao *criminal contempt* nos EUA continuam sem paralelo no direito brasileiro.

---

51 QUEIROZ, Pedro Gomes de. O poder do juiz de produzir prova de ofício. *In*: *Revista Jurídica Luso-Brasileira*, ano 5 (2019), nº 6, p. 1709. Disponível em: <https://www.cidp.pt/revistas/rjlb/2019/6/2019_06_1707_1736.pdf>. Acesso em: 4 out.2020.

52 Sobre o ponto, v., entre outros: LIMA, Renato Brasileiro de. *Manual de processo penal*. 8. ed. Salvador: Juspodivm, 2020, p. 105/113. SANTOS, Marcos Paulo Dutra. *Comentários ao Pacote Anticrime*. Rio de Janeiro: Forense, 2020, p. 93/97.

A SUPREMA CORTE NORTE-AMERICANA: UM MODELO PARA O MUNDO?[1]

1. Tem-se dito, e não sem boas razões, que a Suprema Corte norte-americana é o órgão judicial mais poderoso do mundo. Com efeito, muitas de suas decisões – certamente com maior frequência e profundidade que as de qualquer outro tribunal – influíram na história e traçaram rumos novos à vida da sociedade nos Estados Unidos[2].

Várias dessas decisões ficaram assinaladas pelo teor inequivocamente progressista: por exemplo, as inspiradas no propósito de fazer cessar a prática da discriminação racial, conforme ocorreu no célebre caso Brown x Board of Education, de 1952, que julgou inconstitucional a segregação étnica nas escolas. Algumas provocaram reações mistas, com aplausos entusiásticos de certos setores e acres censuras de outros: assim as que consagraram, em prol dos suspeitos de crime e dos indiciados, garantias vistas como excessivas por uma parte da opinião pública, dentro e fora dos Círculos jurídicos. Nesse rol inclui-se, *v.g.*, o primeiro acórdão no caso *Miranda x Arizona*, de 1966, que tomou obrigatória, em toda detenção pela polícia, a comunicação explícita ao detento de que ele tem o direito de guardar silêncio; de que tudo quanto disser poderá ser usado em seu desfavor no julgamento; de que pode exigir a assistência de advogado; de que, se não possuir recursos para pagá-lo, o Estado colocará um gratuitamente à sua disposição[3]. Não existe hoje quem, tendo assistido a filmes policiais norte-americanos, não haja visto aplicar

---

1 Texto de palestra proferida em 8-7-2003, no Rio de Janeiro (com o acréscimo de notas). Publicado em *Carta Mensal do Conselho Técnico da CNC*, nº 583, e na *Rev. de Dir. Adm.*, v. 233.

2 A fim de evitar a tediosa multiplicação de citações, registra-se que os dados constantes da exposição que se segue foram colhidos, principalmente, nas seguintes obras: STERN-GRESSMAN, *Supreme Court Practice*, 5ª ed., Washington, 1978; SCHWARTZ, *A History of the Supreme Court*, Nova Iorque-Oxford, 1995, e *Decision – How the Supreme Court Decides Cases*, Nova Iorque-Oxford, 1997; MEADOR, *American Courts*, St. Paul, 2000; *The Oxford Guide to the United States Supreme Court Decisions* (ed. por Kermith L. Hall), Oxford, 2000. Notas de rodapé ficarão reservadas para as referências mais específicas.

3 A decisão de Miranda foi criticada por vários ângulos: *vide*, por exemplo, BRADLEY, *The Failure of the Criminal Procedure Revolution*, Filadélfia, 1993, p. 28 e s.; AMAR, *The Constitution and Criminal Procedure*, New Haven-Londres, 1997, p. 76.

semelhante regra, às vezes em circunstâncias que beiram involuntariamente o cômico, com o detento a debater-se, a fazer todos os esforços para escapulir, e o *police officer*, quase sem fôlego, a recitar-lhe, bem ou mal, a cantilena de praxe, indispensável para validar a detenção.

Outra decisão extremamente polêmica foi a do caso *Roe x Wade*, de 1973, em que a Corte, além de declarar a inconstitucionalidade de lei estadual, que restringia severamente a admissibilidade do aborto, editou autêntica regulamentação da matéria. Chegou ao ponto de adotar uma divisão do tempo de gestação em trimestres, para cada um dos quais fixou regime próprio: a lei que pretendesse estabelecer restrições ao aborto poderia fazê-lo, com crescente intensidade, a partir do segundo trimestre, mas teria de respeitar a decisão da gestante no primeiro.

Não deixou de haver casos em que a Corte tomou posição frontalmente oposta a valores caros à tradição liberal do país. Num deles, *Korematsu x United States*, de 1944, ela legitimou a compulsória remoção da costa do Pacífico, pretensamente fundada em motivos de segurança nacional, de cidadãos norte-americanos de origem japonesa, os quais foram encaminhados a estabelecimentos que não faltou quem equiparasse – decerto com exagero – a campos de concentração.

Ora bem: na história de toda instituição longeva há luzes e sombras, e surpreenderia que tal não acontecesse com a Suprema Corte norte-americana. Nem teria propósito tentar aqui um balanço, para proclamar a existência de saldo positivo ou negativo. Nesta palestra, aliás, menos nos interessará o conteúdo das decisões proferidas pela Corte do que a maneira por que ela funciona.

2. Compõe-se a Suprema Corte de nove membros, intitulados *Justices Chief Justice,* que a preside, e oito Associate *Justice*s), nomeados pelo Presidente dos Estados Unidos, mediante aprovação do Senado. O *Chief Justice* não é eleito por seus pares, mas designado pelo Presidente dos Estados Unidos, que pode escolhê-lo dentre os próprios membros do tribunal ou nomear pessoa até então estranha a seus quadros. Não há fixação de mandato para o Presidente: salvo o extraordinário caso de *impeachment* ele permanece na presidência até que faleça ou se retire da Corte.

Com grande frequência, os *Justice*s são ex-ocupantes de outros cargos públicos, personalidades do mundo político, ao passo que é relativamente rara a indicação de alguém que se haja distinguido apenas nos meios acadêmicos. Não admira que na atuação da Corte assumam tanta relevância diretrizes políticas. É comum ver-se dividido o tribunal em duas correntes discerníveis com nitidez, a dos liberais e a dos conservadores; em certas épocas, forma-se um grupo intermediário, que às vezes acompanha a corrente liberal, outras vezes a conservadora, servindo de fiel da balança.

O que ficou dito não exclui a eventualidade de que um *Justice* nomeado por Presidente de determinada tendência venha a conduzir-se, no exercício do cargo judicial, de modo diferente daquele que sua origem política faria prever. Exemplo notório é o do *Chief Justice* Earl Warren, nomeado para o cargo pelo Presidente Eisenhower após militância no Partido Republicano, ex-Governador do Estado da California, o qual – para decepção do velho General – viria a liderar a Corte em guinada histórica no sentido de posições vistas como progressistas. Outro desmentido famoso a prognósticos fundados na vida pregressa é o do *Justice* Hugo L. Black, que fora membro da Ku Klux Klan e se converteria num dos líderes da ala liberal da Corte[4].

Existe sempre, é claro, a possibilidade de contrastes entre a Corte e o Presidente, em matéria de orientação política. Episódio que esteve a ponto de gerar grave crise institucional foi o que se deu nos anos 30, quando doze decisões da Corte declararam inconstitucionais medidas legislativas integrantes do chamado *New Deal*. Exasperado, o Presidente Roosevelt tomou, em 1937, a iniciativa de reformar a legislação atinente à própria Corte, para investir-se do poder de nomear novos *Justices*, além dos nove, naturalmente com a esperança de modificar a tendência dominante, até então avessa a mais acentuadas interferências do Estado no domínio econômico. O projeto, que suscitou acirrada controvérsia, não foi adiante; mas – coincidência ou não – a partir daí mudou radicalmente a atitude da Corte: ela passou a aprovar todas as leis relacionadas com o *New Deal*, inclusive algumas muito semelhantes a anteriores, que haviam sido fulminadas como inconstitucionais. Provocou a reviravolta comentários irônicos, do tipo da frase, muito repetida, "*a switch in time saved nine*"[5].

4 SCHWARTZ, *A Hist. of the S. C.*, cit., p. 238.

5 SCHWARTZ, ob. ult. cit., p. 234. *Vide* também, sobre o assunto, NOWAK-ROTUNDA, *Constitutional Law*, 5ª ed. St. Paul, 1995, p. 31/2; na literatura pátria, LÊDA BOECHAT RODRIGUES, *A Corte Suprema e o direito constitucional norte-americano*, Rio de Janeiro, 1958, p. 115 e s.; ALIOMAR BALEEIRO, O Supremo Tribunal Federal, esse outro desconhecido, Rio de Janeiro, 1968, p. 50 e s.

As decisões da Corte são sempre tomadas pelo voto da totalidade de seus membros. Ao contrário do que sucede em tribunais de funções análogas, como o Supremo Tribunal Federal brasileiro, não há divisão em colegiados menores. Qualquer dos *Justices* pode dar-se por impedido de participar deste ou daquele julgamento; não há, contudo, maneira alguma de forçá-lo a abster-se. Nem os litigantes, nem os outros membros da Corte, seja qual for a opinião que tenham, dispõem de meios para excluí-lo do colégio judicante: a decisão é exclusivamente do próprio *Justice*, que não precisa expor as razões de sua abstenção ou recusa de abster-se. Conta-se, ao propósito, que o atual Presidente da Corte, William Rehnquist, se negou a declarar suspeição para julgar uma causa pela só circunstância de ter um sobrinho entre os membros da associação de advogados que representava uma das partes. Ressalve-se que o sobrinho do *Justice* não participara pessoalmente do feito; mas, de acordo com deliberação publicada pela Corte em 1993, mesmo no caso contrário, Rehnquist não estaria obrigado a abster-se[6]. De toda sorte, a palavra definitiva compete ao juiz, sem controle de quem quer que seja.

3. A Suprema Corte tem competência para reexaminar todas as decisões dos tribunais federais de segundo grau, bem como das supremas cortes estaduais, quando hajam decidido questões de direito federal. Essa competência estende-se aos julgados dos tribunais do Distrito de Columbia e de Porto Rico.

A principal via de acesso do litigante à Suprema Corte é a *petition for certiorari*, isto é, o requerimento pelo qual se pleiteia que a Corte reexamine causa julgada por tribunal inferior. Cabe o remédio quando se questiona a compatibilidade entre a decisão do tribunal e a Constituição, os tratados e as leis dos Estados Unidos, ou quando se invoca algum título, direito, privilégio ou imunidade conferido pelo ordenamento jurídico nacional. Somente a ':federal question" é objeto da cognição da Corte – o que limita sensivelmente o âmbito de sua atuação, levando-se em conta que áreas numerosas do direito, noutros países reservadas ao legislador federal, nos Estados Unidos se submetem à legislação estadual, consoante em geral ocorre com o direito civil e o comercial. Pode-se afirmar que, essencialmente, a Suprema Corte norte-americana é uma corte constitucional.

6 SCHWARTZ. *Decision*, cit., p. 39/41.

Cumpre, todavia, registrar importante diferença entre o modo pelo qual ela exerce o controle da constitucionalidade e o adotado nas principais Cortes constitucionais europeias. A Suprema Corte norte-americana só pode declarar inconstitucional uma lei quando lhe caiba decidir caso concreto; a questão da compatibilidade ou incompatibilidade entre a lei e a Constituição não representará o objeto do julgamento, senão apenas etapa lógica do raciocínio que a Corte deva fazer para pronunciar-se num ou noutro sentido. O juízo da Corte sobre a questão da alegada inconstitucionalidade funcionará como fundamento da decisão. Em linguagem técnica, a Corte conhece da questão por via incidental, não por via principal. Enquanto isso, na Alemanha, na Itália e noutros países, é possível submeter a questão em tese à Corte Constitucional, independentemente de qualquer ligação com litígio singular. Semelhante possibilidade também existe no Brasil, sem prejuízo da competência que tem todo órgão judicial para deixar de aplicar, em caso concreto, lei que lhe pareça inconstitucional. Nosso sistema é eclético, comporta ambos os tipos de controle, ao passo que ao norte-americano é inteiramente estranho o controle abstrato[7].

4. Retomemos o fio da meada. Na apreciação das *petitions for certiorari*, goza a Suprema Corte de total discrição; pode acolhê-las ou rejeitá-las a seu talante, sem dar a conhecer as razões em que se baseou. Esse regime data de 1925, ano do novo *Judiciary Act*, destinado justamente, entre outras coisas, a remediar o problema, que tomava grandes dimensões, do congestionamento da Corte, pela sobrecarga de trabalho. Graças ao filtro então introduzido, a Corte tomou-se capaz de controlar sua pauta. Estima-se que, nos anos 90, ela não haja deferido mais que 1% do número total de petitions.

A decisão sobre a admissibilidade do reexame é tomada em sessão secreta, da qual se exclui a presença de toda e qualquer pessoa além dos *Justices*. Caso alguém bata à porta, o *Justice* mais novo encarrega-se de abri-la. Tal procedimento mudou a partir de 1981, ano em que foi nomeada para a Corte a primeira mulher, Sandra O'Connor; daí em diante, por imposição de cavalheirismo, a incumbência de abrir a porta passou a caber ao mais novo *Justice* do sexo masculino.

7 Para uma exposição resumida, com indicações legislativas e bibliográficas sobre toda essa matéria, *vide* BARBOSA MOREIRA, *Comentários ao Código de Processo Civil*, v. V, 11ª ed., Rio de Janeiro, 2003, p. 29 e s.

Segundo regra não escrita, mas consagrada pela tradição, a petition tem-se por acolhida desde que nesse sentido votem ao menos quatro dos nove juízes (*rule of four*). Entretanto, não se fica sabendo quem votou pelo acolhimento ou pela rejeição; menos ainda os fundamentos em que se firmou cada voto. O indeferimento do certiorari não significa que a Suprema Corte entenda correta a decisão do tribunal inferior; significa pura e simplesmente que ela não se dispõe a enfrentar a questão federal suscitada, seja porque sua pauta esteja sobrecarregada, seja porque a questão não lhe pareça relevante, seja porque os fatos da causa não comportem a formulação precisa da questão, seja ainda porque a Corte deseje aguardar outros pronunciamentos de tribunais inferiores sobre o mesmo assunto, a fim de aproveitar os subsídios que eles possam trazer. Quer dizer: motivos de conveniência e oportunidade podem influir largamente no desfecho.

5. Na hipótese de deferimento da petition – quer dizer, uma vez decidido que a Corte reexaminará o caso –, ambas as partes têm a oportunidade de apresentar arrazoados escritos. Também são admitidos a fazê-lo, sob determinadas condições, indivíduos e organizações que, não sendo partes, têm interesse em apoiar uma delas. Esse interveniente recebe a denominação de amicus curiae. Em alguns casos, a própria Corte solicita a intervenção de terceiro, sobretudo da União Federal ou de um Estado, para inteirar-se do que pensa o governo acerca de questão de interesse público.

Marca-se depois a data para a discussão pública do caso (o *oral argument*), no curso do qual os advogados usam da palavra para sustentar suas respectivas teses. Podem ser interpelados pelos *Justice*s, com pedidos de esclarecimento e mesmo objeções. Normalmente, cada advogado dispõe de meia hora, finda a qual se acende uma luz vermelha e o Presidente interrompe a fala. O rigor do controle varia, é claro, de acordo com a disposição do *Chief Justice*; conta-se de um deles que certa vez interrompeu ilustre advogado, líder do New York Bar, no meio da palavra *if*[8].

Ao debate oral não se segue, porém, o anúncio *coram populo* dos pronunciamentos favoráveis ou desfavoráveis, como em regra acontece no Brasil. Isso fica para a etapa subsequente, que na verdade é a mais importante do processo. Designado o redator do acórdão, em princípio pelo Presidente da Corte, a elaboração do documento é tarefa que se

8 STERN-GRESSMAN, ob. cit., p. 745, nota 24.

leva a cabo longe dos olhos do público. Geralmente, o *Justice* designado prepara um projeto de acórdão, que submete à apreciação de seus pares. Não raro, sobretudo nos casos mais relevantes, desenvolve-se longo e às vezes tormentoso processo de negociação, no qual o redator pode ver-se forçado a acolher críticas e sugestões, a fazer concessões verbais ou até substanciais, para garantir o apoio de colegas. Talvez decorram meses antes que se enuncie publicamente a decisão.

Há acórdãos unânimes, conquanto mesmo nesses seja possível que um ou mais de um *Justice*, sem discrepar na conclusão, prefira estribar-se em argumentos próprios, que exporá em separado: são as *concurring opinions*. Aos *Justices* que divergem da conclusão é lícito apresentar suas *dissenting opinions*, individuais ou subscritas por um grupo. Embora os Estados Unidos sejam um dos poucos países ocidentais onde a motivação das decisões judiciais não é obrigatória, em geral são motivadas as da Suprema Corte (salvo as que rejeitam a petition), mas a prática revela exceções: às vezes, a Corte anuncia uma decisão *per curiam* – isto é, sem indicação do redator –, desprovida de motivação[9].

Quanto ao estilo do acórdão, compreensivelmente varia em função do respectivo autor. Existem acórdãos celebrados pela densidade e pela elegância da exposição, enquanto outros são objeto de crítica até do ponto de vista técnico. Nestes, curiosamente, incluem-se alguns de reconhecida importância histórica, *v.g.*, os relativos ao caso *Brown x Board of Education*, dos quais se diz que o primeiro tinha "clareza moral sem fundamento doutrinário explícito", e o segundo "carecia de ambos"[10]. Há quem veja declínio no nível das decisões da Corte ao longo dos últimos anos e aponte, entre as causas do fenômeno, a crescente inclinação dos *Justices* a confiar demais no labor dos assistentes (os *law clerks*). Um crítico severo afirmava em 1997 que "os acórdãos da Suprema Corte são agora, em grande parte, o trabalho de uma miniburocracia anônima composta de advogados neófitos sem treinamento nem experiência fora da academia"[11].

Há traços constantes nos acórdãos. Diversamente do que se dá entre nós, as decisões da Suprema Corte não costumam citar obras dou-

---

9 STERN-GRESSMAN, ob. cit., p. 332; cf. TARUFFO, *La motivazione della sentenza civile*, Pádua, 1975, p. 368, nota 125.

10 *The Oxford Guide*, cit., p. 35.

11 SCHWAETZ, *Decision*, cit., p. 262.

trinárias. De ordinário, as citações que se fazem são as de outras decisões da própria Corte. Pode-se, aliás, generalizar a observação: nos Estados Unidos, a relação entre jurisprudência e doutrina em regra se apresenta invertida em comparação com a que estamos habituados a ver em nosso país. Aqui, os tribunais tendem a levar em consideração teses e argumentos constantes de livros e artigos científicos, indicando as fontes; lá, ao contrário, a doutrina é que se deixa influenciar, quando não moldar, pelos pronunciamentos judiciais. Muitas obras doutrinárias nada mais são que tentativas de sistematizar a jurisprudência da Suprema Corte, ainda que às vezes, consoante já se registrou, ela seja criticada.

6. A esta altura, impõe-se um comentário, breve que seja, acerca da autoridade das decisões da Suprema Corte. Se bem que nenhuma norma escrita faça obrigatória, para ela própria e para os outros órgãos judiciais, a observância do princípio estabelecido em precedente, na realidade não é exagero identificar nessa observância um dos pilares do ordenamento jurídico norte-americano. A ideia fundamental que a inspira é a de que, se em determinado caso se adotou uma tese jurídica, a mesma tese deve ser aplicada a todos os casos futuros que guardem analogia com o que foi julgado. Usa-se, ao propósito, a expressão stare decisis, isto é, ater-se aos (casos) decididos[12].

Uma pergunta acode à mente: não poderá ocorrer que a Corte se convença da necessidade, ou pelo menos da conveniência, de mudar de posição, seja porque reconheça como errônea a interpretação esposada em precedente, seja porque se tenham alterado radicalmente as circunstâncias políticas, econômicas, sociais, a que se havia procurado atender? Sem dúvida que sim. A tese do precedente não é aplicada de maneira automática. Em mais de um momento, a Corte deu meia-volta na orientação que seguira. Exemplo famoso é o do caso Plessy x Ferguson, de 1896, em que se consagrou, no tocante à convivência racial, a tese "*equal but separate*", para declarar constitucional uma lei do Estado da Louisiana que determinava a acomodação de brancos e negros em vagões distintos dos trens. A doutrina desse acórdão viria a ser rotundamente renegada

12 Para exposição menos superficial da doutrina, é acessível, entre nós, o artigo de EDWARD D. RE, *Stare Decisis*, trad. de Ellen Gracie Northfleet, *in Rev. de Proc.*, nº 73, p. 47 e s.

pela Corte, conforme atesta a solução dada, a propósito de escolas, em *Brown x Board of Education*.

Quando a Corte passa de uma posição à oposta, diz-se que o precedente foi *overruled*. Não têm faltado, na história da Corte, tentativas de promover semelhante giro de 180°, sobretudo em ocasiões nas quais a maioria se desloca de uma para outra corrente política ou ideológica. São pouco frequentes as hipóteses de êxito: em vão se tentou, por exemplo, rejeitar o precedente de *Roe*, para conduzir à aprovação de leis antiaborto. Às vezes, contudo, sem chegar a esse ponto, a Corte afasta a aplicação do precedente, em caso à primeira vista análogo, indicando diferenças que a seu ver justificam outra atitude. É a chamada técnica do *distinguish*, que a Corte maneja com grande habilidade.

7. Parece interessante comparar a fisionomia da Suprema Corte norte-americana, em seus traços essenciais, até aqui sucintamente descritos, com os do Supremo Tribunal Federal brasileiro. É notório, com efeito, que a instituição deste, após a proclamação da República, buscou inspiração, em boa medida, naquele modelo[13]. Algumas diferenças, no entanto, merecem atenção.

Ao contrário do que se dá nos Estados Unidos, onde a matéria é regulada em lei, a composição do Supremo Tribunal Federal assenta na própria Constituição. Assim é desde a primeira Carta republicana, que fixou em quinze o número dos Ministros (art. 56). Note-se que a Constituição de 1934, que reduziu o número para onze (art. 73, *caput*), admitia que ele fosse alterado por lei, até dezesseis, mas reservava à própria Corte a iniciativa (art. 73, § 1º). Disposição semelhante continha-se no art. 98, 2ª parte, da Constituição de 1946, o qual, todavia, permaneceu letra morta. Elevação do número para dezesseis viria a ocorrer por força do Ato Institucional nº 2, de 1965, e foi mantida pela Constituição de 1967 (art. 113, *caput*); a Emenda nº 1, de 1969, porém, voltou aos onze (art. 118, *caput*), quantitativo mantido na Constituição de 1988, em vigor (art. 101, *caput*). Chama a atenção o fato de que o número de Ministros sempre foi superior ao de *Justice*s, que também variou no tempo, mas entre o mínimo de seis (quando da criação da Corte) e o máximo

13 Cf., ao propósito, ALIOMAR B ALEEIRO, ob. cit., p. 27 e s.

de dez (entre 1863 e 1866)[14]. É possível que se haja percebido desde cedo que, pela maior extensão de sua competência, o nosso Supremo Tribunal Federal necessitaria de mais juízes para dar conta do recado.

O Presidente do Supremo Tribunal Federal é eleito por seus pares, com mandato de dois anos (Regimento Interno, art. 12, *caput*). Conquanto nenhuma regra escrita o imponha, a praxe é a eleição sucessiva, para Presidente e para Vice-presidente, dos dois Ministros mais antigos que ainda não tenham ocupado os cargos, passando depois o Vice-presidente a Presidente. Ingerência alguma tem nisso qualquer outro Poder, e é fácil imaginar a reação que adviria de atribuir-se a nomeação ao Presidente da República: seria vista como algo de incompatível com o princípio da independência dos Poderes.

Vale assinalar que o Presidente de um tribunal pode e costuma exercitar certa influência na respectiva orientação. Na Suprema Corte norte-americana, a extrema relevância do papel do *Chief Justice* ressalta, entre outras coisas, da competência que ele em regra tem para escolher o colega que se incumbirá de redigir o acórdão (*opinion*) de cada causa julgada, inclusive com a possibilidade de avocar a incumbência para si mesmo. Ocioso frisar o que isso pode significar em se tratando de causas do interesse do Governo, ainda que nem sempre, como já se averbou, o *Justice* nomeado por um Presidente da República observe o comportamento que dele esperava quem o nomeou. Seja como for, um *Chief Justice* dotado de grande capacidade de liderança pode determinar em boa medida a posição da Corte diante de problemas importantes. O sistema de eleição adotado no Brasil, junto com a distribuição dos feitos mediante sorteio e alternada entre os Ministros (Regimento Interno do STF, art. 66, *caput*), compõe imagem que parece assegurar entre nós, aos olhos de especialistas e Leigos, maior garantia de isenção. O menos que se pode dizer é que seria muito mal recebida eventual tentativa de importar a sistemática norte-americana.

Outro ponto que não deixa de causar-nos estranheza, lá, é a inexistência de meio para arguir a suspeição de um membro da Corte, deixada exclusivamente à sensibilidade ética de cada qual a decisão de participar ou não de determinado julgamento. Os Ministros de nosso Supremo Tribunal Federal podem ser arguidos de suspeitos, como quaisquer ou-

14 Informação sobre as variações em STERN-GRESSMAN, ob. cit., p. 2, onde se lê que o número de nove, até agora inalterado, remonta a uma lei de 1869.

tros magistrados (Regimento Interno, arts. 277 e s.). Certo que a iniciativa é extremamente rara, mas não inédita. Lembro-me de episódio em que o então governador do antigo Estado da Guanabara arguiu a suspeição de alguns Ministros, para atuar em causa do interesse do governo estadual, buscando arrimo na alegação de que se tratava de pessoas ligadas ao Presidente da República, que o governador, seu adversário político, havia duramente combatido. O fundamento não estava previsto em norma legal ou regimental, e a arguição foi rejeitada; mas o instrumento próprio existia e existe.

8. Convém abrir item específico para algumas considerações sobre os tópicos de maior importância: a prerrogativa de limitar os processos que se pretende julgar e o efeito do precedente.

Quanto ao primeiro, já se explicou que a Suprema Corte norte-americana tem discrição irrestrita na seleção dos casos que lhe são encaminhados por meio de *petitions for certiorari*, cuja rejeição nem sequer precisa ser motivada. Algo de parcialmente análogo já chegou a ser implantado no Brasil, quanto às hipóteses mais comuns de recurso extraordinário, que corresponde grosso modo ao *certiorari* norte-americano e representa parte considerável da carga de trabalho do Supremo Tribunal Federal. A Emenda Constitucional nº 1, de 1969 – na verdade, uma nova Constituição, que substituiu a de 1967 –, facultou à Corte, no art. 119, parágrafo único, indicar, no regimento interno, as causas a serem julgadas, atendendo "à sua natureza, espécie ou valor pecuniário". O Supremo Tribunal Federal emendou seu regimento em 1975, empregando técnica especialíssima: naquelas hipóteses, o recurso extraordinário não caberia em certos casos, arrolados no texto regimental, a não ser que o recorrente alegasse ofensa à Constituição ou arguisse a "relevância da questão federal". A apreciação dessa matéria fazia-se em sessão secreta, de cuja ata somente constava a relação das arguições acolhidas e rejeitadas, sem que se revelassem as razões do acolhimento ou da rejeição (art. 308, na redação da Emenda Regimental nº 3, de 12-6-1975).

A inovação repercutiu de maneira desfavorável na doutrina e no ambiente da advocacia. Criticou-se, sobretudo, o sigilo da decisão sobre a arguição de relevância – conceito vaguíssimo, para cuja concretização nenhum elemento se fornecia – e o silêncio acerca dos fundamentos. Emenda regimental posterior, de 1985, inverteu o critério de seleção, passando a enumerar os casos em que o recurso extraordinário seria cabível, e dispondo que ele sempre o seria, "quando reconhecida a relevância da questão federal". Atendendo em parte às críticas sofridas, procurou delimitar esse conceito, com as seguintes palavras: "Entende-se relevante a questão federal que, pelos reflexos na ordem jurídica, e considerados os aspectos morais, econômicos, políticos ou sociais da causa, exigir a apreciação do recurso extraordinário pelo Tribunal". Algumas indicações eram dadas, mas em substância se estava diante de uma definição circular: o tribunal só conheceria de casos em que se suscitasse questão relevante, e seria relevante a questão que exigisse o conhecimento do tribunal... Em todo caso, quando acolhida a arguição, a ata a ser publicada mencionaria a questão federal havida como relevante. Manteve-se o caráter secreto da deliberação (arts. 325 e s., na redação da Emenda nº 2, de 4-12-1985).

É difícil, senão impossível, avaliar o impacto que a aplicação dessas normas restritivas produziu no trabalho do Supremo Tribunal Federal. A razão é muito simples: ao que consta, não se cuidou de colher dados objetivos para uma comparação entre o que acontecia antes delas e o que passou a acontecer depois. Desconheço qualquer tentativa de estatística, à vista da qual se possa dizer em que proporção terá diminuído a carga de trabalho do tribunal, e quanto tempo se terá poupado, em média, na tramitação dos recursos extraordinários.

A Constituição de 1988 absteve-se de receber a sistemática descrita. À luz da Carta vigente, não se poderia dar caráter sigiloso a uma deliberação do tipo da que se tomava no tocante às arguições de relevância, nem dispensar-lhe a motivação: o art. 93, nº IX, estatui em termos expressos que "todos os julgamentos dos órgãos do Poder Judiciário serão públicos, e fundamentadas todas as decisões, sob pena de nulidade". Em todo caso, o Projeto de Emenda Constitucional nº 9/2000, na redação aprovada pelo Senado Federal, procura, cautelosamente, criar um filtro ao conhecimento dos recursos extraordinários, prescrevendo que "o recorrente deverá demonstrar a repercussão geral das questões constitucionais discutidas no caso, nos termos da lei, a fim de que o Tribunal examine a admissão do recurso, somente podendo recusá-lo pela manifestação de dois terços de seus membros" (§ 4º proposto ao art. 102). Como não se cogita de modificar o art. 93, tudo isso terá de ser feito publicamente e com revelação das razões de decidir.

No concernente ao efeito vinculativo, força é reconhecer que de facto já vem operando: os juízes e os outros tribunais quase nunca se afastam das teses consagradas pela jurisprudência do Supremo Tribunal Federal, principalmente das compendiadas na respectiva Súmula. Adite-se que recentes reformas do Código de Processo Civil têm atribuído papel muito relevante à jurisprudência da Corte (e não só à dela): por exemplo, de acordo com a nova redação dada ao art. 557 pela Lei nº 9.756, de 17-12- 1998, o relator de recurso lhe negará seguimento se a tese jurídica nele sustentada estiver em conflito com a jurisprudência dominante do Supremo Tribunal Federal ou de Tribunal Superior (*caput*), e pode até, nesse mesmo caso, dar provimento ao recurso, se o desacordo com a jurisprudência dominante residir na decisão recorrida (§ 1º-A). No Projeto de Emenda Constitucional nº 9/2000, propõe-se a instituição de mecanismo pelo qual, sob determinadas circunstâncias e condições, teses incluídas na Súmula vincularão os demais órgãos judiciais e os da Administração Pública (art. 103-A, projetado).

A questão do efeito vinculativo, por sua complexidade, não comporta discussão neste fecho de palestra. Em seu favor costuma argumentar-se que aliviaria a carga de trabalho do Supremo Tribunal Federal e com isso contribuiria para abreviar a duração dos pleitos. O argumento perde algo de sua força persuasiva na medida em que, ao contrário do que muitos supõem, os processos em geral demoram bastante nos Estados Unidos: obra norte-americana recente informa que em muitos tribunais um feito incluído na pauta pode ter de esperar quatro ou cinco anos, embora isso se verifique principalmente com os casos de julgamento por júri[15], ainda lá utilizado, como se sabe, em matéria não penal.

9. Ao esboçar, em rápidas pinceladas, o retrato da Suprema Corte norteamericana e cotejar-lhe alguns traços com o do nosso Supremo Tribunal Federal, não se teve o propósito de empreender uma avaliação comparativa, de exaltar um modelo em detrimento do outro. O funcionamento de certas instituições está longe de deixar-se captar na descrição das normas editadas para discipliná-las. Há um sem-número de aspectos e elementos a cujo respeito guardam silêncio os textos, mas que nem por isso deixam de ter relevância às vezes muito considerável. Cada instituição tem de ser visualizada no contexto histórico, econômico, social, cultural, em que vive, sob pena de recolher-se imagem deformada.

15 FRIEDENTHAL-KANE-MILLER, *Civil Procedure*, 3ª ed., 1ª tiragem, Sr. Paul, 2001.

Uma coisa, no entanto, afigura-se indubitável: várias das características da Suprema Corte norte-americana causariam estranheza, quando não escândalo, se fossem transplantadas para o nosso universo judicial Podem ser aceitas, nos Estados Unidos, com tranquilidade, e até produzir, lá, bons frutos; não quer dizer necessariamente que fosse proveitoso copiá-las aqui. Ora, se isso é verdade em relação a país, como o nosso, que tomou por paradigma, no essencial, o sistema norte-americano, deve ser verdade, *a fortiori*, para os que tiveram outra fonte de inspiração. A Suprema Corte é uma das mais respeitadas instituições dos Estados Unidos. Tem suficiente grandeza para dispensar-nos de elevá-la à incômoda posição de ícone. Por admirável que seja aos olhos dos americanos, parece difícil apontá-la sem reservas como um modelo para o mundo.

Junho de 2003.

COMENTÁRIOS DOS ATUALIZADORES

A SUPREMA CORTE NORTE-AMERICANA: UM MODELO PARA O MUNDO?

Luís Roberto Barroso / Frederico Montedonio

É difícil exagerar a importância da Suprema Corte dos Estados Unidos, não apenas na vida institucional daquele país, mas também no cotidiano e no imaginário popular. Filmes sobre decisões célebres[16], o

16 Alguns exemplos: *Reversing Roe*, de 2018, sobre o caso *Roe v. Wade* (1973), que descriminalizou o aborto no primeiro trimestre da gestação; *The Post* (A guerra secreta), de 2017, sobre o caso *New York Times Co. v. United States* (1971), em que a Corte invalidou a proibição de publicação de documentos secretos vazados sobre a Guerra do Vietnã (*Pentagon Papers*); *Loving* (Uma história de amor), de 2016, sobre o caso *Loving v. Virginia* (1967), em que a Corte declarou inconstitucional lei que proibia o casamento interracial, entre muitos outros.

funcionamento do tribunal[17] e até mesmo sobre a vida de *Justices*[18] são assistidos com interesse. Julgamentos daquela Corte são comentados em todo o planeta, como o que invalidou os limites ao financiamento de campanhas eleitorais por pessoas jurídicas, tendo por base a liberdade de expressão (*Citizens United v. Federal Election Comission*, 2010), ou o que derrubou a proibição de casamento entre pessoas do mesmo sexo (*Obergefell v. Hodges*, 2015), valendo observar que o STF já havia decidido no mesmo sentido em data anterior (ADI 4.277 e ADPF 132, Rel. Min. Ayres Britto, j. 5/5/2011). Entretanto, há quem identifique um declínio da influência da Suprema Corte dos EUA sobre o resto do mundo, por fatores como a consolidação de outros tribunais de referência – como a Corte Europeia de Direitos Humanos –, a resistência de alguns *Justices* em citar direito estrangeiro em seus votos, e mesmo pelo declínio da reputação global dos Estados Unidos da América[19].

Como é notório, gerou debates acalorados a aprovação pelo Senado americano da juíza conservadora Amy Coney Barrett para a Corte em 2020, indicada pelo ex-Presidente Donald Trump poucos meses antes do término de seu mandato, em decorrência do falecimento de Ruth Bader Ginsburg, ícone da jurisdição liberal. A controvérsia se deu sobretudo porque, em situação semelhante, o Senado se recusou a deliberar a nomeação do juiz moderado Merrick Garland, indicado pelo ex-Presidente Barack Obama em 2016 – último ano de seu 2º mandato – para a vaga aberta com o falecimento do conservador Antonin Scalia. A vaga acabou por ser preenchida pelo juiz textualista Neil Gorsuch, também indicado pelo ex-Presidente Donald Trump em

17 V. o documentário *The Supreme Court*, de 2010. Disponível em: <https://www.c-span.org/video/?297213-1/the-supreme-court-home-americas-highest-court--2010-edition>. Acesso em: 31 jan.2021.

18 Alguns exemplos: *R.B.G.* (A juíza) e *On the basis of sex* (Suprema), ambos de 2018, sobre Ruth Bader Ginsburg; *Marshall*, de 2017, sobre Thurgood Marshall; *Scalia: Portrait of a Man & Jurist*, de 2017, sobre Antonin Scalia; *Confirmation*, de 2016, sobre Clarence Thomas.

19 Nesse sentido: LIPTAK, Adam. *U.S. Supreme Court's global influence is waning*. The New York Times, 17 set.2008. Disponível em: <https://www.nytimes.com/2008/09/17/world/americas/17iht-18legal.16249317.html>. Acesso em: 31 jan.2021. Em sentido diverso: AFT, Aaron B. Respect my authority: analyzing claims of diminished U.S. Supreme Court influence abroad. *In: Indiana Journal of Global Legal Studies*, vol. 18, iss. 1, art. 17, p. 421-454. Disponível em: <https://www.repository.law.indiana.edu/cgi/viewcontent.cgi?article=1449&context=ijgls>. Acesso em: 31 jan.2021.

2017. Hoje a Corte tem maioria inegavelmente conservadora, aprofundando tendência que, em rigor, já se verificava anteriormente[20] e que deve perdurar por longo tempo, já que nos EUA não há aposentadoria compulsória e os juízes podem permanecer na ativa até o falecimento.

Permanecem inalterados o número de juízes da Corte e a mecânica básica de seu funcionamento, tal como descritos por Barbosa Moreira[21]. Persistem, portanto, notáveis diferenças entre aquela Corte e o Supremo Tribunal Federal, como a divisão em turmas, o mandato bienal na Presidência e o sorteio do relator, todas características inexistentes nos EUA, onde o tribunal decide sempre pelo Plenário e o *Chief Justice* é vitalício e escolhe livremente quem redigirá o acórdão. Outra diferença que subsiste é a inexistência de mecanismo para suscitar perante a Corte a suspeição ou o impedimento de um *Justice* que se considere imparcial nos EUA; mas, embora em tese haja meios de levantar tais questionamentos no STF, eles não têm sido de fato levados ao Plenário pelo Presidente[22].

Quanto aos últimos dois pontos do texto – "a prerrogativa de limitar os processos que se pretende julgar e o efeito do precedente" –, a evolução do direito brasileiro depois do trabalho de Barbosa Moreira tratou de aproximar o STF da Suprema Corte dos EUA. Quanto ao primeiro tópico, antes de tudo, observe-se que a taxa de concessão do

20 Para uma análise da Suprema Corte dos EUA até 2009, v. BARROSO, Luís Roberto. A americanização do direito constitucional e seus paradoxos: teoria e jurisprudência constitucional no mundo contemporâneo. *Interesse Público*, v. 12, n. 59, p. 13-55, jan./fev.2010.

21 Como não poderia deixar de ser, depois do texto de Barbosa Moreira houve alterações nas *Rules of the Supreme Court* – algo como o Regimento Interno da Corte –, mas elas são de importância secundária e pouco interesse para o leitor brasileiro. Por exemplo, a última versão das *Rules*, em vigor a partir de 2019, reduziu o número máximo de palavras em alguns tipos de petições e deixou claro que a tempestividade é controlada por meio da entrada de petições em papel – única via oficial de protocolo –, sem prejuízo da obrigação do envio de cópias eletrônicas. A versão atual e as anteriores das *Rules* estão disponíveis em: <https://www.supremecourt.gov/filingandrules/rules_guidance.aspx>. Acesso em: 31 jan.2021.

22 A propósito, veja-se levantamento que analisou 111 arguições de impedimento e suspeição desde 1988: GLEZER, Rubens *et al.* Fora dos holofotes: estudo empírico sobre o controle da imparcialidade dos ministros do STF. *In: Revista Direito, Estado e Sociedade*, PUC-Rio, 2020, *ahead of print*. Disponível em: <https://revistades.jur.puc-rio.br/index.php/revistades/article/view/1178/616>. Acesso em: 30 jan.2021.

certiorari mantém-se em aproximadamente 1% até os dias de hoje: a Corte tem recebido entre 7.000 e 8.000 casos novos por ano e somente admite entre 70 e 80[23]. Por sua vez, a arguição de relevância, antecedente da repercussão geral no Brasil, teve taxa de acolhimento de aproximadamente 5%, sendo 75% rejeitadas e 20% não conhecidas, percentuais esses referidos a aproximadamente 30.000 arguições apreciadas pelo STF[24]. Já a repercussão geral tem uma taxa de concessão de aproximadamente 67%: 756 de 1.126 casos expressamente submetidos ao filtro tiveram repercussão geral reconhecida[25].

Como antecipado por Barbosa Moreira, o art. 102, § 3º, da Constituição, incluído pela EC 45/2004, veio a instituir o requisito da repercussão geral do recurso extraordinário, "somente podendo [a Corte] recusá-lo pela manifestação de dois terços de seus membros". A inspiração no modelo norte-americano ficou evidente não apenas nos debates legislativos da chamada "Reforma do Judiciário"[26], mas também no *quorum* de dois terços, semelhante à *rule of four* estadu-

---

23 V. relatórios anuais da Suprema Corte, de 2000 a 2020, disponíveis em: <https://www.supremecourt.gov/publicinfo/year-end/year-endreports.aspx>. Há também uma tabela com dados estatísticos de 2014 a 2018 da Corte disponível em: <https://www.uscourts.gov/sites/default/files/data_tables/supcourt_a1_0930.2019.pdf>. Ambos foram acessados em: 30 jan.2021.

24 MARTINS FILHO, Ives Gandra. O critério de transcendência no recurso de revista: projeto de Lei nº 3.267/00. *Revista do TST*, Brasília, v. 66, n. 4, p. 51, out./dez. 2000.

25 Informação disponível em: <http://portal.stf.jus.br/repercussaogeral/>. Acesso em: 31 jan.2021. Para uma defesa de que esse número não reflete a realidade, tendo em vista a existência de um "filtro oculto de repercussão geral", v. BARROSO, Luís Roberto; REGO, Frederico Montedonio. Como salvar o sistema de repercussão geral: transparência, eficiência e realismo na escolha do que o Supremo Tribunal Federal vai julgar. *In: Revista Brasileira de Políticas Públicas*, Brasília, v. 7, n. 3, 2017 p. 695-713. REGO, Frederico Montedonio. O filtro oculto de repercussão geral: como o obscurecimento dos juízos de relevância contribui para a crise do STF. *In: Revista de Direito Brasileira*, v. 18, n. 7, 2017, p. 6-29. REGO, Frederico Montedonio. *Repercussão geral*: uma releitura do direito vigente. Belo Horizonte: Fórum, 2020 (2ª edição no prelo).

26 V. o voto do Deputado Federal Aloysio Nunes Ferreira, apresentado em 31/5/1999, como relator da Comissão da Reforma do Judiciário, que deu origem à EC nº 45/2004. *In: Revista Jurídica da Presidência*, Brasília, Subchefia de Assuntos Jurídicos da Presidência, n. 1, v. 2, projetos, p. 25. Disponível em: <https://revistajuridica.presidencia.gov.br/index.php/saj/article/view/1047/1031>. Acesso em: 31 jan. 2021.

nidense: tanto a concessão do *certiorari* como o reconhecimento da repercussão geral são instrumentos da minoria, bastando o voto de quatro juízes, pois a denegação do *certiorari* também exige o voto de dois terços dos *Justices* (6 de 9), assim como o não reconhecimento da repercussão geral exige dois terços dos Ministros do STF (8 de 11). Como sugere William Rehnquist, que serviu por mais de 33 anos na Suprema Corte – de 1972 a 1986 como *Associate Justice*, e de 1986 até sua morte, em 2005, como *Chief Justice* –, tal *quorum* destina-se a compensar o alto grau de discricionariedade no exercício do *certiorari*[27]. Esta é uma das razões justificadoras do paralelo de que esse altíssimo *quorum* no Brasil serve como um mecanismo de contrapeso da discricionariedade inevitavelmente envolvida na avaliação da repercussão geral[28].

---

27 "Embora nosso Tribunal normalmente funcione pela regra da maioria simples, como seria de se esperar, a concessão de certiorari tem exigido historicamente apenas os votos de quatro dos nove juízes. Em 1925, ano em que o Congresso concedeu à Suprema Corte um alto grau de discricionariedade para aceitar ou não casos para revisão, a praxe da Corte era conceder certiorari se quatro dos juízes desejassem ouvir o caso, e tal praxe continua até os dias atuais". (REHNQUIST, William. *The Supreme Court*. Vintage Books: New York, 2007. e-book, p. 244-246. Tradução livre dos atualizadores. No original: "Although our Court otherwise operates by majority rule, as would be expected, the granting of certiorari has historically required only the votes of four of the nine justices. In 1925, the year when Congress allowed the Supreme Court a great deal more discretion in the kinds of cases it would review, the practice of the Court was to grant certiorari if four out of the justices wished to hear the case, and that practice has continued to this day"). Também nesse sentido: GIANNINI, Leandro. *El certiorari*: la jurisdicción discrecional de las Cortes Supremas. La Plata: Librería Editora Platense, 2016. t. I, p. 277, nota 243.

28 Para aprofundamento do argumento, v. BARROSO, Luís Roberto; REGO, Frederico Montedonio. Como salvar o sistema de repercussão geral: transparência, eficiência e realismo na escolha do que o Supremo Tribunal Federal vai julgar. *In: Revista Brasileira de Políticas Públicas*, Brasília, v. 7, n. 3, 2017 p. 695-713. Disponível em: <https://www.publicacoesacademicas.uniceub.br/RBPP/article/view/4824>. Acesso em: 31 jan.2021. REGO, Frederico Montedonio. Acordos não completamente teorizados na repercussão geral: a razão de ser do *quorum* de dois terços previsto no art. 102, § 3º, da Constituição. *In:* BARROSO, Luís Roberto; MELLO, Patrícia Perrone Campos Mello. *A República que ainda não foi*: trinta anos da Constituição brasileira na visão da Escola de Direito Constitucional da UERJ. Belo Horizonte: Fórum, 2018, p. 433-449. REGO, Frederico Montedonio. *Repercussão geral*: uma releitura do direito vigente. Belo Horizonte: Fórum, 2020 (2ª edição no prelo).

Quanto ao segundo tópico, apesar do ceticismo de Barbosa Moreira[29] quanto à compatibilidade da eficácia vinculante dos precedentes com o sistema romano-germânico, a mesma EC 45/2004 instituiu a Súmula Vinculante (CF, art. 103-A) e, mais recentemente, o Código de Processo Civil de 2015 fixou no sistema de precedentes obrigatórios um de seus alicerces. O significativo aumento do número de reclamações no STF – que saltou de 1.301 em 2010 para 6.576 em 2020[30] – é indício de que a observância da jurisprudência, mesmo sumulada, não é tão fiel quanto o autor supunha. Não à toa, o atual Código continua a permitir que o relator negue ou dê provimento a recursos de forma monocrática para garantir a observância da jurisprudência (art. 932, IV e V). Mais ainda, a vinculatividade em sentido forte hoje foi estendida às decisões proferidas em incidentes de resolução de demandas repetitivas e de assunção de competência, com cabimento de reclamação (CPC/2015, art. 988, IV). Também foi conferido efeito vinculante às decisões proferidas em processos com repercussão geral reconhecida e em recursos repetitivos, desde que esgotadas as instâncias ordinárias (art. 988, § 5º, II).

Mesmo fora dessa vinculatividade forte, o sistema brasileiro de precedentes prevê a necessidade de que os tribunais uniformizem sua jurisprudência e mantenham-na "estável, íntegra e coerente" (art. 926), bem como que juízes e tribunais observem, além das decisões vinculantes em sentido forte, também os enunciados das súmulas do STF em matéria constitucional e do STJ em matéria infraconstitucional, e ainda a orientação do plenário ou do órgão especial aos quais estiverem vinculados (art. 927, IV e V). Longe de ser uma simples importação acrítica, o Código criou um autêntico sistema brasileiro de precedentes, atento às vicissitudes do atual cenário jurídico nacional. Por certo, farão bem os juristas brasileiros em dominar conceitos como os de *ratio decidendi*, *obiter dicta* e *distinguishing*, correntes no sistema anglo-sa-

29 O mesmo autor desenvolveu sua crítica, posteriormente ao texto ora atualizado, no artigo Súmula, jurisprudência, precedente: uma escalada e seus riscos. *In: Temas de direito processual*: nona série. São Paulo: Saraiva, 2007, p. 299/313.

30 Cf. pesquisa feita no sítio do STF ("Processos recebidos e baixados") selecionando-se apenas a classe "reclamação" (Rcl). Disponível em: <https://transparencia.stf.jus.br/single/?appid=b282ea92=29-ef4-eeb9676-2-9615bddfabd&sheet-ef87c134-e282-47ac-8f8f-813754f74e76>. Acesso em: 31 jan.2021.

xão, para operar um sistema que busca promover a segurança jurídica, a isonomia e a eficiência no direito brasileiro[31].

Nessa seara, como em outras, o Brasil tem seguido seu próprio caminho. É preciso aproveitar boas práticas sem copiar defeitos estrangeiros. Por exemplo: ninguém cogita que o STF volte a exigir protocolo de petições em papel ou torne vitalício o mandato de seu Presidente apenas para emular a Suprema Corte norte-americana, mas limitar o número de recursos conhecidos em um ano à capacidade de julgamento no mesmo período, ter sessões separadas para a sustentação oral e o julgamento[32], buscar atingir consenso menos pelos resultados e mais pelos fundamentos, e mesmo hábitos prosaicos, como almoços mais frequentes entre os *Justices*, são práticas daquela Corte que podem ajudar a melhorar o funcionamento do Tribunal brasileiro. A Suprema Corte dos EUA, assim como o Supremo Tribunal Federal, tem tempos desafiadores à frente. Cumpre fiscalizar o funcionamento das instituições para garantir seu aperfeiçoamento.

---

31 BARROSO, Luís Roberto; MELLO, Patrícia Perrone Campos. Trabalhando com uma nova lógica: a ascensão dos precedentes no direito brasileiro. *Revista da AGU*, v. 15, n. 3, p. 9/52, jul./set.2016. Disponível em: <https://seer.agu.gov.br/index.php/AGU/article/view/854/730>. Acesso em: 31 jan.2021.

32 O primeiro atualizador defende essas ideias pelo menos desde 2014. V. BARROSO, Luís Roberto. *Reflexões sobre as competências e o funcionamento do Supremo Tribunal Federal*. 25 ago.2014. Disponível em: <https://www.conjur.com.br/dl/palestra-ivnl-reflexoes-stf-25ago2014.pdf>. Acesso em: 2 fev.2021.

APÊNDICE

A IMPORTAÇÃO DE MODELOS JURÍDICOS[1*]

1. Mostra a História que nações e povos não recebem de fora dos respectivos territórios somente bens materiais: também recebem, com grande frequência, ideias filosóficas e políticas, crenças religiosas, conhecimentos científicos, técnicas e manifestações artísticas. O direito não faz exceção. Raríssimos são os casos em que alguma sociedade se haja mantido impermeável, por tempo dilatado, à influência de ordenamentos jurídicos estrangeiros. Em universo como o de hoje, semelhante isolamento seria decididamente inconcebível.

No correr dos séculos, variadas têm sido as circunstâncias políticas, econômicas, culturais, que determinam ou favorecem a importação de modelos jurídicos. Não parece muito próprio incluir nesse quadro fenômenos como o da colonização e o das anexações forçadas. Nelas, a rigor, não se trata de importar: a introdução de estruturas jurídicas por obra do colonizador ou do anexador é mera consequência de mudar de mãos o domínio do território[2]. A noção de importação, no sentido em que se emprega no presente trabalho, implica iniciativa ao menos formalmente voluntária por parte do Estado receptor, que acolhe em seu ordenamento, sem que este deixe por isso de ser nacional, elementos alienígenas – e digo "formalmente voluntária" porque não raro o impulso decisivo parte de pressão externa. Cabe observar que, conquanto em regra a importação se faça a varejo, às vezes é todo um conjunto de normas estrangeiras que se traz, em bloco, para casa.

Existem casos interessantes, em que de início a implantação do di-

1 Texto de palestra proferida em 25-7-2000, no Rio de Janeiro (com o acréscimo de notas). Publicado em *Carta Mensal do Conselho Técnico da CNC*, nº 549, v. 46, no volume *Direito Contemporâneo – Estudos em homenagem a Oscar Dias Corrêa*, Rio de Janeiro, 2001, e em *Rev. da Acad. Bras. de Letras Jur.*, v. 18.

2 Há quem ache ter sido variável a atitude dos colonizadores: enquanto os latinos se inclinariam mais fortemente a uma política de assimilação, tendente a remodelar o direito do país colonizado à imagem e semelhança do seu próprio, os ingleses optariam por permitir que, sob seu controle, continuassem a vigorar os costumes tradicionais dos colonizados. *Vide*, ao propósito, DAVID, *Les grands systemes de droit contemporain*, 6ª ed., Paris, 1974, p. 572/3. Parcialmente crítica, no particular, a posição de GONIDEC, *Les droits africains*, Paris, 1976, p. 26 e s., a cujos olhos se terá exagerado bastante a diferença. Ocioso frisar que o fenômeno decerto revestiu aspectos diversificados, de acordo com numerosos fatores, como por exemplo o grau de desenvolvimento jurídico do povo subjugado.

reito alheio é fruto de apossamento territorial pelo uso da força, mas depois, modificada a situação política, instaurada ou restaurada a independência, a nação decide conservar por ato próprio, tomando seu, aquilo que lhe fora imposto pelas armas. Em várias partes da Europa, o Código Civil francês chegou a reboque das baionetas e canhões napoleônicos; depois, entretanto, não faltaram países (Bélgica, Holanda, Luxemburgo) que, apesar de libertados, mantiveram em vigor a lei francesa ou editaram códigos que lhe copiavam com fidelidade o figurino. Conta-se, ao propósito, que Napoleão, no cativeiro de Santa Helena, se proclamava mais orgulhoso de sua obra legislativa que das batalhas que vencera. Aquela teve, de fato, muito maior sobrevida, e não só no país de origem: repercutiria com vigor, como é notório, em numerosas codificações oitocentistas, até em países não diretamente afetados pelas campanhas bélicas francesas, como a Romênia e a longínqua Bolívia, onde veio a surgir o primeiro código civil do continente americano, modelado às inteiras pelo Code Napoléon[3].

Episódio curioso é o da Alsácia - Lorena, ou, mais precisamente, de três departamentos da França (Alto Reno, Baixo Reno e Mosela), incorporados à Alemanha vitoriosa na guerra de 1870-1, e em consequência submetidos ao direito do país anexador. Recuperados pela França após a Primeira Guerra Mundial, era naturalíssimo que neles voltassem a vigorar as leis francesas. Houve, porém, uma exceção. Os profissionais do direito, na região em foco, pleitearam que se mantivesse o ordenamento processual alemão, a seu ver bem mais avançado e eficiente na prática. E seu pleito foi atendido: nos três departamentos, continuou a viger a *Zivilprozessordnung* de 1877, à qual se passou a atribuir a condição de lei francesa, embora de incidência geograficamente restrita - situação tanto mais paradoxal quanto é certo que nem sequer existia tradução oficial do texto alemão para o francês[4]. Nesse pé ficariam as coisas por muitas décadas, até 1975, quando a França adotou novo código de processo civil, já agora com vigência estendida a todo o seu território. Aí, também, uma implantação a princípio forçada veio a transformar-se em opção voluntária.

3 Informação colhida em ARMINJON-NOLDE-WOLFF. *Traité de droit comparé*, t. I. Paris, 1950, p. 173.

4 Para a exposição minuciosa do episódio, consulte-se ROCHETTE, *L'influence en France de la science allemande du proces civil et du code de procédure civile allemand*, no volume coletivo *Das deutsche Zivilprozessrecht und seine Ausstrahlung auf andere Rechtsordnungen*, ed. Habscheid, Bielefeld. 1991, p. 163 e s.

2. Passemos, todavia, a algumas hipóteses interessantes de importação por iniciativa própria do importador. Recordarei em poucas palavras o caso, historicamente muito relevante, mas já recuado no tempo, da chamada *recepção* do direito romano, ao longo dos últimos séculos da Idade Média e dos primeiros tempos da Moderna, em territórios que jamais haviam pertencido a Roma, nomeadamente grande parte dos que viriam mais tarde a formar a Alemanha. Outros povos, como o inglês, resistiram com êxito a essa inundação romanística, e daí defluiu importante consequência para a história do direito: a divisão da Europa, do ponto de vista jurídico, em duas porções distintas: uma a que se veio a aplicar a designação de *civil law*, óbvia reminiscência do *ius civile* romano, alçado a posição de supremacia sobre os direitos locais; outra que, praticamente imune ao fenômeno, se tomou conhecida pelo nome de *common law*. A dicotomia prevalece até nossos dias, ampliada mundo afora, de ambos os lados, mormente pela expansão colonial, que levaria o *civil law* às áreas conquistadas por latinos, holandeses e alemães, ao passo que o *common law* acompanharia a onda imperial britânica, firmando-se nos Estados Unidos, no Canadá, na Austrália, na Nova Zelândia e, em boa medida, nas vastas regiões da África e da Ásia a que se espraiou o imperialismo inglês. Registre-se, de passagem, uma ressalva, quanto aos dois primeiros países citados: a Lousiana, nos Estados Unidos, e a província de Québec, no Canadá, permaneceram apegadas até certo ponto à tradição francesa, especialmente no campo do direito privado.

Neste contexto vale a pena rememorar alguns outros exemplos próximos de nós. No século XIX, o caso mais espetacular foi sem dúvida o Japão, fechado por tanto tempo em seu sistema de tipo feudal, quase completamente isolado do resto do mundo. Lá o que se deu foi autêntica revolução jurídica, sob o comando do Imperador Meiji, empenhado, sob pressão ocidental, a modernizar o país e integrá-lo na sociedade internacional. De início, pediu-se ajuda à França, de onde se fizeram vir personagens do mundo jurídico, para assessorar os japoneses na elaboração de códigos. Coroada de êxito no terreno penal, a intervenção francesa iria gorar no concernente a outros ramos do direito e seria, alguns anos depois, substituída pela alemã, que se refletiu desde logo no âmbito da Justiça: de fato, veio o Japão a adotar um código de processo civil fielmente modelado pelo alemão, que nesse meio-tempo vira a luz[5].

5 *Vide* ao propósito NAKAMURA, *Japan und das deutsche Zivilprozessrecht*, no volume coletivo cit. na nota 3, p. 416 e s.

Conforme facilmente se entende, a situação japonesa iria modificar-se em nosso século, por força da ocupação norte-americana ao fim da Segunda Guerra Mundial. Esforçaram-se os ocupantes, com efeito, por introduzir princípios e práticas vigorantes nos Estados Unidos. De ilustre jurista japonês, o Professor YASUHEI TANIGUCHI, um dos vice-presidentes da Associação Internacional de Direito Processual, ouvi a declaração de que o General Mac Arthur em pessoa tomou a iniciativa de aconselhar os juízes nipônicos a renunciar à atitude mais ativa, mais propensa a tomar nas mãos a efetiva direção do processo – tendência de inspiração alemã, para se recolherem a uma posição contida, que deixasse o andamento do pleito, e sobretudo a atividade instrutória na sessão de julgamento, principalmente aos cuidados das partes ou de seus advogados, tal qual acontece nos tribunais norte-americanos. Foi relativo o êxito dessa tentativa de desvio de curso, como atesta o novo código de processo civil japonês, em vigor desde] 998, no qual, se aparecem várias infiltrações americanas, as linhas estruturais preservam a feição alemã[6].

Outro fenômeno interessante foi o ocorrido na Turquia, quando Mustafá Kemal (Atatürk) se resolveu, por sua vez, a modernizar e, por assim dizer, ocidentalizar o país. Mustafá Kemal foi uma espécie de "déspota esclarecido", com atraso considerável em relação aos europeus. Para evidenciar a medida em que revolveu as bases da sociedade turca, basta lembrar a emancipação das mulheres, a proibição da poligamia, a substituição do alfabeto árabe pelo latino e – *last but not least* – a adoção do sistema métrico decimal, providência que os Estados Unidos jamais se decidiram a tomar. Certo ou errado, segundo o ponto de vista, é pouquíssimo provável que Mustafá Kemal, mais tarde convertido em ídolo do povo turco, conseguisse realizar uma parte sequer de seu programa renovador se tivesse hesitado em assumir poderes ditatoriais e em eliminar sumariamente os opositores.

Necessitando de modelo europeu para codificar o direito civil, optou Kemal pelo código civil suíço, adotado em bloco no ano de 1926. Quis depois reformar o direito processual para harmonizá-lo com o novo ordenamento substantivo. Como a Suíça não tinha (nem tem até hoje) um código nacional de processo civil, já que, nos termos da consti-

---

6 Acerca do novo código japonês vale a pena ler o artigo de TANIGUCHI, *The 1996 Code of Civil Procedure of Japan – A Procedure for lhe Coming Century?*, *in The American Journal of Comparative Law*, v. XLV (1997), nº 4, p. 767 e s., ou, em tradução para o português, *in Rev. For.*, v. 350, p. 149 e s.

tuição, compete aos cantões legislar sobre a matéria, acabou-se por dar ao problema solução um tanto curiosa: importou-se em 1927 o código processual do cantão de Neuchâtel, então o mais novo dos vinte e cinco que o cardápio suíço oferecia... Traduzida para a língua turca, veio a receber essa lei cantonal, inesperadamente, as galas de código de um país tão distante por qualquer aspecto[7].

Ainda mais recente é o caso das nações do leste europeu, tombadas, após o fim da Segunda Guerra Mundial, na órbita de influência soviética, quando não anexadas, como sucedeu com os Estados bálticos. Todas elas, mais cedo ou mais tarde, substituíram ou adaptaram suas antigas codificações para assemelhá-las, embora em grau variável, às vigentes na União Soviética. Nesse processo nem sempre é fácil distinguir o que houve de imposição externa e o que houve de verdadeiro desejo de mudança de rumo, ao menos por parte dos novos detentores do poder, adeptos que eram do marxismo-leninismo.

Conforme bem se sabe, a região atravessa dificílima fase de transição, que em alguns países parece já ter ultrapassado os piores momentos, enquanto sobre outros ainda paira grave ameaça de caos econômico e político. Não é de surpreender, nas circunstâncias, que se apresente extremamente complicado e inseguro o panorama jurídico. O único ponto claro é que se está procedendo em geral, mas nem sempre com igual velocidade, a uma autêntica marcha a ré, no sentido de que, abandonados os modelos soviéticos, se vão introduzindo outros compatíveis com a instauração ou restauração de instituições politicamente democráticas e da economia de mercado. Nessa paisagem, de contornos ainda incertos, a expectativa mais natural seria a de que se retomassem os antigos padrões oriundos da Europa central e ocidental, que tão grande repercussão haviam tido outrora nas codificações de países como Hungria, a então Tchecoslováquia, a Polônia e os Estados balcânicos, historicamente ligados à família do *civil law*. Agora, porém, é preciso contar com fator novo: a atração, espontânea ou provocada, para os modelos de *common law*, notadamente os norte-americanos, que forcejam por impor-se, na onda da penetração econômica[8].

---

7 Sobre o processo de ocidentalização do direito turco, *vide* KURU, *Die Türkei und das deutsche Zivilprozessrecht*, no volume coletivo cit. na nota 3, p. 333 e s.

8 Um exemplo: na Lituânia, leis posteriores à restauração da independência vêm introduzindo elementos do *adversarial process*, característico dessa outra família jurídica (MIKELÉNIERE-MIKELENAS, *Lithuania, in International Encyclopaedia of Laws, Civil Procedure*, v. I, p. 15).

3. Semelhante ponderação fornece-nos a deixa para uma exposição mais detida, embora inevitavelmente superficial, do caso brasileiro.

O primeiro corpo legislativo posto em vigor no Brasil foi, obviamente, o português, integrante do *civil law*, e em particular da família romano-germânica. A proclamação da Independência, em 1822, não expulsou de cena, incontinenti, o complexo acervo das normas lusas. Alguns setores viriam a ser atingidos dentro em pouco por um sopro renovador, enquanto outros permaneceram intactos, ou quase, por prazo surpreendentemente dilatado. Assim é que o nosso Império teve desde 1830 um Código Criminal, inspirado sobretudo no modelo francês, e em 1832 um Código do Processo Criminal, ao passo que a legislação civil precisou aguardar a República e, mais, o século XX, para que o Código Civil de 1916, sobrenadando a várias tentativas malogadas, varresse enfim para o lixo da História o "emaranhado cipoal"[9] das centenas de leis, decretos, alvarás, portarias e quejandos, que enovelavam inextricavelmente a vida civil.

Que dizer da importação de outros modelos, além do português, nesse período da vida brasileira? No direito privado, como era de moda, considerável foi a influência francesa, que se manifestou, por exemplo, na feitura do Código Comercial de 1850. Aí também se discernem traços da legislação espanhola, fato explicável sobretudo porque a Espanha fizera em 1829 um código mais atualizado que o francês, da era napoleônica. Por outro lado, o direito público trilhava caminho divergente: as casas legislativas imperiais voltaram os olhos, de preferência, para a Inglaterra, onde se inspiraram para uma encenação mais ou menos caricatural do regime parlamentar de governo. *Civil law* e *common law* tiveram de manter um convívio sui generis; e tal dualidade, desde logo vale adiantar, iria marcar toda a posterior evolução do ordenamento pátrio.

Com efeito. Proclamada a República, e sobretudo instituída a Federação – que era, na verdade, a grande meta no espírito de personagens ilustres e influentes – só havia no planeta um modelo digno de ser copiado no plano publicístico: o norte-americano. A primeira Constituição republicana incorporou os princípios daquela que se elaborara nos Estados Unidos uma centúria antes, e essa incorporação abrangeu, em não poucos casos, soluções dadas, ao longo do século XIX, pela Suprema Corte do grande país do norte. De semelhante orientação

9 A expressão é de CLÓVIS BEVILÁQUA, *Código Civil comentado*, 11ª ed., Rio de Janeiro-S. Paulo-Belo Horizonte. 1956, p. 10.

não se afastaria, no essencial, a maior parte das sucessivas cartas políticas brasileiras, com ressalva da outorgada em 1937, que passa por haver-se inspirado em modelo polonês[10].

Enquanto isso, os demais ramos do direito continuavam fiéis à tradição romano-germânica. Com o andar do tempo, outras influências europeias vieram a concorrer com a ibérica e a francesa. O Código Civil, por exemplo, exibe desde a estrutura geral, com sua divisão em livros, a marca alemã. Outro filão muito explorado, a partir de certa época, foi o italiano, que impregnou fortemente o nosso Código Penal de 1940, por intermédio do diploma peninsular de 1930 (o famoso Código Rocco), figurino a que se coseram, aqui e ali, ornamentos extraídos do Código suíço de 1937[11].

Quanto ao processo civil, só em 1939 veio a lume o primeiro Código nacional, cujo advento poria fim ao velho regime das legislações paralelas (federal e estaduais) sobre a matéria. Ponto curioso: quem leia a exposição de motivos do Código de 1939, devida à pena de FRANCISCO CAMPOS, então Ministro da Justiça, e atente na abundância de citações de autores norte-americanos, colherá a impressão de que os novos rumos traçados ao processo se haveriam inspirado na doutrina daquele país. Na verdade, o que predominou entre as ideias básicas - sem esquecer elementos portugueses e outros menos importantes - foram sugestões italianas, provenientes não tanto do antiquado código de 1865, então ainda em vigor na península, quanto de publicações científicas e projetos surgidos nos primeiros anos do século XX.

O vigente Código de Processo Civil, de 1973, é obra eminentemente eclética: em seu texto aglutinam-se contribuições italianas, portuguesas, alemãs em menor dose; e, em dose muito maior do que em geral se imagina, do Código de Processo Civil do Estado do Vaticano, editado pelo Papa Pio XII em 1946, e por sua vez largamente influenciado por um projeto dos anos 20, de autoria do célebre jurista italiano FRANCESCO CARNELUTII[12].

---

10 FERNANDO WHITAKER DA CUNHA, *Direito Constitucional do Brasil*, Rio de Janeiro, 1990, p. 68, acrescenta à polonesa (que valeu à Carta de 10-11-1937 o apelido de "polaca") outras fontes, duas das quais também estrangeiras: a Constituição então vigente em Portugal e a italiana *Carta del Lavoro*, no que respeita à matéria trabalhista.

11 *Vide*, por todos, HELENO CLAUDIO FRAGOSO, *Lições de Direito Penal* - Parte Geral, 2ª ed. atualizada por Fernando Fragoso, Rio de Janeiro, 1991, p. 63.

12 Permito-me remeter o leitor a BARBOSA MOREIRA, *Il codice di procedura civile dello Stato della Città del Vaticano come fonte storica dei diritto brasiliano, in Temas de Direito Processual* (Quinta Série), S. Paulo, 1994, p. 189 e s.

De qualquer maneira, o diploma processual em vigor é fiel à tradição pátria, no sentido de moldado à feição europeia continental: produto genuíno do *civil law*.

Não há dúvida de que em época muito anterior já havíamos importado institutos do mundo do *common law*: assim, para nos cingirmos a dois exemplos relevantíssimos, o habeas corpus, ainda no Império, e o recurso extraordinário, após a proclamação da República. Tratava-se, porém, de casos isolados. Na segunda metade deste século, e de modo particular nas últimas décadas, é que a infiltração anglo-saxônica se expande e, em determinados setores, parece destinada a modificar de maneira mais abrangente a índole do ordenamento pátrio. Não é de estranhar o fenômeno, visto que a Alemanha reforma seu direito falimentar de olhos postos no modelo norte-americano[13], e a Itália edita novo Código de Processo Penal sensivelmente influenciado por princípios e tendências peculiares aos Estados Unidos[14]. Se países do continente europeu, com liderança reconhecida no universo do *civil law*, se vão deixando atrair, em maior ou menor medida, pelo fascínio de ideias florescentes no outro campo, espantoso seria que nos conservássemos imunes a semelhante atração.

Segundo facilmente se compreende, a importação assume proporções mais notáveis no terreno dos atos relacionados com a vida econômica e financeira, onde mais se faz sentir o peso norte-americano. Incorporam-se figuras jurídicas que, pelo menos de início, são designadas entre nós pelas próprias expressões inglesas de origem; nem sempre se encontra (ou sequer se procura) para cada qual locução correspon-

13 WALTER, que ministra essa informação, alude a outros dados que a seu ver justificam falar-se, hoje em dia, de autêntica "recepção do direito americano" na Alemanha: *vide* o texto da conferência pronunciada em Florença, por ocasião do cinquentenário da Associazione italiana fra gli studiosi dei processo civile, em 1997, sob o título *Cinquanta anni di studi sul processo civile in Germania: dal costruttivismo all'apertura internazionale*, e publicada no volume coletivo *Cinquanta anni di studi sul processo civile*, Milão, 1998, p. 126/8.

14 O próprio AMODIO, que se insurgia, ao tempo da feitura do código de 1988, contra os exageros de uma "*anticultura de lia comparazione*", que difundia na Itália o estereótipo de futuro "processo all'americana", reconhece em mais de um ponto a influência do direito norte-americano naquela elaboração: *Il modello accusatorio statunitense e il nuovo processo penale italiano: miti e realtà della giustizia americana, no volume coletivo Il processo penale negli Stati Uniti d'America*, ed. Amodio e Bassiouni, Milão, 1988: *vide*, por exemplo, p. IX, XLIV, XLV/XLVI, XL, VIII, LIII.

dente em nosso idioma, ou então acham dificuldade em firmar-se na linguagem usual as locuções correspondentes propostas. Para ilustrar a afirmativa, aí estão, entre tantos outros, termos como *leasing, factoring, franchising, hedging, joint venture, commercial paper, spread*... Uma das mais pitorescas é a expressão *green shoes*, usada para designar o plus de ações a serem lançadas no mercado, além do limite normal.

Mas a lista das importações é extensa e alcança as mais diversas áreas. Dos anos 80 em diante, a curva é sempre ascendente. A Constituição de 1988 assimilou conceitos como o de "devido processo legal" (art. 5º, nº LIV), antes alheio à terminologia do ordenamento pátrio, se bem que já empregado em doutrina; e incluiu expressamente no rol das garantias o direito do preso a guardar silêncio (art. 52, nº LXIII), algo semelhante ao *privilege against self-incrimination* do direito constitucional norte-americano. No terreno processual merecem referência, principalmente:

a) os juizados especiais, em que não se pode deixar de reconhecer a influência do modelo anglo-saxônico dos small claims courts;

b) as ações coletivas para defesa judicial de direitos e interesses supraindividuais (Lei nº 7.347, de 24-7 -1985; Código de Defesa do Consumidor – Lei nº 8.078, de 11-9-1990, art. 81), não obstante as diferenças sensíveis entre o figurino brasileiro e o das class actions norte-americanas, para as quais se legitimam, individualmente, quaisquer membros da classe interessada, desde que vistos como "representantes adequados" dela, ao passo que o legislador pátrio optou por legitimar apenas órgãos públicos e associações voltadas para a proteção dos referidos interesses;

c) a chamada transação penal, pela qual se podem aplicar certas penas mediante o consenso da acusação e da defesa, em circunstâncias determinadas e sob condições que o texto especifica (Lei nº 9.099, de 26-9-1995, art. 76). Note-se que com isso não se chegou a imitar o instituto norte-americano do *plea bargaining*[15], em que ao acusado se oferecem tais ou quais vantagens em troca da concordância em declarar-se culpado; mas já existe quem, entre nós, o esteja preconizando: um ex-Secretário Nacional Antidrogas, ao aconselhar a criação de tribunais especiais para a matéria, sugere que neles se adote o expediente do *plea* bargaining.

15 É o que se lê no Jornal do Brasil de 18-6-2000, seção *Informe JB*. com referência ao juiz Walter Maierovich.

Se observarmos a reforma constitucional em andamento, particularmente no que diz com a Justiça, veremos que um dos alvitres em pauta consiste na atribuição de eficácia vinculante a precedentes judiciais, emanados dos Tribunais Superiores, ou pelo menos do Supremo Tribunal Federal, em certos setores do direito. É, a meu ver, uma prática que muito melhor se coaduna com o sistema jurídico do *common law* do que com o do *civil law*. Naquele, com efeito, prima a jurisprudência, chamada não raro a preencher lacunas dos textos, criando normas que regulem situações não previstas nas leis e na própria Constituição: a americana, notoriamente sintética, forma-se de disposições que em regra se limitam a fixar princípios gerais, sem descer a pormenores. O processo penal dos Estados Unidos, tal como hoje existe, é menos obra do legislador que da Corte Suprema, à qual se deve a elaboração de vistoso tecido normativo, com os escassos e tênues fios proporcionados por leitura altamente imaginativa de um punhado de cláusulas constitucionais. O caso brasileiro em muito pouco se assemelha a esse: o que escasseia aqui não são normas – abundantíssimas, ao revés, seja no patamar constitucional, seja no infraconstitucional. Nosso pecado não é de falta, é o de excesso e, com ressalva de pontos específicos, dificilmente há necessidade de acrescentar normas jurisprudenciais às legais. Dúvidas e controvérsias sobre a compatibilidade entre estas e a Constituição já podem ser dirimidas por meio das ações diretas (de declaração de inconstitucionalidade ou de constitucionalidade), que o Supremo Tribunal Federal tem julgado em número expressivo.

No entanto, o que mais preocupa a esse propósito é a expectativa, que se está gerando, de grande aceleração no ritmo dos processos. Ao contrário do que supõem pessoas mal informadas, nenhum dos países que consagram o sistema dos precedentes vinculantes se distingue por uma notável rapidez na solução judicial das lides. Nos Estados Unidos, a crer-se em dados constantes de trabalhos lá realizados, e portanto presumivelmente insuspeitos, em vários lugares é de 3 a 5 anos, em média, a duração de um pleito em primeiro grau de jurisdição, que se estenda até o *trial*[16]. Provavelmente se deve a isso a preferência de tantos pelo recurso aos chamados "meios alternativos de composição de litígios", desde a arbitragem até a submissão do caso a um juiz de aluguel (*rent-a-judge*).

16 Vide CARP-STIDHAM, *Judicial Process in America*, Washington, 1993, p. 207; HAZARD-TARUFFO, *La giustizia civile negli Stati Uniti*, Bolonha, 1993, p. 259 (desta obra há versão em inglês, publicada nos Estados Unidos).

Quanto à Inglaterra, basta frisar que, às voltas com problemas insuportáveis de lentidão, carestia e complexidade, a cada instante denunciados em trabalhos científicos e até em documentos oficiais[17], recentemente se decidiu, rompendo velha tradição, a editar um código de processo civil, em vários pontos aproximado do modelo continental europeu.

Ora, entre os postulados básicos da importação de modelos jurídicos – a par do exame da compatibilidade entre o órgão que se quer transplantar e o organismo que o vai receber – avulta a investigação atenta da maneira pela qual o instituto que se pretende importar funciona praticamente no Estado de origem. Mas é superficial e lacunoso o conhecimento que se tem aqui, com as exceções de praxe, dos ordenamentos anglo-saxônicos; ele em geral se alimenta, na melhor hipótese, da leitura de obras de segunda mão e, na pior, da pura e simples contemplação de películas cinematográficas. Seria imprescindível consultar as fontes primárias, a doutrina e a jurisprudência do próprio *common law*, de preferência no original, muitas vezes deformado em traduções inábeis. Não se costuma levar em conta, por exemplo, o fato de que o mais alto tribunal inglês, a Seção judiciária da Câmara dos Lordes, desde 1966 – há mais de trinta anos! – proclamou publicamente que não mais se consideraria vinculada às teses de seus precedentes julgamentos[18].

É sempre perigoso formular prognósticos em assuntos como este; não há, porém, sinais concretos de que a cogitada eficácia vinculante abra perspectiva ampla de sensível melhora da situação atual de nossa Justiça no que tange à excessiva demora dos processos. Naturalmente, cuida-se de questão para a qual só se poderá dar resposta satisfatória pela observação da experiência, e não à luz de ideias preconcebidas. A consumar-se a importação, teremos de medi-la pelos resultados práticos que vier a produzir. Será mister comparar escrupulosamente o que havia antes e o que haverá depois. E isso vale para toda e qualquer importação de modelos jurídicos – assim como vale, afinal de contas, para toda e qualquer modificação do ordenamento. A história da norma não acaba no momento em que se põe em vigor: ao contrário, desse momento em diante é que ela verdadeiramente começa a viver. O asserto soa acaciano;

17 Por exemplo: o *Foreword do Lord Chancellor* às novas *Civil Procedure Rules* refere-se à "*widespread public dissatisfaction with the delay, expense, complexity and uncertainty of pursuing cases through the civil courts*".

18 Informação de fácil acesso: *vide*, entre outras fontes inglesas, JAMES, *Introduction to English Law*, Londres, 1979, p. 18/9.

surpreendente é que de noção tão banal nem sempre dêem mostra de estar advertidos os promotores de reformas legislativas.

Julho de 2000.

COMENTÁRIOS DOS ATUALIZADORES

A IMPORTAÇÃO DE MODELOS JURÍDICOS

Luís Roberto Barroso / Frederico Montedonio

Como fica claro a partir da leitura do texto de Barbosa Moreira, a importação de modelos jurídicos é apenas um aspecto das importações culturais, aqui entendidas em sentido amplo. O fenômeno descrito pelo autor continua seu incessante devir até os dias atuais, movido pelos mais diversos fatores – políticos, sociais, econômicos etc. –, com a possível diferença da alta velocidade que caracteriza o mundo contemporâneo. Mas tal diagnóstico será melhor feito de fora do atual contexto, pelos historiadores do futuro. É importante notar, porém, que a influência não ocorre em apenas uma direção: ao contrário, e com frequência, o processo se dá de modo bilateral, tal como ocorre com o movimento de aproximação recíproca entre as tradições do *civil law* e do *common law*, tendência identificada inclusive por Barbosa Moreira em texto posterior[19].

Um forte exemplo deste movimento, posterior ao texto ora atualizado, foi a instalação da Suprema Corte do Reino Unido, em 2009, a partir de recomendação do Parlamento Europeu (Resolução nº 1.342/2003), o que deu fim a uma multissecular tradição jurídica. Antes disso, as funções judiciais de último grau eram exercidas pela Câmara dos Lordes – uma das casas do Parlamento britânico –, o que, apesar da elevada respeitabilidade que o órgão conquistou ao longo dos séculos, foi considerado inadequado à luz da separação de pode-

19 MOREIRA, José Carlos Barbosa. O processo civil contemporâneo: um enfoque comparativo. *In: Temas de direito processual*: nona série. São Paulo: Saraiva, 2007, p. 53.

res. Formada hoje por doze juízes que podem reunir-se em colegiados de composição variável, a Corte atua como órgão de última instância cível para todo o Reino Unido, bem como de última instância penal para os casos da Inglaterra, País de Gales e Irlanda do Norte (excluindo, assim, a Escócia). Por essa razão, seu papel não é "limitado à interpretação final de temas comuns a todo o país, mas também a questões derivadas da hermenêutica de cada um dos ordenamentos autônomos"[20]. Mesmo com a consumação da saída do Reino Unido da União Europeia (*Brexit*), no final de 2020, não há sinais de que a Câmara dos Lordes vá retomar suas antigas funções judiciais.

Na Suíça, entrou em vigor um Código de Processo Civil nacional em 2011, em substituição aos 26 códigos cantonais, já que a matéria passou a ser de competência federal naquele país. No mesmo ano, a Turquia também editou um novo Código de Processo Civil, que substituiu o diploma de 1927, baseado no antigo Código do Cantão de Neuchâtel. No que diz respeito ao Leste Europeu, recentemente entraram em vigor novos Códigos de Processo Civil na Romênia (2013), Bulgária (2015) e Hungria (2018); o CPC polonês de 1964 passou por uma reforma substancial em 2019; e está hoje em curso um movimento para substituir o CPC tcheco de 1963 por um inteiramente novo.

Quanto ao Brasil, como não poderia deixar de ser, as mudanças ocorridas recentemente também revelam influências estrangeiras, como já noticiado nas atualizações de outros textos desta coletânea. Na linhagem europeia continental, as fontes inspiradoras do atual Código brasileiro são ecléticas. Alguns exemplos: (a) o art. 5º, que trata da boa-fé processual, é idêntico ao art. 52 do atual CPC suíço; (b) o art. 10, que versa sobre o contraditório, encontra dispositivos congêneres no art. 16 do CPC francês de 1976, no art. 3º do CPC português de 2013 e no art. 101 do CPC italiano de 1940; (c) o incidente de resolução de demandas repetitivas é inspirado no *Musterverfahren* (procedimento-modelo) alemão, como expresso na exposição de motivos do CPC/2015.

Mas, embora permaneça filiado à tradição romano-germânica, o *common law* também tem deixado marcas no processo brasileiro. A mais notável delas, sem dúvida, é a atribuição de eficácia vinculante a precedentes, como já visto na atualização do texto "O processo ci-

20 GIANNINI, Leandro. *El certiorari*: la jurisdicción discrecional de las Cortes Supremas. La Plata: Librería Editora Platense, 2016. t. I, p. 309.

vil brasileiro entre dois mundos", desta coletânea[21]. Barbosa Moreira mencionou a introdução da súmula vinculante, até então apenas uma proposta de emenda à Constituição, posteriormente concretizada no art. 103-A da Carta da República, na redação determinada pela EC 45/2004. Mas houve muito mais. A vinculatividade, em sentido forte, hoje foi estendida às decisões proferidas em incidentes de resolução de demandas repetitivas e de assunção de competência, com cabimento de reclamação (CPC/2015, art. 988, IV). Também foi conferido efeito vinculante às decisões proferidas em processos com repercussão geral reconhecida e em recursos repetitivos, desde que esgotadas as instâncias ordinárias (art. 988, § 5º, II).

Mesmo fora dessa vinculatividade forte – que pressupõe o cabimento de reclamação –, o sistema brasileiro de precedentes prevê a necessidade de que os tribunais uniformizem sua jurisprudência e mantenham-na "estável, íntegra e coerente" (art. 926), bem como que juízes e tribunais observem, além das decisões vinculantes em sentido forte, também os enunciados das súmulas do STF em matéria constitucional e do STJ em matéria infraconstitucional, e ainda a orientação do plenário ou do órgão especial aos quais estiverem vinculados (art. 927, IV e V). Diante disso, juristas brasileiros agora precisam manejar conceitos como *distinguishing* e *overruling* – de denominação claramente anglo-saxã –, além das noções de *ratio decidendi* e *obiter dictum* (que, apesar da origem latina, são muito difundidos nos Estados Unidos). Esta talvez seja a aproximação mais clara do sistema brasileiro de *civil law* com a tradição do *common law*.

Merece destaque ainda a repercussão geral, inspirada no *certiorari* da Suprema Corte estadunidense, e consagrada no art. 102, § 3º, da Constituição, com redação determinada pela EC 45/2004[22]. O instituto foi disciplinado nos arts. 543-A e 543-B do CPC/1973, com reda-

---

21 Sobre o tema, v. BARROSO, Luís Roberto. MELLO, Patrícia Perrone Campos. Trabalhando com uma nova lógica: a ascensão dos precedentes no direito brasileiro. *Revista da AGU*, v. 15, n. 3, p. 9/52, jul./set.2016. Disponível em: <https://seer.agu.gov.br/index.php/AGU/article/view/854/730>. Acesso em: 6 out.2020.

22 O tema é objeto de estudo dos atualizadores. V: BARROSO, Luís Roberto; REGO, Frederico Montedonio. Como salvar o sistema de repercussão geral: transparência, eficiência e realismo na escolha do que o Supremo Tribunal Federal vai julgar. *Revista Brasileira de Políticas Públicas*, Brasília, v. 7, nº 3, 2017 p. 695-713. REGO, Frederico Montedonio. *Repercussão geral:* uma releitura do direito vigente. Belo Horizonte: Fórum, 2020 (2ª edição no prelo).

ção dada pela Lei 11.418/2006, depois substituídos pelos arts. 1.035 a 1.040 do CPC/2015. O tema é tratado no texto "A Suprema Corte norte-americana: um modelo para o mundo?", também neste volume. Hoje se discute a instituição do requisito atinente à "relevância da questão federal" para os recursos especiais, de competência do Superior Tribunal de Justiça (PEC 10/2017, atualmente em trâmite no Senado Federal, já tendo sido aprovada na Câmara sob o nº 209/2012). Digna de nota é ainda a influência do *adversary system* no processo brasileiro, particularmente no processo penal, com as alterações promovidas no CPP pela Lei 13.964/2019 (v. textos "Duelo e processo" e "O processo penal norte-americano e sua influência", também nesta oitava série). As novidades relacionadas às ações coletivas e aos juizados especiais – que encontram correspondentes nas *class actions* e nas *small claims courts* anglo-saxônicas – podem ser lidas na atualização do texto "Por um processo socialmente efetivo", também neste livro.

Quanto à expectativa de que a importação de institutos estrangeiros promova "grande aceleração no ritmo dos processos", embora não tenha havido melhoras espetaculares, deve-se notar que nos últimos anos vem se verificando uma redução no estoque de feitos pendentes no Judiciário brasileiro, conforme o último relatório *Justiça em números*, do CNJ: o acervo em 2019 era de 77,1 milhões de processos, com o que voltou-se ao volume que existia em 2015[23]. Entretanto, Barbosa Moreira permanece atual quando observa que os países da Europa continental, assim como a Inglaterra e os Estados Unidos – fontes inspiradoras de tantas reformas legislativas –, ainda continuam às voltas com a morosidade processual em seus próprios territórios, como visto na

23 "O ano de 2017 foi marcado pelo primeiro ano da série histórica em que se constatou freio no acervo, que vinha crescendo desde 2009 e manteve-se relativamente constante em 2017. Em 2018, pela primeira vez na última década, houve de fato redução no volume de casos pendentes, com queda de quase um milhão de processos judiciais. Em 2019, a redução foi ainda maior, com aproximadamente um milhão e meio de processos a menos em tramitação no Poder Judiciário. A variação acumulada nesses dois últimos anos foi na ordem de -3%. Esse resultado deriva do crescente aumento do total de processos baixados, que atingiu o maior valor da série histórica no ano de 2019, valor bem superior ao quantitativo de novos processos no Poder Judiciário (...)" (BRASIL, Conselho Nacional de Justiça. *Justiça em números 2020*: ano-base 2019. Brasília, CNJ, 2020, p. 93 e 95. Disponível em: <https://www.cnj.jus.br/wp-content/uploads/2020/08/WEB-V3-Justi%C3%A7a-em-N%C3%BAmeros-2020-atualizado-em-25-08-2020.pdf>. Acesso em: 4 fev.2021).

atualização do texto "O futuro da Justiça: alguns mitos", o primeiro desta coletânea. Naquele texto, aliás, a "supervalorização de modelos estrangeiros" foi identificada como um mito, e o autor apontou os "pressupostos" a que "devem subordinar-se as operações de importação". Cumpre aos juristas brasileiros conhecer mais a fundo outros modelos processuais e, sobretudo, exercer juízo crítico ao propor reformas, tendo em conta a realidade do Brasil.

O CONTROLE JUDICIAL DA TELEVISÃO[1]

1. Recentes episódios, relativos a novelas transmitidas pela TV Globo, repuseram na ordem do dia o tema do controle judicial da televisão. Digo "repuseram" porque o problema não é novo, e já se tinha manifestado em 1992 no caso do filme *Calígula*. Esse filme, no qual se conteriam cenas de sexo explícito e de grande violência, estava sendo anunciado, inclusive por meio de "chamadas" em diversos horários, para exibição próxima pela rede OM, concessionária do canal nº 9. Em junho daquele ano, o Ministério Público estadual ajuizou ação civil pública, em que pedia a condenação da ré a abster-se de exibir a película; e, em abril de 1993, veio o pedido a ser julgado procedente pelo Juiz de Menores de então, que cominou à ré, para a hipótese de desobediência, multa diária de três UFERJs, além do processo criminal cabível.

Na motivação da sentença, entre outros tópicos, rejeitou o julgador o argumento da ré, que buscava fundamento na proibição da censura, consagrada na Constituição da República. A tal propósito, invocou o Dr. Juiz outras disposições constitucionais, a saber a do art. 221, que rege a produção e a programação das emissoras de rádio e televisão, e a do art. 227, que enuncia os deveres da família, da sociedade e do Estado para com a criança e o adolescente. E asseverou que se tratava, na espécie, "do resguardo de um direito inalienável do indivíduo e da família", sem o qual "o enunciado constitucional seria letra morta".

Acrescente-se que a emissora não apelou da sentença, a qual, destarte, transitou em julgado.

2. A questão que mais se tem suscitado, na matéria, é justamente a da proibição da censura. A esse respeito, convém recordar as circunstâncias históricas que cercaram a elaboração da Carta da República de 1988. Emergia o país de longo período de regime discricionário, sob o qual haviam padecido as mais diversas atividades artísticas, em razão das frequentes interferências governamentais na produção de filmes, peças teatrais, composições musicais e assim por diante, segundo critérios tacanhos, para não dizer estúpidos, alimentados por uma espécie

---

1 Texto de palestra proferida em 20-3-2001, no Rio de Janeiro. Publicado em *Carta Mensal do Conselho Técnico da CNC*, nº 559.

de paranoia, que em tudo enxergava sinais de subversão. Neste como em tantos outros pontos, timbrou a Constituição em reagir contra o passado próximo; e, conforme sói acontecer em tais condições, lançou por vezes a barra longe demais.

Apesar disso, e ao contrário do que pode sugerir uma leitura apressada, o novo texto constitucional não deixa de afigurar-se um tanto equívoco no que tange à questão da censura. É certo que, no inciso IX do art. 5º, se lê: "É livre a expressão da atividade intelectual, artística, científica e de comunicação, independentemente de censura ou licença". No Capítulo V do Título VIII, onde se cuida especificamente da comunicação social, a redação é menos genérica: dispõe, com efeito, o alto 220, § 2º: "É vedada toda e qualquer censura de natureza política, ideológica e artística". Vê-se que o legislador constituinte tomou aí a iniciativa de qualificar a censura vedada, valendo-se de três adjetivos. Não faltará quem argumente que a função desses adjetivos só pode consistir em estabelecer limites à proibição: não incidiria esta, a rigor, sobre "toda e qualquer censura", mas sobre toda e qualquer censura que se inclua numa das três categorias mencionadas. Não estaria vedada, por exemplo, a censura de costumes. Impossibilitado de censurar, digamos, uma peça teatral por ser de má qualidade, ou por pregar esta ou aquela ideologia, não se poria em contraste com a Constituição a autoridade que censurasse a peça por atentatória da moral.

Nessa perspectiva, como seria possível conciliar a proibição terminante do art. 5º, nº IX, com a limitação constante do art. 220, § 2º? Fácil responder: aplicando clássica regra de hermenêutica jurídica, que determina a prevalência da norma especial sobre a norma geral, dentro da zona regulada pela primeira. O sistema teria, então, a seguinte fisionomia: em tema de comunicação social, a censura só estaria proibida se fosse de natureza política, ideológica ou artística; fora daí, sim, a proibição seria absoluta.

3. Na verdade, porém, não é necessário recorrer a essa interpretação, que tem seus riscos. O legislador constituinte de 1988 preocupou-se em estabelecer princípios a serem observados na produção e programação das emissoras de rádio e de televisão. Eles estão expressos no art. 220, cujo inciso IV impõe o "respeito aos valores éticos e sociais da pessoa e da família". Compreendeu-se que seria anódina a inclusão de semelhante preceito no texto constitucional se não viesse acompanhada da indicação do remédio utilizável na hipótese do respectivo descumprimento. Por isso, o art. 220, § 32, nº l, atribui à lei federal competência para "estabelecer os meios legais que garantam à pessoa e à família a possibilidade de se defenderem de programas ou programações de rádio e televisão que contrariem o disposto no art. 221". É óbvio que entre esses "meios legais" não pode deixar de incluir-se o recurso ao Poder Judiciário.

Ora, se a Constituição, no particular, admite a todas as luzes a intervenção do juiz, que o interessado provoque, então, a partir-se da premissa de ser irrestrita a proibição da censura, só uma conclusão se deixa tirar: a de que o controle judicial da matéria *pura e simplesmente não constitui censura*, é algo que se situa fora do âmbito conceptual da censura, tal como a entende a Carta da República.

Acresce que já existe a lei federal indicada no texto do art. 220, § 32, nº 1. Já existia, registre-se, antes da Constituição, e continua a existir, recebido que foi por esta, e em termos expressos, o instituto por aquela criado. Trata-se da chamada ação civil pública, referida no art. 129, nº m, da Carta em vigor, Disciplina-a a Lei nº 7.347, de 24-7-1985, cujo art. 1º demarca a área de atuação desse instrumento processual, utilizável para reprimir danos morais e patrimoniais causados "ao meio ambiente" (nº I), "ao consumidor" (nº II), "aos bens e direitos de valor artístico, estético, histórico, turístico e paisagístico" (nº III) e "a qualquer outro interesse difuso ou coletivo" (nº IV). Nesta última cláusula está abrangido o interesse na observância, pelas emissoras de rádio e televisão, das diretrizes constantes do art. 220, e em particular daquela que torna obrigatório o "respeito aos valores éticos e sociais da pessoa e da família".

4. Com efeito. A expressão "interesses difusos", durante largo tempo empregada sem grande precisão pela doutrina, veio a merecer, entre nós, definição legal, no art. 81, parágrafo único, nº 1, da Lei nº 8.078, de 11-9-1990 (Código de Defesa do Consumidor). De acordo com tal definição, entendem-se por difusos os interesses "transindividuais, de natureza indivisível, de que sejam titulares pessoas indeterminadas e ligadas por circunstâncias de fato".

Pois bem. O interesse em que as emissoras respeitem os valores éticos e sociais da pessoa e da família ultrapassa à evidência os lindes da esfera jurídica individual. Por exemplo: a transmissão de textos ou cenas que ofendam a dignidade da família não atinge unicamente este ou aquele indivíduo, nem unicamente este ou aquele grupo familiar, considerado de per si, mas o conjunto deles. O objeto do interesse é, sem sombra de dúvida, indivisível, não comporta partilha entre os interessados, nem diferença de sorte entre eles: ou o interesse é atendido, e com isso se satisfazem todos os interessados, ou é violado, e isso importa a insatisfação da totalidade deles. Basta pensar no teor de palavras ou de imagens transmitidas, em determinado momento, por esta ou aquela emissora: a recepção é igual para todos quantos tiverem, nesse momento, os seus aparelhos sintonizados com a emissora: não se concebe que cada ouvinte, ou cada telespectador, receba uma mensagem diferente. Por fim, os titulares do interesse não se acham juridicamente vinculados uns aos outros, senão apenas ligados pela circunstância de fato de ouvirem rádio ou assistirem a programas de televisão.

Que é lícito pleitear do juiz, na hipótese de verificar-se que o interesse em causa está sendo lesado, ou na iminência de o ser? A ação civil pública é exercitável a título cautelar, antes de consumada a lesão, exatamente com o objetivo de evitá-la: foi o que aconteceu no episódio relatado de início, em que se quis (e se conseguiu) evitar a transmissão do filme. Se o dano já não é potencial, mas atual, pode-se requerer medida judicial tendente a fazê-lo cessar, ou, caso seja isso impossível, a condenação do infrator a uma prestação pecuniária. É o que se extrai dos arts. 3º e 4º da Lei nº 7.347.

Resta uma questão importante: a quem se abre a possibilidade de intentar a ação? (Ou, em linguagem técnica processual, quem se legitima a propô-la?) Responde o art. 5º da lei, que habilita concorrentemente várias entidades: o Ministério Público, a União, os Estados e Municípios, e ainda autarquia, empresa pública, sociedade de economia mista ou associação civil que, constituída há pelo menos um ano, inclua entre suas finalidades institucionais a proteção do interesse em jogo. Na prática, a maior parte das ações civis públicas vêm sendo ajuizadas pelo Ministério Público; mantém-se em nível modesto a contribuição dos outros legitimados, notadamente a das associações civis. Registre-se, de passagem, que a legitimação do Ministério Público foi encampada em termos expressos pela Constituição, no art. 129, nº III.

Semelhante atribuição perfeitamente condiz com a posição atribuída ao órgão pela Carta de 1988. No art. 127, *caput*, lê-se que "o Ministério Público é instituição permanente, essencial à função jurisdicional do Estado, incumbindo-lhe a defesa da ordem jurídica, do regime democrático e dos interesses sociais e individuais indisponíveis". Uma ou outra voz isolada tem criticado a sistemática vigente na matéria, argumentando que concretizar os conceitos constitucionais do art. 221 é tarefa altamente subjetiva, e pouco democrático autorizar alguém, que não foi investido nessa função pelos cidadãos, a determinar a programação que poderá atingi-los aos milhões. O argumento não poderia ser mais anêmico. Certa dose de subjetividade é impossível de ser eliminada na interpretação de um sem-número de textos constitucionais e legais; além disso, não é o Ministério Público que decide: ele se cinge a propor a ação, mas quem vai decidir é, obviamente, o juiz. Dir-se-á que tampouco este "foi investido nessa função pelos cidadãos"; e é verdade, ao menos onde, como no Brasil, não sejam eleitos os juízes pelo voto popular – felizmente, é o caso de ajuntar. Tirar daí que também ao juiz é pouco democrático atribuir a tarefa de concretizar conceitos como os usados no art. 221 implica, em última análise, impugnar a própria legitimidade do exercício da função jurisdicional, que a todo instante envolve esse mister.

Realmente, o legislador não pode prescindir do emprego de expressões de contornos relativamente indefinidos: a alternativa, impraticável, seria o mais descabelado casuísmo. Recordem-se dois exemplos. A Lei de Introdução ao Código Civil, no art. 17, estatui que "as leis, atos e sentenças de outro país, bem como quaisquer declarações de vontade, não terão eficácia no Brasil, quando ofenderem a soberania nacional, a ordem pública e os bons costumes". Para ficarmos na cláusula derradeira, é manifesta a dose de subjetividade que influenciará o aplicador da norma, na hora de discriminar os bons e os maus costumes; mas é também manifesta a impossibilidade em que se veria a lei de enumerar, um por um, os costumes dignos da qualificação de "bons". O art. 121, § 2º, nº I, do Código Penal prevê como forma qualificada de homicídio, punida com pena mais grave, o fato de matar alguém "por motivo torpe". Salta aos olhos que seria insensato pretender do legislador uma catalogação exaustiva de todos os motivos merecedores de ser considerados "torpes"; e salta igualmente aos olhos que um juiz poderá enxergar torpeza onde outro não a enxergue. Tolerar que a subjetividade atue em certa medida é o preço que pagamos pela comodidade das fórmulas sintéticas; e não há ordenamento no mundo que dispense a utilização daquilo que em doutrina se conhece pela denominação de "conceitos jurídicos indeterminados".

5. Pois foi o Ministério Público que se dispôs, em data ainda recente, a agir de novo, como agira no caso do filme Calígula, desta vez com rela ção a duas novelas transmitidas pela TV Globo e intituladas *Uga Uga* e *Laços de família*. Em ambas, alegou-se, estariam sendo exibidas, em horário inconveniente, cenas de exacerbada violência e de forte conotação sexual; e, no caso da novela Laços de família, com a agravante da participação, sem alvará judicial, de menores, passíveis de sofrer influência nociva a seres em formação mental e emocional. Pedia-se, por isso, na essência, a condenação da emissora a adequar o teor das novelas ao horário em que vinham sendo exibidas, ou a passar a exibi-las depois das 21 horas, bem como a não gravar cenas com crianças e adolescentes sem o competente alvará.

Um dos argumentos da defesa consistiu em afirmar que a providência requerida feria a liberdade de expressão e importava censura. Quanto aos menores, o Ministério Público não teria como pretender substituir os pais, no exercício do pátrio poder. Disse ainda a ré que os conceitos morais e éticos são puramente subjetivos, e que a seminudez já se integrou na cultura nacional.

A ação concernente à novela Uga Uga ainda não recebera julgamento quando da redação deste trabalho. Entretanto, a relativa à novela Laços de família foi julgada por sentença de 30 de janeiro do corrente ano, do Juízo da 1ª Vara da Infância e da Juventude. O Dr. Juiz julgou procedentes, quase *in totum*, os pedidos. Repeliu, de início, a arguição de ilegitimidade do Ministério Público, a seu ver bem fundada na Constituição e ne Estatuto da Criança e do Adolescente. Também rejeitou o argumento relativo à censura, sublinhando que a proibição constitucional não abrange o controle judicial, sujeito à garantia do contraditório e da ampla defesa, *a fortiori* porque ausente, na hipótese, qualquer componente política, ideológica ou artística. Frisou que a liberdade de expressão "não pode ser interpretada de maneira absoluta, de modo que prevaleça sobre outros direitos constitucionalmente assegurados, tal como o direito prioritário da criança e do adolescente a um desenvolvimento físico, educacional. moral e espiritual sadio". Proclamou que a ação civil pública "é meio legítimo para garantir a observância" dos princípios insculpidos no art. 221 da Carta da República. Acrescentou que a postulação atinente ao, menores encontra apoio no art. 227 da Constituição e no Estatuto da Criança e do Adolescente. E verberou a "banalização" do sexo e da violência pelos meios de comunicação social, capaz de influir negativamente na formação psicológica e moral de crianças e adolescentes. Em conclusão, condenou a emissora a não gravar cenas com menores a não ser mediante autorização do Juízo, a não transmitir a novela antes das

21 horas (inclusive em eventuais reexibições), e a pagar a importância de R$ 3.020.000,00 a título de reparação, a qual reverterá, nos termos da sentença, em favor das instituições governamentais de abrigo a menores, situadas no Rio de Janeiro.

6. Não tendo assistido a mais que alguns trechos de capítulos de ambas as novelas, nenhuma das quais acompanhei, não desejo manifestar-me aqui sobre o mérito das alegações do Ministério Público no tocante aos fatos. É certo que basta ver uma cena ou outra para justificar a impressão de serem aquelas verdadeiras. Tenho escrúpulo, no entanto, em fazer dessa impressão uma convicção segura.

O que me moveu a tratar do assunto nesta oportunidade foi menos o propósito de emitir opinião acerca de tal ou qual episódio que o de deixar clara uma posição de princípio. Seria absurda, a meu ver, a inexistência de todo e qualquer controle sobre as emissoras, na matéria. A chamada autorregulamentação não tem funcionado na prática. Há muitos anos adotou a Associação Brasileira de Emissoras de Rádio e Televisão (ABERT) um "Código de Ética" que jamais foi cumprido. A leitura de alguns dispositivos gera apenas irrisão. Por exemplo: reza o art. 5º que "as emissoras transmitirão entretenimento do melhor nível artístico e moral, seja de sua produção, seja adquirido de terceiros, considerando que a radiodifusão se destina ao recesso dos lares"; nos termos do art. 7º, "não serão transmitidos programas de cunho obsceno ou que advoguem a promiscuidade de qualquer forma de perversão sexual, admitindo-se as sugestões de relações sexuais dentro do quadro da normalidade e revestidas de sua dignidade específica"; consoante o art. 9º, "a violência física ou psicológica só será apresentada dentro do contexto necessário ao desenvolvimento racional de uma trama consistente e de relevância artística e social, acompanhada de demonstração das consequências funestas ou desagradáveis para aqueles que a praticam"; dispõe o art. 10 que "a violência, o crime e o sexo jamais serão apresentados inconsequentemente". Só quem nunca assistiu a qualquer programa de televisão será capaz de acreditar numa relação, mesmo longínqua, entre o que dizem esses textos e o que se costuma ver na telinha.

Inoperante a autorregulamentação e limitada por dispositivos constitucionais a atuação do Poder Executivo, resta o controle judicial, que acha na Constituição inequívoco amparo. A via processual adequada é, sem dúvida alguma, a ação civil pública. Diversas entidades estão legitimadas a intentá-la. Por motivos que seria interessante perquirir, mas dos quais não é este o momento azado para cogitar, o Ministério Público, sozinho, é que vem assumindo a iniciativa. No particular, a meu ver, não compete à sociedade senão agradecer-lhe.

Fevereiro de 2001.

COMENTÁRIOS DOS ATUALIZADORES

O CONTROLE JUDICIAL DA TELEVISÃO

Luís Roberto Barroso / Frederico Montedonio

Nesta palestra, Barbosa Moreira defende a possibilidade de controle judicial da observância, pelas emissoras de televisão, dos "princípios" previstos no art. 221 da Constituição, sendo cabível a propositura de ação civil pública, aqui enquadrada como um dos "meios legais" previstos no art. 220, § 3º, II, da Carta de 1988. A controvérsia insere-se num dos debates mais sensíveis do direito contemporâneo: os limites da liberdade de expressão e a validade de eventuais critérios de censura, temática que, embora ainda aplicável à televisão, assume especial relevo nas manifestações via internet.

A doutrina de Barbosa Moreira[2] foi expressamente citada na decisão do Superior Tribunal de Justiça que manteve a decisão liminar proibitiva da exibição da novela *Laços de Família* antes das 21h[3]. A produção teve de alterar o roteiro, com saída dos menores de 18 anos[4]. Três semanas depois, com um acordo e adequações do conteúdo, a

2 V. artigo em que o autor defende ideias semelhantes às do presente texto, intitulado "Ação civil pública e programação da TV" (*Revista de Direito Administrativo*, n. 201, p. 45-56, jul./set.1995).

3 STJ, MC 3.339, Rel. Min. Antônio de Pádua Ribeiro, decisão monocrática de 29/11/2000. A sentença que julgou procedente o pedido do Ministério Público em primeira instância foi proferida nos autos da ação civil pública 0189928-65.2000.8.19.0001.

4 *"Laços de Família" muda sua trama e tira do enredo menores de 18 anos*. Folha de S. Paulo, 28/11/2000. Disponível em: <https://www1.folha.uol.com.br/folha/ilustrada/ult90u7077.shtml>. Acesso em: 4 fev.2021.

novela voltou a ter crianças e a ser exibida no horário normal, por volta de 20h30[5]. Quando da reprise da novela, no ano de 2005, houve nova polêmica e foi firmado um termo de ajustamento de conduta, com exclusão de cenas para que a produção pudesse ser exibida às 14h30[6]. Citação semelhante ao autor ocorreu na sentença que decidiu o pedido relacionado à novela *Uga Uga*, proferida em 31/8/2001 – quando todos os episódios já haviam sido transmitidos –, para condenar a TV Globo "a não transmitir a novela antes das 20 horas em eventuais reprises", o que foi mantido pelo Tribunal de Justiça[7].

Na mesma época da palestra de Barbosa Moreira, quando o debate sobre o tema era candente como hoje, o primeiro atualizador elaborou parecer com algumas premissas diversas das defendidas no texto ora atualizado[8]. Não sendo esta a sede própria para divergir, cumpre apenas noticiar o desenvolvimento da matéria até o presente. Fato é que, nos anos seguintes, o STF assentou que a classificação indicativa (CF, art. 21, XVI) tem finalidade meramente informativa e não vincula as emissoras de rádio e televisão, de modo que foi declarado inconstitucional trecho do art, 254 do Estatuto da Criança e do Adolescente, que penalizava a transmissão de espetáculo "em horário diverso do *autorizado*" (ADI 2.404, Rel. Min. Dias Toffoli, j. 31/8/2016).

O foco desta atualização, porém, recairá no controle *judicial* da liberdade de expressão no Brasil e trará breves notas sobre as perspectivas de desdobramentos futuros. A propósito, pesquisa empírica com 24 ações civis públicas propostas na Justiça Federal sobre a temática revelou que, em primeiro grau, mais da metade dos feitos (58,3%) foram julgados improcedentes ou extintos sem resolução de mérito; um terço (33,2%) tiveram sentenças homologatórias de acordo; e apenas 8,1%

---

5 *Em 2000, Laços de Família mudou de horário e teve crianças vetadas*. Disponível em: <https://natelinha.uol.com.br/novelas/2020/09/05/em-2000-lacos-de--familia-mudou-de-horario-e-teve-criancas-vetadas-150396.php>. Acesso em 4 fev.2021.

6 *TV Globo faz acordo para reprisar Laços de Família à tarde*. Conjur, 16 fev.2005. Disponível: <https://www.conjur.com.br/2005-fev-16/tv_globo_faz_acordo_reprisar_lacos_familia_tarde>. Acesso em: 4 fev.2021.

7 TJRJ, Ap. Cível 0189204-61.2000.8.19.0001 (2001.001.28555), Rel. Des. Ely Barbosa, j. 16/4/2002.

8 BARROSO, Luís Roberto. Liberdade de expressão, censura e controle da programação de televisão na Constituição de 1988. *Revista dos Tribunais*, n. 790, p. 129-152, ago.2001.

foram julgados procedentes. Em segundo grau, 83,3% foram julgados improcedentes e 16,6% redundaram em transação. A autora do estudo concluiu que "a via judicial não demonstrou ser o melhor caminho para a resolução dos litígios, principalmente pelo tempo de duração do processo e pela subjetividade dos valores envolvidos nas demandas", e observou ainda que José Carlos Barbosa Moreira foi o autor mais citado nas petições iniciais das ações civis públicas[9].

Como já tratado pelo primeiro atualizador em breve retrospectiva mais recente[10], o Supremo Tribunal Federal tem um conjunto amplo de decisões em matéria de liberdade de expressão, sendo que a maior parte de suas intervenções foi no sentido de assegurá-la e de ampliá-la. Em matéria de *liberdade de imprensa*, julgamento emblemático foi o que considerou inteiramente incompatível com a Constituição de 1988 a Lei 5.250/1967, a Lei de Imprensa do Regime Militar, que continuava em vigor em 2009, quando foi repelida (ADPF 130, Rel. Min. Ayres Britto, j. 30/4/2009). Naquele julgamento, o Ministro relator sublinhou que "[n]ão há liberdade de imprensa pela metade ou sob as tenazes da censura prévia, *inclusive a procedente do Poder Judiciário*, pena de se resvalar para o espaço inconstitucional da prestidigitação jurídica" (destaques acrescentados).

Em outra decisão, assentou o Tribunal que a crítica dura a pessoas públicas, mesmo que grosseira ou injusta, não deve, como regra, sofrer limitações (AI 690.841, Rel. Min. Celso de Mello, j. 21/6/2011). Em dezenas de casos, o STF reformou decisões das instâncias inferiores que limitavam a liberdade de imprensa, como no caso de publicação que foi retirada de circulação por crítica a um Governador de Estado (Rcl 18.638, Rel. Min. Luís Roberto Barroso, j. 17/9/2014). Um mau momento do Tribunal, nessa temática, foi a censura imposta à revista eletrônica *Crusoé*, em 2019. A decisão, todavia, foi revogada dias depois.

Em questões envolvendo criação artística, merece registro o julgamento que considerou inconstitucionais dispositivos do Código Civil

---

9 CABRAL, Ticianne Maria Perdigão. *Controle jurisdicional de conteúdo da programação televisiva comercial aberta*. Dissertação de mestrado defendida na Universidade Federal de Pernambuco em 2013, p. 112-115, 133, 136 e 141. Disponível em: <https://repositorio.ufpe.br/bitstream/123456789/15659/1/Disserta%C3%A7%C3%A3oTiciane%20Cabral.pdf>. Acesso em: 5 fev.2021.

10 BARROSO, Luís Roberto. *Sem data venia*: um olhar sobre o Brasil e o mundo. Rio de Janeiro: História Real, 2020, p. 102-107.

que exigiam prévia autorização da pessoa ou da família para a publicação de sua biografia (ADI 4.815, Rel. Min. Cármen Lúcia, j. 10/6/2015). Sob a vigência dos arts. 20 e 21 do Código Civil, foi proibida a circulação de livros que traziam as biografias de Mané Garrincha, Roberto Carlos, Guimarães Rosa, Leila Diniz e Lampião, entre outros. Como intuitivo, a exigência de concordância prévia teria como consequência a produção apenas de biografias *chapa branca*. Ainda nesse tema, um caso curioso envolveu o diretor teatral Gerald Thomas. Em reação às vaias do público ao final da apresentação de sua montagem da peça Tristão e Isolda, o referido diretor subiu ao palco, simulou um ato de masturbação e exibiu as nádegas para uma plateia atônita. Foi denunciado criminalmente pela prática de ato obsceno. O STF, no entanto, extinguiu a ação penal, por considerar que a atitude, inadequada e deseducada como fosse, constituía exercício de liberdade de expressão, tendo em vista tratar-se de uma peça de temática madura, assistida por um público adulto (HC 83.996, Rel. p/ o acórdão Min. Gilmar Mendes, j. 17/8/2004).

O STF assegurou, ainda, a exibição do Especial de Natal do Porta dos Fundos, uma sátira que alegadamente teria ofendido o sentimento cristão ao retratar um Jesus *gay* (Rcl 38.782, Rel. Min. Dias Toffoli, j. 9/1/2020). O programa havia sido retirado do ar por decisão do Tribunal de Justiça do Rio de Janeiro. Também por decisão do Supremo, foi restabelecida a circulação de revista infanto-juvenil que exibia um beijo entre dois homens, e havia sido recolhida por determinação judicial (SL 1.248, Rel. Min. Dias Toffoli, j. 8/9/2019). Por fim, já no contexto que combinava liberdade de expressão e de reunião, o Tribunal garantiu o direito de realização da "Marcha da Maconha", afirmando que a defesa da descriminalização do consumo de determinada substância não constitui incitação à prática de crime (ADPF 187, Rel. Min. Celso de Mello, j. 15/6/2011).

Um tema que divide corações e mentes é o das manifestações de ódio, frequentemente referidas por sua identificação em inglês: *hate speech*. O conceito traduz referências ofensivas, discriminatórias ou depreciativas de grupos minoritários ou vulneráveis. Na Alemanha, tendo em conta especialmente o trauma do nazismo, é crime negar o holocausto, bem como são proibidos símbolos nazistas e manifestações de ódio, como racismo e antissemitismo. O mesmo vale para o Brasil. Decisões do Supremo Tribunal Federal consideraram crime manifestações negacionistas do holocausto ou preconceituosas contra o povo judeu, por constituírem incitação ao racismo (HC 82.424, Rel.

Min. Maurício Corrêa, j. 19/3/2004). A mesma linha de entendimento foi adotada relativamente a ameaças, agressões e discriminações contra pessoas da comunidade LGBTI+, ao equiparar a homofobia ao racismo (ADO 26, Rel. Min. Celso de Mello, j. 26/6/2019). Ambas as decisões geraram debates intensos e tiveram votos divergentes. Na televisão, houve ações motivadas por discursos de ódio contra ateus[11] e homossexuais[12].

Outra questão que divide opiniões é a que diz respeito ao chamado *direito ao esquecimento*, isto é, de não ser mencionado em meios de comunicação social ou nos buscadores de notícias na internet por fatos pretéritos desabonadores. Um precedente importante na matéria foi o *caso Doca Street*, julgado pelo Tribunal de Justiça do Rio de Janeiro[13]. O autor de um rumoroso crime passional ocorrido na cidade de Búzios tentou, sem êxito, impedir a transmissão de um programa de televisão retratando o episódio, sob o fundamento de que já havia cumprido pena e estava ressocializado. Em outro caso, o Superior Tribunal de Justiça[14] condenou emissora de televisão a pagar indenização por exibir programa acerca da chamada *Chacina da Candelária*, citando o nome de pessoa que veio a ser absolvida da acusação de haver participado do crime. Já o Tribunal de Justiça da União Europeia determinou a retirada do *site* de pesquisas da Google da referência ao fato de que um indivíduo, muitos anos atrás, tivera sua casa vendida em leilão por débito com a Previdência Social. O fundamento da decisão foi a ausência

---

11 ACP 0023966-54.2010.4.03.6100, 5ª Vara Federal Cível de São Paulo. A ação foi movida em razão de ataques a ateus no programa "Brasil Urgente", apresentado por José Luiz Datena. Na pendência da apelação contra a sentença de procedência do pedido, foi celebrado termo de ajustamento de conduta entre o MPF e a TV Bandeirantes, em que a emissora se obrigou a veicular campanha sobre a diversidade de crenças no Brasil, inclusive o ateísmo, consistente em 72 inserções de 40 segundos cada nos intervalos do "Brasil Urgente" e do "Jornal da Band".

12 ACP 0002751-51.2012.4.03.6100, 24ª Vara Federal Cível de São Paulo. O ajuizamento deveu-se a ataques a participantes da Parada Gay pelo pastor Silas Malafaia no programa "Vitória em Cristo". O pedido foi julgado juridicamente impossível e o processo extinto sem resolução de mérito em primeiro grau. O TRF da 3ª Região reverteu a sentença em apelação e determinou o prosseguimento do feito, que, porém, está sobrestado aguardando o julgamento dos recursos especial e extraordinário interpostos contra o acórdão da Corte Regional.

13 TJRJ, 5ª CC, Ap. Cível 2005.001.54774, Rel. Des. Milton Fernandes, j. 28/3/2006.

14 STJ, 4ª T., REsp 1.334.097, Rel. Min. Luís Felipe Salomão, j. 28/5/2013.

de qualquer interesse público na informação[15]. A matéria, sob regime de repercussão geral, teve julgamento iniciado pelo STF (RE 1.010.606, Rel. Min. Dias Toffoli).

Por fim, existem questões associadas à internet e às mídias sociais que começam a desafiar equacionamento e solução. Entre elas, as *campanhas de desinformação*. Em todo o mundo, o tema das chamadas *fake news* tem sido um problema grave, com impacto em áreas e países diversos, inclusive nas eleições americanas, nas da Índia e no Brexit. Notícias fraudulentas são aquelas criadas e difundidas de forma deliberada, com o objetivo de obter vantagem (política, patrimonial ou moral), causando danos a pessoas, grupos ou instituições[16]. Constituem falhas do mercado digital de livre difusão de informações, ideias e opiniões. Falhas de mercado exigem regulação[17]. E, também, autorregulação: cabe prioritariamente às próprias mídias sociais fazerem o controle, não de conteúdo, mas de comportamentos inaceitáveis, como o uso de robôs, contas e perfis falsos, assim como impulsionamentos ilegais. Uma variação desse fenômeno são os ataques à ciência e ao conhecimento estabelecido, com base em superstições, achismos ou concepções pré-iluministas e seus terraplanismos variados.

Há também o risco de *censura privada*. As plataformas tecnológicas – entre as quais WhatsApp, Facebook, Twitter e Instagram – se transformaram em ágoras eletrônicas, constituindo uma gigantesca esfera pública para comunicação e debate. Ainda que, como regra geral, o Estado não deva interferir na comunicação social, evitando a censura prévia, o que dizer em relação à censura privada, que ocorre quando as próprias mídias sociais removem conteúdo? De fato, algum tempo atrás, o Facebook desativou páginas de contas ligadas a um movimen-

---

15 Acórdão do Tribunal de Justiça da UE (Grande Secção), de 13/5/2014. Disponível em: <http://curia.europa.eu/juris/document/document.jsf?doclang=PT&text=&pageIndex=1&part=1&mode=req&docid=152065&occ=first&dir=&cid=201752>. Aceso em: 5 fev.2021.

16 BARROSO, Luna Van Brussel. *Mentiras, equívocos e liberdade de expressão*. JOTA, 29/5/2020. Disponível em: <https://www.jota.info/coberturas-especiais/liberdade-de-expressao/mentiras-equivocos-e-liberdade-de-expressao-29052020>. Acesso em: 5 fev.2021.

17 BINENBOJM, Gustavo. *Fake news como externalidades negativas*. JOTA, 23/6/2020. Disponível em: <https://www.jota.info/opiniao-e-analise/colunas/publicistas/fake-news-como-externalidades-negativas-23062020>. Acesso em: 2 fev.2021.

to político[18]. Em 2020, o Twitter e o Facebook, por decisão própria, sem ordem judicial, removeram duas postagens do Presidente Jair Bolsonaro, ambas relacionadas à Covid-19, por comentários que contrariavam o consenso científico. E, em janeiro de 2021, o Twitter e o Facebook suspenderam a conta do ex-Presidente Donald Trump, no rastro da reação à invasão violenta do Capitólio americano. Parece fora de dúvida que as redes sociais possam fazer prevalecer os seus *termos de uso*, evitando se tornarem vias de trânsito para conteúdo ilegal ou moralmente indesejável, como, por exemplo, pornografia infantil, racismo, incitação à violência, terrorismo ou *revenge porn*. Mas, para que tal conduta seja legítima, não constituindo uma violação privada à liberdade de expressão, é imprescindível que seus critérios sejam públicos e transparentes, sem margem à arbitrariedade e à seletividade.

Acrescenta-se, ainda, o *ataque às instituições*. Em junho de 2020, o Supremo Tribunal Federal considerou legítima a continuidade de um inquérito que apurava ataques e ameaças ao Tribunal e seus Ministros, bem como a outras instituições constitucionais. Tratava-se, na verdade, do comportamento massivo de grupos radicais, orquestrados e financiados com o propósito de desestabilização da democracia e viabilização de uma ruptura institucional. O Tribunal assentou que manifestações que visam a abalar a independência do Poder Judiciário, pela via da ameaça aos membros da Corte e a seus familiares, atentam contra os Poderes instituídos, contra o Estado de direito e contra a democracia (ADPF 572, Rel. Min. Edson Fachin, j. 18/6/2020).

Como se nota, o debate sobre o tema, que já era denso, passou a ser *hipercomplexo*, não só no Brasil, mas em todo o mundo. Reflexões sobre a matéria precisam avançar na academia e também nos parlamentos, a fim de instituir regulamentações sadias, que protejam a democracia e os direitos fundamentais.

---

18 *Facebook retira do ar rede de contas ligadas ao MBL antes das eleições de 2018.* O Estado de São Paulo, 25/7/2018. Disponível em: <https://politica.estadao.com.br/noticias/eleicoes,facebook-retira-do-ar-rede-de-contas-ligadas-ao-mbl-antes-das-eleicoes-2018,70002414717>. Acesso em: 5 fev.2021.

O DIREITO EM TEMPOS DE GLOBALIZAÇAO[1]

1. É bem conhecida a observação irônica de PASCAL, a quem parecia surpreendente que, à luz das leis, algo pudesse ser verdade de um lado e erro do outro lado dos Pireneus. Nas palavras do filósofo, "*on ne voit rien de juste ou d'injuste qui ne change de qualité en changeant de climat. Trois degrés d' élévation du pôle renversent toute la jurisprudence. Un méridien décide de la vérité*". E vinha a exclamação sarcástica: "Plaisante *Justice* qu'une rivière borne!"[2].

Com efeito, um dos traços que põe em evidência até a mais superficial observação do panorama universal, nessa matéria, é a enorme quantidade e a extrema diversidade dos ordenamentos jurídicos. Nem é preciso remontar às linhas históricas, tão marcadas por meandros e vaivéns, da evolução do direito. Hoje mesmo, passados tantos anos de contacto e interação entre os povos, continua impressionante a variedade.

Vale registrar que o fenômeno não se manifesta apenas no confronto entre os distintos Estados soberanos, senão também no interior de muitos deles. Basta lembrar a existência de federações em que cada unidade se rege, em maior ou menor medida, por normas próprias. Assim ocorre, por exemplo, nos Estados Unidos, com a legislação civil e a penal, para nos limitarmos a dois pontos salientes; adite-se, no tocante ao direito penal, que aos ordenamentos dos cinquenta Estados se acrescentam leis da União, com a consequente coexistência de crimes estaduais e crimes federais. A Suíça tem um código civil unitário, mas no terreno processual só agora está tratando de elaborar um código de processo civil nacional; subsistem nesse meio-tempo mais de duas dezenas de códigos que emanaram do exercício, pelos cantões, da competência legislativa a eles atribuída.

O espírito humano nem sempre se mostrou conformado com semelhante realidade. Em vários momentos da história suscitaram-se

---

1 Texto de palestra proferida em 10-7-2001, no Rio de Janeiro (com o acréscimo de notas). Publicado em *Carta Mensal do Conselho Técnico da CNC*, nº 564, *Rev. Bras. de Dir. Comp.*, v. 20, *Rev. de Dir. Renovar*, v. 21, *Rev. da Acad. Bras. de Letras Jur.*, v. 19/20, *Direito e Cidadania* (Cabo Verde), nº 14.

2 PASCAL, *Pensées*, nº 94 (ed. *Le livre de poche classique*, Paris, 2000, p. 81).

ideias e fizeram-se tentativas, de maior ou menor ambição, no sentido de modifica-la. Impérios houve, antigos e modernos, que se esforçaram por assimilar os povos subjugados, estendendo-lhes total ou parcialmente o regime jurídico aplicável aos colonizadores. Não foram poucas, nas elucubrações de pensadores, as imagens de um ordenamento universal. Cultores do chamado direito natural racionalista alimentavam a crença de que seria possível ao homem, partindo de certos princípios fundamentais, descoberto, pela razão, e utilizando as armas da lógica, edificar um sistema completo de normas, apropriado a qualquer sociedade. Convém notar que, reduzido a um esquema caricatural, esse pensamento veio a constituir alvo fácil do positivismo jurídico e concorreu para o descrédito em que caiu, durante algum tempo, a noção mesma do direito natural.

A aspiração uniformizadora perdurou ao longo do tempo, e os anos 2000 assistiram a vários movimentos por ela sugeridos, em regra meno, ambiciosos. Com frequente utilização de tratados, buscaram-se de preferência avanços setoriais, concentrando-se o foco em temas específicos, sem a pretensão de cobrir o direito em geral, e cingindo-se o universo a um número restrito de países, com ordenamentos assemelhados nas características básicas. Mesmo em casos tais verificaram-se malogros, como na primeira metade do século passado, o do projeto franco-italiano de unificação do direito das obrigações.

Por motivos fáceis de entender, o direito comercial tem sido um dos terrenos mais propícios ao êxito da empresa. É suficiente recordar as convenções filmadas em Genebra, em 1930 e 1931, de que resultaram as chamadas "leis uniformes" sobre as letras de câmbio e notas promissórias e sobre os cheques, respectivamente, conquanto pareça oportuno registrar que essa técnica, a rigor, nem sempre se mostra capaz de assegurar efetiva uniformização, dadas as inevitáveis diferenças de interpretação dos textos nos tribunais de diversos países signatários. Nos Estados Unidos, os trabalhos da *National Conference of Commissioners on Uniform State Laws* produziram importante fruto, o Uniform Comercial Code, que assume as proporções, com relação a diferentes matérias, de verdadeiro Código Comercial norte-americano.

2. De alguns anos para cá, irrompe no cenário mundial a denominação "globalização". O fenômeno que assim se costuma rotular na realidade não é tão novo como às vezes se supõe; ganha, porém, vulto singular em nossos dias, intensificado que é pelo extraordinário progresso tecnológico nos campos da informação e da comunicação, a comprimir o tempo e a eliminar ou reduzir substancialmente o espaço.

Das muitas e importantes modificações que ele imprime à paisagem da civilização, o perfil mais visível é o econômico, que todavia está longe de esgotá-lo. De par com a expansão e a interpenetração dos mercados, às vezes seguindo-se a elas, outras vezes precedendo-as, em trânsito veloz pelas avenidas da tecnologia, vai-se espalhando, infiltrando, empapando os tecidos da sociedade um conjunto de ideias e valores, de crenças e de comportamentos, que influi vigorosamente na conformação das culturas.

Os veículos da comunicação - rádio, cinema, televisão, internet - são, em boa medida, veículos de padronização. "A tecnologia é uma grande niveladora", diz-nos autorizado historiador do direito norte-americano[3]; e o mesmo autor refere-se a uma "sociedade horizontal", em que as conquistas da ciência e da técnica derrubam muitas das barreiras de outrora, escarnecendo de divisões características de um universo verticalmente hierarquizado e mais rigidamente compartimentado[4]. Nada parece escapar ao ímpeto da onda aplanadora. Se quiséssemos traçar intencional caricatura, com a ajuda de elementos que assumem o papel de símbolos, diríamos que hoje, em qualquer canto do globo, se vestem jeans, se comem hamburgers, se bebe coca-cola, se ouve rock e se fala inglês ou alguma espúria miscelânea de palavras e locuções inglesas com o idioma local[5].

---

3 LAWRENCE M. FRIEDMAN, *American Law - an Introduction*, 2ª ed., Nova Iorque--Londres, 1998, p. 33. O passo, na verdade, é mais longo e atribui à tecnologia, igualmente, uma função normativa: "*Technology is a great lawmaker and a great leveler*".

4 LAWRENCE M. FRIEDMAN, *The Horizontal Society*, New Haven-Londres, 1999, *passim*. Particularmente quanto à homogeneização cultural, *vide* p. 121: "*Except through heroic measures - which usually fail - no group can hope to be immune from TV mass communication, radio, movies, and tourism, all of which create a single world system and tend toward a single world culture*".

5 Cf. BENJAMIN R. BARBER, *Jihad v. Mc World*, Nova Iorque, 1996, p. 16: "*... common markets do demando along with a common currency, a common language; moreover, they produce common behaviors of the kind bred by cosmopolitan city everywhere*". Quanto à língua, com uma ponta de ironia: "*the global culture speaks English - or, better, american*" (p. 84). Não é pacífica, ressalve-se, a tese de que o processo globalizador conduza fatalmente à homogeneização: há quem nele antes enxergue instrumento de uma difusão da diversidade. Para interessante discussão

3. A medalha, contudo, tem seu reverso. De um lado, forças poderosas eliminam distâncias, apagam diferenças e tendem a substituir por uma lisura de planície os acidentes de terrenos em que séculos de tradições próprias, de estilos de vida contrastantes, de recíproco desconhecimento ou de constantes fricções haviam cavado sulcos e esculpido penhascos aparentemente intransponíveis. Mas, ao mesmo tempo, outras forças, não menos impetuosas, atuam no sentido contrário e provocam rachaduras em superfícies que se diriam acomodadas para todo o sempre. Enquanto aquelas aproximam, cosem, limam arestas, lubrificam articulações, estas abrem gretas, corroem elos, afrouxam cordas e abalam estruturas. Disputam assim a primazia, no mundo atual, dois movimentos opostos: um centrípeto e outro centrífugo, um que promove a agregação, outro que trabalha pela desagregação.

Manifestação bem visível do segundo é o surgimento (ou ressurgimento) de reivindicações de autonomia de regiões que se esforçam por ver reconhecida sua identidade cultural, com base real ou suposta em laços étnicos ou religiosos, havidos como bastantes para diferenciá-las dos Estados em cujas fronteiras se viram incluídas por acidentes históricos. É notório o caso de povos africanos, politicamente distribuídos segundo critérios artificiais que remontam à dominação europeia: povos diferentes e até inimigos, compactados sob a mesma bandeira, não descobrem para esse indesejável conúbio outra explicação que a circunstância de haverem tido o mesmo colonizador.

Na própria Europa, paralelamente ao fenômeno de unificação, que já atingiu nível superior às expectativas de muitos, sucedem-se as fragmentações, a exceder em grandeza o caso isolado da reunião das duas Alemanhas. Onde antes tronava a União Soviética, investida na liderança de um dos dois grandes blocos políticos do segundo pós-guerra, agora se aninham nada menos de quinze Estados, vários dos quais sacudidos internamente por dissensões que não raro se exteriorizam em sangrentos embates. A Eslováquia separa-se da República Tcheca. Do território da antiga Iugoslávia já se destacaram a Eslovênia, a Croácia, a Bósnia-

de alguns aspectos do problema, *vide* MALCOLM WATERS, *Globalization*, Londres e Nova Iorque, 2ª ed. 2001, p. 222 e s. (lê-se na p. 228 que o mundo globalizado "*is a world with the potential for the displacement of local homogeneity not by global homogeneit but by global diversity*"). Cf. BARRIE AXFORD, *The Global System*, Nova Iorque, 1995, p. 27, 159 ("*fragmentation and homogenization are both apparent in the global system, and neither is all imposter*").

Herzegovina e a Macedônia; restam a Sérvia e Montenegro, sem que na bolsa das apostas seja bem cotada a hipótese de uma longa subsistência desse enlace.

Mesmo Estados cuja unidade data de mais de um século e dava a impressão de estar consolidada veem-se em dificuldade para mantê-la. Tendências regionais separatistas criam uma ameaça que exige progressivas concessões de maior autonomia para não desaguarem no fracionamento territorial. Bem conhecidos são os problemas que a Espanha enfrenta para acalmar os pruridos autárquicos de catalães e galegos – deixando-se de lado o caso *sui generis* dos bascos. Na Itália, aguçam-se volta e meia rivalidades e ressentimentos entre setentrionais e meridionais, e personagens de relevo na cena política já chegaram ao ponto de anunciar a separação do norte sob a denominação de "República Padana"... Fenômenos até certo ponto análogos ocorrem no Reino Unido, quanto à Escócia, e no Canadá, com relação à província de Québec.

4. Como se refletem no universo jurídico esses movimentos contrastantes? A maré globalizante impele obviamente os ordenamentos à aproximação e à convergência. Entra pelos olhos que "um mercado globalizado reclama elevado grau de uniformidade dos mecanismos jurídicos utilizados para revestir de formas legais os fatos econômicos"[6]. Qualquer país que não se conforme em ficar à margem do fluxo sente a necessidade de acertar o passo pelos ritmos da nova era. É fácil compreender que, quase sempre, o ajuste aí significa adaptação do figurino local aos modelos ditados pelos centros hegemônicos, ou importação pura e simples de tais modelos. Proliferam, sobretudo nos ramos do direito mais intimamente vinculados à economia, institutos sem raízes na tradição nacional, mas cujo emprego é sentido como indispensável à participação do país na dança da globalização.

O processo de acomodação desenvolve-se em dois planos, o internacional e o interno. No primeiro, é referência obrigatória o número considerável de tratados e convenções por meio dos quais se procura

---

6 O trecho aspeado é a tradução de uma frase de TARRUFFO, *Dimensioni transculturali della giustizia civile, in Riv. trim. di dir. e proc. civ.*, v. 4/2000, p. 1.060. Cf. LAWRENCE M. FRIEDMAN, *American Law*, cit., p. 64: "*New technology and a global economy tend to make the legal systems o/ the world 'converge', at least to a degree*". Mas, a rigor, as citações são supérfluas: fenômeno tão evidente não escapa à atenção de observador algum.

estabelecer um regime comum para problemas que, por sua evidente dimensão transnacional, não podem ser eficazmente enfrentados senão por um esforço conjunto. São exemplos corriqueiros os relacionados com a questão ambiental – contenção de atividades poluentes, preservação do equilíbrio ecológico, proteção da camada de ozônio e assim por diante. Registre-se que, em alguns casos, senão em muitos, as tentativas de harmonização sofrem a influência de disputas que contrapõem não apenas nações, mas também (e talvez sobretudo) empresas, cujos interesses conflitantes levam por vezes à adoção, nos textos dos acordos, de termos genéricos, de fórmulas tímidas e vagas, de que pouco resulta de substancial.

Merece alusão específica, neste contexto, o direito comunitário europeu, com suas diversas fontes, desde os tratados até os regulamentos e as diretivas, sem falar nas recomendações e nos pareceres dos órgãos consultivos, que não têm força vinculativa. Tais instrumentos, em maior ou menor medida, contribuem para a harmonização dos ordenamentos dos países que compõem a União Europeia: sirva de exemplo a unificação da legislação atinente ao IVA, por força de diretiva que obrigou todos os Estados à adoção de um mesmo regime jurídico. Outras organizações análogas ainda não atingiram tamanho grau de desenvolvimento.

5. Diversos são os fatores que estimulam países, pelo mundo afora, a certa homogeneização dos ordenamentos jurídicos. Já se mencionaram os diretamente ligados à globalização da economia. Ainda fora desse campo estrito, é sensível a tendência, espontânea ou induzida, à imitação de modelos em voga nos Estados centrais. Certas ideias adquirem prestígio generalizado e inspiram normas jurídicas em todas as latitudes. Quase nenhuma das constituições mais recentes, por exemplo, deixa de reverenciar os chamados "direitos humanos fundamentais", embora não raro se trate de pura e simples homenagem verbal a um valor desprezado na prática. Inúmeros países têm editado leis de proteção à paisagem, à ecologia, aos consumidores. Tais legislações costumam apresentar numerosos pontos comuns, o que se explica com facilidade: de um lado, há a necessidade de respeitar compromissos internacionalmente assumidos; de outro, o fato de que os especialistas em cada um desses assuntos, que costumam ser consultados pelos legisladores, ou até os assessoram na redação de projetos, geralmente mantêm contatos com os estudiosos estrangeiros, tomam conhecimento de experiências de outros povos e tiram proveito de semelhantes fontes de informação.

É oportuna aqui uma alusão a iniciativas de entidades culturais, empenhadas em promover a harmonização das legislações neste ou naquele setor a cujo estudo se dedicam. O Instituto Ibero-Americano de Direito Processual elaborou dois códigos-modelo, um de processo civil, outro de processo penal, que têm exercido influência em reformas legislativas da América Latina. O código-modelo de processo civil, com ligeiras modificações, chegou mesmo a converter-se em direito positivo no Uruguai, cujo Código General del Proceso, de 1988, lhe copiou o texto com fidelidade quase total e, ao que se afirma, com bons resultados concretos. Menos feliz, até agora, é o projeto de código europeu de processo civil, preparado há anos por uma comissão de juristas dos vários países então comunitários' sob a liderança do professor belga MARCEL STORME, presidente da Associação Internacional de Direito Processual: esse projeto ainda não conseguiu transpor as engrenagens burocráticas da União. Voltarei oportunamente ao problema da aproximação dos sistemas judiciais; mas desde já cabe acrescentar aos exemplos supracitados o projeto das Transnational Rules or Civil Procedure, promovido pelo American Law Institute e por UNIDROIT, o qual visa ao estabelecimento de normas processuais uniformes, a serem universalmente aplicadas nos pleitos atinentes a controvérsias transnacionais[7].

Observou-se que a imitação ora é espontânea, ora induzida. Este adjetivo na verdade não reflete com a intensidade adequada o fenômeno da pressão econômica e política exercida em certos casos sobre sociedades que se estão estruturando ou reestruturando, no sentido de afeiçoarem seus ordenamentos jurídicos aos dos países hegemônicos. É sabido que hoje em dia, na Europa de leste e noutras zonas, se assiste a uma disputa acirrada entre norte-americanos e europeus ocidentais, uns e outros apostados em assegurar para seus respectivos sistemas o papel de modelo das novas construções legislativas.

Em mais de um lugar, tem produzido efeitos perversos a introdução forçada de noções e instituições alheias à cultura local e com ela incompatíveis. Na ilha de Montserrat, na região do Caribe, a terra não ocupada,

---

7 O projeto é, principalmente, obra de dois ilustres processualistas, um norte-americano (GEOFFREY C. HAZARD JR.) e outro italiano (MICHELE TARUFFO). O *Preliminary Draft* nº 2 foi publicado pelo *American Law Institute* (Filadélfia, 2000). *Vide* ao propósito a apresentação feita pelo coautor italiano, sob o título *Drafting Rules for Transnational Litigation, in Zeitschrift fur Zivilprozess International*, v. 2 (1997), p. 449.

tecnicamente do domínio público, reputava-se, por arraigada tradição, disponível aos nativos para uso comum e criação de gado. A certa altura, cidadãos norte-americanos e canadenses começaram a interessar-se pela aquisição de lotes, para construir casas de vilegiatura ou moradia. Inevitavelmente surgiram conflitos: os nativos persistiam na utilização tradicional, e seus animais derrubavam as cercas para pastar no que agora eram gramados particulares. Por instigação dos proprietários prejudicados, o governo local editou uma série de leis que autorizavam a apreensão de animais encontrados nos lotes, cominavam multas e consagravam outras providências destinadas a evitar a repetição das infrações. Essa brusca modificação do regime da terra gerou autêntica crise social, com a cessação, para muitos nativos, de sua principal fonte de renda, compelidos que se viram a vender os animais restantes, para poderem efetuar os pagamentos exigidos[8].

6. Voltemos os olhos, agora, para a vertente oposta. Assim como há fatores, legítimos ou ilegítimos, que impelem à homogeneização, também os há que atuam no sentido da diversificação dos ordenamentos jurídicos.

Ponha-se em relevo, antes de tudo, o fenômeno, por assim dizer universal, do assombroso aumento, nas últimas décadas, da quantidade de normas editadas. Segundo fonte fidedigna, nos Estados Unidos, a edição de 1994 da coletânea de leis federais continha nada menos de vinte e seis volumes de texto não anotado, com média superior a mil páginas por volume[9] – e isso num país onde não existem medidas provisórias... Em boa parte, deveu-se o crescimento à notável expansão, típica do chamado *Welfare State*, da atividade dos poderes públicos, inclusive em áreas que a ela permaneciam tradicionalmente estranhas, ou quase. Não parece, contudo, que a reversão dessa tendência, sensível nos anos mais próximos, haja estancado a torrente, ou sequer enfraquecido consideravelmente o jorro. Afinal, em paradoxo não mais que aparente, a própria desregulamentação precisa ser regulamentada...

Comporta exame por dois ângulos a diversificação jurídica. O primeiro, mais óbvio, arranca da existência de sistemas que se pretendem

8 Informação colhida em TRACEY SKELTON, *Globalization, Culture and Land*: the Case of the Caribbean, no volume coletivo *Globalization: Theory and Practice*, ed. por Eleonore Kofman e Gillian Youngs, Londres, 1998, p. 323.

9 LAWRENCE M. FRIEDMAN, *American Law*, cit., p. 163.

basicamente fechados à influência de outros, como ocorre em setores do mundo islâmico. Aí não há falar propriamente de multiplicação, mas antes de manutenção, ou até de aviventação, de linhas divergentes, reforçadas pelo empenho fundamentalista de defesa contra infiltrações vistas como malignas. A outra perspectiva é mais rica e apanha casos até de ordenamentos cuja história e cujos traços fundamentais intimamente se entrelaçam. Alguns exemplos relacionam-se com fatos políticos recentes, mencionados em páginas anteriores. Em vez de uma constituição tchecoslovaca há hoje duas, uma tcheca, outra eslovaca; e o que se diz das constituições também se dirá de códigos civis, penais e processuais. Matérias até pouco tempo atrás regidas por normas uniformes no seio da antiga União Soviética passaram a sujeitar-se a legislações distintas, em número superior a uma dezena. A observação aplica-se analogicamente aos países oriundos da desintegração da antiga Iugoslávia. É possível, e até provável, que, em mais de uma hipótese, os novos e autônomos ordenamentos mantenham entre si alguma afinidade ou semelhança. De qualquer modo, a diversidade terá aumentado, em maior ou menor escala.

Algo de parecido ocorre no interior de Estados multiculturais, onde movimentos regionais pleiteiam e conseguem a atribuição de competência normativa a entidades fracionárias, com o consequente aparecimento de legislações diversificadas, ao menos em certos setores. Exemplo atualíssimo: recentemente foi objeto de exame na Assembleia Nacional francesa projeto de lei destinado a conceder à Assembleia da Córsega poderes para editar normas de alcance local sobre várias matérias, como a disciplina das construções ao longo da costa, e – em termos mais gerais – para requerer ao governo derrogações das leis francesas cuja aplicação suscite problemas ligados às peculiaridades da ilha![10].

Mesmo fora de semelhante contexto, subdivisões às vezes racionalmente injustificáveis dão causa ao surgimento de fontes legislativas distintas onde uma só existia. Sempre que no Brasil se desmembra um Estado ou um Município, entram em cena novas assembleias e câmaras, que passam a exercer autonomamente sua competência normativa, sem que nada garanta um mínimo de coerência e harmonia nos sistemas assim criados.

10 Le *Monde, sélection hébdomadaire* de 26-5-2001, p. 11.

7. O problema da diversidade reveste cores peculiares no que tange à existência de uma pluralidade de sistemas de Justiça. Às vezes, o desfecho de um processo depende em boa medida da maneira pela qual o assunto é tratado em juízo: por exemplo, da admissibilidade ou inadmissibilidade desta ou daquela prova, do cabimento ou não de recurso contra tal ou qual decisão. É perfeitamente concebível que, ainda em casos regidos por normas substantivas idênticas, o resultado do pleito possa valer de ordenamento para ordenamento, em função do modelo processual aplicável. Isso não é facilmente compreendido pelo comum das pessoas e com frequência acarreta grande frustração e ressentimento para a parte vencida. Sob determinadas circunstâncias, pode representar até severo golpe na credibilidade da Justiça.

Entretanto, fatores diversos tomam difícil a uniformização dos mecanismos judiciais. Prende-se um deles à variável estrutura político-administrativa do país, que se reflete na organização da Justiça. Em geral, os Estados federais mantêm um sistema dual: há um judiciário da União, e cada unidade autônoma possui seus próprios órgãos separados. Esse traço não pode deixar de gerar diferenças relevantes no que concerne a tópicos capitais, como a competência e a impugnação de decisões. Ulterior complicação pode originar-se da atribuição do poder de legislar sobre direito processual. Em vários países de estrutura federativa, como os Estados Unidos e a Argentina, não só o legislativo federal, mas também os locais têm competência para editar regras em matéria processual: na Argentina, por exemplo, cada província tem seu próprio código de processo civil.

É também intuitivo o peso das diferentes características dos Estados, no que respeita ao território, à população, ao grau de desenvolvimento e a outros aspectos. Sistema processual capaz de atender satisfatoriamente às necessidades de um país pequeno e relativamente homogêneo pode não ser adequado a outro de maiores dimensões territoriais e de acentuados desníveis socioeconômicos e culturais. O Código-modelo de processo civil, adotado com êxito no Uruguai, talvez não produzisse alhures resultados tão bons.

8. De quanto se disse até agora, não parece difícil extrair algumas conclusões. Os dois movimentos que impelem os ordenamentos jurídicos em sentidos opostos – no da uniformização e no da diversificação – continuarão, ao que tudo indica, a fazer-se sentir, quando menos no futuro próximo. Que venha a predominar um ou outro é questão que sem dúvida revestirá colorações variadas em cada caso. Os organismos de integração regional tenderão certamente a favorecer o primeiro movimento, e o respectivo alcance poderá ampliar-se na medida em que se verifiquem novas adesões, conforme está sucedendo na União Europeia. Por outro lado, a eventual intensificação de reivindicações de autonomia militará decerto a favor da atribuição de competência normativa a número cada vez maior de entidades, e com largueza também crescente – reforço para o segundo movimento.

Não deixa de ser curioso que os dois movimentos, embora antitéticos na substância, se apresentem às vezes em relação de interdependência. Os avanços de um podem suscitar reações defensivas que ponham o outro em relevo. Por exemplo: a preocupação com a invasão desmedida de palavras e locuções estrangeiras leva este ou aquele país a adotar providências legislativas tendentes a assegurar posição de vantagem ao idioma local. A ameaça de uniformização vista como ilegítima ou excessiva atua, inclusive no plano jurídico, em prol da preservação e da valorização da diversidade.

Nesse jogo de marchas e contramarchas, de fluxos e refluxos, não há lugar para vaticínios categóricos. São previsíveis novos fenômenos parciais de uniformização; não fica excluída, entretanto, a hipótese de que de vez em quando, aqui e ali, a humanidade faça meia-volta e dê alguns passos no sentido oposto. Aqueles que sonham com um ordenamento jurídico universal não estão obrigados a renunciar a suas esperanças, mas devem com certeza munir-se de alguma paciência.

Junho de 2001.

COMENTÁRIOS DOS ATUALIZADORES

O DIREITO EM TEMPOS DE GLOBALIZAÇÃO

Luís Roberto Barroso / Frederico Montedonio

Vinte anos depois desta palestra de Barbosa Moreira, o mundo continua dividido entre os movimentos de uniformização e diversificação no contexto da globalização. Por um lado, a Suíça unificou seu direito processual civil, com um Código nacional que entrou em vigor em 2011, substituindo 26 códigos cantonais. Por outro, naquele ano teve origem o país mais novo do mundo atual: o Sudão do Sul, que oficializou sua independência do Sudão e é um dos países mais pobres do planeta. Como antecipado por Barbosa Moreira, Sérvia e Montenegro vieram a se separar em 2006. Num processo polêmico, a Crimeia declarou independência da Ucrânia e foi anexada à Federação Russa em 2014. O projeto de uma Constituição para a União Europeia fracassou em 2005, rejeitado por referendos na França e na Holanda, depois de aprovado na Eslovênia, Grécia e Espanha. A propósito, o Reino Unido consumou a saída do bloco ao final de 2020 (*Brexit*), dando nova força ao movimento de independência da Escócia, que almeja permanecer na União Europeia.

No mundo globalizado contemporâneo, o direito enfrenta desafios impostos por três fenômenos marcantes: a revolução tecnológica ou digital, a crise da democracia e a questão ambiental[11]. No curto espaço que comporta esta nota de atualização, serão tratados o primeiro e o último desses desafios, naquilo que mais tocam o direito processual.

O mundo passa por uma Revolução Tecnológica. Já agora se fala da Quarta Revolução Industrial, como desdobramento da Revolução Digital. De acordo com Klaus Schwab, fundador do Fórum Econômico Mundial e autor de artigo e livro específicos sobre o tema[12], a Quarta Revolução Industrial é produto da fusão de tecnologias, que está misturando as linhas entre as esferas física, digital e biológica e, em alguma medida, redefinindo o que significa ser humano. Comparada com as Revoluções anteriores, esta se desenvolve em velocidade exponencial, em vez de linear[13]. Inovações e avanços tecnológicos constroem esse

---

11 Esses temas foram tratados em texto do primeiro atualizador, que serve de roteiro à presente nota de atualização (BARROSO, Luís Roberto. Revolução tecnológica, crise da democracia e mudança climática: limites do direito num mundo em transformação. *Revista Estudos Institucionais*, v. 5, n. 3, p. 1262-1313, set./dez.2019).

12 SCHWAB, Klaus. *The fourth industrial revolution*. New York: Crown Business, 2017.

13 SCHWAB, Klaus. The fourth industrial revolution: what it means and how to respond. *World Economic Forum*, 14 jan.2016. Disponível em: <https://www.weforum.org/agenda/2016/01/the-fourth-industrial-revolution-what-it-means-and-how-to-respond/>. Acesso em: 6 fev.2021.

admirável mundo novo[14] da biotecnologia, da inteligência artificial, da robótica, da impressão em 3-D, da nanotecnologia, da computação quântica, de carros autônomos e da internet das coisas. Algoritmo vai se tornando o conceito mais importante do nosso tempo[15]. Num mundo em que a inteligência artificial já está sendo utilizada por diversos tribunais, há o temor de que algoritmos possam reforçar preconceitos e discriminações, na medida em que os computadores sejam alimentados com os valores, sentimentos e impressões enviesadas dominantes na sociedade[16]. Emblemático a esse respeito foi o caso *Loomis v. Wisconsin* (2016), nos EUA, em que um réu tentou, sem sucesso, questionar a precisão e a cientificidade do algoritmo que definiu sua pena com base numa análise de risco que levou em conta critérios como etnia e gênero, o que lhe foi negado por se tratar de um sistema privado, com código fechado. Em 2017, a Suprema Corte dos EUA não concedeu o *certiorari* e não reviu o caso. Ainda nessa seara, verifica-se uma tendência cada vez mais intensa de digitalização, automação e uso de inteligência artificial em diversos aspectos ligados à Justiça, como revela o dado de que, no Brasil, "[d]urante o ano de 2019, apenas 10% do total de processos novos ingressaram fisicamente"[17]. A esse respeito, remete-se o leitor à bibliografia pertinente[18].

---

14 *Admirável Mundo Novo* é o título do livro clássico de Aldous Huxley que tem como pano de fundo os riscos da evolução da biotecnologia. Para os mais jovens, livro é um meio de transmissão de conhecimento e informação impresso em papel e encadernado, que podia ser adquirido em lojas denominadas livrarias, das quais ainda existem algumas remanescentes.

15 "Algoritmo é um conjunto metódico de passos que pode ser usado para fazer cálculos, resolver problemas e tomar decisões" (HARARI, Yuval Noah. *Homo Deus*. New York: HarperCollins Publisshers, p. 83 – tradução livre).

16 V. RISSE, Mathias. Human rights and artificial inteligence. *Publicum*, n. 4, p. 10, 2018. LOHR, Steve. How do you govern machines that can learn? Policymakers are trying to figure that out. *The New York Times*, 20/1/2019. Disponível em: <https://www.nytimes.com/2019/01/20/technology/artificial-intelligence-policy-world.html>. Acesso em: 6 fev.2021.

17 BRASIL, Conselho Nacional de Justiça. *Justiça em números 2020*: ano-base 2019. Brasília, CNJ, 2020, p. 112. Disponível em: <https://www.cnj.jus.br/wp-content/uploads/2020/08/WEB-V3-Justi%C3%A7a-em-N%C3%BAmeros-2020-atualizado-em-25-08-2020.pdf>. Acesso em: 17 jan.2021.

18 V., *e.g.*, SUSSKIND, Richard. *Online courts and the future of Justice*. Oxford: Oxford University Press, 2019. FERRARI, Isabela (coord.) *Justiça digital*. São Paulo: Revista dos Tribunais, 2020. NUNES, Dierle; LUCON, Paulo Henrique dos Santos; WOLKART, Erik Navarro (orgs.). *Inteligência artificial e direito processual*: os

Já a mudança climática – outro importante desafio para o direito – tem sido identificada como o mais relevante problema ambiental do século XXI e uma das questões definidoras do nosso tempo[19]. Inúmeros autores têm se referido ao tema como "a tragédia dos comuns", significando uma situação na qual os indivíduos em geral, agindo com atenção apenas ao interesse próprio, comportam-se, na utilização de recursos escassos, de maneira contrária ao bem comum[20]. O tratamento das questões ambientais exige cooperação entre os diferentes países, porque os recursos naturais e os fatores que os afetam não respeitam fronteiras. Duas características do debate sobre o clima dificultam o seu equacionamento. A primeira é a existência de um misto de desconhecimento e ceticismo, aos quais se soma o custo econômico e político das providências necessárias. A segunda é que os efeitos das emissões somente serão suportados pelas próximas gerações, fato que funciona como um incentivo para se adiarem decisões que em rigor são urgentes. O conceito central aqui ainda continua a ser o de "desenvolvimento sustentável", de longa data entendido como aquele que "atende às necessidades do presente, sem comprometer a possibilidade de as gerações futuras atenderem a suas próprias necessidades"[21]. Um

impactos da virada tecnológica no direito processual. 2.ed. Salvador: Juspodivm, 2021. CABRAL, Antonio do Passo. Proceso y tecnologia: nuevas tendencias. *Civil procedure review*, v. 10, n. 1, jan.-abr.2019, p. 111/135. Disponível em: <https://civilprocedurereview.com/blog/editions/proceso-y-tecnologia-nuevas-tendencias-antonio-cabral/>. Acesso em: 17 jan.2021.

19 HARRISON, Kathryn; SUNDSTROM, Lisa McIntosh. *Global commons, domestic decisions*: the comparative politics of climate change. Cambridge, MIT Press, 2010, p. ix. De acordo com o laureado com prêmio Nobel Nordhaus: "Global warming is one of the defining issues of our time" (NORDHAUS, William. *The Climate Casino*: risk, uncertainty, and economics for a warming world. New Haven: Yale University Press, 2013, p. 11).

20 Sobre o conceito de tragédia dos comuns ou, talvez, mais propriamente, tragédia dos bens comuns, v. LLOYD, William Forster. *Two lectures on the checks to population*. Oxford: Oxford University, 1833. Disponível em: <https://archive.org/details/twolecturesonch00lloygoog>. Acesso em: 6 fev.2021. HARDIN, Garret. Tragedy of the commons. *Science*, n. 162, p. 1243, 1968. OSTROM, Elinor. *Governing the commons*. New York: Cambridge University Press, 1990.

21 É o que consta, em tradução livre, no "Relatório Bruntland" (UNITED NATIONS. *Report of the World Commission on Environment and Development:* Our Common Future, 1987, p. 41. Disponível em: <http://www.un-documents.net/our-common-future.pdf>. Acesso em: 6 fev.2021).

dos objetivos do desenvolvimento sustentável, aprovado pela ONU em 2015, é precisamente o da "ação contra a mudança global do clima"[22].

Também no ano de 2015 foi aprovado o Acordo de Paris, que institui metas de redução de emissões de gases causadores do efeito estufa. As tensões que rondam o assunto são ilustradas pelas mudanças de posição dos EUA, que aderiram ao acordo sob a Presidência de Barack Obama, depois se retiraram sob Donald Trump, e, por fim, retornaram ao acordo no primeiro dia do mandato de Joe Biden. Além de instrumentos legais, a questão ambiental também tem se manifestado no mundo jurídico sob a forma de um novo tipo de demanda: a chamada *litigância climática*, que opõe atuais e futuras gerações, com ações ajuizadas inclusive em nome de crianças contra governos, como ocorreu na Colômbia em 2018, com ganho de causa para os cidadãos[23]. Uma quantidade expressiva de ações foi ajuizada mundo afora[24]. Nos Estados Unidos, a Suprema Corte assentou, em *Massachusetts v. EPA*, julgado em 2007, que a *Environmental Protection Agency* tinha competência para regular emissões de gases estufa. Na Holanda, decisão em ação judicial determinou que o governo reduzisse as emissões a 25% abaixo dos níveis de 1990, considerando insuficiente a redução de 17% proposta[25]. Ações semelhantes foram instauradas na Noruega, Áustria, Suíça e Suécia[26]. No Brasil, exemplo é o ajuizamento

22 UNITED NATIONS. *The 2030 Agenda for Sustainable Development*. Goal 13. Disponível em: <https://sdgs.un.org/goals/goal13>. Acesso em: 6 fev.2021.

23 A Corte Suprema de Justiça da Colômbia reverteu decisão anterior de improcedência e obrigou o governo a apresentar, no prazo de quatro meses, um plano de ação de curto, médio e longo prazo para combater o desmatamento na Amazônia colombiana. A íntegra do julgado pode ser lida em: <http://blogs2.law.columbia.edu/climate-change-litigation/wp-content/uploads/sites/16/non-us-case-documents/2018/20180405_11001-22-03-000-2018-00319-00_decision.pdf>. Acesso em: 6 fev.2021.

24 Um total de 884 casos haviam sido ajuizados em 24 países até março de 2017, de acordo com o Programa Ambiental das Nações Unidas. A maioria deles (654) foi nos Estados Unidos; 80 na Austrália, 49 no Reino Unido e 40 perante a Corte Europeia de Justiça. V. United Nations Environment Programme. The Status of Climate Change Litigation. p. 10, 2019. Disponível em: <https://wedocs.unep.org/bitstream/handle/20.500.11822/20767/climate-change-litigation.pdf?sequence=1&isAllowed=y>. Acesso em: 6 fev.2021.

25 Urgenda Foundation v. Kingdom of the Netherlands (2015).

26 United Nations Environment Programme. The Status of Climate Change Litigation. p. 15, 2019. Disponível em: <https://wedocs.unep.org/bitstream/handle/20.500.11822/20767/climate-change-litigation.pdf?sequence=1&isAllowed=y>. Acesso em: 6 fev.2021.

da ADPF 708, que tem como o relator o primeiro atualizador e versa sobre o funcionamento do *Fundo Clima*, que vem tendo seus recursos contingenciados.

As iniciativas de entidades culturais continuam a ter destaque no mundo globalizado. O Instituto Ibero-Americano de Direito Processual – que teve Barbosa Moreira como seu Presidente – elaborou um Código Modelo de Processos Coletivos (2004)[27], um Código Modelo de Cooperação Interjurisdicional (2008)[28] e um Código Modelo de Processos Administrativos Judiciais e Extrajudiciais (2012)[29]. Por sua vez, o UNIDROIT e o Instituto de Direito Europeu aprovaram um Código de Processo Civil Modelo para a Europa em setembro de 2020[30].

Os movimentos de influência entre as tradições jurídicas de diferentes países foram tratados em vários textos desta coletânea, como "O processo civil brasileiro entre dois mundos", "Reformas processuais e poderes do juiz", "O processo penal norte-americano e sua influência" e "A importação de modelos jurídicos". Entretanto, também deve ser mencionada a influência que instrumentos e instâncias internacionais vêm tendo no direito interno brasileiro. Exemplo recente que toca ao direito processual é o das audiências de custódia, instituídas pela Resolução CNJ 213/2015, que citou, em seus *consideranda*, o art. 9º, item 3 do Pacto Internacional de Direitos Civis e Políticos das Nações Unidas e o art. 7º, item 5, do Pacto de São José da Costa Rica, e que só vieram a ser previstas no CPP em 2019 (art. 310). Outro exemplo é o da condenação do Brasil em 2018 pela Corte Interamericana de Direitos Humanos, por violação, entre outras normas, da garantia judicial de

27 A íntegra está disponível em: <http://www.iibdp.org///wp-content/uploads/2020/08/IIDP_Codigo_Modelo_de_Procesos_Colectivos_Para_Iberoamerica.pdf>. Acesso em: 6 fev.2021.

28 Código Modelo de Cooperação Interjurisdicional para Ibero-América. *Revista Eletrônica de Direito Processual*, v. 4, n. 4, 2009, p. 80-111. Disponível em: <https://www.e-publicacoes.uerj.br/index.php/redp/article/view/21610/15636>. Acesso em 6 fev.2021.

29 Instituto Ibero-Americano de Direito Processual. Código Modelo de Processos Administrativos – Judicial e Extrajudicial – Para Ibero-América. *Revista Eletrônica de Direito Processual*, v. 10, n. 10, 2012, p. 360-383. Disponível em: <https://www.e-publicacoes.uerj.br/index.php/redp/article/view/20362/14695>. Acesso em: 6 fev.2021.

30 O texto está disponível em: <https://www.unidroit.org/instruments/civil-procedure/eli-unidroit-rules>. Acesso em: 6 fev.2021.

prazo razoável e do direito à proteção judicial (arts. 8.1 e 25 do Pacto de São José), pela demora excessiva de procedimentos administrativos e judiciais relacionados à demarcação das terras do Povo Indígena Xucuru[31].

Em um cenário repleto de assimetrias entre os países, marcado pela globalização, transnacionalidade dos problemas e extraterritorialidade das soluções, o direito em geral, e o direito público em particular, vive um momento existencial importante e encontra-se em busca de novos horizontes. O século XIX foi o do direito privado – do proprietário e do contratante. O século XX assistiu à ascensão do direito público, do Estado social e da expansão da jurisdição constitucional. O século XXI convive com as demandas de uma sociedade global, que exige, em relação a temas específicos, um direito igualmente global. Não se trata de uma opção filosófica ou doutrinária, mas de uma inevitabilidade: as redes sociais via internet, o monóxido de carbono e as campanhas de desestabilização da democracia não respeitam fronteiras ou soberanias.

Em suma: processos históricos complexos como os que estamos vivendo não são lineares. Avanços civilizatórios decisivos misturam-se com riscos dramáticos, combinando medo e esperança. O futuro é imprevisível, não há roteiros pré-traçados e, por isso mesmo, é preciso ter objetivos que nos inspirem e motivem. Toma-se a liberdade de enunciar alguns[32]: (i) sobrevivência da humanidade (a distopia climática destruiria a vida na Terra); (ii) paz entre as nações (uma guerra nuclear poderia representar o fim da condição humana); (iii) preservação da democracia (soberania popular, liberdade e igualdade, dentro de um Estado de direito, são algumas das grandes conquistas da civilização); (iv) desenvolvimento sustentável (a preservação e renovação dos recursos é uma questão de justiça intergeracional); (v) busca de igualdade de oportunidades para as pessoas e para as nações (pessoas e nações devem ser livres, iguais e ter acesso aos frutos do progresso); e (vi) redes de proteção social para aqueles que ficaram à margem e de mecanismos de ajuda para os países que se atrasaram (a solidariedade com

31 Corte Interamericana de Direitos Humanos. Caso do Povo Indígena Xucuru e seus Membros vs. Brasil. Sentença de 5/2/2018. Disponível em: <https://www.corteidh.or.cr/docs/casos/articulos/seriec_346_por.pdf>. Acesso em: 6 fev.2021.

32 Tal como defendido em texto do primeiro atualizador: BARROSO, Luís Roberto. Revolução tecnológica, crise da democracia e mudança climática: limites do direito num mundo em transformação. *Revista Estudos Institucionais*, v. 5, n. 3, p. 1300-1301, set./dez.2019.

pessoas e países é um dever moral de todos). Por fim, num mundo em que já se fala em derrotar a morte e colonizar o espaço, a única bússola segura são os valores perenes compartilhados desde a antiguidade, entre os quais: bem, justiça e respeito ao próximo, como pressupostos da emancipação das pessoas e da proteção da dignidade humana.

ÍNDICE ONOMÁSTICO

ABRAHAM – 77
ALSCHULER – 306
AMAR – 308, 325
AMARAL SANTOS – 287
AMODIO – 58, 306, 312, 317, 354
ANDREWS – 61, 86, 295
ARAUJO CINTRA, A. C. – 30, 156, 258, 280
ARAUJO CINTRA, A. C.-PELLEGRINI GRINOVER, A.-RANGEL DINAMARCO, C. – 260
ARAZI – 178
ARIETA – 137, 138, 143
ARMINJON-NOLDE-WOLFF – 348
ARRUDA ALVIM – 178
ARRUDA ALVIM WAMBIER, T. – 119, 202, 254, 281
ASSIS, A. DE – 119, 190
AXFORD – 380
BALEEIRO, A. – 327
BAPTISTA DA SILVA, O. – 190
BARBER – 379
BARBOSA MOREIRA – 13-15, 18-25, 33, 35, 39, 40, 42, 45, 46, 48-50, 61, 63-66, 69, 72, 79, 81, 82, 86-88, 93, 94, 98, 102, 103, 112-115, 129, 131, 135, 144, 149-152, 154, 160, 162-165, 170-173, 177, 190, 193-195, 200, 205, 212-214, 217, 225, 226, 234-236, 242-244, 250, 251, 263-265, 269, 278, 280, 283-285, 292, 295, 298, 313, 314, 318, 320-322, 329, 340, 341, 353, 358, 360, 361, 370-372, 387, 388, 392
BATISTA MARTINS, P. A. – 255
BAUR – 272
BELLINETTI, L. F. – 122
BERMUDES, S. – 122, 190, 268
BERNHARDT – 54
BEVILÁQUA, C. – 352
BILAC, O. – 127
BODENHAMER – 306
BOECHAT RODRIGUES, L. – 327
BORGES, M. A. – 221
BRADLEY – 303, 325
BRÜGGEMANN – 153
BUENO VIDIGAL – 191
BUZAID, A. – 55, 69, 178, 207, 223, 224, 232, 241
CADIET – 57, 140, 141
CAETANO, M. – 70
CALAMANDREI – 138, 178, 185, 191
CALMON DE PASSOS – 93, 119
CAMPOS, F. – 353
CAPPELLETTI – 51, 71
CARMONA, C. A. – 255, 263
CARNELUTTI – 156, 177, 258
CARP-STIDHAM – 297, 304, 306, 356
CARPI-TARUFFO – 138
CARRATTA – 139
CASTRO, A. DE – 267
CASTRO, A. A. DE – 59
CAVALLONE – 192
CÉZAR BRU-HÉBRAUD-SEIGNOLLE – 140, 141, 143
CHASE – 86, 293, 296
CHESTERTON – 1
CHIOVENDA – 56, 68, 177
CICU-MESSINEO-MENGONI – 83
CIPRIANI – 58
CLERMONT – 76
COMOGLIO-FERRI-T ARUFFO – 178, 208
CORBOY – 292
COSTA E SILVA, A. C. – 267
COULON, J. M. – 209
DAMASKA – 293

DAVID - 73, 347
DEL CARMEN - 305, 308, 309
DENNING, LORD - 71, 294
DENTI - 59, 69, 160
DEVIS ECHANDÍA - 153, 159
DEVLIN, LORD - 297
DIAS FIGUEIRA JUNIOR, J. - 255, 256
DINAMARCO, C. - 87, 90, 118-120, 122, 146, 147, 156, 161, 178, 180, 183, 184, 190, 202, 258, 260, 281
DINI - 137
DOBBYN - 76
ENGELMANN - 287
FARNSWORTH - 73
FASCHING - 59, 178, 271
FAZZALARI - 146, 178
FERREIRA GOUVÊA, J. R. - 148
FERREIRA MENDES G. - 238, 239, 240, 244
FERRUA - 317
FRAGOSO, H. C. - 353
FRANK - 311
FRANKEL - 306
FREITAS CÂMARA, A. - 255, 256, 260, 268
FRIEDENTHAL-KANE -MILLER - 61, 291, 292, 296, 297, 337
FRIEDMAN - 379, 381, 384
FURTADO FABRÍCIO, A. - 199, 226
FUX, L. - 21, 66, 80, 101, 113, 118, 125, 285, 299, 321-323
GALDINO, F - 200
GOLDSCHMIDT - 184
GOMES, L. F - 315
GOMES, L. F-CERVINI, R. - 315
GONÇALVES FERREIRA FILHO, M. - 238
GONIDEC - 347
GONZÁLEZ ÁLVAREZ - 312
GRECO FILHO, V. - 198
GUASP-ARAGONESES - 178
GUINCHARD - 57
GUSMÃO CARNEIRO, A. - 119, 122, 123, 125, 147, 204, 205
HALL - 306, 325
HAZARD - 290, 383
HAZARD-TARUFFO - 3, 77, 297, 356
HELLWIG - 175, 176
HÉRON - 57, 59, 141
HINOJOSA SEGOVIA - 313
INCIARDI - 306, 310
ISRAEL-LAFAVE - 303-305, 307, 308, 310
JACOB - 297
JAMES - 357
JAUERNIG - 282
JOLOWICZ - 86, 295, 310
KANE - 76
KISCH - 176
KLEIN - 9, 55
KURU - 351
KUTTNER - 176, 177, 180
LA CHINA - 261
LIEBMAN - 68, 70, 72, 183, 184, 192
LIGHTMAN - 297
LIMA GUERRA, M. - 76
LOBO DA COSTA, M. - 68
LUISO - 138, 178
MAGALHÃES GOMES FILHO, A. - 313-315
MARCUS - 292
MARINONI, L. G. - 120, 122, 125, 133
MARIZ DE OLIVEIRA JUNIOR, W. - 30
MARQUES, J. F. - 57, 68
MAYERS - 290
MCCORMICK - 33, 133
MEADOR - 325
MELLO, C. DE - 172, 250, 315, 322, 372-374
MENDONÇA LIMA - 224
MERLIN CLÈVE, C. - 237-240
MIKELÉNIERE-MIKELÉNAS - 351
MONIZ DE ARAGÃO - 124, 156, 160, 199, 221, 224, 280

MONTERO AROCA - 84
MONTESANO - 137
MOORHEAD - 291
MUSIELAK - 176
NAKAMURA - 271, 349
NEELY - 33, 133
NEGRÃO, T. - 148, 261
NERY JUNIOR, N.-ANDRADE NERY, R. M. DE - 267
NORMAND - 6
NOWAK-ROTUNDA - 327
OBERHEIM - 273, 275, 276, 278, 279
ODOUL - 140
OLIVEIRA LIMA, M. R. - 71
ORTELLS RAMOS - 178
OTHON SIDOU - 70
PASCAL - 377
PELLEGRINI GRINOVER, A. - 72, 148, 150, 317
PELLEGRINI GRINOVER, A.-MAGALHÃES GOMES FILHO, A.-SCARANCE FERNANDES, A.-GOMES, L. F. - 57, 313
PERROT - 140, 141, 143, 145, 149, 209
PINHEIRO CARNEIRO, P. C. - 30, 32, 42, 144
PINTO FERREIRA - 237, 238
PINTO, N. L. - 205
PISAPIA - 312
PONTES DE MIRANDA - 179-182, 187-190, 221, 222, 256, 268
POUND - 306
PRADO, G. - 317
PROTO PISANI - 133, 137, 178, 208
RE - 21, 41, 45, 103, 113, 218, 286, 319, 322, 332, 375
RESNIK - 296
RODRÍGUES GARCÍA - 313
ROLDÃO DE FREITAS GOMES, L. - 267, 268
ROSENBERG-SCHWAB-GOTTWALD - 190, 282
SAHIONE FADEL, S. - 125
SALTZBURG-CAPRA-HANCOCK - 307-310
SALVIOLI - 287
SAMAHA - 8, 291, 304, 308-310, 316
SANTOS BEDAQUE, J. R. DOS - 133, 146
SANTOS, E. F. DOS - 118, 120, 125, 267
SCARANCE FERNANDES, A. - 313, 314
SCARANCE FERNANDES, A.-CAMARGO PENTEADO, J. DE-BARROS, M. A. DE - 312, 313
SCHLOSSER - 190
SCHWARTZ - 325, 327, 328
SHAPIRO - 290, 292
SILVA, J. A. DA - 237, 239, 240
SILVA PEREIRA, C. M. DA - 267
SKELTON - 384
SOLUS-PERROR - 57
STERN-GRESSMAN - 325, 330, 331, 334
STORME - 383
STÜRNER - 271, 274
TALAMINI, E. - 125
TANIGUCHI - 2, 350
TARUFFO - 65, 83, 98, 154, 158, 161, 168, 170, 331, 383
THEODORO JÚNIOR, H. - 178, 199, 268
TOMMASEO - 137
VAN CAENEGEM - 287, 290
VAN KESSEL - 304, 306
VÁZQUEZ SOTELO - 9, 58, 87, 313
VELOSO, Z. - 237, 239
VINCENT-GUINCHARD - 57, 58, 141
WACH - 175
WALTER - 314, 354, 355
WATERS -380
WHITAKER DA CUNHA, F. - 353
YARSHELL, F. L. - 182
ZAVASCKI, T. A. - 119, 122, 125
ZUCKERMAN - 75, 153, 297

ÍNDICE ALFABÉTICO-REMISSIVO

AÇÃO

- civil pública - 28-30, 40, 41, 52, 144, 245, 248-250, 263, 365, 366, 368-370
- coletiva - 30, 43, 64
- declaratória de constitucionalidade ou inconstitucionalidade - 52, 356

(V também DECLARAÇÃO DE INCONSTITUCIONALIDADE.)

- monitória - 11, 136, 198
- popular - 28, 40, 52, 71, 72, 245
- rescisória - 48, 155, 165, 168, 201, 207, 223-225, 228-230, 233, 235, 236, 256

ADVERSARY SYSTEM - 60, 86, 89, 291, 295, 298, 299, 310, 316, 317, 361

AGRAVO - 4, 35, 48, 90, 93, 96, 100, 102, 197-203, 205, 206, 211-213, 216-218, 222, 225, 231, 233, 236, 251, 265

APELAÇÃO - 5, 53, 90, 94, 99, 100, 197, 198, 201, 204, 206-209, 211-215, 221-228, 230, 233, 235, 236, 251, 272, 275, 276, 280, 281, 284, 286, 374

ARBITRAGEM - 7, 22, 23, 77, 82, 189, 253, 255-257, 259, 261-264, 356

ASSISTÊNCIA JURÍDICA - 33, 49

ASSUNÇÃO DE DÍVIDA - 267-269

AUDIÊNCIA PRELIMINAR - 7, 25, 90, 91, 100, 280

CENSURA - 37, 115, 363-365, 368, 370-372, 375

CERTIORARI - 73, 80, 328-330, 335, 341, 342, 359, 360, 389

CHAMAMENTO AO PROCESSO - 95

CITAÇÃO - 4, 11, 56, 95, 127, 133, 152, 173, 188, 371

CONSTITUIÇÃO

CONTEMPT OF COURT - 76, 309-311

DECLARAÇÃO DE INCONSTITUCIONALIDADE - 241-243, 356

DIREITO

DIREITO ESTRANGEIRO

- importação - 8, 23, 24, 69, 314, 343, 347, 349, 352, 354, 357, 358, 361, 362, 381, 392

DISCOVERY - 75, 76, 322

DUELO JUDICIÁRIO - 287-290, 296, 297

DUE PROCESS OF LAW - 71, 250, 294

EMBARGOS DE DECLARAÇÃO - 48, 165, 197, 198, 206, 215-217, 220, 225, 227, 230, 262, 263

EMBARGOS INFRINGENTES - 204, 206, 207, 214, 221, 223, 224, 227, 229, 230, 232, 234, 235

INTERESSES SUPRAINDIVIDUAIS - 70, 71, 81, 245, 355

JUIZ

- controle da televisão pelo - 363, 370
- identidade física do - 103
- iniciativa instrutória - 317
- poderes do - 62, 81, 84, 85, 89, 96, 98, 101, 104, 283, 300, 317, 323, 392

(V. também PROCESSO - direção do)

JUIZADOS ESPECIAIS - 6, 8, 18, 30-32, 46, 47, 72, 81, 88, 136, 144, 150, 179, 280, 312, 313, 355, 361

JÚRI - 60, 77, 82, 113, 288, 293, 304, 306, 310, 311

JURISDIÇÃO

- duplo grau de - 206

JUSTIÇA

- diversidade de sistemas - 386
- futuro da - 1, 13, 25, 300, 362

LITISCONSÓRCIO - 89, 99, 228

MANDADO DE SEGURANÇA - 41, 70, 81, 111, 113, 126, 131, 144, 181, 199, 223, 227, 234, 285

MEDIDA
- cautelar - 139, 145, 203
- coercitiva - 186
MINISTÉRIO PÚBLICO - 30, 41-43, 55, 64, 99, 313, 320, 363, 366-370
MULTA - 35, 48, 76, 81, 92, 93, 96, 100, 102, 182, 186, 194, 214, 217, 251, 300, 323, 363
NOLO CONTENDERE - 305, 313
ORALIDADE - 6, 22, 91
PLEA BARGAINING - 292, 306, 307, 312-314, 355
PRECEDENTE - 23, 77, 163, 171, 173, 213, 218, 332, 333, 335, 340, 343, 374
PRESUNÇÃO - 33, 37, 217
PROCESSO
- acusatório - 316, 317
- anglo-saxônico - 2, 8, 60, 61, 71, 73, 307, 310, 355
- civil brasileiro: histórico - 68
- direção do - 38, 85, 89, 92, 94, 95, 350
- dispositivo e inquisitivo - 83, 87
- duração do - 16, 66, 97, 372
- extinção com julgamento de mérito - 226
- interesse público - 46, 54, 55, 64, 66, 113, 330, 340, 375
- penal norte-americano - 9, 303, 311, 318, 361, 392
- publicidade - 62, 71, 112-115, 219, 243
PROVA
- e motivação da sentença - 363
- *exclusionary rules* - 307, 321
- "frutos da árvore venenosa" - 308, 315, 322
- ilícita - 141, 142, 151, 314, 319, 322
- "inequívoca" - 75, 92, 117-121, 131, 146, 262
- no processo penal - 314
- pericial - 4
- "*privilege against self-incrimination*" - 305, 309, 315, 355
RECURSO
- especial - 80, 129, 204, 206, 211-213, 218, 279
- extraordinário - 72, 73, 197, 200-203, 205, 213, 217, 218, 220, 241, 281, 285, 286, 335, 336, 341, 354
RÉFÉRÉ - 139-143, 149-151
REFORMAS LEGISLATIVAS
- avaliação - 10, 11, 97, 337, 342
- na Alemanha - 175, 189, 272, 280, 285, 286, 329, 354, 373
REGRAS DE EXPERIÊNCIA - 160, 166
RELATOR - 35, 53, 64, 90, 93, 94, 96, 100, 102, 104, 115, 168, 197-200, 202, 204, 205, 213-215, 217, 225, 231, 235, 281, 284, 337, 340, 341, 343, 372, 392
SENTENÇA
- arbitral - 253, 255-257, 259-265
- capítulo da - 184
- classificação - não encontrada
- condenatória - 175, 176, 181, 183-185, 189, 195, 269, 275, 320, 321
- constitutiva - 177
- conteúdo da - 177, 183, 191
- declaratória - 175, 192
- executiva - 181, 188, 189
- mandamental - 93, 176, 177, 180, 183, 187, 189, 194
- motivação da - 363
SUBSTITUIÇÃO PROCESSUAL - 30
SUMARIZAÇÃO
- da cognição - 136, 150
- do procedimento - 135, 136, 144, 149
SUPREMA CORTE NORTE-AMERICANA - 325, 326, 328, 329, 334, 338, 344, 361
TRANSAÇÃO PENAL - 320, 355
TUTELA
- antecipação da - 4, 12, 117, 119-121, 124-129, 133, 146, 147, 148, 203
- de urgência - 129-131, 133, 135, 143, 147-149, 151, 152
UNIÃO ESTÁVEL - 54